Scheu (Hg.) · Lexikon der Frauenzitate

Ursula Scheu (Hg.)

Lexikon *der* Frauenzitate

Kluge Gedanken,
freche Bonmots,
zeitlose Weisheiten

Übersetzungen
aus dem Englischen
von Andrea Panster

DIEDERICHS

Für Hettie

Die Deutsche Bibliothek – CIP-Einheitsaufnahme
Lexikon der Frauenzitate : kluge Gedanken, freche Bonmots, zeitlose Weisheiten / Ursula Scheu (Hg.). – Kreuzlingen ; München : Hugendubel, 2002
(Diederichs)
ISBN 3-7205-2348-9

Umschlaggestaltung: Eisele Grafikdesign, München, unter Verwendung von Motiven von Ullstein Bild/Intertopics und Bettina Flitner, Köln (Alice Schwarzer)
Produktion: Maximiliane Seidl
Satz: EDV-Fotosatz Huber/Verlagsservice G. Pfeifer, Germering
Druck und Bindung: GGP Media, Pößneck
Printed in Germany

ISBN 3-7205-2348-9

Inhalt

Vorwort

Dieses Buch ist eine Fundgrube. Ein Füllhorn der Weisheit, der Empörung und des Übermutes. Jede und jeder kann darin für alle Bereiche des Lebens, für alle Stimmungen und für alle Träume und Visionen aus mehr als 2000 Zitaten das passende für sich finden.

Das früheste Zitat dieser Sammlung stammt aus der Zeit um 570 v.Chr., das aktuellste aus dem Jahr 2002. Das heißt: Aktuell sind eigentlich fast alle, verblüffend aktuell. Nur wenige der historischen Zitate sind inzwischen Geschichte, die meisten wirken, als seien sie gerade gesagt oder geschrieben worden.

Das ist es, was mich selbst am meisten überrascht hat beim Zusammenstellen dieser über Jahre in meinem Archiv gewachsenen Zitatensammlung: dass manche Frauen schon vor Jahrhunderten gedacht und gefordert haben, was heute als ganz neu und fortschrittlich gilt. Und wie viele Frauen sich selbst unter den widrigsten Umständen nicht die Freiheit des Denkens haben nehmen lassen.

Die Themenpalette reicht vom Alltag bis zum Visionären, von Frauen, Männern, Arbeit, Sexualität über Prostitution bis hin zu Schönheit, Recht und Macht. Wissen hat kein Geschlecht. Geist hat kein Geschlecht. Kreativität hat kein Geschlecht. Das ist der Angelpunkt, um den sich das Denken und Handeln all dieser Frauen dreht. Von glamourösen Stars wie Marilyn Monroe über große Vorbilder unter den Schriftstellerinnen und Forscherinnen bis hin zu Aktivistinnen für die Rechte der Frauen aus allen Jahrhunderten.

Übrigens: Viele der in diesem Buch zitierten Frauen sind oder waren aktiv in der Frauenbewegung, früher nannten sie sich Frauenrechtlerinnen und Suffragetten. Heute nennen wir uns Feministinnen. Von einigen ist das aktive Engagement in der Frauenbewegung eher unbekannt, wie das der Schriftstellerin Virginia Woolf oder der Politikerin Hillary Clinton.

Die Themen des Buches sind alphabetisch gegliedert, die Zitate sind innerhalb der Themen chronologisch rückwärts angeordnet. Unter den Zitaten stehen Name, Lebensdaten, eine Kurzangabe zu Beruf oder anderen Tätigkeiten sowie eine Jahreszahl. Diese Jahreszahl kennzeichnet das originalsprachliche Erstveröffentlichungsdatum: einer Rede, eines Briefes, einer Deklaration, eines Tagebuchauszuges, eines Aufsatzes, Zeitschriftenartikels oder Buches u.a. Es verweist auf die im Literaturanhang aufgeführte Quelle, aus der das Zitat stammt. Auf meinem Schreibtisch und in meinen Schubladen sammeln sich diese Zitate sich seit rund 25 Jahren. Den meisten konnte ich auch heute noch die präzise Quelle zuordnen, bei manchen jedoch war es leider nicht möglich, und bei einigen wenigen fand ich keine Lebensdaten. Einige der Zitate wurden auch zugunsten einer besseren Lesbarkeit in sich gekürzt. Alle Zitate wurden in der neuen deutschen Rechtschreibung wiedergegeben.

Ich hoffe, dass diese Sammlung neugierig macht auf mehr aus der Feder, dem Computer und dem Mund der Zitierten – und dass die Zeiten, in denen nur weise

Männer zitiert wurden, auch dank einer solchen Sammlung von Frauenzitaten bald von gestern sind. Denn Geschichte und Gegenwart quellen geradezu über von weisen Frauen.

Für ihre tatkräftige Ermutigung und Hilfe danke ich: Gudrun Keitel, Birgit Scheu, Barbara Umbsen und besonders Hettie Hankammer, die mich über 15 Jahre in der Arbeit an dieser Sammlung begleitet hat und die Veröffentlichung des Buches leider nicht mehr erleben kann. Ich danke weiterhin der Zeitschrift EMMA und dem Archiv FrauenMediaTurm in Köln, auf deren Vorarbeit und Archive ich mich stützen konnte.

Berlin, im Juli 2002 Ursula Scheu

Arbeit und Beruf

Was auch immer Frauen machen, sie müssen doppelt so gut wie Männer sein – aber zum Glück ist das nicht besonders schwierig.

Motto der Arbeitsgruppe „Naturwissenschaftlerinnen im Beruf", *2001*

Berufe verlieren an Ansehen und Macht, sobald Frauen sie ergreifen.

Germaine Greer (*1939)
austr. Autorin, 2000

Um ihren Arbeitsplatz zu behalten, muss eine Frau meist doppelt so gut sein wie ein Mann. Sie muss zudem gewillt sein, in einer feindseligen Umgebung doppelt so hart zu arbeiten wie er. Das ist eine der vielen ungeschriebenen Bedingungen in der Arbeitsplatzbeschreibung für Frauen.

Phyllis Chesler (*1941)
am. Psychologin und Autorin, 1997

In einer patriarchalischen Gesellschaft wird von den Frauen verlangt, dafür zu sorgen, dass die Männer sich wohl fühlen. Wenn man sich weigert, diese Arbeit zu tun, ist das eine Form von Widerstand.

Dale Spender (*1943)
austr. Literaturwissenschaftlerin, 1983

Wenn ich in der Zeit, in der ich Fußball spiele, putzen gehen würde, könnte ich mehr Geld verdienen. Dafür würde sich ein Bundesliga-Spieler noch nicht mal die Schuhe zubinden.

Doris Fitschen (*1968)
dt. Fußballerin, 1995

Wenn ein Mann eine Aufgabe ebenso gut erledigt wie eine Frau, dann sollte er auch ebenso viel bezahlt bekommen.

Celeste Holm (*1919)
am. Schauspielerin, 1986

Vor ein paar Jahrhunderten haben die Männer beschlossen, dass jede Arbeit, die ihnen zuwider ist, Frauenarbeit ist.

Frances A. Gabe
am. Wissenschaftlerin 1983

Ich begreife nicht, warum man über geschäftstüchtige Frauen die Nase rümpft. Meines Wissens ist Geschäftstüchtigkeit kein sekundäres Geschlechtsmerkmal.

Jane Fonda (*1937)
am. Schauspielerin

Solange nicht auch die Arbeit im Recht eines jeden Bürgers auf Autonomie und persönliche Erfüllung verankert ist, werden Frauen für das empfänglich sein, was andere für „ihre Bedürfnisse" halten.

Gloria Steinem (*1934)
am. Journalistin, Herausgeberin von „Ms" und Autorin, 1980

Die Definition für Frauenarbeit ist Scheißarbeit.

Gloria Steinem, *1974*

Es gibt nur sehr wenige Berufe, die wirklich eine Vagina oder eines Penis voraussetzen. Alle anderen sollten für jeden zugänglich werden.

Florynce Kennedy (*1916)
am. Rechtsanwältin und Bürgerrechtlerin, 1974

Die Zahl der nicht entlohnten Arbeitsstunden ist nur geringfügig niedriger als die der entlohnten. Frauen leisten zwei Drittel aller gesamtgesellschaftlichen Arbeit.

Alice Schwarzer (*1942)
dt. Journalistin, Herausgeberin von „EMMA" und Autorin, 1973

Frauen arbeiten nicht nur für Geld, sie arbeiten auch aus Liebe.

Alice Schwarzer, *1973*

Von einem Beruf als „Gatte und Vater" hat man nie gehört. Der Beruf als „Gattin und Mutter" dagegen ist in aller Munde.

Iris von Roten (1917–1990)
schweiz. Juristin und Autorin, 1958

Von tausend Menschen hat vielleicht einer ein leidenschaftliches Interesse an seiner Arbeit – einfach um der Arbeit selbst willen. Wenn dieser eine von tausend Menschen ein Mann ist, sagen wir schlicht, dass ihm leidenschaftlich viel an seiner Arbeit liegt. Ist es eine Frau, beschimpfen wir sie als Missgeburt.

Dorothy Sayers (1893–1957)
engl. Kriminalschriftstellerin, 1936

Wenn ich ein Mann wäre, hätte ich meine Bücher in Ruhe geschrieben, und eine Frau, eine Sekretärin und diverse Hausangestellte hätten mir den Rücken freigehalten. So aber, da ich eine Frau bin, muss ich meine Arbeit immer wieder wegen der Haushaltspflichten unterbrechen.

Pearl S. Buck (1892–1973)
am. Schriftstellerin und Nobelpreisträgerin, 1954

Wirtschaftlich betrachtet bilden Männer und Frauen fast zwei verschiedene Kasten; unter sonst gleichen Voraussetzungen haben die ersteren vorteilhaftere Stellungen, höhere Löhne, mehr Erfolgsaussichten als ihre neu aufgetretenen Konkurrentinnen; sie haben in der Industrie, der Politik usw. eine weit größere Zahl von Stellen inne, die wichtigsten Posten sind ihnen vorbehalten.

Simone de Beauvoir (1908–1986)
frz. Philosophin und Schriftstellerin, 1949

Wenn Männer kochen oder weben oder Puppen ankleiden oder Kolibris jagen und dies in einer Gesellschaft als angemessene Beschäftigungen für den Mann gilt, erachten Männer wie Frauen diese Tätigkeiten für wichtig. Die gleichen Tätigkeiten gelten, wenn Frauen sie erledigen, als weniger wichtig.

Margaret Mead (1901–1978)
am. Anthropologin, 1949

Intellektuelle Freiheit beruht auf materiellen Dingen. Dichtkunst beruht auf intellektueller Freiheit. Doch Frauen waren immer arm. Nicht erst seit zweihundert Jahren, sondern seit Anbeginn der Zeit. Sie hatten weniger intellektuelle Freiheit als die Söhne der Athener Sklaven. Frauen hatten also nicht die geringste Chance, Dichtung zu schreiben.

Virginia Woolf (1882–1941)
engl. Schriftstellerin, 1928

So frage ich mich, wäre *Stolz und Vorurteil* ein besserer Roman geworden, wenn Jane Austen ihr Manuskript nicht vor Besuchern hätte verstecken müssen? Ich las ein paar Seiten, um nachzusehen; aber ich konnte keinerlei Zeichen dafür finden, dass ihre Arbeitsumstände ihr Werk auch nur im mindesten beeinträchtigt hätten. Das war vielleicht das größte Wunder daran.

Virginia Woolf, *1928*

Die einzig gerechte, die einzig vernünftige, weil zweckentsprechende Teilung der Arbeit ist eine solche, die nicht dem sozialen Stande und nicht dem Geschlechte der Glieder der Gesellschaft, sondern ausschließlich ihrer individuellen Eignung gemäß ist.

Irma von Troll-Borostyáni (1849–1912)
östr. Philosophin und Schriftstellerin, *1912*

Der Mann wird beruflich höher gewertet wegen größerer Fähigkeiten, größerer Ansprüche und größerer Lasten. Die beiden letzteren Faktoren bilden die Geschlechtsprämie des Mannes, den Geschlechtszuschlag.

Käthe Schirmacher (1865–1930)
dt. Schriftstellerin und Politikerin, 1909

Gleicher Lohn für gleiche Leistung!

Slogan einer Londoner Demonstration, *1909*

Immer wenn ich höre, dass in diesem Land fünf Millionen Frauen arbeiten, ergreife ich die Gelegenheit zu sagen, dass es 18 Millionen sind – aber nur fünf Millionen einen Lohn bekommen.

Anna Howard Shaw (1847–1919)
engl. Theologin und Predigerin, 1908

Die Frauenbewegung erkennt keinerlei für den Mann privilegierte Berufe an. Die Frauenrechtsbewegung erkennt endlich kein Gesetz an, welches nach anderen Grundsätzen als dem der Leistung die dargebotene Arbeit entlohnt. Sie stellt daher aufs energischste die Forderung auf: gleichen Lohn für gleiche Leistung!

Anita Augspurg (1857–1943)
dt. Juristin, Pazifistin und Herausgeberin von „Frau und Staat", 1903

Die Frauenrechtlerinnen, die für sich selbst und für alle Frauen „männliche" Berufe beanspruchen tun dieses ja plausibler Weise aus der Erwägung heraus, dass diese Berufe bequemer, müheloser und befriedigender und obendrein noch lohnender und besser geachtet sind als die in hauswirtschaftlicher Tätigkeit beruhenden.

Anita Augspurg, *1903*

Die individuelle Neigung und Befähigung ist bei beiden Geschlechtern gleich vielseitig und verschieden. So gut wie es Männer gibt, die mit Geschmack und Geschick Putzartikel anfertigen, die jedem Pariser Atelier Ehre machen, so gut könnte ein großes strategisches Genie bei einer Frau sich offenbaren.

Anita Augspurg, *1903*

Die verkürzten Arbeitszeiten der Frau, die in verlängerter Mittagspause und in Freistunden an den Vorfesttagen bestehen, (sollen) doch nur die Fortdauer der häuslichen Arbeit der Frau im Nebenberuf zu Gunsten des Mannes gewährleisten. Denn die Annahme, dass die so ausgeschalteten Arbeitsstunden als Ruhezeit für die Frau gelten können, in denen sie mit gefalteten Händen dasitzt, ist eine blutige Ironie auf die tatsächlichen Zustände.

Anita Augspurg, *1903*

Frauen sollten gleiches Geld für gleiche Arbeit bekommen und mit der gleichen Selbstverständlichkeit für das Amt des Direktors und des Präsidenten in Frage kommen. Deshalb ist darauf zu bestehen, dass die Qualifikation, nicht das Geschlecht, über Einstellung und Gehalt entscheidet.

Susan B. Anthony (1820–1906)
am. Abolitionistin und Pionierin der Frauenbewegung, 1903

Warum soll das Weib eigentlich nicht arbeiten, nicht frei, nicht außerhalb des Hauses? „Der Organismus des Weibes sei zu zart, zu schwach und die Arbeit in den Bergwerken, den Steinbrüchen und in der Großindustrie schade der Gesundheit des Weibes und mache das Weib zur Selbstmordkandidatin!" Nun, zuerst sage ich das: Lieber eine Selbstmordkandidatin als eine Bordellkandidatin! Aber dann, diese Sophistik, diese empörende Ignoranz: Schadet denn die Hausarbeit der Gesundheit nicht, schadet sie nicht viel mehr als die Fabrikarbeit?

Johanna Elberskirchen (1857–1937)
dt. Schriftstellerin, 1898

Protest gegen jeden Versuch, den Arbeitslohn, die Arbeitszeit, die Arbeitsbeschränkung beim Weibe anders normieren zu wollen als beim Manne! Und Kampf, unerbittlichen Kampf gegen die Reaktion – Kampf bis jedes Ausnahmegesetz gefallen ist, bis jede Schranke, die das Weib vom Leben, von der individuellen und socialen Freiheit trennt, gestürzt ist!

Johanna Elberskirchen, *1898*

Die Erde reicht für alle. Bettelt nicht am 1. Mai um das, was euer Recht zu fordern ist. Geht mit gehobenem Haupt. Denkt daran, dass die Kraft ihr seid.

Louise Michel (1830–1905)
frz. Revolutionärin und Kommunardin

Die meiste unbezahlte Arbeit auf der Welt leistet die Frau. Sie wird nicht nach dem Wert der getanen Arbeit, sondern nach ihrem Geschlecht bezahlt.

Elizabeth Cady Stanton (1815–1902), Susan B. Anthony (1820–1906) und Matilda Joslyn Gage (1808–1884)
Pionierinnen der am. Pionierin der Frauenbewegung, 1881

Wer über Arbeit und Löhne gebietet, gebietet über die Moral. Deshalb brauchen wir Arbeitgeberinnen, Direktorinnen, weibliche Ausschussmitglieder und Gesetzgeberinnen. Überall dort, wohin sich junge Mädchen auf der Suche nach einer Möglichkeit, ihren Lebensunterhalt zu bestreiten, wenden, müssen Frauen sein. Und nicht nur das. Wir brauchen Predigerinnen, Anwältinnen, Ärztinnen, damit auch dort, wo Frauen – spirituellen, juristischen, ärztlichen – Rat suchen, die besten und edelsten ihres Geschlechts ihnen helfen.

Susan B. Anthony (1820–1906)
am. Abolitionistin und Pionierin der Frauenbewegung, 1875

Nie und nirgends hat man die Frau von den mühsamsten und widerwärtigsten Beschäftigungen ferngehalten, etwa aufgrund ihrer zarten Konstitution oder ihrer Schamhaftigkeit – Schranken, die aufzuführen man niemals versäumt, wo es sich um höhere und einträgliche Arbeitsgebiete handelt. Im Gegenteil, für die unteren Stände scheint der Grundsatz zu gelten: je gröber, je anstrengender die Arbeit, desto besser für die Frauen.

Hedwig Dohm (1833–1919)
dt. Philosophin und Schriftstellerin, 1874

Und wenn man mich fragt: Wo soll die Grenze sein, auf der man der Frau zurufen wird: Bis hierher und nicht weiter!, so antworte ich: Das weiß ich nicht, doch so gut der Mann stricken, nähen, kochen und weben darf, ebenso gut muss der Frau gestattet sein, Eisen zu schmieden und das Griechische zu erlernen, wie sie Lust und Kraft dazu fühlt.

Hedwig Dohm, *1873*

Dem Weibe die Arbeit, dem Mann Ehre, Amt, Würde, Bezahlung.

Johanna Loewenherz (1857–1937)
dt. Schriftstellerin, 1895

Die Frau ist zu allem berechtigt, zu dem sie befähigt ist.

Marianne Hainisch (1839–1936)
östr. Pionierin der Frauenbewegung und Pazifistin, 1870

Ich habe sehr viel gearbeitet, ebenso viel wie ein Mann, aber ich bekam nicht den gleichen Lohn. Ich arbeitete auf dem Feld und band Korn, hielt mit der Sense Schritt; doch Männer, die auch nicht mehr leisteten, bekamen doppelt soviel Geld. Wir arbeiten gleich viel, wir essen gleich viel, wir verlangen gleich viel.

Sojourner Truth (ca. 1797–1883)
am. Abolitionistin und ehem. Sklavin, 1867

Es ist meiner Meinung nach absurd, das unbezahlte Dienen als Qualifikation an sich zu sehen. Ich würde entschieden lieber eine hochbezahlte Berufslaufbahn für Frauen ermöglichen als einen religiösen Orden gründen.

Florence Nightingale (1820–1910)
engl. Krankenschwester, Reformerin des Sanitätswesens und Schriftstellerin, 1866

Ich gebe mich nicht mit wenig zufrieden. Wo du arbeitest, mein Bruder, da kann auch ich arbeiten.

Lucy N. Coleman
am. Autorin, 1863

Frauen brauchen Arbeit, um an Körper und Geist gesund zu bleiben. Sie brauchen Arbeit aus all den Gründen, aus denen auch Männer Arbeit brauchen.

Barbara Bodichon (1827–1891)
engl. Autorin, 1857

Ich habe nur selten eine Stunde, in der ich mich ungestört zum Schreiben niedersetzen kann. Männer können sich, wann immer sie schreiben wollen, tagelang mit ihren Gedanken und Büchern einschließen. Sie wissen kaum um die Schwierigkeiten, die eine Frau überwinden muss, um einigermaßen produktiv zu sein.

Elizabeth Cady Stanton (1815–1902)
am. Abolitionistin, Autorin und Pionierin der Frauenbewegung, 1853

Es ist wohl bekannt, dass Tausende, nein Millionen von Frauen in diesem Land zu der niedersten Plackerei gezwungen werden, die zu verrichten Männer sich weigern würden, und das für ein Viertel des Lohnes; und dass Tausende von ihnen sich an Arbeitsplätzen abrackern, die die öffentliche Meinung angeblich Männern vorbehält.

Jane Swisshelm (1815–1884)
am. Journalistin

Die Frau muss in der Lage sein, für ihren eigenen Lebensunterhalt zu sorgen und eine ihrer Bildung und ihrem Können angemessene, ehrbare Arbeit zu finden.

Catherine Beecher (1800–1878)
am. Pädagogin, 1851

Bildung, Erziehung und Sozialisation

Die Mädchen sind die kommende Frauengeneration, die morgen durch ihre Arbeit die Welt verändern werden. Eine Welt, in der Frauen Bürgermeisterinnen, Vorstandsvorsitzende, Gewerkschaftsführerinnen, Dirigentinnen sein werden. Sorgen Sie heute dafür, dass Mädchen morgen eine Chance haben.

Emma zum Töchtertag 1999

Ich war erst fünf, da sagten sie: Sei einfach wie Barbie. Sie haben mich kirre gemacht und aus dem Haus getrieben. Immer wieder. Ich falle tief, ich verstelle mich. Ich werde verrückt. Sie wollen mich verändern.
Aus „Breakdown"

Melissa Etheridge (*1961)
am. Musikerin, um 1999

Der Gedanke, dass man auch erfolgreich sein kann, wenn man nicht konform ist, hat mir (...) den Mut gegeben, meinen Weg fortzusetzen.

Anastacia (*1973)
am. Sängerin

Die Menschen wollten nicht hören, was sie, die Mädchen wussten.

Carol Gilligan (*1936)
am. Psychologin

„Brave" Mädchen schlagen nicht zu. Brave Mädchen achten auf ihre Manieren. Brave Mädchen sitzen mit geschlossenen Knien und versuchen, so wenig Platz im Universum zu beanspruchen wie möglich. Brave Mädchen erheben niemals die Stimme. Brave Mädchen heiraten Männer, die das an ihrer statt tun.

Phyllis Chesler (*1941)
am. Psychologin und Autorin, 1997

Die Mädchen lernen schon im Kindergarten, sich begehrenswert zu machen, weil sie ja als begehrende Subjekte nicht zugelassen sind. Dazu müssen sie die Mechanismen des Markts genau studieren: Wann sich rar machen, wann etwas sagen. Wann nicht.

Elfriede Jelinek (*1946)
östr. Schriftstellerin, 1997

Vielleicht hatten unsere Mütter Recht damit, dass man Männern nicht trauen kann. Aber der Schluss, den sie daraus zogen, war falsch. Sie versuchten, uns zu brechen und uns gegen uns selbst zu kehren. Viele Mütter lehrten ihre Töchter, der Frau die Schuld zu geben und dem Mann zu glauben – egal, was passiert war. Ganz besonders, wenn der Mann ihr Vater, Bruder oder Sohn war.

Phyllis Chesler (*1941)
am. Psychologin und Autorin, 1997

Zu meiner Zeit erzählten die älteren Frauen den jüngeren kaum, was eine Frau brauchte, um ein vollständiger Mensch zu werden, zu bleiben und als solcher zu überleben. Wenn sie es getan hätten, hätten wir schon früh verstanden, dass unsere wichtigste und größte Suche uns selbst hätte gelten sollen – nicht einem Prinzen (oder einer Prinzessin), wie traumhaft er auch sein mochte.

Phyllis Chesler, 1997

Übrigens bin ich gegen Koedukation. Mädels sollen unter sich am Computer spielen.

Hella von Sinnen (*1959)
dt. Komikerin und Fernsehmoderatorin

Das Konkurrenzverbot gehört zur jahrelangen Mädchenerziehung. Zu lernen, sich harmonisch anzupassen, eigene Wünsche hintanzustellen, Konflikte zu vermeiden, das war die erzieherische Ausrichtung, über die die Frau zur Perfekten-Gehilfin des Mannes wurde. Der Preis war ihre Entfremdung von sich selbst.

Gisela Kramer
dt. Journalistin, 1993

Wenn Männer Kinder kriegen könnten, aber nur Mädchen, und die Frauen ihre Gebärfähigkeit auf kleine Jungen beschränkten und somit alle den Nachwuchs des jeweils anderen Geschlechts zu stillen hätten, ja, dann könnte ich mir vorstellen, dass Mädchen genauso fröhlich und selbstbewusst und zuversichtlich wie Jungen wären.

Fay Weldon (*1933)
engl. Schriftstellerin, 1991

Damit ein Mädchen aus der Erziehungsmaschine herauskommt, braucht man nur Puppenstuben, Miniaturstaubsauger, Wiegen, Puppen, Make-up-Koffer, Krankenschwestern- oder Hausfrauenausrüstungen hineinzugeben. Damit ein Junge herauskommt, muss man dagegen all das wählen, was Initiative und Intelligenz anregt: Schiffe, Flugzeuge, Werkbänke, Baukästen, Anzüge für Indianerhäuptlinge, Astronauten oder Zorros.

Benoîte Groult (*1920)
frz. Schriftstellerin und Autorin, 1975

Zu sehen, wie Frauen ihr Leben selbst bestimmen und weder die Definitionen noch die Autorität von Männern akzeptieren, nur weil sie Männer sind, wird jungen Mädchen Modelle für Stärke und Durchsetzungsvermögen liefern.

Kathleen Barry
am. Soziologin und Autorin, 1979

Die Kleinfamilie ist die Schule der Werte in einer sexistischen, sexuell unterdrückten Gesellschaft. Man lernt, was man wissen muss: die Regeln, Rituale und Verhaltensweisen, die einer männlich-weiblichen Polarität und den verinnerlichten Mechanismen sexueller Unterdrückung angemessen sind.

Andrea Dworkin (*1946)
am. Soziologin und Schriftstellerin, 1974

Deshalb „verstümmeln" wir das Denken der Mädchen, wie man in China traditionell ihre Füße verstümmelte, um sie für das Eheglück zu formen. Es ist daher möglich, dass verheiratete Frauen von sich sagen, sie seien glücklich, weil sie krank sind – und nicht, dass sie krank sind, weil sie verheiratet sind.

Jessie Bernard (*1903–?)
am. Soziologin, 1972

Warum verschweigen uns unsere Mütter Vergewaltigung und Inzest, Prostitution und ihr eigenes unfrohes Leben? Obwohl ihnen doch so viele Worte zu Gebote standen, warum nannten sie uns nicht unsere Heldinnen, warum erzählten sie uns nichts von den Feministinnen und den Suffragetten, den Amazonen und den großen Müttern?

Phyllis Chesler (*1941)
am. Psychologin und Autorin, 1972

Tatsächlich ist es Ziel der weiblichen Erziehung, aus Frauen Menschen zweiter Klasse zu machen. Es genügt, dass sie sich „wie Frauen“ benehmen wobei ihre Fraulichkeit nur darin besteht, infantil und verantwortungslos zu sein, das heißt, niemals ihre Reife unter Beweis zu stellen.

Susan Sontag (*1933)
am. Schriftstellerin, 1972

Als Folge aller Entfremdungsvorgänge in Erziehung, Arbeit und Gesellschaft wird jede Persönlichkeit auf die Hälfte – und oft noch weniger – ihrer menschlichen Fähigkeit reduziert.

Kate Millett (*1934)
am. Schriftstellerin und Künstlerin

Während sie zur Frau heranwachsen, lernen alle Mädchen, Angst zu haben.

Susan Griffin (*1943)
am. Schriftstellerin, 1971

Ein Mädchen, das die Eigenschaften der Unabhängigkeit und des aktiven Strebens (der Leistungsorientierung) beibehält, wie sie für intellektuelle Leistungen unerlässlich sind, lehnt sich gegen die Konventionen geschlechtsangemessenen Verhaltens auf und muss einen Preis zahlen, einen Preis, der in Angst besteht!

Eleanor Emmons Maccoby
am. Psychologin, 1963

Wie eine primitive Kultur, die ihre kleinen Mädchen seinen Stammesgöttern opferte, so opfern wie unsere Mädchen dem Weiblichkeitswahn.

Betty Friedan (*1921)
am. Psychologin und Autorin, 1963

Man sieht daher viele kleinere und größere Töchter neben Schule und Lehre in ein Pflichtennetz verstrickt, aus dem sich nur selten für Unterhaltung, Spiel und Sport entschlüpfen lässt. Ihren Brüdern hingegen fehlt es nicht an Muße und stillschweigender Ermunterung durch die Umgebung, im Sinne des legendären Austobens tätig zu sein und unter sich eine rege Geselligkeit zu pflegen. Kein Wunder, dass sie bei doppelt und dreifach längerer Freizeit und intensivem Gemeinschaftsleben „wilder“ werden als die bei der Stange gehaltenen Mädchen.

Iris von Roten (1917–1990)
schweiz. Juristin und Autorin, 1958

Solange das Baby noch ganz klein ist, kann man mit ihm spielen. Ist es ein Mädchen, dann machen sie aus ihm eine Puppe. Später soll ihnen dann eine kleine Sklavin blindlings gehorchen.

Simone de Beauvoir (1908–1986)
frz. Philosophin und Schriftstellerin, 1949

Für gewöhnlich behelligt man den Jungen nicht damit [dem Haushalt]. Aber man erlaubt, ja man verlangt von seiner Schwester, dass sie ausfegt, abstaubt, Gemüse ausliest, einen Säugling wäscht, auf den Kochtopf aufpasst.

Simone de Beauvoir, *1949*

Mädchen haben einen ursprünglichen Drang, auf die Welt einzuwirken, und sie protestieren gegen die unterlegene Situation, zu der sie verurteilt werden. Unter anderem leiden sie darunter, dass sie nicht auf Bäume, Leitern, Dächer klettern dürfen.

Simone de Beauvoir, *1949*

Die Mädchen beklagen sich fast alle darüber, dass sie durch ihre Kleidung behindert werden, sich nicht frei bewegen können, dass sie genötigt sind, auf ihre Röcke oder ihre helle Kleidung zu achten.

Simone de Beauvoir, *1949*

Der Junge mag ehrgeizig, blöde oder schüchtern sein, er geht einer offenen Zukunft entgegen. Das Mädchen wird zur Frau, Mutter, Großmutter.

Simone de Beauvoir, 1949

Das kleine Mädchen fühlt, dass sein Körper ihm entgleitet, er ist nicht mehr der klare Ausdruck seiner Individualität. Er wird ihr fremd. Und im gleichen Augenblick wird sie von dem Andern als ein Ding erfasst. Auf der Straße folgt man ihr mit den Augen, es fallen Bemerkungen über ihren Körperbau. Sie möchte sich unsichtbar machen.

Simone de Beauvoir, 1949

Schickt die Frauen in die Welt hinaus und lasst den Mann ins Haus hinein. Das sollte das Ziel von Bildung und Erziehung sein. Das Haus braucht den Mann und die Welt braucht die Frau.

Pearls S. Buck (1892–1973)
am. Schriftstellerin und Literaturnobelpreisträgerin, 1941

Statt den Mädchen Selbstvertrauen und Mut einzuflößen, pflanzt sie ihnen die Blickrichtung auf die traditionelle Frauenrolle ein. Da diese aber eine zweitrangige Rolle ist, bewirkt die Erziehung zur Weiblichkeit Angst vor der Weiblichkeit oder Revolte gegen sie.

Alice Rühle-Gerstel (1894–1943)
dt. Psychologin, 1932

Ein Mädchen ist vom Haus fortgelaufen, hat sich ein wenig verirrt, wird schließlich zu den besorgten Eltern zurückgebracht: „Herumtreiberin! Mädchen haben zu Hause zu bleiben, verstanden? Mutter, lass mir die Hanne nicht mehr zum Spielen herunter!“ – Ein Junge ist von zu Hause fortgelaufen, weit bis in den Wald, der Gendarm bringt ihn zurück, zerkratzt, zerbeult, mit rotem Kopf, Trotz in Tränen. Es gibt Prügel und Schelte, aber hinterher sagt der Vater (in Gegenwart des Knaben): „Ja, das steckt halt so in den Männern drin, der Hang zur Weite, der Eroberungstrieb – gell, mein kleiner Kolumbus?“

Alice Rühle-Gerstel, 1932

Ich bin überzeugt, dass wir eine ganz andere Mädchenerziehung hätten, wenn die Ehe nicht wäre.

Gertrud Baer (1890–1981)
dt. Journalistin und Pazifistin

Schon beim Kleinkind werden Unterschiede gemacht: beim Mädel wird Wert auf Kleidung und Putz gelegt, während der Junge ungezwungen herumlaufen darf. Man gibt dem Kind gar keine Gelegenheit, es sich nach Neigung zu wählen, sondern schenkt dem Mädchen von vornherein Puppen, Puppenstuben und -küchen, Handarbeitskästen usw. Der Junge dagegen bekommt technisches Spielzeug wie Baukästen, Eisenbahnen, Pferde, Wagen, wenn er auch mehr Gefallen an anderen Dingen hat.

Carla Verständig
dt. Universitätsturn- und -sportlehrerin, 1927

Bei ihm werden Gefühlsäußerungen immer zu unterdrücken gesucht. Er darf nicht weinen, wenn er Schmerzen hat. Beim Mädel dagegen wird es erwartet. Ja, es wird besonders liebevoll behandelt, wenn es bei traurigen Geschichten in Tränen ausbricht. Dem gefühlsmäßig veranlagten Knaben wird dagegen gesagt, *er* werde nie ein „Mann“ also einer der Herrschenden, wenn er solche Gefühlsäußerungen nicht meistere. So werden an beiden Geschlechtern entgegengesetzte Eigenschaften herausgebildet, die durch den dauernden Einfluss der Geschlechter wirklich eine Umstellung hervorrufen können.

Carla Verständig, 1927

Das Leben als Kind und als Mädchen hatten sie Geduld, Hoffnung und Schweigen gelehrt – und ihr das Geschick einer Gefangenen geben, diese Tugenden als Waffen einzusetzen.

Sidonie-Gabrielle Colette (1873–1954)
frz. Schriftstellerin, 1920

Kein Mann ist imstande, die weibliche Vernunft zu begreifen. Deshalb gilt sie als Unvernunft.

Eleonore Duse (1859–1924)
it. Schauspielerin

Die Frau hat den Kampf um die Bildung erst dann gewonnen, wenn sie ihr die gleichen Vorteile bringt, die sie dem Mann zu Füßen legt; wenn sie ihr Ehre, Respekt und Brot verschafft; wenn ihre Position das rechtmäßige Erbe ihrer Fähigkeiten ist, und gesellschaftlicher Einfluss auf die Kenntnis der Mathematik und der Sprachen folgt.

Caroline Wells Dall (1822–1912)
am. Abolitionistin und Autorin, 1914

Unfreiheit hängt überall mit Unbildung so eng zusammen, dass das beste Mittel zum Festhalten der Gefesselten stets darin bestand, sie so viel als möglich in Unwissenheit zu belassen. Daher der instinktive Widerwille gegen weibliches Wissen von Seiten der Männer; gegen die Bildung der niederen Klassen von Seiten der hohen; gegen Aufklärung überhaupt von Seiten der Priester, dieser Gefängniswärter der Vernunft."

Bertha von Suttner (1843–1914)
östr. Schriftstellerin und Pazifistin

Diese willkürlich, aber schlau erfundene Einteilung männlicher und weiblicher Eigenschaften wurde durch Jahrhunderte von den Männern so lange gepredigt und der Frau Erziehung suggeriert, bis die domestizierten Weibchen sie gläubig anbeteten, ohne der vielen lebendigen Gegenbeweise zu achten.

Lida Gustava Heymann (1868–1943)
dt. Autorin, Pazifistin und Herausgeberin von „Die Frau im Staat"

Erziehung und Bildung sind menschliche Vorgänge und sollten daher menschliche, nicht geschlechtsspezifische Eigenschaften entwickeln.

Charlotte Perkins Gilman (1860–1935)
am. Philosophin, Ökonomin und Schriftstellerin, 1911

Ein Schlittern, etwa auf dem Rinnstein, war ein Bubenstreich. Selbst der Schneeball musste verstohlen, mit bösem Gewissen, von Mädchenhänden geworfen werden. Mit unaussprechlicher Bitterkeit denke ich an jene Zeit physischer und geistiger Hemmungen zurück, die jedes begabtere weibliche Geschöpf, das geboren wurde, ein ganzer Mensch zu werden, zu einem automatenhaften Gebilde verkrümmten, zermürbten.

Hedwig Dohm (1833–1919)
dt. Philosophin und Schriftstellerin, 1910

Während der Knabe seinen natürlichen Bewegungstrieben folgen und nach Herzenslust in frischer, kräftiger Luft sich austummeln darf, muss das Mädchen, eingepfercht in physiologisch geradezu unmögliche Kleidungsstücke, still im Hause und seiner sauerstoffarmen, toten Luft sitzen und darf sich nur in sittsamen Schrittchen ergehen.

Johanna Elberskirchen (1857–1937)
dt. Schriftstellerin, 1907

Das Mädchen wird von allem abgeschlossen, was seine natürlichen, körperlichen und geistigen Anlagen frei und natürlich entwickeln könnte.

Johanna Elberskirchen,
1907

Die Methode der weiblichen Erziehung ist darauf gerichtet, einen selbständigen Entwicklungsprozess hintanzuhalten; sie ist eine Methode der Unterdrückung, der Einschüchterung, der künstlichen Wachstumsverhinderung.

Rosa Mayreder (1858–1938)
östr. Philosophin, Schriftstellerin und Herausgeberin der „Dokumente der Frauen“,
1905

Das wohlerzogene Mädchen wird so weit eingeschüchtert, dass es keinen eigenmächtigen Schritt zu tun vermag; sein Weg in den gebenedeiten Hafen der Ehe ist ein Spießrutenlaufen zwischen zahllosen Möglichkeiten, Anstoß zu erregen, etwas zu tun, „was sich nicht schickt“. Und die Furcht vor der Unschicklichkeit besitzt nur deshalb eine so große Macht in der weiblichen Psyche, weil sie zum Hintergrund die Vorstellung der schönen Weiblichkeit hat, des Musterbildes, von dem abzuweichen eben schon als Entartung gilt.

Rosa Mayreder,
1905

Als ich, fünfzehnjährig, aus der Schule kam, wurde ich im Hause zu Handarbeiten angehalten. Noch sehe ich den Teppich vor mir, an dem ich Tag für Tag arbeiten musste. Und während ich Stich für Stich zählte, sah ich immer nach der Uhr, horchte, ob nicht plötzlich jemand eintreten würde, mich fortzuholen. Irgendwohin, wo es keine wilden Brüder gab, aber zärtliche Mütter, keinen Teppich mit knalligen Blumen, aber Bücher, Berge von Büchern.

Hedwig Dohm (1833–1919)
dt. Philosophin und Schriftstellerin

Ebenso wie Energie, Freude an der Arbeit, Ehrgeiz, Rohheit und Genusssucht Resultate der männlichen Erziehung sind, so sind Sentimentalität, Furchtsamkeit, Mangel an Denk- und Körperkraft Resultate der weiblichen Lage und Erziehung.

Hedwig Dohm,
1876

Jede Frau wird von frühester Jugend an erzogen in dem Glauben, das Ideal eines weiblichen Charakters sei ein solcher, welcher sich im geraden Gegenteil zu dem des Mannes befinde; kein eigener Wille, keine Herrschaft über sich durch Selbstbestimmung, sondern Unterwerfung, Fügsamkeit und Bestimmung anderer.

Harriet Mill Taylor (ca. 1807/08–1858)
(mit Stuart Mill, 1806–1873)
engl. Philosophin und Autorin, 1869

Tausende von Mädchen werden mit geschickten Fingern geboren. Tausende von Mädchen haben Muskeln, mit denen sie die Arbeit der Welt ebenso gut verrichten können wie ein Mann. Und Tausende von Männern werden verweichlicht und schwach geboren.

Frances D. Gage (1808–1884)
am. Abolitionistin und Autorin,
1867

Wir müssen beizeiten sehen, dass die Jungen im Nähen unterrichtet werden. Ich finde keinen Grund, warum Knaben stets umherschweifen sollen, ohne etwas zu tun, allen im Wege stehen und sich langweilen, während die überbeschäftigten Schwestern daheim für die Brüder nähen und flicken.

Elizabeth Cady Stanton (1815–1902)
am. Abolitionistin, Autorin und Pionierin der Frauenbewegung

Das ist die große Schwierigkeit bei der Erziehung der Frau: Sie an einen Punkt zu führen, an dem sie von ganz allein Selbstachtung entwickelt und lernt, sich selbst zu helfen.

Caroline Wells Dall (1822–1912)
am. Abolitionistin und Autorin, 1856/1862

Die Art und Weise, wie dem Mädchen aller Mut und alles Selbstvertrauen aberzogen wird, wie man ihr ihren Lebensweg voller überhaupt nicht existierender Gefahren und Schwierigkeiten ausmalt, stimmt zutiefst melancholisch. Es ist bei weitem besser, gelegentlich Kränkungen zu erleiden oder lieber gleich zu sterben, als das Leben eines Feiglings zu führen oder sich nie ohne Beschützer zu bewegen. Der beste Schutz jeder Frau, der ihr zu allen Zeiten und an allen Orten zur Verfügung steht, ist Mut; den muss sie selbst durch ihre Erfahrung gewinnen, und Erfahrung wiederum entsteht, wenn wir uns nicht verkriechen.

Elizabeth Cady Stanton (1815–1902)
am. Abolitionistin, Autorin und Pionierin der Frauenbewegung, 1851

Mögen sich sowohl Körper als auch Seele eines Mädchens vollständig entfalten, und nicht wie ein Stück Lehm nach einem künstlichen Bild geformt werden. Möge ihnen stattdessen die Freiheit gewährt werden, zu sein, zu wachsen, zu fühlen, zu denken, zu handeln. Entwicklung ist eine Sache, jenes Erziehung genannte System des Einschränkens, Beschränkens, Quälens, Verdrehens und Täuschens eine andere.

Elizabeth Cady Stanton, *1851*

Fangt mit den Mädchen von heute an, und wir werden dieses Volk innerhalb von zwanzig Jahren revolutionieren. Die Frau muss eine freie und ungehemmte Kindheit haben. Das Mädchen muss tollen und spielen dürfen; ihre Kleider müssen denen des Jungen ähneln, damit sie sich jederzeit im Freien aufhalten und ungehindert alle Sportarten ausüben kann. Lehrt sie, bei Tag und Nacht – und wenn es sein muss, allein – einsame Straßen zu beschreiten oder durch die belebten Gassen einer übervölkerten Metropole zu gehen.

Elizabeth Cady Stanton, *1851*

Gebt ihr die gleichen Möglichkeiten wie dem Mann, öffnet die Türen der Universitäten und naturwissenschaftlichen Hochschulen und lasst sie eintreten. Lehrt sie, dass sie zu Höherem geboren wurde, als einen Salon zu schmücken oder bloßes Spielzeug des Mannes zu sein.

Amelia Bloomer (1818–1894)
am. Herausgeberin von „The Lily", 1851

Ihr Eltern, ich flehe euch an: Wollt ihr eure Töchter lediglich zur Ehe erziehen? Wollt ihr, dass sie jener ungesunden Sentimentalität, jener weibischen Schwäche anheimfallen, die von einem Besitz ergreifen, wenn man sein ganzes Leben auf diese eine Vorstellung ausrichtet?

Paulina Wright Davis (1813–1876)
am. Journalistin, 1850

Ich würde kein Mädchen in die Welt hinausschicken, ungeschützt vor ihren Tücken und in Unkenntnis der Fallstricke, die ihren Weg säumen werden. Noch würde ich sie beschützen und bewachen, bis sie ihre Selbstachtung und ihr Selbstvertrauen verloren hätte und damit auch die Kraft und den Willen, auf sich selbst aufzupassen.

Anne Brontë, (1820–1849)
engl. Schriftstellerin, 1848

Erzieht die Frau zum Widerstand!

Susan B. Anthony (1820–1906)
am. Abolitionistin und Pionierin der Frauenbewegung

Hat die Frau einen Willen? Darf sie ihn haben, ihn äußern? Von der Wiege an wird er gebrochen, unterdrückt, wird sie geübt in Fügsamkeit und Nachgiebigkeit, werden ihr diese Tugenden als die vorzüglichsten ihres Geschlechts gepriesen, und anmutige Geschmeidigkeit als die höchste Grazie zugerechnet.

Ida Hahn-Hahn (1805–1880)
dt. Schriftstellerin und Orientreisende, 1846

Schickt die Mädchen auf die Universität und die Knaben in die Nähschule und Küche: Nach drei Generationen werdet ihr wissen, ob es unmöglich ist, und was es heißt, die Unterdrückten zu sein.

Ida Hahn-Hahn, *1845*

Bei uns schnürt man den Mädchen den Charakter zusammen, dass er so unentwickelt bleibt, dass bei ihm nie von Selbststehen und Fortschreiten die Rede sein kann – was bei uns die Schönheit der Weiblichkeit heißt, ist meist eine solche Verkrüppelung geistiger freier Anlagen.

Louise Otto-Peters (1819–1895)
dt. Schriftstellerin, Herausgeberin der „Frauen-Zeitung" und Pionierin der Frauenbewegung, 1844

Der größte und am weitesten verbreitete Fehler ist es, den Mädchen beizubringen, der Ehe eine übertriebene Bedeutung beizumessen.

Mrs. Child (1802–1880)
am. Autorin und Reformerin, 1832

Ich beklagte oft, wie wenig Aufmerksamkeit die körperliche Ertüchtigung in der Erziehung der Frau gemeinhin erfährt. Wer den Körper stärkt, stärkt auch den Geist.

Frances Wright (1795–1852)
schott.-am. Schriftstellerin und Reformerin, 1821

Ihre Aufgabe ist klar. Wenn sie eine Tochter haben, tragen sie Sorge für einen Menschen. Gleiches gilt für einen Sohn. Mögen sie diese Menschen unter den ausgebreiteten Schwingen der Freiheit erziehen.

Frances Wright, *1829*

In diesem Zeitalter der Erneuerung ist das Experiment mit dem vielleicht größten Einfluss auf Charakter und Glück unserer Gesellschaft das, den Frauen die Vorzüge einer systematischen und umfassenden Erziehung und Bildung zu gewähren.

Sarah Josepha Hale (1788–1879)
am. Journalistin, 1828

Kurz, das Wesen der weiblichen Erziehung (der Erziehung der höheren Gesellschaftsklassen) ist ein solches, dass die bestveranlagte Frau romantisch und unbeständig werden muss, der Rest wird eitel und schlecht.

Mary Wollstonecraft (1759–1797)
engl. Philosophin, Schriftstellerin und Pionierin der Frauenbewegung, 1792

Ich bin überzeugt, dass wenn die Mädchen so wie die Knaben erzogen würden, wären sie wohl nicht länger „die süßen Blumen, die dem Mann auf seinem Lebensweg anlächeln", aber sie würden achtungswerte Glieder der menschlichen Gesellschaft, die mit Vernunft ihre Pflichten zu erfüllen verstünden.

Mary Wollstonecraft, *1792*

Nach meinen Erfahrungen kann ich nur behaupten, dass wenn der Geist der kleinen Mädchen nicht durch Untätigkeit gedrückt und ihre Unschuld durch falsche, unnatürliche Scham befleckt wird, sie immer wilde Rangen sein werden, denen Puppen keinen Eindruck macht. Ich gehe so weit zu behaupten, dass alle Frauen meines Kreises, die als vernünftige Wesen lebten, das taten, was die andern als wild, unweiblich oder emanzipiert bezeichneten.

Mary Wollstonecraft, *1792*

Geht man davon aus, dass die Frau nicht nur erschaffen wurde, um die Lust des Mannes zu befriedigen oder seine erste Dienstmagd zu sein, die ihm die Mahlzeiten kocht und seine Wäsche wäscht, so folgt daraus zwingend, dass es die oberste Pflicht jener Mütter und Väter sein sollte, die wirklich Wert auf die Bildung der Frau legen, die Natur ihrer Töchter nicht durch falsche Vorstellungen von Schönheit und weiblichen Vorzügen zu zerstören.

Mary Wollstonecraft, *1792*

Kann man denn sagen, dass die Urteilsfähigkeit eines zweijährigen Knaben reifer ist als die eines Mädchens im gleichen Alter? Ich glaube, das Gegenteil wird im allgemeinen beobachtet. Aber von diesem Zeitpunkt ab – welche Parteilichkeit! Wie wird der eine durch die gegensätzlichen Erziehungssysteme in den Himmel gehoben, der andere niedergedrückt!

Judith Sargent Murray (1751–1820)
am. Autorin, 1790

Die Mädchen und Frauen sind eingeschränkt, werden durch missbilligende Äußerungen eingeschüchtert, und nicht hin zu den Musen, sondern weg von ihnen gedrängt; Lachen und Spott, das sein Opfer nie verfehlende Schreckgespenst, werden aufgeboten, um sie vom Baum der Erkenntnis fernzuhalten.

Mary Astell (1666–1731)
engl. Philosophin, Schriftstellerin und Pionierin der Frauenbewegung, 1694

Von frühester Kindheit an wird Frauen der Erwerb jener guten Eigenschaften verwehrt, deren Fehlen man später tadelt, und werden in ihnen jene Laster genährt, die man ihnen später vorwirft.

Mary Astell, *1694*

Wenn man Frauen lediglich lehrt zu tanzen, sich die Gesichter zu schminken, das Haar zu locken und bunte Kleidung zu tragen, dann ist das nicht, um Frauen zu schmücken, sondern um ihre Körper zu vergewaltigen.

Bathsua Makin (ca. 1612–1674)
engl. Pädagogin und Reformerin, 1673

Wenn die Damen seltener als die Männer Hervorragendes leisten, dann liegt das nur daran, dass ihnen keine gute Bildung zuteil wurde.

Marie le Jars de Gournay (ca. 1565/66–1645)
frz. Schriftstellerin, 1622

Wenn es Brauch wäre, die kleinen Mädchen in die Schule zu schicken, und man sie gemeinhin lernen ließe, was man die Knaben lehrt, so würden sie es ebenso erfassen und die Künste und Wissenschaften bis ins Feinste verstehen, so wie jene es tun!

Christine de Pizan (1365– ca. 1430)
it. Philosophin, Schriftstellerin und Pionierin der Frauenbewegung, 1404/05

Ehe

Ich bin nicht verärgert über meine Scheidung, nur darüber, dass ich keine Witwe geworden bin.

Roseanne Barr (*1952)
am. Schauspielerin, 1995

Das Wort Ehemann bedeutet Herr. Frauen aller Schichten müssen ihren Ehemann als Herrn und Meister anerkennen.

Taslima Nasrin (*1962)
banglad. Ärztin und Schriftstellerin

Das Problem bei einigen Frauen ist, dass sie wegen „Nichts" in Aufregung geraten – und ihn dann sofort heiraten.

Cher (*1946)
am. Schauspielerin und Sängerin, 1983

In der Ehe ist man angekettet, sie ist eine Verpflichtung.

Brigitte Bardot (*1934)
frz. Schauspielerin

Ehe und Prostitution sind individuelle Erfahrungen, aber gleichzeitig Institutionen. Sie sind, genau besehen, die Hauptinstitutionen, durch welche Sex vermittelt wird und in welchen sexuelle Sklaverei praktiziert wird.

Kathleen Barry
am. Soziologin und Autorin, 1979

Ich erinnere mich klar und deutlich an den Tag nach meiner Hochzeit: Ich wischte den Boden.

Adrienne Rich (*1929)
am. Schriftstellerin, 1976

Ob ich noch einmal heiraten würde? Nur wenn ich einen Mann finde, der 15 Millionen Dollar hat, mir die Hälfte davon vor der Hochzeit überschreibt und garantiert, innerhalb eines Jahres zu sterben.

Bette Davis (1908–1989)
am. Schauspielerin

Wir sahen immer deutlicher, dass die Institution der Ehe die Frauen in gleicher Weise „schützt", wie man früher behauptete, die Institution der Sklaverei „schütze" die Schwarzen – dass nämlich das Wort „Schutz" nur ein Euphemismus für „Unterdrückung" ist.

Sheila Cronan
am. Kritikerin, 1973

Die Institution der Ehe macht die Frau zum Parasiten, zu einem völlig abhängigen Geschöpf. Sie macht sie unfähig für den Lebenskampf, vernichtet ihr gesellschaftliches Bewusstsein, lähmt ihre Fantasie und stellt sie dann unter ihren großzügigen Schutz, der in Wirklichkeit eine Falle, eine Verhöhnung der menschlichen Natur ist.

Phyllis Chesler (*1941)
am. Psychologin und Autorin, 1972

Nie sind wir uns unserer Einsamkeit grausamer bewusst als in der Nähe eines Menschen, der aufgehört hat, mit uns zu kommunizieren. Viele Ehefrauen, die auf die Rückseite der Zeitung ihres Mannes starren oder seinem Atem im Bett neben sich lauschen, sind einsamer als eine alte Jungfer in einem gemieteten Zimmer.

Germaine Greer (*1939)
austr. Schriftstellerin, 1971

Selbstaufgabe ist das Leitmotiv der meisten Ehespielchen, die Frauen spielen.

Germaine Greer, *1971*

Man muss sich endlich einmal die Frage stellen, warum sich die männlichen Klagen über die Ehe, verbunden mit einer Verhöhnung und Verspottung des weiblichen Geschlechts, durch die Jahrhunderte hinziehen, von Aristoteles bis Weiniger und zum Universitätsprofessor 1968, ohne dass der Mann je seine politische und ökonomische Macht dazu ausgenutzt hätte, diese Institution abzuschaffen.

Karin Schrader-Klebert
1969

Eine geschiedene Frau: eine Frau die geheiratet hat, um nicht mehr arbeiten zu müssen, und jetzt arbeitet, um nicht mehr heiraten zu müssen.

Anna Magnani (1908–1973)
it. Schauspielerin

Wenn es nach den Männern ginge, gäbe es wahrscheinlich tatsächlich keine Ehe – siehe Neue Linke – und es ist auch wahr, dass gewöhnlich die Frauen auf der gesetzlichen Regelung der Ehe bestehen. Unerwähnt bleibt allerdings, dass die Männer so oder so all die Dienste von den Frauen verlangen und beanspruchen, für die sie mit der Eheschließung bezahlen. Und wenn sie diese Dienste umsonst bekommen können – da denken sie wie jeder freie Unternehmer – ist ihr Gewinn umso größer.

Ti-Grace Atkinson (*1939)
am. Autorin, um 1969

Dann verlässt du ein Standesamt, ein paar Stunden später fällt eine Wohnungstür hinter dir zu, jemand hebt dich auf, nachdem das Schloss eingeschnappt ist, du lachst mit jemandem, als wäre der Welt damit ein wunderbarer Streich gespielt worden mit diesem Türzufallen, dem Namenswechsel, du denkst keinen Augenblick, er könnte dir gespielt worden sein und schon einigen vor dir.

Ingeborg Bachmann (1926–1973)
östr. Schriftstellerin

Die Ehe ist eine unmögliche Institution. Sie ist unmöglich für eine Frau, die arbeitet und die denkt und selber etwas will.

Ingeborg Bachmann

Das ist einer der Gründe, warum ich niemals heiraten wollte. Keinesfalls wollte ich unendliche Sicherheit und ein Ort sein, von dem aus ein Pfeil fortfliegt. Ich wollte Veränderung, Aufregung und selbst in alle Richtungen fliegen, wie die farbigen Strahlen einer Rakete.

Sylvia Plath (1932–1963)
am. Schriftstellerin, 1963

Haushaltsfron der Frau ist der integrierende Bestandteil der Ehe unseres Kulturkreises, ist praktisch ihre Essenz.

Iris von Roten (1917–1990)
schweiz. Juristin und Autorin, 1958

Die männerherrschaftliche Ehe als Patentmittel zur Befriedigung aller weiblichen Ansprüche bringt es mit sich, dass mit der Befugnis der Frauen, ihre Sexualität zu betätigen – wenn auch etwas einseitig – in der Regel die Pflicht verbunden ist, lebenslang für einen Mann Socken zu flicken, Betten zu machen, drei Mahlzeiten täglich zu kochen und dasselbe für seine Nachkommen zu tun.

Iris von Roten, *1958*

Die Ehe ermuntert den Mann zu einer launenhaften Herrschsucht. All seinen Groll, der sich in seiner Jugend, sein ganzes Leben lang täglich zwischen anderen Männern angesammelt hat, deren Gegenwart ihn bremst und verletzt, entlädt er zu Hause, indem er seiner Frau seine Autorität aufzwingt. Mit strenger Stimme erteilt er seine Befehle, oder er schreit, schlägt auf den Tisch. Er ist von seinen Rechten so sehr überzeugt, dass die geringste Autonomie, die sich seine Frau erlaubt, ihm wie eine Auflehnung vorkommt. Am liebsten möchte er ihr das Atmen ohne ihn verbieten.

Simone de Beauvoir (1908–1986)
frz. Philosophin und Schriftstellerin, 1949

Die Ehe verdoppelt die familiären Verpflichtungen und den gesellschaftlichen Ballast.

Simone de Beauvoir

Die Ehe sollte der Zusammenschluss zweier vollständiger, voneinander unabhängiger Individuen sein, nicht Rückzug, Annektierung, Heilmittel.

Simone de Beauvoir, *1949*

Es wurde gesagt, die Ehe mache den Mann klein, und oft genug trifft das zu. Fast immer aber vernichtet sie die Frau.

Simone de Beauvoir

Zwischen der spirituell entwickelten Frau unserer Zeit und Männern, die ihr in sexueller Hinsicht in ihrem Denken und in ihrem Handeln unterlegen sind, kann es keine Ehe geben.

Christabel Pankhurst (1880–1958)
engl. Rechtswissenschaftlerin und Autorin, 1913

Es wird oft gesagt, die Ehe diene dem Schutz der Frau, doch in ihrer gegenwärtigen Form ist sie ihr meist Gefängnis und Demütigung zugleich.

Lucy Re-Bartlett
engl. Autorin, 1912

Die Frau muss auch in der Ehe Herrin ihres eigenen Körpers bleiben.

Katharina Scheven (1861–1922)
dt. Autorin und Herausgeberin von „Der Abolitionist", 1908

Die Ausbeutung durch den Arbeitgeber war wenig erfreulich, aber die durch den Ehemann geradezu verzweiflungsvoll. Was ich früher instinktiv ahnte, wurde hier zu lebendigen Erkenntnis: Nur von Ausnahmen abgesehen, besteht zwischen Männern und Frauen in den wichtigsten Dingen intimer Lebensgemeinschaft ein abgrundtiefer, kaum überbrückbarer Zwiespalt.

Lida Gustava Heymann (1868–1943)
dt. Autorin, Pazifistin und Herausgeberin von „Die Frau im Staat"

Die Ehe – die vom Staat sanktionierte Tyrannei.

Alma Mahler-Werfel (1879–1964)
östr. Komponistin und Musikwissenschaftlerin

Für eine Frau von Selbstachtung, welche die gesetzlichen Wirkungen der bürgerlichen Eheschließung kennt, ist es nach meiner Überzeugung unmöglich, eine legitime Heirat einzugehen. Ihr Selbsterhaltungstrieb, die Achtung vor sich selbst und ihr Anspruch auf die Achtung des Mannes lässt ihr nur die Möglichkeit einer freien Ehe offen.

Anita Augspurg (1857–1943)
dt. Juristin, Autorin, Pazifistin und Herausgeberin von „Die Frau im Staat", 1905

Bin ich erwachsen, so gründe ich eine Erziehungs- und Besserungsanstalt für Ehemänner.

Anita Augspurg, *1904*

Ich halte es nicht nur für das gute Recht, sondern sogar für die Pflicht der sittlich hochstehenden Frau, die freie Ehe zu wählen.

Anita Augspurg, *1904*

Man fühlt in der Ehe doppelt das Unverstandensein, weil das ganze frühere Leben darauf hinausging, ein Wesen zu finden, das versteht. Und ist es vielleicht nicht doch besser ohne diese Illusion, Aug' in Auge einer großen einsamen Wahrheit? – Dies schreibe ich in mein Küchenhaushaltsbuch am Ostersonntag 1902, sitze in meiner Küche und koche Kalbsbraten.

Paula Modersohn-Becker (1876–1907)
dt. Malerin, 1902

Es ist meine Erfahrung, dass die Ehe nicht glücklicher macht. Sie nimmt die Illusion, die vorher das ganze Wesen trug, dass es eine Schwesterseele gäbe.

Paula Modersohn-Becker,
um 1902

Schafft die Ehe ab, führt die freie Bindung ein, in der jedes Geschlecht die gleiche Stimme hat, und macht die Liebe zum einzigen Gesetz im Miteinander der Geschlechter.

Arabella Dennehy, *1899*

Um unsere bisherigen Ehegesetzgebungen kurz zu charakterisieren, so stehen dieselben durchweg auf dem Standpunkt, dasjenige Maß an Unrecht zu normieren, welches man, ohne mit ihnen in Konflikt zu geraten, seiner Ehefrau zufügen darf.

Anita Augspurg (1857–1943)
dt. Juristin, Autorin, Pazifistin und Herausgeberin von „Die Frau im Staat", 1895

Der Mann, der mich heiratet, muss auch meine Kunst heiraten, ehren und lieben – nicht tolerieren!

George Eliot (1819–1890)
engl. Schriftstellerin, 1876/77

Die Ehe muss für die Frau wie für den Mann Luxus, nicht Notwendigkeit sein. Ein Ereignis in ihrem Leben, nicht ihr ganzes Leben.

Susan B. Anthony (1820–1906)
am. Abolitionistin und Pionierin der Frauenbewegung, 1875

Die Ehe, in den meisten Fällen nichts weiter als legalisierte Prostitution.

Elizabeth Cady Stanton (1815–1902)
am. Abolitionistin, Autorin und Pionierin der Frauenbewegung

Die Frauen sollten zur Selbständigkeit befähigt werden, sie sollten es nicht nötig haben, sich durch eine Versorgungsehe zu entwürdigen.

Louise Otto-Peters (1819–1895)
dt. Schriftstellerin, Herausgeberin der „Frauen-Zeitung" und Pionierin der Frauenbewegung

Wollen Sie etwa von den Pflichten der Gattin im Ehegemach reden? Der Ritt des Mazeppa! Man bindet uns an eine wilde Pflicht, sie schleift uns zu Tode, einem moralischen Tode, zu Tode vor allem die so viel besungene holde, weibliche Scham, natürlich zu einem – legitimen Tode.

Hedwig Dohm (1833–1919)
dt. Philosophin und Schriftstellerin

Aber was hat man aus der Ehe gemacht? Ein Ding, bei dessen Nennung wohlerzogene Mädchen die Augen niederschlagen, über das Männer witzeln und Frauen sich heimlich lächelnd ansehen. Die Ehen, die ich täglich vor meinen Augen schließen sehe, sind schlimmer als Prostitution.

Fanny Lewald (1811–1889)
dt. Schriftstellerin, 1872

Man sollte die Frau daran erinnern, dass sie mit der Eheschließung viele Freiheiten aufgibt. Ihre Gewohnheiten, ihr Umfeld, ihre Ziele – manchmal sogar ihre Freundschaften – müssen den seinen weichen.

Maria Grey, Emily Shireff (1814–1897)
engl. Pionierinnen der Mädchenerziehung, 1871

Die Herrschaft des Mannes der Frau gegenüber ist eine mildere geworden, aber die Ehe ist noch immer eine fast absolute und gesetzlich garantierte Herrschaftsform des Mannes, und das junge heiratsfähige Mädchen ist auch heut nicht viel mehr als eine Ware, die besichtigt, behandelt und gekauft wird.

Hedwig Dohm (1833–1919)
dt. Philosophin und Schriftstellerin, 1876

Auf Grund ihres niedrigen Lohns sind viele Frauen versucht, für ein Dach über dem Kopf zu heiraten.

Virginia Penny, *1869*

Ich erhebe Einspruch gegen die Lehren der Kirche in dieser Frage [der Ehe]. Ihre Auslegung der Bibel, die den Mann zum Gebieter der Frau macht, und die Form der Eheschließung, bei der die Frau wie Handelsware weggegeben und gezwungen wird, ihrem Meister wie eine Sklavin Gehorsam zu schwören, sind für mein Geschlecht gleichermaßen erniedrigend.

Elizabeth Cady Stanton (1815–1902)
am. Abolitionistin, Autorin und Pionierin der Frauenbewegung, 1869

Die Ehe war schon immer eine einseitige, höchst ungerecht auf die Geschlechter verteilte Angelegenheit. Der Mann gewinnt alles – die Frau verliert alles. In ihm herrschen das Gesetz des Tyrannen und die Lust – für sie geziemt sich allein sanfte Unterwerfung und beflissener Gehorsam. Die Frau wurde nie gefragt. Hinsichtlich der Bedingungen des Ehevertrags wurden ihre Wünsche nie in Betracht gezogen.

Susan B. Anthony (1820–1906)
am. Abolitionistin und Pionierin der Frauenbewegung, 1860

„Goldene Regeln für die Ehefrau" –"Die Pflichten der Ehefrau" – Ach, wie sind wir solche Artikel leid! Warum verfassen unsere weisen Redakteure zur Abwechslung nicht auch einmal ein paar „goldene Regeln" für Ehemänner?

Amelia Bloomer (1818–1894)
am. Herausgeberin von „The Lily" und Erfinderin der „Bloomers"

Nun wird gesagt werden, dass ein Ehemann für seine Frau sorgt, oder mit anderen Worten, ihr Nahrung, Kleidung und Obdach gibt! Ich wünschte ich wäre in der Lage, allen Menschen hier deutlich zu machen, wie erniedrigend diese Vorstellung ist. Ja, er sorgt für sie, doch das tut er auch für sein Lieblingspferd; vor dem Gesetz sind beide sein Eigentum. Beide können, wenn die Grausamkeit ihres Besitzers sie dazu zwingt davonzulaufen, vom starken Arm des Gesetzes zurückgebracht werden, und laut englischem Gesetz dürfen beide am Halfter zum Marktplatz geführt und verkauft werden.

Ernestine Louise Rose (1810–1892)
poln.-am. Frauenrechtlerin, 1851

Ich protestiere gegen die Ehe, die eine Versklavung der Frau ist. Ich für meinen Teil verlange die absolute Gleichstellung der Geschlechter.

Jeanne Deroin (1805–1894)
frz. Sozialistin und Autorin, 1850

Die Ehe ist nur vor der Heirat angenehm.

George Sand (1804–76)
frz. Schriftstellerin

Alle Verhältnisse der Frauen schienen mir beleidigend und unstatthaft, vor allem aber erschien mir die Ehe als der Zentralpunkt aller Entwürdigung und Knechtung.

Louise Dittmar (1807–1884)
dt. Philosophin und Herausgeberin von „Soziale Reform", 1849

In politischer Beziehung entspricht die Ehe dem Repräsentativsystem. Der Mann präsentiert die Ehe, die Macht, die Würde, das Ansehen, die Geltung und den Einfluss der ganzen Familie. Die Frau ist, was der Mann vorstellt. Sie ist nichts, er ist alles; daher ist die Aufgabe [der Frauen], gegen das politische Verhältnis der Ehe anzukämpfen.

Louise Dittmar, *1849*

Ich glaube allerdings nicht an die Notwendigkeit und Heiligkeit der Ehe, weil ich weiß, dass ihr Glück meistens ein erlogenes und erheucheltes ist; dass sie in ihrem Schoß alle Verwerflichkeit und Entartung verbirgt. Ich kann ein Institut nicht billigen, das mit der Anmaßung auftritt, das freie Recht der Persönlichkeit zu heiligen, ihm eine unendliche Weihe zu erteilen.

Louise Aston (1814–1871)
dt. Revolutionärin und Autorin, 1846

Ich verwerfe die Ehe, weil sie zum Eigentum macht, was nimmer Eigentum sein kann: die freie Persönlichkeit; weil sie ein Recht auf Liebe gibt, auf die es keine Rechte geben kann.

Louise Aston, *1846*

Ich sah mich plötzlich in der Gewalt eines Menschen, dessen furchtbares Recht über mich dadurch geheiligt sein sollte, dass er in einer Kirche gelobt hatte, es zu üben.

Ida Hahn-Hahn (1805–1880)
dt. Schriftstellerin und Orientreisende, 1845

Natürlich ist das Schicksal einer verheirateten Frau sehr viel trauriger als das einer alten Jungfer. Eine unverheiratete Frau genießt zumindest eine gewisse Freiheit. Sie kann am gesellschaftlichen Leben teilnehmen und mit ihrer Familie oder Freunden verreisen. Ist eine Frau jedoch erst einmal verheiratet, kann sie ohne die Erlaubnis ihres Mannes keinen Schritt mehr aus dem Haus tun.

Flora Tristan (1803–1844)
frz. Philosophin, Sozialistin und Pionierin der Frauenbewegung, 1842

Die Ehe ist eine widersinnige Einrichtung. Als fünfzehnjähriges Kind wird man verkauft und tut einen Schwur, den man nicht versteht und nie lösen kann.

„Sisi" (1837–1889)
Elisabeth, Kaiserin von Österreich

Niemals werde ich bereit sein, irgendeinen Mann zu heiraten in einer Gesellschaft, die ich nicht dazu bewegen kann, meine völlige Gleichheit mit demjenigen zu akzeptieren, an den ich mich binden oder vielmehr verkaufen würde. Ich will keine Herrschaft von List und Schläue, ich will in gänzlicher Gleichheit und Freiheit leben.

Pauline Roland (1805–1852)
frz. Journalistin und Schriftstellerin, 1830

Wenn ich heirate, wäre ich nicht mehr meine eigene Herrin. Ein schrecklicher Gedanke, er erstickt mich.

Charlotte Brontë (1816–1855)
engl. Schriftstellerin

Warum sollte ich heiraten? Fehlt es mir an Liebe? An Beruf? Ich sehe in jeder Ehe eine Mangelhaftigkcit, ein Hindernis der Vollendung zuzureifen.

Therese Huber (1764–1829)
dt. Schriftstellerin, 1829

Der Entschluss zu einer Heirat erschrickt mich immer; dieses Bündnis, wie es heutzutage besteht, gibt dem Weibe so wenig, legt ihm so viel auf, dass mir bedünkt, ein Mädchen wage, wie die Schrift es nennt, Gott zu versuchen, wenn sie es eingeht.

Therese Huber, *1829*

Ich habe kein Verlangen nach einem zweiten Ehemann. Einer hat mir gereicht. Ich mache gerne, was ich will. Ich gehe als Frau und Geliebte zu Bett und stehe als mein eigener Herr wieder auf.

Susanna Moodie (1803–1885)
kan. Schriftstellerin, 1852

Jede verheiratete Frau ist in häuslicher, bürgerlicher, politischer Hinsicht im wahrsten Sinn des Wortes – im metaphorischen Sinn – eine Sklavin. Das wichtigste Vorrecht des Menschen, das Recht auf Selbstbestimmung, bleibt ihr vorenthalten.

Anna Wheeler (1785–1848)
(mit William Thompson)
ir. Philosophin, Sozialistin und Autorin, 1825

Die Ehe ist des Vertrauens und der Liebe Grab.

Olympe de Gouges (1748–1793)
frz. Rechtsphilosophin und Schriftstellerin, 1791

Das „göttliche" Recht der Ehemänner sollte – wie das göttliche Recht der Könige – in diesem fortgeschrittenen Zeitalter, so ist es zu hoffen, ohne Gefahr bestritten werden können.

Mary Wollstonecraft (1759–1797)
engl. Philosophin, Schriftstellerin und Pionierin der Frauenbewegung, 1792

Glück in der Ehe ist eine Sache des Zufalls.

Jane Austen (1775–1817)
engl. Schriftstellerin

Ein Mann kann überhaupt nicht verstehen, dass eine Frau ein Heiratsangebot auch ausschlagen könnte.

Jane Austen

Nach der Heirat waren meine Tage arbeitsam, mein Genie lag unter dem Steinhaufen der Mühseligkeiten meiner Tage, ich wünschte mehr Bücher und weniger besetzte Stunden.

Anna Louise Karsch (1722–1791)
dt. Dichterin und Schriftstellerin, 1762

Zu meiner Verzweiflung erfahre ich also, dass mein Vater mich verheiraten will; denn ich habe stets aus mancherlei Gründen eine furchtbare Abneigung gegen alles gehegt, was Ehe heißt, und hege sie noch. Das wäre nach meiner Meinung das größte Unglück, das mir geschehen könnte, wenn mein liebster Papa bei seiner jetzigen Ansicht beharrt.

Wilhelmine von Preußen (1709–1758)
Markgräfin von Bayreuth und Komponistin, Schwester Friedrichs des Großen, um 1731

Die Ehe ist ein Fluch für Frauen.

Mary Astell (1666–1731)
engl. Philosophin, Schriftstellerin und Pionierin der Frauenbewegung, 1700

Ein Ehemann wird in der Tat von beiden Geschlechtern als so wertvoll angesehen, dass kaum ein Mann, der sich sauberhalten und eine Verbeugung machen kann, nicht denkt, er sei gut genug, auf jede Frau Anspruch zu erheben, ungeachtet des Unterschiedes der Geburt oder des Vermögens.

Mary Astell, *1700*

Wenn man einen Ehemann verliert, verliert man einen Meister, der dem Genuss vieler Dinge im Wege steht.

Madeleine de Scudery (1607–1701)
frz. Schriftstellerin, um 1660

Ich finde viele Sachen sehr viel spannender als das fahle Vergnügen einer Ehe.

Christina von Schweden (1626–1689)
Königin von Schweden und Gelehrte, 1654

Die Ehe ist das beste Heilmittel gegen die Liebe und das Ehebett ihr Grab.

Christina von Schweden

Bedenke, dass es das Schicksal der Frau ist, die heiratet, ihr Eigentum zu verlieren, sich selbst zu verlieren und nichts dafür zu bekommen als Kinder, die Arbeit machen, und die Herrschaft eines Mannes, der mit ihr macht, was er will.

Moderata Fonte (1555–1592)
it. Philosophin und Schriftstellerin, um 1592

Lieber würde ich sterben, als mich irgendeinem Mann unterzuordnen. Das Leben ist vollkommen gesegnet, das ich hier mit euch führe, ohne den Bart eines Mannes zu fürchten.

Moderata Fonte, *1592*

Lieber eine alleinstehende Bettlerin als eine verheiratete Königin.

Elisabeth I. (1533–1603)
Königin von England, 1564

Welche Gnade, wenn Gott einer Frau die Tyrannei eines Ehemannes erspart.

Theresa de Ahumada (16. Jh.)
span. Nonne (Heilige)

Süßer Herr, wenn du mir keine andere Gnade erwiesen hättest als die, dass du nicht erlaubt hast, dass ich in der Knechtschaft und Unterwerfung durch einen Mann lebe, so hast du mir schon genug getan.

Margarete D'Oingt
um 1300

Es muss schon ein sehr guter Ehemann sein, dass er besser ist als gar keiner.

Isotta Nogarola (1418–1466)
it. Gelehrte

Ich bin verheiratet mit der Wahrheit.
[Sie lehnte mit dieser Antwort alle Heiratsangebote ab.]

Hypatia (ca. 5. n. Chr.)
griech. Mathematikerin und Philosophin, um 400 n. Cr.

Frauen über Frauen

Wir Frauen sind jetzt allerorten zu sehen – aber zu sagen haben wir noch immer wenig.

Alice Schwarzer (*1942)
dt. Journalistin, Herausgeberin von „EMMA" und Autorin, 2002

Frauen sind nicht etwa die besseren Menschen; sie hatten bisher nur nicht so viel Gelegenheit, sich die Hände schmutzig zu machen.

Alice Schwarzer

Die meisten Frauen haben allerdings keine Vorstellung davon, wie feindlich die Männer ihnen gesonnen sind. Sie bewerten das Verhältnis zwischen den Geschlechtern viel positiver, als es in Wirklichkeit ist. Ebenso meinen viele Frauen, sie hätten größere Freiheiten und einen höheren Stellenwert, als man ihnen tatsächlich zugesteht.

Judith Lewis Herman
am. Psychiaterin und Autorin

Eine Frau, die als Frau zum Symbol wird und dann auch noch politische Analysen und Strategien entwirft – eine solche Frau wird als Bedrohung empfunden und geköpft, so sie nicht bereit ist, sich zu beugen. Das ist leider keine algerische Spezialität, sondern eine internationale Regel.

Khalida Messaoudi (*1958)
alg. Journalistin und Politikerin, 2002

Ich finde, Frauen müssen sich aggressiver, politischer und extremer mitteilen.

Hanin Elias (*1973)
dt.-syr. Musikerin, 2001

Das Ausspielen von Frauen gegen Feministinnen ist ein bewährter politischer Klassiker und schon in der Geschichte unverzichtbarer Teil des Rückschlages.

Alice Schwarzer (*1942)
dt. Journalistin, Herausgeberin von „EMMA" und Autorin, 2001

Nicht länger jammern, sondern einfach handeln! Das ist übrigens eine Sprache, die Männer bestens verstehen. So schnell würden die Frauen gar nicht gucken können, wie die Männer sich ändern, wenn sie müssten (und auch nicht mehr zu einer anderen, die nicht „so zickig" ist, flüchten könnten). Das Ganze ist nämlich nichts als eine reine Machtfrage.

Alice Schwarzer

Wenn sie sich als Frauen erkennen, müssen sie nicht länger Feindinnen bleiben, sondern könnten auch Freundinnen werden.

Alice Schwarzer, *2000*

Das Recht des Blickes, des Einblickes, ist ein Recht des Mannes. Die Frau hat nur das Recht des Sichzeigens, in Peepshows oder beim Film.

Elfriede Jelinek (*1946)
östr. Schriftstellerin, 1999

Solange sie nicht in den Führungspositionen der Medien, der politischen Parteien, der Interessenverbände, der Wirtschaft und der sozialen Bereiche vertreten sind; solange sie nicht zu den Modeschöpfern und Spitzenköchen gehören, so lange werden Leitlinien eben von Männern festgelegt.

Angela Merkel (*1954)
dt. Politikerin

Starke Frauen brauchen starke Männer. Doch zunächst müssen die Frauen aus ihrem Dornröschenschlaf erwachen. Sie dürfen keine Angst vor Verantwortung haben.

Lisa Fitz (*1952)
dt. Kabarettistin

Was sie unterdrückt, sind nicht nur die anderen, sondern auch sie selbst: Es ist dieses Gefühl von Schwäche und Unvermögen, von dem wir uns nicht befreien können; und es ist dieses Schuldgefühl, das uns jedes Mal beschleicht, wenn wir uns zu weit von der uns zugewiesenen Rolle entfernen.

Benoîte Groult (*1920)
frz. Schriftstellerin, 1999

Was eine Frau ausmacht, ist für den Frauenfeind nicht etwa dieses oder jenes Verhalten, sondern einzig ihre so genannte „Weiblichkeit", wie für den Antisemiten das „Jüdischsein" – ein irrationales Prinzip.

Benoîte Groult, 1999

Verschwunden ist die Frau, die kämpft. Sie wurde zu Gunsten der Top-Models ausrangiert, die mittlerweile auch als Role-Model fungieren. Aus der befreiten Frau wird zur großen Erleichterung aller Männer und so mancher Frau wieder die verweiblichte Frau.

Benoîte Groult, 1999

Wir alle sind ja mit diesen Pseudowahrheiten über uns Frauen aufgewachsen.

Rita Süssmuth (*1937)
dt. Politikerin, 1999

Es ist bequemer, einem vorgezeichneten Weg zu folgen, als ihn selbst zu suchen, als selbst zu entscheiden.

Rita Süssmuth, 1999

Frauen, gebt nicht das Wichtigste auf, nämlich die Aufklärung! Den Geist der Nachfrage, der Kritik.

Rita Süssmuth, 1999

Insbesondere Geld, gesellschaftliche Akzeptanz, Ungebundenheit und Macht sind auch heute noch so ungleich verteilt, dass wir schlechterdings nicht behaupten können, Frauen rivalisierten unter gleichen Bedingungen.

Christine Bergmann (*1939)
dt. Politikerin, 1999

Wenn eine Frau beschließt, Platz für sich zu beanspruchen, mehr zu reden als zuzuhören, wird sie vermutlich als Zicke oder Lesbe gelten. Wenn es aber mehr Frauen gäbe wie sie, wäre sie nicht allein. Wenn ihr plötzlich mehr Platz für euch in Anspruch nehmt, so macht euch darauf gefasst, dass man euch allerlei an den Kopf werfen wird: anmaßend, feindselig, arrogant, egoistisch, wütend, verklemmt und nicht damenhaft. Vielleicht werdet ihr auch gemieden oder man gibt euch die Schuld an allem Schlechten, das euch widerfährt.

Phyllis Chesler (*1941)
am. Psychologin und Autorin, 1997

Steht so früh wie möglich im Leben für euch ein. Beansprucht so viel Platz im (männlichen) Universum, wie ihr braucht. Spreizt beim Sitzen die Beine. Klettert auf Bäume und auch auf Berge. Sucht euch eine Mannschaftssportart. Zieht euch bequem an. Zieht an, was euch gefällt.

Phyllis Chesler, 1997

Setze dich durch, sei egoistisch, ist die Botschaft meiner Songs. Sei nicht Eva, die Frau aus Adams Rippe, sondern Lilith, die Ebenbürtige.

Sarah McLachlan
kan. Musikerin

Die ideale Frau gibt es ebenso wenig wie den idealen Mann, bloß ein bißchen öfter.

Vanessa Redgrave (*1937)
engl. Schauspielerin

Brothers fahren nur im Rückwärtsgang, deshalb sind jetzt die „Sistas" dran, den ersten Gang rein und: Ladies first! Frauen können nicht Auto fahren? Halt die Klappe, Mann, jetzt sind die Frauen dran, vierten Gang rein und Ladies first!

Sabrina Setlur alias Schwester S. (*1978)
dt. Rapperin

Man kann als Frau nichts richtig machen.

Marlene Streeruwitz (*1950)
östr. Schriftstellerin, 1997

Die klare Selbstsicht wird einer Frau unmöglich gemacht.

Marlene Streeruwitz, 1997

Wenn die Frauen jetzt nicht ganz rasch lernen, die Macht zu wollen und auch zu nehmen, ist es zu spät.

Marlene Streeruwitz, 1997

Die Frau leistet die Aufzucht der Kinder, wie die Sklavin im alten Rom. Sie lernt die Liebesarbeit. Sie weiß, was sie kochen muss. Der Mann nimmt es an und er weiß nichts. Die Frau ist wie ein Extremkletterer, der weiß, wo er die Hände und Füße hinsetzt.

Elfriede Jelinek (*1946)
östr. Schriftstellerin, 1997

Hinter jedem großen Mann steht eine blöde Frau, die fest daran glaubt, dass aus dem Arschloch ihres Lieblings die Sonne scheint. Und dass seine sensiblen Fingerchen abfallen würden, wenn er mal zum Spültuch griffe.

Angela Carter (1940–1992)
engl. Journalistin und Schriftstellerin, 1992

Männerbünde gibt's ja en masse. Frauen mussten und müssen erst einmal lernen, unter sich zu sein und Erfahrungen auszutauschen. Bei Diskussionen mit Männern werden permanent ihre Standpunkte relativiert, sie werden eingeschüchtert oder übersehen.

Hella von Sinnen (*1959)
dt. Komikerin und Fernsehmoderatorin, 1992

Doch die weiblichen Pioniere müssen zehnmal besser sein als jeder Mann. Vielleicht gründen wir ja eines Tages ein „Old Girls Network".

Jodie Foster (*1962)
am. Schauspielerin, Regisseurin und Filmproduzentin, 1992

Eine Frau, die Ziele hat, wird „Emanze" genannt, während ein Mann, der Ziele hat, den Erwartungen entspricht.

Toni Morrison (*1931)
afro-am. Schriftstellerin und Literaturnobelpreisträgerin

Ich kenne also die Erniedrigung und habe gelernt, ihr Einhalt zu gebieten: meine inneren Kräfte zu mobilisieren, den Kopf gegen den Himmel zu heben, das Rückgrat wie eine Olympiakämpferin durchzudrücken, meinen Blick zu schärfen und ihn auf eine bessere Welt zu richten, in der die Würde für alle da ist.

Fatima Mernissi (*1940)
marokk. Soziologin und Autorin, 1991

Eine zerfetzte Jeans anziehen, sich die Haare gelb oder blau färben, das sind Befreiungsakte gegen die geltenden Konventionen. Aber seine Haare unter einem Kopftuch verstecken, das ist ein Akt der Unterwerfung.

Elisabeth Badinter (*1944)
frz. Philosophin und Autorin, 1991

Ohne Frauen geht es nicht. Deshalb sind die Männer auch so wütend. Sie haben erkannt, dass die Zukunft uns gehört.

Joan Collins (*1933)
am. Schauspielerin, 1991

Überlebensgeheimnis einer Frau mit Kopf in Männergesellschaften: Dummstellen.

Irmtraud Morgner (1933–1990)
dt. Schriftstellerin

Das Patriarchat hat sicher den Mann verkrüppelt, aber die Frau hat es noch mehr verkrüppelt. Ich würde sagen sie ist noch kaputter. Deshalb brauchen wir den scharfen Blick auf die eigenen Miesigkeiten – die erklärbar sind, aber bitter. Wo wir diesen Blick nicht haben, entsteht leicht etwas Wolkiges wie „Frauen sind irgendwie anders" oder „ Frauen sind irgendwie besser" etc. Kommt kalter Wind auf, dann platzen natürlich solche Wolkengebilde. Nur in scharfer Selbstbeobachtung können sich Persönlichkeiten entwickeln.

Irmtraud Morgner, 1990

Der schlimmste Fehler von Frauen ist ihr Mangel an Größenwahn.

Irmtraud Morgner

Die Frauen leben nicht nur im Patriarchat, es lebt auch in ihnen.

Irmtraud Morgner, 1990

Für radikale Selbstkritik brauchen Frauen zunächst erst einmal geschlossene Räume, damit ihnen nicht nach jedem scharfen Wort gleich Hohngelächter von patriarchalischen Männern und Frauen in die Ohren gellt.

Irmtraud Morgner, 1990

Wenn ich an den Möglichkeiten des Individuums interessiert bin, so nicht in Begriffen des Glücks, sondern in Begriffen der Freiheit.

Simone de Beauvoir (1908–1986)
frz. Philosophin und Schriftstellerin

Die Frauen müssen lernen, dass man Macht nicht geschenkt bekommt. Man nimmt sie sich einfach.

Roseanne Barr (*1952)
am. Schauspielerin

Eine der erogensten Zonen der Frau ist ihre Intelligenz.

Shirley MacLaine (*1934)
am. Schauspielerin und Autorin, 1989

Manche Leute denken, ich hätte gesagt, Frauen der Welt, vereint euch – ihr habt außer euren Männern nichts zu verlieren. Das stimmt nicht. Ihr habt außer eurem Staubsauger nichts zu verlieren.

Betty Friedan (*1921)
am. Psychologin und Autorin

Traditionell identifizieren Frauen sich mit Schwäche. Diese Kultivierung der Schwäche wird von der Männergesellschaft systematisch – und seit Existenz der neuen Frauenbewegung wieder verstärkt! – gefördert und propagiert. Frauen haben eine gemeinsame Geschichte im Leiden, nicht im Siegen. Stärke und Macht werden gemeinhin mit „Männlichkeit“ gleichgesetzt und sind darum für Frauen tabu.

Alice Schwarzer (*1942)
dt. Journalistin, Herausgeberin von „EMMA“ und Autorin, 1989

Die moderne Neigung von Frauen, anderen Frauen alles nachzusehen, scheint mir eine der größten Gefahren des Vulgärfeminismus und nur eine neue Form der Verachtung von Frauen. Denn einen Menschen, den ich ernstnehme, messe ich an seinen Möglichkeiten.

Alice Schwarzer, 1989

Die größte Enttäuschung ist aber, dass die politischen Freundinnen müde geworden sind und inzwischen nur noch ihre Gartenzäune pflegen, über die jungen Studentinnen klagen und auch aus den Sechzigern erzählen wie ihre Väter von Kriegserlebnissen.

Ayla Neusel (*1936)
türk.-dt. Ingenieurin und Präsidentin der Internationalen Frauenuniversität, 1989

Ich fühle mich sicher mit Frauen. Keine Frau hat mich je zusammengeschlagen. Keine Frau hat mir je auf der Straße Angst eingeflößt.

Alice Walker (*1944)
am. Schriftstellerin, 1989

Wir haben uns immer geweigert, das Schlimmste zu sehen, was Männer uns angetan haben.

Andrea Dworkin (*1946)
am. Soziologin und Schriftstellerin, 1988

Wie würden wir uns fühlen und wie würden wir aussehen, wenn wir in einer Welt lebten, die Frauen während ihrer gesamten Lebenszeit einen gleichberechtigten Platz in der Gesellschaft zugesteht?

Rita Freedman
am. Psychologin, 1986

Die vielleicht größte Herausforderung für denkende Frauen ist die Aufgabe, den Wunsch nach Sicherheit und Zustimmung hinter sich zu lassen und die „unweiblichste“ aller Eigenschaften zu entwickeln – intellektuelle Arroganz, die höchste Form der Hybris, die sich das Recht zubilligt, die Welt neu zu ordnen. Es ist die Hybris der Gottesmacher, die Hybris der männlichen Erschaffer von Systemen.

Gerda Lerner (*1920)
am. Historikerin und Autorin, 1986

Es gibt Frauen, die sind/waren schon immer für Frauen. Frauen müssen lernen, solche Frauen zu erkennen. Frauen müssen auch lernen zu erkennen, wer ihre Freundinnen sind.

Janice Raymond
am. Sozialwissenschaftlerin und Autorin

Immer wenn von der Emotionalität der Frauen die Rede ist, wird erklärt, Frauen dürfen weinen. Es könnte doch auch von Wutausbrüchen, von ungehemmter Fröhlichkeit, Ehrgeiz oder Stolz auf eigene Leistung gesprochen werden.

Gisela Breitling (*1939)
dt. Malerin und Autorin, 1983

Diese Geringschätzung des Intellekts von Frauen unterminiert – vermutlich stärker als jede andere Form der Herabsetzung – die Hoffnung und den Mut der Frauen.

Mary Daly (*1928)
am. Philosophin, Theologin und Schriftstellerin, 1984

Es ist immer die Frau, die für Harmonie sorgen muss, um die Ehe zu retten. Frauen entscheiden sich für die Familie – auch, wenn sie sich dabei manchmal gegen sich selbst entscheiden.

Sophia Loren (*1934)
it. Filmschauspielerin, 1984

Männer streben nach Profil, Frauen nach Linie. Männer machen Karrieren, Frauen Diäten. Wir Frauen sollen uns dünne machen. In jeder Beziehung.

Alice Schwarzer (*1942)
dt. Journalistin, Herausgeberin von „EMMA" und Autorin, 1984

Eine Frau ohne Mann ist wie ein Fisch ohne Fahrrad.

Gloria Steinem (*1934)
am. Journalistin und Feministin

Frauen werden dazu angestiftet, sich gegenseitig zu bekämpfen.

Kathleen Barry
am. Soziologin und Autorin, 1979

Wir dürfen nicht zögern, nach den so genannten männlichen Qualitäten zu greifen! Viele davon sind ganz einfach menschliche Qualitäten, die auch uns Frauen zustehen! Wir müssen uns einmischen in diese Männerwelt, die weitgehend ganz einfach die Welt an sich ist. Sonst laufen wir Gefahr, in der „Weiblichkeit" zu ersticken.

Simone de Beauvoir
(1908–1986)
frz. Philosophin und Schriftstellerin, 1976

Man muss kämpfen! Nichts durchgehen lassen. Selbst nicht die banalsten Dinge, diesen alltäglichen Sexismus, an den wir so gewöhnt sind.

Simone de Beauvoir, 1976

Mach dich endlich frei, Schwester, von der Angst, dich zu blamieren, nicht mehr weiblich zu sein, deine Würde zu verlieren, oder dein Niveau, freu dich, dass du lebendig bist, wenn du aggressiv bist, wenn du nicht mehr so scheintot bist wie all jene, die immerzu ihre Würde wahren.

Lesbenpresse, 1976

Wie alle Menschen, die die Sklaverei erniedrigte, glaubten ja auch die Frauen schließlich, sie seien für ihre Ketten geschaffen, und wurden selbst frauenfeindlich.

Benoîte Groult (*1920)
frz. Schriftstellerin, 1975

Frauen sind viel vernünftiger als Männer. Oder haben Sie schon eine Frau erlebt, die einem Mann wegen seiner Beine nachrennt?

Marlene Dietrich (1901–1992)
dt. Schauspielerin und Sängerin

In der Tat, von allen Neins, die eine unterdrückte Gruppe gegen ihre Herrscher gesagt hat, gibt es kein welterschütterndes als das Nein, das die Frauen als Volk den Männern sagen – über alle kulturellen, rassischen, nationalen Grenzen hinweg.

Robin Morgan (*1941)
am. Journalistin und Autorin, 1975

Je masochistischer eine Frau unter der Männerfaust ist, desto sadistischer trampelt sie auf anderen Frauen herum.

Christa Reinig (*1926)
dt. Schriftstellerin

Die öffentliche Distanzierung emanzipierter Frauen vom Feminismus, das weibliche Alibi, ist als erstes eine Unterwerfungsgebärde vor dem noch immer übermächtigen Mann. Als zweites aber ist es Hass. Darüber sollte keine Feministin sich hinwegtäuschen, dass die emanzipierten Frauen uns hassen.

Christa Reinig

Wir müssen davon genesen, Frauen zu sein. Nicht davon, als Frau geboren zu sein, sondern davon, als Frau in einer Männerwelt groß geworden zu sein und davon, jede Phase und jede Handlung unseres Lebens mit den Augen von Männern und nach männlichen Kriterien gesehen zu haben.

Benoîte Groult (*1920)
frz. Schriftstellerin, 1975

Da nun also die christliche Moral ihre Halseisen gelockert oder ihren Einfluss verloren hat, da wir nicht mehr von allmächtigen Ehemännern oder Familien an der Leine geführt werden, müssen wir uns – einigen verbrannten BHs und einigen Verweigerungen im Bett zum Trotz – fragen, warum sich unser Bewusstsein mit so verzweiflungsvoller Langsamkeit entwickelt.

Benoîte Groult, 1975

Die militanten Frauen haben auch das Verdienst, ein Gegengewicht zu bilden zu den vielen Objektfrauen, die es immer noch gibt und die nie ganz verschwinden werden, zu jenem Vorrat an folgsamen Puppen, duften Bienen und steilen Zähnen, von denen so viele Männer hingerissen sind. Diese Art von Frauen wird von der gesamten einschlägigen Presse behütet und auf Händen getragen; sie werden gebraucht, weil sie die Auflagen erhöhen und weil sie in gewissen Fernsehsendungen die Leere noch leerer machen.

Benoîte Groult, 1975

Frauen werden nicht frei sein, solange ihre Unterwerfung als sexy gilt.

Sheila Jeffreys
engl. Politikwissenschaftlerin und Autorin

Ich habe das Gefühl, die Frau besitzt noch unerforschte Seiten, die nur eine Frau erforschen kann.

Georgia O'Keeffe (1887–1986)
am. Malerin

Wir sind die Frauen, vor denen die Männer uns gewarnt haben.

Robin Morgan (*1941)
am. Journalistin und Autorin

Was eine Frau über Frauen denkt, ist der Prüfstein ihres Wesens.

George Meredith
Autorin

Schaff dir ein Telefon an, das nur deine Stimme wiedergibt. Ruf täglich an und besprich mit dir alles mögliche.

Yoko Ono (*1933)
am. Multimedia-Künstlerin, 1972

Die Frau ist der Nigger der Welt.

Yoko Ono, 1972

Ich bin beherzten Frauen begegnet, die die äußersten Grenzen menschlicher Möglichkeiten ausloten – ohne eine Geschichte, die sie leitet, und mit einem Mut zur Verletzlichkeit, der mich mehr bewegt, als ich sagen kann.

Gloria Steinem (*1934)
am. Journalistin, Herausgeberin von „Ms" und Autorin, 1972

Einige von uns werden zu dem Mann, den wir heiraten wollten.

Gloria Steinem

Eine emanzipierte Frau: eine, die Sex vor der Ehe und danach einen Beruf hat.

Gloria Steinem

Die Frauen sagen: Schäm dich. Sie sagen, du seiest domestiziert und ließest dich mästen wie die Gans im Hof eines Bauern. Sie sagen, du stolzierst herum, du hättest nichts anderes im Sinn, als die guten Dinge zu genießen, die deine Herren dir schenken, um dein Wohlbefinden besorgt, solange sie etwas davon haben. Sie sagen, es gebe keinen traurigeren Anblick als den von Sklaven, die an ihrer Knechtschaft Gefallen finden. Sie sagen, nimm dir ein Beispiel an den Wildvogelweibchen, die sich zwar mit den Männchen paaren, um ihre Langeweile erträglicher zu machen, die aber die Fortpflanzung verweigern, solange sie nicht in Freiheit sind.

Monique Wittig (*1935)
frz. Schriftstellerin

Für uns Frauen ist der Großteil unseres Lebens mit den Männern ein einziges großes Theater. Wir „spielen" Frau. Wir verkleiden uns als Mama – um Papas willen. Wir stehen ständig auf der Bühne und arbeiten daran, eine andere zu sein – eine „schöne" Frau, eine „glückliche" Frau, eine Frau, für die ihr Mann ordentlich Geld ausgibt.

Phyllis Chesler (*1941)
am. Psychologin und Autorin, 1972

Es ist unlogisch und gefährlich, Charakterzüge zu romantisieren, für die man mit Freiheit und Würde zahlt.

Phyllis Chesler, 1972

Wenn wir Frauen uns je aus dem Sumpf des Selbstmitleids, der Selbstzerstörung und Impotenz befreien sollten, die, solange wir denken können, unser Los gewesen sind, dann ist es vielleicht wichtiger, einander in unseren Leistungen, Erfolgen und Stärken zu unterstützen, als Mitgefühl und Verständnis für unser Versagen und unsere Schwäche aufzubringen.

Phyllis Chesler

Lasst euch, wenn es um euch geht, auf keine faulen Kompromisse ein. Ihr seid alles, was ihr habt.

Janis Joplin (*1943–1970)
am. Sängerin

In allen Bereichen muss die Verachtung der Frauen, die alle menschlichen Beziehungen durchdringt, aufgedeckt werden. Sie steckt nicht nur in den Gesetzen, sondern in jedem Augenblick des Lebens (in den Höflichkeitsfloskeln, der elementaren Etikette der Kleidung, den Gesten usw). All das führt zur Teilung der Menschheit in zwei Kategorien, in zwei Pole.

Susan Sontag (*1933)
am. Schriftstellerin, 1972

Normalität ist für Frauen die Gewöhnung an die eigene Unterdrückung.

Jill Johnston
am. Autorin

Man darf sie ungestraft als dumm, habgierig, egoistisch, bösartig, hohlköpfig, verantwortungslos, dumm, irritierend und lächerlich darstellen, und niemand sagt ein Wort. Von ihr wird erwartet, all das mit Humor zu nehmen – oder es wie ein Außenseiter zu ertragen, dessen Gefühle nicht zählen.

Elizabeth Gould Davis (1910–1974)
am. Autorin, 1971

Es ist gefährlich, mit dem eigenen Unterdrücker Mitleid zu haben – Frauen sind ganz besonders anfällig für diesen Fehler.

Shulamit Firestone (*1945)
kan. Autorin, 1970

Da den Frauen nur für eine falsche Identität soziale Anerkennung gewährt wird, werden sie daran gehindert, die starke Individualität zu entwickeln, die sie befähigen würde, dieses Ränkespiel zu durchbrechen. Wenn die eigene Existenz in ihrer ganzen Unausgegorenheit das einzige ist, das anerkannt wird, weshalb sollten sich Frauen dann die Mühe machen, eine echte Persönlichkeit zu entwickeln? Es ist ja viel einfacher, „das

Zimmer durch ein Lächeln zu erhellen", bis der Tag kommt, an dem das „nette Mädchen" zur „alten Schrippe" avanciert ist und merkt, dass ihr Lächeln nicht mehr „unnachahmlich" ist.

Shulamit Firestone, *1970*

Könnten wir nicht, nachdem wir so viele Jahrhunderte lang unser Mitleid für Männer verschwendet haben, ein wenig davon füreinander übrig haben?

Robin Morgan (*1941)
am. Jornalistin und Autorin

Viele Frauen merken nicht einmal, dass sie diskriminiert werden. Gibt es einen besseren Beweis für ihre absolute Konditionierung?

Kate Millett (*1934)
am. Schriftstellerin und Künstlerin, 1969

Das Leben in dieser Gesellschaft ist ein einziger Stumpfsinn, kein Aspekt der Gesellschaft vermag die Frau zu interessieren, daher bleibt den aufgeklärten, verantwortungsbewussten und sensationsgierigen Frauen nichts anderes übrig, als die Regierung zu stürzen, das Geldsystem abzuschaffen, die umfassende Automation einzuführen und das männliche Geschlecht zu vernichten.

Valerie Solanas (1936–1988)
am. Autorin, 1968

Alle Frauen sind schon mehr oder minder korrumpiert – doch dies rührt vom lebenslangen Zusammenleben mit den Männern her. Schafft die Männer ab, und die Frauen werden einen enormen Aufschwung nehmen!

Valerie Solanas, *1968*

Jedenfalls ist sie nichts anderes, als was der Mann befindet; so spricht man auch von ihr als vom „anderen Geschlecht." Sie wird bestimmt und unterschieden mit Bezug auf den Mann, dieser aber nicht mit Bezug auf sie; sie ist das Unwesentliche angesichts des Wesentlichen. Er ist das Subjekt, er ist das Absolute; sie ist das Andere.

Simone de Beauvoir (1908–1986)
frz. Philosophin und Schriftstellerin, 1949

Sie leben verstreut unter den Männern, durch Wohnung, Arbeit, wirtschaftliche Interessen, soziale Stellung mit einzelnen von ihnen – Mann oder Vater – enger verbunden als mit den anderen Frauen.

Simone de Beauvoir, *1949*

Wenn sie sich weigern, das „Andere" zu sein, das Einverständnis mit dem Mann verleugnen, verzichten sie auf alle Vorteile, welche die enge Verbindung mit der herrschenden Kaste ihnen gewähren kann.

Simone de Beauvoir, *1949*

Man eröffne ihr die Zukunft, und sie wird sich nicht mehr an die Vergangenheit klammern.

Simone de Beauvoir, *1949*

Darin, dass man die Verachtung, die man den Frauen zollt, mit der Achtung, die man den Müttern entgegenbringt, vereinen will, liegt eine außergewöhnliche Verlogenheit.

Simone de Beauvoir, *1949*

Man beschneidet ihr die Flügel und klagt dann, dass sie nicht fliegen kann.

Simone de Beauvoir, *1949*

Sie [die Frau] soll alle Unmoral der Männer einstecken. Nicht allein die Prostituierte, alle Frauen dienen als Kloake.

Simone de Beauvoir, *1949*

Statt zu denken, träumt sie. Ihr Leben geht mit Töpfescheuern dahin und ist dabei ein wundersamer Roman.

Simone de Beauvoir, *1949*

Durch den Verzicht auf die Welt will sie eine Welt gewinnen.

Simone de Beauvoir, *1949*

Frauen waren Jahrhunderte lang ein Vergrößerungsspiegel, der es den Männern ermöglichte, sich selbst in doppelter Lebensgröße zu sehen.

Virginia Woolf (1882–1941)
engl. Schriftstellerin, 1928

Warum sind Frauen so viel interessanter für Männer als Männer für Frauen?

Virginia Woolf

Ihr Denken, ihre Gefühle, ihre schöpferischen Impulse wurden über die Jahre stärker deformiert als die Füße der Chinesinnen durch das traditionell vorgeschriebene Bandagieren.

Alice Beal Parsons (1896–1926)
am. Autorin, 1926

Früher einmal wart ihr wild. Lasst nicht zu, dass sie euch zähmen!

Isadora Duncan (1878–1927)
am. Tänzerin

Die Frau muss zu allem, was die innere und äußere Politik betrifft, sowie den damit zusammenhängenden Problemen Stellung nehmen, denn sie ist dazu nicht allein berechtigt, sondern auch verpflichtet.

Minna Cauer (1842–1922)
dt. Autorin und Herausgeberin von „Die Frauenbewegung", 1918

Wir sind der Überzeugung, dass Frauen Vernunft und Gerechtigkeit fordern, dass Frauen teilhaben müssen an der Reform der Missstände, die die Gesellschaft krank machen, besonders jener Missstände mit direkten Auswirkungen auf Frauen selbst.

Emmeline Pankhurst (1858–1928)
bekannteste engl. Suffragette, 1914

Die einzelne Frau mag sich hie und da glücklich preisen. Welche aber mit dem Geschick ihres Geschlechts zufrieden, der fehlt es an Herz oder Kopf.

Käthe Schirmacher (1865–1930)
dt. Schriftstellerin und Politikerin, 1911

Die Stellung der Frau innerhalb des Staates ist ein Zeichen für seinen Kulturwert. Legt man den Maßstab in Deutschland an, dann befinden wir uns in einem Barbarenstaat.

Lida Gustava Heymann (1868–1943)
dt. Autorin, Pazifistin und Herausgeberin von „Die Frau im Staat"

Frauen dürfen sich im gesellschaftlichen Verkehr von Männern nichts bieten lassen. Man muss vor deren Anmaßung und Autoritätsdünkel dauernd auf der Hut sein, sie ständig abwehren. Man muss ihnen stets zum Bewusstsein bringen, dass jede gescheite Frau sie stets durchschaut, dass uns ihr alles Besserwissenwollen, ihr Gerede und Getue absolut nicht imponieren und dass ihre brutalen Allüren, zu denen sie letzten Endes greifen, auf Erkenntnis einer verlorenen Position, auf gekränkte Manneseitelkeit zurückzuführen sind.

Lida Gustava Heymann

Seid ihr's nicht müde, Mädchen und Frauen,
Dem Leben untätig zuzuschauen?
Statt selber zu streben nach hohen Zielen
Bescheiden bloß die Statisten zu spielen ?
Statt kraftvoll euer Los zu gestalten,
Demütig der Männer Gesetze zu halten?

Statt mitzuverwalten, mitzuverfügen,
Mit Steuerzahlen euch zu begnügen?
Statt klug und weise mitzuregieren,
Mühselig nur zu antichambrieren?
Seid ihr es müde? Wohlauf, erwacht!
In eurem Wollen liegt eure Macht.

Helene von Mülinen (1850–1924)
schweiz. Autorin und Pionierin der Frauenbewegung

Wer ist die strengste Richterin des Weibes? Das Weib.

Johanna Loewenherz (1857–1937)
dt. Schriftstellerin und Frauenrechtlerin

Von [der] Frauenverachtung, die dem weiblichen Geschlechtswesen gilt, haben wir in allen Ländern derart schlagende Beweise erhalten, dass alle Reden von der Hochachtung der Frau uns nur noch wie Hohn in den Ohren klingen.

Käthe Schirmacher (1865–1930)
dt. Schriftstellerin und Politikerin, 1899

Eine gescheite Frau hat Millionen geborener Feinde – alle dummen Männer.

Marie von Ebner-Eschenbach (1830–1916)
östr. Dichterin

Wo die Frau in Betracht kommt, wo es sich um die Gesamtheit der Institutionen handelt, denen sie unterworfen ist, da sucht man weder Logik noch Gerechtigkeit; nichts hängt zusammen, nichts ist konsequent, nichts folgerichtig; alles hingegen willkürlich und voller Widersprüche. Auf der einen Seite heruntergerissen, wird sie hier verehrt und angebetet ... und wo sie für gewöhnlich nicht einmal Bürgerrecht hatte, wurde sie ausnahmsweise Fürstin und Königin.

Maria Deraismes (1828–1894)
frz. Jornalistin, 1895 publ.

[Die „Woman & Equality Unit"] erkennt in der Versklavung des weiblichen Geschlechts die Wurzel aller Sklaverei. Sie erkennt in dem Frauen angetanen Unrecht, besonders dem in der Familie, die ewige Quelle allen anderen Unrechts.

Elmy Wolstenholme
engl. Autorin, 1895

Ich kümmere mich um meine eigenen Angelegenheiten, aber vergiss nicht: Wenn es etwas gibt, was die Welt hasst, so ist es eine Frau, die sich um ihre eigenen Angelegenheiten kümmert.

Calamity Jane (1852–1903)
am. Wildwest-Heldin, 1893

Solange die Frau eine Sklavin ist, wird sich der Mann wie ein Tyrann benehmen.

Elizabeth Cady Stanton (1815–1902)
am. Abolitionistin, Autorin und Pionierin der Frauenbewegung, 1890

Immer nur im Hinblick dessen, was die Frau – nicht als Mensch an sich, sondern als Gefährtin des Mannes – leisten konnte, ward ihr Wert und ihr Recht bemessen. Sei's nun, um als Weib des Wilden die Gunst zu genießen, dem Herrn das erbeutete Wild in die Hütte zu schleppen; um als Hinduwitwe dem toten Gebieter durch den Holzstoß ins Jenseits folgen zu dürfen, oder um endlich, wie die beliebte Schmeichelrede lautete, als hochgebildete Salondame durch ihren verfeinernden Umgang auf ungehobelte Jünglinge abschleifend zu wirken, immer war es ihre männerbeglückende Wirksamkeit, auf die sie sich prüfen lassen musste.

Bertha von Suttner (1843–1914)
östr. Schriftstellerin und Pazifistin, 1889

Wie tief habe ich in die Welt hineingesehen! Und was habe ich gesehen? Die Männer sind grimmige Egoisten und die Frauen überdumme Märtyrerinnen.

Käthe Schirmacher (1865–1930)
dt. Schriftstellerin und Politikerin, 1887

Überall in der verdammten Gesellschaft leidet der Mensch; doch kein Schmerz ist dem der Frau vergleichbar.

Louise Michel (1830–1905)
frz. Revolutionärin und Kommunardin, 1886

Sklave ist der Proletarier, Sklave aller Sklaven ist die Frau des Proletariers.

Louise Michel

Unabhängigkeit ist Glück.

Susan B. Anthony (1820–1906)
am. Abolitionistin und Pionierin der Frauenbewegung, 1875

Die glücklichen Sklaven sind die erbittertsten Feinde der Freiheit.

Marie von Ebner-Eschenbach (1830–1916)
östr. Dichterin

Darum sind die Frauen unglücklich, weil sie sein sollen, wie sie in Wirklichkeit nicht sind.

Hedwig Dohm (1833–1919)
dt. Philosophin und Schriftstellerin, 1873

Sie spielen. Sie spielen mit der Küche, mit den Kindern, sie spielen – mit dem Leben.

Hedwig Dohm, *1873*

Es mag immer Sklaven gegeben haben, die ihr Sklaventum verteidigt haben, so wie es auch Frauen gab, die an ihrem Status nichts ändern wollten.

Hedwig Dohm

Wie ich die Frauen kenne, vermute ich sogar, sie würden im Großen und Ganzen über das den Emanzipierten bevorstehende Verderben eher Schadenfreude als Betrübnis empfinden, ich fürchte, sie würden keinen Finger rühren, wenn es in ihrer Macht stünde, jene Unglücklichen vom Rande des Abgrundes zu entfernen; vielleicht würden sie sogar hin und wieder durch einen kleinen Puff ihren Sturz nicht ungern befördern.

Hedwig Dohm, *1873*

Mehr Stolz, ihr Frauen! Wie ist es nur möglich, dass ihr euch nicht aufbäumt gegen die Verachtung, die euch noch immer trifft. Mehr Stolz – ihr Frauen! Der Stolze kann missfallen, aber man verachtet ihn nicht. Nur auf den Nacken, der sich beugt, tritt der Fuß des vermeintlichen Herr.

Hedwig Dohm, *1902*

Nicht Bescheidenheit, nicht die Erkenntnis von einer unabänderlichen Naturbestimmung hält die Tausende und aber Tausende von Frauen von der großen revolutionären Bewegung zurück, sondern – ordinäre Selbstsucht.

Hedwig Dohm, *1873*

Welche Eigenschaften haben die Frauen wirklich? Offenbar diejenigen, die eine notwendige Folge ihrer sozialen Stellung, ihrer Lebensweise, ihrer Erziehung sein werden, all diejenigen Eigenschaften, welche die natürliche Verteidigung des Schwachen bilden. Welches ist ihre soziale Stellung? Absolute, das ganze Leben währende Abhängigkeit. Welche Eigenschaften erzeugt in der Regel absolute Abhängigkeit? Heuchelei, List, Verstellung, Lüge, Intrige, Mangel an Tatkraft. Manche dieser Eigenschaften sind für denjenigen, der in sklavischer Abhängigkeit lebt, was die Hörner für den Büffel sind, was der Stachel für die

Biene ist, das notwendige Mittel zu einer erträglichen Lebensgestaltung.

Hedwig Dohm, *1876*

Nein, die Frau ist keine Sphinx, kein Mysterium, keine Hieroglyphe, kein Chamäleon – (wenigstens nicht mehr, als der Mensch es im allgemeinen ist), sie lügt bloß und heuchelt, und sie lügt, weil sie lügen muss. Man könnte es auch höflicher ausdrücken und sagen: Sie passt sich den Verhältnissen an, sie arrangiert sich; es arrangiert sich aber niemand, es sei denn auf Kosten der Wahrheit und Menschenwürde.

Hedwig Dohm, *1876*

Welche Klasse unter den Arbeitern ist die elendste? Die Frauen. Wer verdient 16 oder 18 Sous für zwölfstündige Arbeit? Die Frauen. Auf wen fällt die ganze Last der natürlichen Kinder? Auf die Frauen. Wer trägt die ganze Schande aller Fehler, die aus Leidenschaft begangen werden? Die Frauen.

Hedwig Dohm, *1876*

Wenn aber freidenkende Schriftstellerinnen, die selbst der Enge des Hausfrauentums entschlüpfen, im goldenen Licht der Freiheit atmen, sich gegen Frauen wenden, so machen sie sich einer Undankbarkeit schuldig, da sie doch schon die Früchte ernten von dem, was jene gesät haben.

Hedwig Dohm

Wer eine Ungerechtigkeit allzu lange erträgt, hat sie verdient.

Marie Goegg-Pouchoulin (1826–1899)
schweiz. Gründerin der „Internationalen Frauenassoziation" und Pazifistin

Tatsache ist, dass Frauen in Ketten sind und dass ihre Sklaverei umso entwürdigender ist, als sie sie noch nicht einmal als solche empfinden. O könnten sie gezwungen werden, zu sehen und zu fühlen, und könnte ihnen der Mut und das Bewusstsein zuwachsen, für ihre eigene Freiheit zu reden und zu handeln, auch wenn sie sich damit dem Spott und der Verachtung aller Welt aussetzten!

Susan B. Anthony (1820–1906)
am. Abolitionistin und Pionierin der Frauenbewegung, 1870

Die Vernunft, die wir als unsere höchste und einzige Gesetzgeberin anerkennen, befiehlt uns, frei zu sein.

Mathilde Franziska Anneke (1817–1884)
dt. Revolutionärin und Journalistin, 1869

Ich bin eine Quelle der Befriedigung für ihn, eine Krankenschwester, ein Möbelstück, eine Frau – nichts weiter.

Sophie Tolstoy (1844–1919), *1863*

Meine Selbständigkeit war nächst meiner Liebe mein größtes Glück.

Fanny Lewald (1811–1889)
dt. Schriftstellerin

Die Frauen, die maskulin genannt werden, die tapfer, mutig, selbständig und unabhängig sind, das sind diejenigen, die dem Pfad der Tugend und des Friedens trotz des Gegenwindes stets auf geradem Weg weiter nach oben gefolgt sind. Das sind diejenigen, die ihre eigene angeborene Stärke und Würde zum Maßstab ihrer Weiblichkeit gekommen haben. Das sind diejenigen, die selbst herausfanden, was Gott mit ihnen vorhatte. Das ist unser Typ Frau.

Elizabeth Cady Stanton (1815–1902)
am. Abolitionistin, Autorin und Pionierin der Frauenbewegung, 1860

In der Erziehung, der Ehe, überall, ist Enttäuschung das Los der Frauen. Meine Aufgabe wird sein, diese Enttäuschung im Herzen jeder Frau so zu vertiefen, bis sie sich nicht länger beugt.

Lucy Stone (1818–1893)
am. Abolitionistin und Pionierin der Frauenbewegung, 1855

Lasst die Frau ihren Weg fortsetzen und als ihr Recht einfordern, nicht wie einen Gefallen erbitten, dass all die Hindernisse aus dem Weg geräumt werden, die einer Verbesserung ihrer gesellschaftlichen Stellung im Wege stehen. Lasst sie Ermutigung für die rechte Entfaltung all ihrer Fähigkeiten finden, damit sie nutzbringend am aktiven Leben teilnehmen kann. Damit sie mit ihren eigenen Händen für alles sorgen kann, was sie braucht, und ihren Körper mit geeigneten Übungen und durch die Befolgung der Gesetze der Gesundheit stärkt.

Lucretia Mott (1793–1880)
am. Abolitionistin und Pionierin der Frauenbewegung, 1855

Wir wurden so tief hinabgestoßen, dass niemand glaubte, wir würden uns je wieder erheben. Doch nun wurde lange genug auf uns herumgetrampelt. Wir stehen wieder auf.

Sojourner Truth (ca. 1797–1883)
am. Abolitionistin und ehem. Sklavin, 1853

Man misshandelt sie; man wirft ihnen die Idiotie vor, in die man sie versenkt; man verachtet ihre Unwissenheit, man spottet über ihr Wissen.

George Sand (1804–1876)
frz. Schriftstellerin

Ich streite nicht ab, dass die Frauen albern sind. Gott, der Allmächtige, hat sie so geschaffen, damit sie zu den Männern passen.

George Eliot (1819–1890)
engl. Schriftstellerin

Wir Frauen sind immer in der Gefahr, zu ausschließlich in unseren Gefühlen zu leben.

George Eliot

Eine Versündigung nicht nur am Weibe, sondern an der Menschheit, am Prinzip der Schöpfung ist's: das Weib in Knechtschaft zu stoßen und darin zu erhalten, es auf den engen Kreis der Häuslichkeit beschränken zu wollen und somit auszuschließen von jenen anderen Zwecken des Menschentums, welche sich nicht auf die Familie beziehen.

Louise Otto-Peters (1819–1895)
dt. Schriftstellerin, Herausgeberin der „Frauen-Zeitung" und Pionierin der Frauenbewegung, 1851

Der beste Beschützer, den eine Frau haben kann, der ihr zu jeder Zeit und an jedem Ort zur Seite steht, ist Mut. Diesen Mut bekommt sie nur durch eigene Erfahrung, und Erfahrung gewinnt nur, wer etwas wagt.

Elizabeth Cady Stanton (1815–1902)
am. Abolitionistin, Autorin und Pionierin der Frauenbewegung, 1851

Ließen sich nur alle Frauen von der Bedeutung ihres eigenen Handelns überzeugen und träten sie mit einer Stimme für sich selbst, für die Menschheit ein. Sie könnten eine Revolution auslösen, ohne Armeen, ohne Blutvergießen und mehr für die Verbesserung der menschlichen Lebensbedingungen tun, als alle Reformer des vergangenen Jahrhunderts.

Frances D. Gage (1808–1884)
am. Autorin, 1851

Das Weib ist verachtet, mit Füßen getreten in dieser gegenwärtigen Gesellschaft, drum fort mit dem ganzen Systeme!

Lucretia Mott (1793–1880)
am. Abolitionistin und Pionierin der Frauenbewegung, 1850

Das Leben der Frauen bedarf einer solchen Umwälzung, dass man eigentlich nur gegen das Bestehende ankämpfen kann. Solange wir uns nicht in gemeinsamen Beratungen aussprechen und unsere Ansichten gegeneinander austauschen, haben wir keine Basis, auf der wir aufbauen und von Worten zur Tat übergehen können.

Louise Dittmar (1807–1884)
dt. Philosophin, Autorin und Herausgeberin von „Soziale Reform", 1849

Eines Tages müssen wir alle den Sprung der Sappho tun. Einige springen in den Tod, andere in die Ehe und wieder andere in ein besseres Leben in dieser Welt.

Florence Nightingale (1820–1910)
engl. Krankenschwester, Reformerin des Sanitätswesens und Schriftstellerin, 1848

Es ist bei weitem besser, gelegentliche Beleidigungen hinzunehmen oder gleich zu sterben, als das Leben eines Feiglings zu führen und keinen Schritt ohne einen Begleiter zu machen.

Elizabeth Cady Stanton (1815–1902)
am. Abolitionistin, Autorin und Pionierin der Frauenbewegung, 1848

Wenn die erste Frau, die Gott schuf, so stark war, dass sie die Welt ganz allein auf den Kopf stellen konnte, sollten diese Frauen zusammen fähig sein, das wieder rückgängig zu machen, damit die richtige Seite wieder oben ist.

Sojourner Truth (ca. 1797–1883)
am. Abolitionistin und ehem. Sklavin, 1848

Gib ihrem Leben einen Inhalt, ihrer Zeit eine Beschäftigung, oder die Frustration der Enttäuschung und die Lustlosigkeit des Nichtstuns werden unwiderruflich ihre Natur verbilden.

Charlotte Brontë (1816–1855)
engl. Schriftstellerin

Ihr Frauen, die ihr euch willig an ein „Glück" gewöhnen lernet, nach welchem ihr wahrlich niemals Sehnsucht im jugendlich erglühten Busen getragen habt. Begreift es, dass euer erlogenes Glück euch zu lächelnden Sklavinnen gemacht hat! Ihr seid gefühllos geworden gegen andere und gegen euch selbst, denn ihr fühlet den Skorpion nicht einmal mehr, der an eurem eigenen Herzen nagt und euer bestes Herzblut betrügt.

Mathilde Franziska Anneke (1817–1884)
dt. Revolutionärin und Journalistin, 1847

Ich war zu dem Bewusstsein gekommen und zur Erkenntnis, dass die Lage der Frauen eine absurde und der Entwürdigung der Menschheit gleichbedeutend sei. Und so begann ich früh durch Wort und Schrift für die geistige und sittliche Erhebung des Weibes soviel ich vermochte, zu wirken.

Mathilde Franziska Anneke

Wir wollen lieber fliegen als kriechen.

Louise Otto-Peters (1819–1895)
dt. Schriftstellerin, Herausgeberin der „Frauen-Zeitung" und Pionierin der Frauenbewegung

Wer denkt an die Frauen? Niemand! So müssen sie denn selbst an sich denken – allein führt zum besten Resultat.

Ida Hahn-Hahn (1805–1880)
dt. Schriftstellerin und Orientreisende, 1845

Eine Frau ist eine Sklavin, die ihre Ketten durchbrechen muss.

Margaret Fuller (1810–1850)
am. Philosophin und Schriftstellerin, 1843

Ich wünschte, die Frau würde jeden Gedanken daran, der Mann möge sie führen und lehren, verbannen. Ich wünschte, sie würde sich wie das Indianermädchen der Sonne widmen, der Sonne der Wahrheit, und nur dorthin gehen, wo ihre Strahlen ihr den Weg freigemacht haben.

Margaret Fuller, *1845*

Hüte dich vor Ohnmachten, liebe Laura, werde wild, so oft es dir beliebt, aber werde nicht ohnmächtig.

Jane Austen (1775–1817)
engl. Schriftstellerin, 1789

Nie standen die Frauen an ihrem gehörigen Platze, weder nach der Ordnung der Natur, noch nach dem Vertrag der gesellschaftlichen Einrichtung. Was der einen gelingt, stürzt die andere herab. Vorzügliche Eigenschaften schaden ihnen oft, oft nutzen ihnen ihre Fehler und tragen sie aus einer unbekannten Sphäre zu einer höheren Rolle empor. Einmal sind wir alles und bald darauf nichts. Aber ich habe eine Männerseele und will auf keine Art Fesseln tragen.

Charlotte von Stein (1742–1827)
dt. Schriftstellerin

Kann ein Frauenzimmer dafür, wenn es auch ein Mensch ist? Wenn meine Mutter gutmütig und hart genug gewesen wäre und sie hätte nur ahnden können, wie ich würde, so hätte sie mich bei meinem ersten Schrei in hiesigen Staub ersticken sollen. Ein ohnmächtiges Wesen, dem es für nichts gerechnet, nun so zu Hause zu sitzen, und das Himmel und Erde, Menschen und Vieh wider sich hätte, wenn es weg wollte.

Rahel Varnhagen (1771–1833)
dt. Schriftstellerin und Salonbegründerin, 1793

Die Frauen sind durch die fälschliche Auffassung dessen, was ihre Vorzüge ausmachen, so gesunken, dass ihre künstliche Schwäche einen Hang zur Tyrannei und jene Schlauheit hervorbringt, die als natürliche Gegnerin der Kraft zu einer kindischen, verächtlichen Komödie führt, die die Begierde aufstachelt und die Achtung untergräbt.

Mary Wollstonecraft (1759–1797)
engl. Philosophin, Schriftstellerin und Pionierin der Frauenbewegung, 1792

Wenn man die Länge der Zeit überdenkt, während der die Weiber so abhängig gewesen sind, ist's wohl noch zu verwundern, dass einige von ihnen ihre Ketten küssen und sich wie Wachtelhündchen anschmeicheln.

Mary Wollstonecraft, *1792*

Sie wurde erschaffen, um das Spielzeug des Mannes, um seine Rassel zu sein, die immer dann in seinen Ohren klingen muss, wenn er – ohne Rücksicht auf die Vernunft – unterhalten zu werden wünscht.

Mary Wollstonecraft, *1792*

Die Männer schwärzen sich wohl auch einmal gegenseitig an, aber nicht in dem Maße wie wir. Genau das aber macht ihre Überlegenheit und unsere Lächerlichkeit aus. Ist es denn wirklich nicht möglich, zu gefallen, ohne unseresgleichen zu verleumden?

Olympe de Gouges (1748–1793)
frz. Rechtsphilosophin, Schriftstellerin und Verfasserin der Frauenrechtserklärung, 1791

Frauen, wann endlich werdet Ihr nicht mehr blind sein? Welche Barrieren auch immer man euch entgegenstellen mag, es steht in eurer Macht, sie zu übersteigen: Ihr müsst es nur wollen!

Olympe de Gouges, *1791*

Ihr müsst stolz sein, wenn ihr weise sein wollt.

Lady Mary Chudleigh (1656–1710)
engl. Essayistin, 1703

Jede Frau trägt ein Brandmal in ihrem Herzen.

Louise Labé (ca. 1524–1566)
frz. Dichterin, 1555

O Weib, du Schwester der Weisheit,
wie herrlich bist du!
In dir entstand das überstarke Leben,
das nimmermehr vom Tod erstickt wird.

Hildegard von Bingen (1098–1179)
dt. Äbtissin und Theologin

Frauenbewegung

Was Feministinnen nach 4000 Jahren unerschütterlicher Männerherrschaft innerhalb von diesen nur dreißig Jahren erreicht haben, ist überwältigend. Die Erwartung, mit der eine junge Frau heute in die Welt geht, unterscheidet sich fundamental von dem, was ihre Altersgenossin in den Fünfzigern und Sechzigern auch nur hoffen konnte.

Alice Schwarzer (*1942)
dt. Journalistin, Herausgeberin von „EMMA“ und Autorin, 2000

Heute hat sich meine Verhältnis zur Frauenbewegung geändert. Heute finde ich: Ich gehöre dazu! Das ist doch selbstverständlich.

Hannelore Elsner (*1944)
dt. Schauspielerin, 2000

Wir haben einen weiten Weg hinter uns, und wir haben viele Verluste erlitten. Wir haben einen Punkt erreicht, an dem der Weg sich zu verlieren droht. Die alten, unbesiegten Feinde haben neue Strategien ersonnen; neue Angreifer liegen im Hinterhalt. Uns bleibt keine andere Chance, als uns umzuwenden und zu kämpfen.

Germaine Greer (*1939)
austral. Schriftstellerin, 2000

Es ist Zeit, wieder wütend zu werden.

Germaine Greer, *2000*

Gerade jetzt müssen wir sagen: Selbstverständlich bin ich Feministin!

Jasmin Tabatabei (*1967)
iran.-dt. Schauspielerin und Musikerin, 2000

Ich gehöre nicht zu den Pionierinnen der Frauenbewegung, aber ich bin tief von dieser beeinflusst.

Rita Süssmuth (*1937)
dt. Politikerin, 1999

Wir haben es gewagt, uns auf den Weg zu machen, Neues zu wagen. Das ist mit Anstrengungen, Enttäuschungen und Erfolg, aber auch oft mit einem hohen persönlichen Preis verbunden. Wir sind von den radikalen Denkerinnen nicht in Engpässe geführt worden, sondern sie haben uns entscheidend weitergebracht.

Rita Süssmuth, *1999*

Feministin zu sein, ist das Mindeste, was eine Frau tun kann.

Rita Süssmuth, *1999*

Wir Algerierinnen, Marokkanerinnen, Iranerinnen und Sudanesinnen haben uns zusammengetan, um etwas zu fordern, was im Westen selbstverständlich ist: die Universalität der Menschenrechte, die unabhängig von Geschlecht, Hautfarbe oder Religion für alle gelten.

Khalida Messaoudi (*1958)
alg. Journalistin und Politikerin, 1999

Der Feminismus ist für mich so natürlich wie Atmen, Fühlen und Denken. Nie klein beigeben und nie vergessen, dass wir die Hälfte der Menschheit sind.

Bella Abzug (1920–1998)
am. Juristin und Politikerin, 1998

Wenn ihr auf der richtigen Spur seid, müsst ihr mit ziemlich heftiger Kritik rechnen. Vertraut darauf. Schwelgt darin. Sie ist das deutlichste Zeichen für euren Erfolg.

Phyllis Chesler (*1941)
am. Psychologin und Autorin, 1997

Ihr sollt wissen, dass der Kampf um eure Unabhängigkeit schwierig, vielleicht sogar schmerzlich sein wird. Doch wenn ihr eure Fesseln nicht abstreift, werdet ihr einen noch höheren Preis zahlen.

Phyllis Chesler, *1997*

Versucht nicht, die Anerkennung eurer Gegner zu erringen. Kämpft, um zu gewinnen.

Phyllis Chesler, *1997*

Ich bin stolz darauf, mich Feministin zu nennen.

Jodie Foster (*1962)
am. Schauspielerin, Regisseurin und Filmproduzentin, 1997

Eine Feministin ist eine Frau mit einem begnadeten Selbstbewusstsein.

Jutta Limbach (*1934)
dt. Juristin, ehem. Präsidentin des Bundesverfassungsgerichtes, 1995

Wir Feministinnen hätten alle sehen müssen, dass schon Mitte der siebziger Jahre das kam, was man in der Politik die Konterrevolte nennt, dass sehr schnell eine Verdrehung der Inhalte einsetzte, eine neue Verklärung der so genannten Weiblichkeit, eine neue Mystifizierung der Mütterlichkeit, mit der man Frauen nur suggerieren will: Haltet euch raus aus der Welt! Ihr seid anders, verharrt in eurem Andersein, ja seid stolz darauf.

Alice Schwarzer (*1942)
dt. Journalistin, Herausgeberin von „EMMA“ und Autorin, 1993

Da dachte ich, selbst wenn es schlecht steht um die Schwarzen, gibt es doch die Frauenbewegung, da ist immer eine mächtige befreiende politische Kraft. Aber das Gegenteil geschah; ganz plötzlich zogen sich die Frauen ins Haus und an den Herd zurück, wurden wieder dünn und hübsch unterdrückt, bulimisch und magersüchtig. Ich sah zu und dachte, nur weg, wo ist mein Pass? Und dann dachte ich noch einmal nach und sagte mir: Nein, hier sind die Barrikaden, hier ist die Front. Hier will ich bleiben.

Toni Morrison (*1931)
afroam. Schriftstellerin und Literaturnobelpreis-Trägerin, 1993

Als ich mit der Frauenbewegung in Berührung gekommen bin, habe ich festgestellt, dass es wichtig ist, Stellung zu beziehen.

Hella von Sinnen (*1959)
dt. Komikerin und Fernsehmoderatorin, 1992

Konterschläge gegen die Frauenbewegung sind in der Geschichte nichts Neues. Tatsächlich handelt es sich um ein immer wiederkehrendes Phänomen: Es ereignet sich jedes Mal, wenn die Frauenemanzipation irgendwelche Fortschritte zu machen beginnt.

Susan Faludi (*1960)
am. Journalistin, 1991

Das zentrale Argument des *backlash* ist, dass die Gleichberechtigung der Frauen für ihre Unglücklichsein verantwortlich ist.

Susan Faludi, *1991*

Ich bin für die machtvolle Einmischung! Und ich bin für die Reservate! Vielleicht ist das ein ungleichzeitiges Phasenmodell, also beides gleichzeitig und hintereinander. Wir brauchen Reservate –

Frauenforschungsinstitute, Frauenprofessuren, Frauenstudien, Frauenstiftung, Frauenquoten – um den Fundus, den wir uns erarbeitet haben, abzusichern, weiterzuentwickeln und zu tradieren. Wir müssen uns auch einmischen, wenn es um die wichtigen Entscheidungen über die Hochschul- und Wissenschaftsentwicklung geht.

Ayla Neusel (*1936)
türk.-dt. Ingenieurin und Präsidentin der Internationalen Frauenuniversität, 1989

Als Reaktion auf die weltweite Frauenbewegung wird der seit langem währende Krieg der Männer gegen die Frauen jetzt mit neu erwachter Heftigkeit, Dringlichkeit und unter neuen Fahnen geführt.

Marilyn French (*1929)
am. Schriftstellerin, 1992

Und weil viele Frauen ahnen, dass jeder Befreiungsversuch den Schmerz über ihre Benachteiligung neu fühlbar macht, den sie erfolgreich verdrängt haben, wehren sie sich gegen Feminismus und Frauenbewegung.

Gisela Breitling (*1939)
dt. Malerin, 1983

Widerstand ist das Geheimnis des Glücks!

Alice Walker (*1944)
am. Schriftstellerin

Mein zentrales Thema ist der Eintritt der Frauen in die Historie.

Irmtraud Morgner (1933–1990)
dt. Schriftstellerin

Für mich war die ganze Frauenbewegung eine enorme Befreiung. Ich lernte wirklich, die Verantwortung für mich selbst völlig zu übernehmen.

Margarete Mitscherlich (*1919)
dt. Psychoanalytikerin und Autorin

Wir dürfen niemals aufhören, über das zu sprechen, was uns empört. Wir dürfen nicht zulassen, dass die Dinge in die alte Ordnung zurückkehren, das heißt, zum Verstummen gebracht werden.

Benoîte Groult (*1920)
frz. Schriftstellerin

Nichts wird uns geschenkt, alles Erreichte haben wir täglich wieder zu verteidigen.

Alice Schwarzer (*1942)
dt. Journalistin, Herausgeberin von „EMMA" und Autorin, 1991

Wir revoltierenden Frauen standen nicht länger zur Verfügung. Wir sagten Nein, wenn wir keine Lust hatten. Wir lächelten nicht, wenn es ernst wurde. Wir bedienten nicht, um geliebt zu werden. Wir spielten nicht die Dummen, wenn wir klug waren. Wir baten nicht länger um Gnade, sondern forderten unsere Rechte.

Alice Schwarzer, *1991*

Wir Feministinnen haben eine Kulturrevolution gemacht! Die einzig wahre seit 1945.

Alice Schwarzer, *1991*

Es ist schwierig, gegen einen Feind anzukämpfen, der über einen Stützpunkt in deinem Kopf verfügt.

Sally Kempton (*1943)
am. Autorin

Es gibt keine Bewegung, die so sehr gegen die eigenen Identifizierungen mit dem Unterdrücker ankämpfen muss, wie gerade die Frauenbewegung.

Frauenjahrbuch *1976*

Die beste Form von Emanzipation sehe ich darin, sich um das Geschlecht gar nicht zu kümmern und nur darauf zu achten, ob jemand gut oder böse, gescheit oder dumm ist, unabhängig von den Chromosomen.

Lilli Palmer (1914–1986)
dt.-schweiz. Schauspielerin und Autorin

Nur radikaler Feminismus von allen revolutionären Bewegungen öffnet das menschliche Bewusstsein adäquat für den Wunsch nach einer nicht hierarchischen, nicht repressiven Gesellschaft und entlarvt Sexismus als Grundmodell und als Quelle von Unterdrückung.

Mary Daly (*1928)
am. Philosophin, Theologin und Schriftstellerin, 1975

Ich bin Feministin. Aber ich bin nicht für plattes Überzeugungskino, ich bin für Komplexität. Denn ich habe es satt, Frauen zu sehen, die entweder Wonderwoman oder Opfer mit einem ganz großen „O" sind, unfähig, etwas dazwischen zu sein.

Jodie Foster (*1962)
am. Schauspielerin, Regisseurin und Filmproduzentin, 1975

Seid realistisch. Fordert alles.

„Gesche", Bremer Frauenzeitung,
um 1980

Die Mädchen dürfen sich nicht von den Frauen lossagen, die in der Vergangenheit für Freiheiten gekämpft haben, die ihnen heute selbstverständlich vorkommen, die aber gefährdet sind – wie jede Freiheit; und besonders gefährdet sind die Freiheiten, die man den Frauen „gewährt" hat. Wir haben es in Algerien, im Iran, in Rumänien gesehen: Von einem Tag zum anderen kann ein politisches System oder ein Regime die Frauen an den Herd zurückschicken, ihnen eine Ausbildung verweigern, ihnen den Schleier aufzwingen.

Benoîte Groult (*1920)
frz. Schriftstellerin, 1975

Man will uns heute Glauben machen, Feminismus sei nichts als eine Mode gewesen, in der Hoffnung, damit die außerordentliche Revolution herunterspielen zu können, um die es sich in Wahrheit gehandelt hat.

Benoîte Groult, 1975

Der Feminismus hat mich zu dem gemacht, was ich heute bin.

Angela Carter (1940–1992)
engl. Journalistin und Schriftstellerin, 1975

Je mehr wir von der Männergesellschaft „hysterisch" geschimpft werden, umso mehr sollten wir wissen, dass wir auf dem richtigen Weg sind. Wir sollten stolz darauf sein! Wir nehmen uns das Recht, nicht länger weiblich zu sein, sondern menschlich.

Alice Schwarzer (*1942)
dt. Journalistin, Herausgeberin von „EMMA" und Autorin, 1975

Die Befreiung der Frau wird nicht ohne schwierigen Kampf vor sich gehen. Denn sie muss gleichzeitig das Bewusstsein verändern und die fundamentalen Strukturen der Gesellschaft umstürzen. Der Frauenbefreiungskampf ist einer der seltenen Kämpfe, die mit Recht revolutionär genannt werden können.

Susan Sontag (*1933)
am. Schriftstellerin, 1972

Der Aufruf zur gemeinsamen Sache mit den Männern bei der Frauenbefreiung bedeutet wieder einmal, die harte Realität der Machtbeziehungen zu ignorieren, die jeden Dialog zwischen den Geschlechtern determinieren. Es ist nicht an den Frauen, die Männer zu befreien. Sie müssen sich zunächst selbst befreien.

Susan Sontag, *1972*

Je weniger sie [die Frauen] sich um die guten Manieren kümmern, je mehr sie, nach Sexisten-Maß hysterische Xanthippen sind, um so wirksamer und politischer werden ihre Aktionen sein. Sicher werden sie die Zielscheibe der Spötter sein, aber darüber sollten sie sich freuen.

Susan Sontag, *1972*

Die Frauenbewegung ist die erste radikale Bewegung, deren Politik auf der konkreten persönlichen Erfahrung basiert.

Robin Morgan (*1941)
am. Journalistin und Autorin, 1970

Die feministische Revolution muss nicht einfach auf die Beseitigung männlicher Privilegien, sondern der Geschlechtsunterschiede selbst zielen: Die genitalen Unterschiede zwischen den Geschlechtern müssen soziales Gewicht verlieren.

Shulamit Firestone (*1945)
kan. Autorin, 1970

Wenn es einer revolutionären Bewegung überhaupt gelingen kann, egalitäre Strukturen durchzusetzen, dann wird es der radikale Feminismus sein

Shulamit Firestone, *1970*

Die feministische Bewegung ist bis jetzt die einzige, die den persönlichen und den politischen Bereich wirksam verbindet. Der Feminismus hat ein neues Bezugssystem entwickelt, einen neuen politischen Stil, der mit der Zeit das Persönliche – immer schon eine weibliche Domäne – mit der Politik der „Außenwelt" in Einklang bringen wird und damit dieser Welt ihre Emotionen und – im wahrsten Sinn des Wortes – ihre Sinne wiedergeben kann.

Shulamit Firestone, *1970*

Die Geschichte des Widerstandes der Männer gegen die Emanzipation der Frau ist vielleicht interessanter als die Geschichte selbst.

Virginia Woolf (1882–1941)
engl. Schriftstellerin, 1928

Die Freiheit der Frau ist die Grundlage aller Freiheit auf der Welt.

Margaret Sanger (1883–1966)
am. Krankenschwester und Vorkämpferin der Geburtenkontrolle, 1920

Für mich ist Feminismus die Selbstbefreiung der Frau von der biologischen Sklaverei.

Margaret Sanger

Die am weitesten reichende gesellschaftliche Entwicklung der modernen Zeit ist das Aufbegehren der Frau gegen die sexuelle Knechtschaft. Die wichtigste Kraft bei der Neugestaltung der Welt ist die freie Wahl der Mutterrolle.

Margaret Sanger, *1920*

[Die Frauenbewegung] ist überraschend spontan und universell. Sie taucht nicht nur zur gleichen Zeit in verschiedenen Ländern beider Hemisphären auf, sondern bildet auch höchst unterschiedliche Gruppen innerhalb derselben Nation. Sie schließt sowohl die intellektuellen Kreise als auch die hart arbeitende Frau ein. Manchmal ist sie sektiererisch und dogmatisch, manchmal philosophisch und bombastisch. Sie kann unstrukturiert sein und sporadisch auftreten oder sorgfältig organisiert und zielgerichtet sein. Stets aber ist sie voller Leben, und sie breitet sich immer weiter aus.

Jane Addams (1860–1935)
am. Sozialreformerin und Friedensnobelpreis-Trägerin, 1914

Revolte ist das einzige Argument, das Politiker verstehen.

„Vote for women", engl. Suffragettenzeitschrift

Sie waren endlich aufgewacht. Sie waren bereit, etwas zu tun, das Frauen niemals zuvor getan hatten – kämpfen für sich selbst. Frauen haben immer gekämpft – für Männer und für ihre Kinder. Nun waren sie endlich bereit, für ihre eigenen Menschenrechte zu kämpfen.

Emmeline Pankhurst (1858–1928)
bekannteste engl. Suffragette, 1914

Wir sind nicht ins Gefängnis gegangen, um Märtyrerinnen zu werden. Wir haben es für unsere Bürgerrechte getan. Auf diese Weise haben sich auch die Männer ihre Bürgerrechte erkämpft.

Emmeline Pankhurst, *1914*

Wir warfen alle unsere konventionellen Vorstellungen von „ladylike" und guten Umgangsformen über Bord, und wir prüften unsere Methoden lediglich unter dem Gesichtspunkt: Hilft es?

Emmeline Pankhurst, *1914*

Kein Stimmrecht – kein Golf.

Slogan, von Suffragetten Anfang des 20. Jh. in die Golfrasen Englands eingegraben

Ich hatte mich entschlossen, die Worte: „Wahlrecht für Frauen" auf meinen Körper zu schreiben.

Constance Lytton (1869–1923)
engl. Autorin

Spott, Hohn, Angriffe sind uns übergenug zuteil geworden, leider auch aus den Kreisen der Vertreterinnen der damaligen Frauenbewegung, aber wir hatten die große Genugtuung, dass man später oft die Wege ging, für die wir die Bresche gemacht hatten, und dass man gern die Kastanien nahm, die wir aus dem Feuer geholt hatten.

Minna Cauer (1842–1922)
dt. Autorin und Herausgeberin von „Die Frauenbewegung"

Die bahnbrechende Rolle der Suffragetten besteht darin: Sie haben erkannt, dass es nicht genügt, nach Gerechtigkeit zu rufen, sondern, dass man auch Macht besitzen muss, um Gerechtigkeit, wenn nötig mit Gewalt, zum Recht zu machen. Der Kampf der Suffragetten ist der erste große, organisierte, moderne Versuch der Frauen, ihr gutes Recht mit Gewalt durchzusetzen.

Käthe Schirmacher (1865–1930)
dt. Schriftstellerin und Politikerin, 1912

Wenn es rechtens ist, dafür zu kämpfen, dass gleiches Recht für alle gilt, dann ist die Revolution und Rebellion der Frauen durchaus gerechtfertigt. Sie ist sogar weit mehr gerechtfertigt, als sie es bei den Männern in der gesamten Geschichte der Menschheit je war.

Emmeline Pankhurst (1858–1928)
bekannteste engl. Suffragette

Als wir Glas zerbrachen, haben wir mehr erreicht und weniger Schaden genommen, als in all den Jahren, in denen wir es ihnen gestatteten, unsere Körper zu brechen.

Emmeline Pankhurst, *1912*

Empörung über Unrecht ist die höchste Sittlichkeit.

Motto der radikalen englischen Suffragetten-Organisation WSPU

Wir sind hier, um unser Recht als Frauen zu fordern, nicht nur frei zu sein, sondern für unsere Freiheit zu kämpfen. Es ist unser Privileg, unsere Freude und unser Stolz, Teil dieser militanten Bewegung zu sein, die, wie wir glauben, die gesamte Menschheit erneuern wird.

Christabel Pankhurst (1880–1958)
engl. Rechtswissenschaftlerin und Autorin, 1911

Wir schämen uns dessen, was wir getan haben, nicht. Wenn man für eine große Sache kämpft, ist der Geist im Augenblick der größten Demütigung am unbeugsamsten.

Christabel Pankhurst

Wir gehen mit Freuden ins Gefängnis, denn wir tun es für unsere Schwestern. Wir werden kämpfen bis zum Sieg. Die Frauen müssen für ihr Recht auf die Gesetze, die sie befolgen, und die Steuern, die sie bezahlen müssen, kämpfen.

Manifesto WSPU 1906
Jus suffragii, 1906

An Verleumdung und Hohn hat es wahrlich nicht gefehlt. Aber Spott und Verleumdung ließen uns völlig gleichgültig. Wir erkannten gerade daraus, wie wirkungsvoll unser Kampf und wie leer die Abwehr der Widersacher.

Lida Gustava Heymann (1868–1943)
dt. Autorin, Pazifistin und Herausgeberin von „Die Frau im Staat"

So war es stets, so wird es vielleicht immer sein. Alle großen, edlen und hohen Ideen werden zuerst bekämpft, ihre Vertreter gekreuzigt und verbrannt und dann? Ja dann nimmt man die Idee nach und nach an, wenn sie nicht mehr gefährlich erscheint und ruft sie als die eigene aus.

Minna Cauer (1842–1922)
dt. Autorin und Herausgeberin von „Die Frauenbewegung", 1905

Wir wollen Sitte und Moral, ja, aber wir wollen sie für Weib und Mann. Wir wollen nicht die Sklavintugend des Weibes und nicht den Eigentums- und Besitzesdünkel des Mannes. Wir wollen Menschlichkeit für beide.

Johanna Loewenherz (1857–1937)
dt. Schriftstellerin, 1895

Der Kampf liegt nicht allein nur auf rein wirtschaftlichem, er liegt auch auf sittlichem Gebiet und in der unumgänglich nötigen Neuregelung des ganzen Verhältnisses der Geschlechter.

Käthe Schirmacher (1865–1930)
dt. Schriftstellerin und Politikerin, 1902

Die Radikalen fordern alle Freiheiten und Rechte unbedingt und uneingeschränkt, in der Meinung, dass aus lauter Bisschens (ein bisschen Freiheit, ein bisschen Beruf) doch nur etwas An- und Zusammengeflicktes wird.

Hedwig Dohm (1833–1919)
dt. Philosophin und Schriftstellerin, 1902

Jede Frau kann etwas für unsere Sache tun. Eine Frau, die an ihrem eigenen Herd treu zu uns steht, die das rechte Wort zu ihren Gästen, zu ihren Kindern und den Kindern der Nachbarn spricht, leistet Aufklärungsarbeit, die ebenso wertvoll ist wie Arbeit der Frau, die auf der Tribüne steht.

Susan B. Anthony (1820–1906)
am. Abolitionistin und Pionierin der Frauenbewegung, 1899

Dass nur ein paar Frauen unter allen Umständen zum Protest gegen die Ungerechtigkeit langjähriger Gesetze und Traditionen bereit sind, beweist nicht, dass es keine Unterdrückung gibt. Ebenso wie die Zufriedenheit vieler, wenn sie denn echt ist, nur ihre Apathie und tiefe Erniedrigung beweist.

Elizabeth Cady Stanton (1815–1902)
am. Abolitionistin, Autorin und Pionierin der Frauenbewegung, 1898

Wogegen richtet sich im letzten Grunde der Kampf des Weibes, die Frauenbewegung? Gegen nichts anderes als gegen sexuelle Knechtung. Die tiefsten Wurzeln der Frauenfrage liegen im Sexus.

Johanna Elberskirchen (1857–1937)
dt. Schriftstellerin, 1897

Die Frauenbewegung hat es mit großen Zielen zu tun. Kleine und kleinliche Interessenpolitik treibt unsere Männerwelt heutzutage genug.

Minna Cauer (1842–1922)
dt. Autorin und Herausgeberin von „Die Frauenbewegung", 1896

Man kommt sich auf dem Gebiet der Frauenfrage immer wie ein Wiederkäuer vor. Das liegt an der Taktik der Gegner.

Hedwig Dohm (1833–1919)
dt. Philosophin und Schriftstellerin, 1896

Davon sind alle überzeugt; dass die Frauenbewegung eine Weltbewegung ist.

Minna Cauer (1842–1922)
dt. Autorin und Herausgeberin von „Die Frauenbewegung", 1895

Die „Woman & Equality Unit" strebt nach rechtlicher, politischer, gesellschaftlicher und individueller Emanzipation der Frau, welche die unabdingbare Voraussetzung für alle wahren und dauerhaften Reformen ist, und betont noch einmal, dass diese Forderung oberste Priorität vor allen anderen, wie auch immer gearteten, persönlichen, regionalen oder parteipolitischen Überlegungen genießt.

Elmy Wolstenholme
engl. Autorin, 1895

Wir werden erst dann zu einer bedeutenden Kraft in der Welt werden, wenn wir all unser Geld und unseren redaktionellen Einfluss auf eine große nationale Tageszeitung richten, und so unseren Gegnern an jedem Tag des Jahres etwas entgegensetzen können.

Susan B. Anthony (1820–1906)
am. Abolitionistin und Pionierin der Frauenbewegung, 1893

Als wir ganz allein dastanden, erkannten wir unsere Kraft und verwarfen auf alle Zeit den Rat des Mannes. Wir schworen feierlich, erst zu schweigen, wenn die Frau überall auf dieser grünen Erde die gleichen Rechte besitzt wie der Mann.

Susan B. Anthony (1820–1906),
Elizabeth Cady Stanton (1815–1902),
Matilda Joslyn Gage (1826–1898)
Pionierinnen der am. Frauenbewegung, 1882

Der revolutionäre Mann, der heute für seine Freiheit kämpft, kämpft nur gegen die Außenwelt. Gegen eine Welt, die sich seinen berechtigten Forderungen für Freiheit, Gleichheit und soziale Gerechtigkeit entgegensetzt. Die revolutionäre Frau dagegen muss auf zwei Ebenen kämpfen, einmal für ihre äußere Freiheit – in diesem Kampf findet sie im Mann einen Kameraden. Aber sie muss auch für ihre innere Freiheit kämpfen, eine Freiheit, die der Mann seit langem genießt – und in diesem Kampf steht sie allein.

Louise Michel (1830–1905)
frz. Revolutionärin und Kommunardin, 1886

Anfangs erschienen uns unsere Forderungen so vernünftig, dass ich dachte, der bloße Hinweis auf das Unrecht, das der Frau geschieht, würde genügen, um sofortige Abhilfe zu schaffen. Ich dachte, ein Appell an Gewissen und Vernunft der Männer hinsichtlich der ungerechten und ungleichen Gesetze für Frauen, die eine Schande für unsere Gesetzessammlungen sind, würde die Frage beilegen. Aber ich musste bald feststellen, dass keinerlei Versuch unternommen wurde, auf unsere Argumente einzugehen. Stattdessen wuchs mit jeder gestellten Forderung, mit jedem neu gewährten Privileg der bittere, bösartige und hartnäckige, in Traditionen und Privilegien verwurzelte Widerstand.

Elizabeth Cady Stanton (1815–1902)
am. Abolitionistin, Autorin und Pionierin der Frauenbewegung, 1876

Wie sollen wir den Kreuzzug unternehmen, den wir für notwendig halten? Indem wir uns klar machen, dass unsere Kräfte, zersplittert wie sie sind, zu nichts führen, während sie vereint Berge zu versetzen vermögen.

Marie Goegg-Pouchoulin (1826–1899)
schweiz. Gründerin der „Internationalen Frauenassoziation" und Pazifistin

Das Gefühl, das heute die Frauenbefreiung abwehrt, es ist dasselbe Gefühl, das sich vor Jahrhunderten gegen die Gewissensfreiheit empörte, das im Volke aufjauchzte bei der massenhaften Abschlachtung der Ketzer.

Hedwig Dohm (1833–1919)
dt. Philosophin und Schriftstellerin, 1873

Nicht freiwillig werden die Männer ihre Geschlechtsherrschaft fahren lassen, die sie für ein legitimes Recht halten, und die doch nur ein uraltes Privilegium ist, das im Laufe der Jahrhunderte ihr Rechtsbewusstsein korrumpiert hat.

Hedwig Dohm, *1873*

Vergesst nicht: Anspruch ohne Macht bedeutet wenig. Dem Despotismus ist immer nur eine Grenze gesetzt worden durch die wachsende Macht der Unterdrückten.

Hedwig Dohm

Wer weiß, am Ende ist die ganze moderne Frauenbewegung nichts als eine Revolte gegen das Mürbeprügeln der Weiber, und sie bezweckt nichts als die Emanzipation des Weibes vom Stock.

Hedwig Dohm

Es handelt sich in der Tat bei der Frauenfrage um eine soziale Revolution, eine gewaltige und wunderbare, wie die Welt keine zweite gesehen, eine Revolution, in der einzig und allein mit geistigen Waffen gekämpft wird.

Hedwig Dohm, *1873*

Eine sittliche Erhebung des menschlichen Geschlechts ohne eine volle Reform der Frauenzustände halte ich für unmöglich.

Hedwig Dohm, *1873*

Tragt den Krieg, wenn es sein muss, in eure eigenen Familien: Bindet dem Baby kein Lätzchen um, lasst das Hemd eures Mannes ohne Knöpfe, kümmert euch nicht um den Haushalt, bis die Männer nachgeben. Die Frauen haben zu lange gebeten und gebettelt. Lasst die

Belagerung beginnen. Tragt den Krieg in euer eigenes Haus.

Elizabeth Cady Stanton (1815–1902)
am. Abolitionistin, Autorin und Pionierin der Frauenbewegung, 1873

Es gibt eine Wort, das süßer ist als Mutter, Heim oder Himmel – das ist das Wort : Freiheit.

Matilda Joslyn Gage (1826–1898)
am. Abolitionistin, Autorin und Pionierin der Frauenbewegung

Wer es wirklich ernst meint, muss gewillt sein, alles oder nichts in den Augen der Welt zu sein, jederzeit öffentlich und privat seine Symphatie mit den geschmähten und bekämpften Ideen und ihren Vertreterinnen zu bekunden, und die Konsequenzen daraus zu tragen.

Susan B. Anthony (1820–1906)
am. Abolitionistin und Pionierin der Frauenbewegung, 1860

Man hört sehr viel über den Mut auf dem Schlachtfeld. Verglichen mit dem Heldenmut der Frau, die um ihr Recht kämpft, versinkt er in tiefster Bedeutungslosigkeit. Sich dem Feuer einer voreingenommenen und ungerechten öffentlichen Meinung zu stellen, nicht nur dem Feind dort draußen, sondern oft auch den eigenen Freunden mutig entgegenzutreten, dazu bedarf es eines Heldenmuts, von dem die Welt bislang keine Notiz nimmt.

Ernestine L. Rose (1810–1892)
poln./am. Pionierin der Frauenbewegung, 1856

Sie werden vielleicht sagen, dass die Masse der Frauen in diesem Staat keine Forderungen erhebt. Dass wir nur ein paar bittere, enttäuschte alte Jungfern und kinderlose Frauen sind. Da irren Sie sich. Die Masse spricht durch uns.

Elizabeth Cady Stanton (1815–1902)
am. Abolitionistin, Autorin und Pionierin der Frauenbewegung, 1854

Hebt hoch die Fahne der weiblichen Unabhängigkeit und senkt sie nicht, bis der Sieg gesichert und beide Geschlechter sich vollkommen gleich sind.

Lucretia Mott (1793–1880)
am. Abolitionistin und Pionierin der Frauenbewegung, 1850

Die von uns beabsichtigte Neuordnung ist – in ihrem vollen Umfang – allumfassend und radikal. Es ist nicht das bloße Zuendebringen einer Entwicklung, die bereits in Bewegung ist, ein Detail in einem fertigen Plan. Es ist eine epochale Entwicklung, die Emanzipation einer Klasse, die Befreiung der halben Welt, und die damit einhergehende Neugestaltung aller gesellschaftlichen, politischen und industriellen Interessen und Einrichtungen.

Paulina Wright Davis (1813–1876)
am. Journalistin, 1850

Wohlauf denn, meine Schwestern, vereinigt euch mit mir, damit wir nicht zurückbleiben, wo alle und alles um uns und neben uns vorwärtsdrängt und kämpft. Wir wollen auch unser Teil fordern und verdienen an der großen Welterlösung, welche der ganzen Menschheit, deren eine Hälfte wir sind, endlich werden muss.

Louise Otto-Peters (1819–1895)
dt. Schriftstellerin, Herausgeberin der „Frauen-Zeitung“ und Pionierin der Frauenbewegung, 1849

Die Wahrheiten der Vergangenheit sind nur da, um sie zu bekämpfen? So heißt es auch, die Frau ist zum Leiden und Dulden bestimmt, aber diese Wahrheit ist zum Verzweifeln, und ich betrachte es daher als eine Lebensaufgabe, ihr zu nahe zu treten und keinen Versuch zu scheuen, wo und wie ich kann, sie zu vernichten.

Louise Dittmar (1807–1884)
dt. Philosophin und Herausgeberin von „Soziale Reform", 1849

Es ist eine dornenvolle Laufbahn, die wir Gleichgesinnten betreten, und oft verzweifle ich an der Kraft, ein Feld zu bebauen, das zuvor erst urbar gemacht werden muss; gegen Vorurteile und Gewohnheiten zu kämpfen, die dem eigenen Geschlecht zu Glaubenssatzungen und, was das Schlimmste ist, zur anderen Natur geworden sind.

Louise Dittmar, *1849*

Das Leben der Frauen bedarf einer solchen Umwälzung, dass man eigentlich nur gegen das Bestehende ankämpfen kann. Solange wir uns nicht in gemeinsamen Beratungen aussprechen und unsere Ansichten gegeneinander austauschen, haben wir keine Basis, auf die wir aufbauen und von Worten zur Tat übergehen könnten.

Louise Dittmar, *1849*

Lassen wir uns aber durch das Geschrei der „am alt Hergebrachten" festhängenden Menge über Emanzipation nicht irre machen, verlieren wir den Mut nicht, wenn man uns lächerlich zu machen sucht, sondern legen kräftig Hand an, um die veralteten Schranken niederzureißen.

Georgine, Die Arbeiterinnen, *1849*

Die Befreiung des Weibes ist die vordringlichste gesellschaftliche Aufgabe und die soziale Frage kann erst dann wirksam in Angriff genommen werden, wenn die Gleichstellung der Frau vorausgegangen ist.

Mathilde Franziska Anneke (1817–1884)
dt. Revolutionärin und Journalistin

Verwirrung ergreift uns und alles verkehrt sich,
Die Frauen springen aus „ihrer Sphäre",
Und statt als Fixsterne stille zu stehen,
Schießen sie gleich Kometen daher,
Die Welt aufhetzend!

Maria Weston Chapman (1806–1885)
am. Abolitionistin und Autorin

Lasst uns unsere Ketten zerbrechen! Es ist schließlich an der Zeit, dass die Frauen aus ihrer schmählichen Nichtswürdigkeit heraustreten, in der die Ignoranz, der Stolz und die Ungerechtigkeit der Männer sie so lange versklavt hielten.

Theroigne de Mericourt (1762–1817)
frz. Revolutionärin, 1792

Diese Revolution kann sich nur dann vollziehen, wenn alle Frauen durchdrungen sind von ihrem beweinenswerten Geschick und den Rechten, die sie in der Gesellschaft verloren haben.

Olympe de Gouges (1748–1793)
frz. Rechtsphilosophin und Verfasserin der Frauenrechtserklärung, 1791

Frauenfreundschaft

Frauen aber gehört meine ganze Zuneigung, es sind für mich Vertraute.

Elfriede Jelinek (*1946)
östr. Schriftstellerin

Ich habe in meinem Leben tolle Frauen getroffen, die ich bewundert habe, und eine großartige Erfahrung ist es, sie als Freundinnen zu gewinnen. (Ich meine jetzt nicht zwingend Liebhaberinnen.) Dann guck' ich hier was ab und da was ab und pfusche mir so 'ne mittlere Lebensreife zusammen, wobei ich mein Ego nicht aus den Augen lasse.

Hella von Sinnen (*1959)
dt. Komikerin und Fernsehmoderatorin, 1992

Frauenfreundschaft beginnt im Umgang mit dem eigenen Selbst.

Janice Raymond
am. Sozialwissenschaftlerin und Autorin, 1986

Die Geschichte von Frauen-Zuneigung, Frauen-Autorität und Frauenfreundschaft muss zusammen mit der Geschichte von Frauen als Misshandelten, Geschlagenen und Ermordeten erzählt werden. Hinter vielen ganz offensichtlich kolonialisierten Frauen standen Frauen voller Kraft und Stärke, die ihrem Selbst und anderen Frauen Mut gegeben haben.

Janice Raymond, *1986*

Im Schweigen über das Abenteuer der Frauen-Zuneigung versinkt die Wahrheit, dass Frauen nur von dem gelangweilt sind, was Männer zwangsweise aus ihnen gemacht haben. Frauen sind nur von sich selbst und anderen Frauen gelangweilt, wenn sie kein originäres und unabhängiges Selbst und nichts Eigenes haben, womit sie die Gefühle von Frauen wecken, sie erregen könnten.

Janice Raymond, *1986*

Freundinnen helfen einander, auf den Füßen zu bleiben, angesichts von Kulturen, die versuchen, sie niederzuwerfen mit der Gewalt eines Hurrikans der Ideologie darüber, was eine Frau sein sollte, oder die ihnen den Boden unter den Füßen wegziehen, indem sie die Gültigkeit ihrer Erfahrung ableugnen, ihren Bezugsrahmen abwerten und weiblichen Masochismus, weibliche Selbstzweifel, weibliche Passivität und Selbstmord verstärken.

Louise Bernikow, *1980*

Es war, wie wenn man nach einer Staroperation wieder auf beiden Augen sehen kann. Ihre alte Freundin war heimgekehrt. Sula. Die sie zum Lachen brachte, die sie alte Dinge mit neuen Augen sehen ließ, in deren Gegenwart sie sich klug, sanft und ein bisschen schlampig vorkam.

Toni Morrison (*1931)
am. Schriftstellerin und Literaturnobelpreisträgerin

Wenn man mit Frauen Freundschaften haben kann, welche Freude – die Beziehung so geheim und vertraut, verglichen mit der zu Männern.

Virginia Woolf (1882–1941)
engl. Schriftstellerin, 1924

Erst in einer tiefen Freundschaft mit einer Frau ist wahre Nähe, Vertrauen und Geborgenheit möglich. Aus dem Gleichklang von Fühlen und Denken, von Interessen und Wünschen ergibt sich die totale Erfüllung in der Liebe.

Vita Sackville-West (1892–1962)
engl. Schriftstellerin

Wir sind jetzt Zeugen ergreifender Frauenfreundschaften, Freundschaften bis in den Tod, Freundschaften, die den Sinn eines ganzen Lebens in sich tragen, die die ganze Intensität des Zusammenlebens zeigen, deren die Frau fähig ist, wo sie nicht in ihrer Entfaltung behindert, nicht vom Heterogenen, Gebieterischen zurückgestoßen wird in sich und nicht von einem starren Ideal vergewaltigt ist.

Leonore Kühn (1878–)
dt. Philosophin und Autorin, 1925

Mit der Freundin aber kann sie Mensch sein, indem sie Frau ist. Und darum ist in diesem gärenden Zeitalter der Frauenentwicklung die Frauenfreundschaft notwendigerweise etwas, was für die Entfaltung des Wesens der Frau sogar bedeutsamer ist als Liebe, Ehe, Mutterschaft. Die Frauenfreundschaft bedeutet das schützende Gehäuse ihrer neuen Möglichkeiten und Notwendigkeiten.

Leonore Kühn, *1925*

Liebe – dies seltsame Wort, das dem einen dies, dem anderen das bedeutet, ich möchte es nicht immer so streng unterschieden von Freundschaft haben, mir scheint, eine große Freundschaft zwischen zwei Frauen ist Liebe, viel häufiger als das Gefühl zwischen Mann und Frau es ist.

Meta von Salis (1855–1929)
schweiz. Schriftstellerin, Publizistin und Frauenrechtlerin, um 1892

Das Schauspiel einer dauerhaften Freundschaft zwischen Frauen stößt bei vielen auf Zweifel und Kritik aller Art. Nach meiner Ansicht deshalb: So lange die Frau eine abhängige, gänzlich von der Familie bestimmte, in ihr begrenzte Stellung einnahm, konnte Freundschaft in dem weiten und tiefen Sinn, in dem sie übrigens auch bei Männern selten ist, bei Frauen gar nicht aufkommen.

Meta von Salis, *1892*

Du musst für ein, zwei Wochen hierher kommen, und wir werden Wunder vollbringen. Mut, Susan, dies ist mein letztes Baby. Du und ich, wir haben Aussicht auf ein gutes langes Leben. Wir werden erst mit fünfzig in der Blüte unseres Lebens stehen und danach noch mindestens zwanzig Jahre zu was taugen.

Elizabeth Cady Stanton (1815–1902)
(an Susan B. Anthony)
am. Abolitionistin, Autorin und Pionierin der Frauenbewegung, 1857

Ich spreche jetzt nicht durch das Medium der Bräuche und Konventionen zu dir ... es ist mein Geist, der sich an deinen Geist wendet ... von gleich zu gleich – wie es uns entspricht.

Charlotte Brontë (1816–1855)
engl. Schriftstellerin

Frauenliebe

Ich gebe den Frauen etwas, das sie nicht sehr oft bekommen: ein Beispiel von Stärke.

k.d. lang (*1962)
am. Musikerin

Mich zu „outen“ war das Beste, was ich je getan habe.

k.d. lang

Es gibt keine andere Möglichkeit, auszubrechen, denn für die Frauen gibt es kein Territorium, kein anderes Ufer des Mississippi, kein Palästina. Daher ist es das Einzige, was zu tun bleibt, sich selbst als Entflohene, als Sklavin auf der Flucht, als Lesbe zu betrachten.

Monique Wittig (*1935)
frz. Schriftstellerin, 2001

Der Lesbianismus ist weit mehr als Homosexualität (dieser der Heterosexualität homologe Begriff). Der Lesbianismus ist weit mehr als Sexualität. Der Lesbianismus eröffnet eine andere Dimension des Menschen (insofern seine Definition nicht auf dem „Unterschied“ der Geschlechter gründet). Heute entdecken die Lesben diese Dimension außerhalb dessen, was männlich und weiblich ist.

Monique Wittig,
2001

Ich bin sehr stolz darauf, sagen zu können, dass ich schon mein ganzes Leben lang eine Lesbe bin.

Melissa Etheridge (*1961)
am. Musikerin, 1994

Ich bin keine verückte Avantgarde-Künstlerin. Homosexualität ist für mich etwas sehr Normales. Allerdings haben viele Menschen da noch ein bisschen Nachholbedarf.

Melissa Etheridge,
1996

Es gibt mehr Lesben auf der Welt als Männer wie George Bush. Aber Leute wie er haben die ganze Macht. Wir wissen, dass die Medien, die Religion und das Schulsystem gegen uns arbeiten. Weshalb also sind wir so nett?

Lesbian Avengers,
1995

Sind Sie immer noch die Alternative?

Martina Navratilova (*1956)
(auf die Frage eines Reporters, ob sie immer noch lesbisch sei)
am. Tennisspielerin, 1994

Ich will's mit Frauen. Es ist fantastisch, wie viel es mir gibt. Ich habe Schwester, Mutter, Geliebte und beste Freundin – alles in einer Person.

Hella von Sinnen (*1959)
dt. Komikerin und Fernsehmoderatorin, 1992

Dass Sex unter Frauen eine Sensation ist, brauche ich wohl nicht extra zu betonen?! Ich weiß, was mich scharf macht, und sie auch.

Hella von Sinnen, *1992*

Ich bin stolz auf meine Lesbischsein. Ich fühle, es ist die richtige Entscheidung.

Hella von Sinnen, *1992*

Lesbische Feministinnen sind ein Problem. Sie stellen in Frage, ob es wirklich nötig ist, dass das Leben der Frau um die Erotisierung ihrer eigenen Unterwerfung kreist.

Sheila Jeffreys
engl. Politikwissenschaftlerin und Autorin, 1990

Wir müssen darauf hinarbeiten, dass homosexuelles Verlangen geweckt und ausgelebt wird. Das ist ein überaus wichtiger Teil unseres Befreiungskampfes.

Sheila Jeffreys, *1990*

Ich denke, dass schon heute jede Frau ein bisschen homosexuell ist. Ganz einfach, weil Frauen begehrenswerter sind als Männer. Weil sie schöner sind, weicher, ihre Haut ist angenehmer. Und sie haben gemeinhin auch mehr Charme.

Simone de Beauvoir (1908–1986)
frz. Philosophin und Schriftstellerin, 1982

Wir hatten keine Mütter, keine Schwestern, keine Heldin. Wir mussten allein durchkommen wie unsere Schwestern, die Amazonen, die Reiterinnen auf den einsamsten Außenposten im Königreich der Dahomey. Jung und schwarz und schön und lesbisch durchlitten wir unseren ersten Liebeskummer ohne Schul- und Bürokollegen, denen wir uns in der Mittagspause anvertrauen konnten. Ebenso wenig gab es Ringe, mit denen wir den Grund für unser glückliches heimliches Lächeln greifbar machen konnten.

Audre Lorde (1934–1992)
am. Schriftstellerin, 1982

Was ist die wirkliche Bedrohung, die Lesben repräsentieren? Sie sind der lebende Beweis, dass Frauen nicht als natürliche Sklavinnen der Männer geboren sind.

Monique Wittig (*1935)
frz. Schriftstellerin, 1978

Die irrationale Angst vor dem Lesbianismus trennt nicht nur uns von anderen Frauen. Sie hält alle Frauen voneinander fern und verhindert, dass sie enge Freundschaften schließen. Sie dient auch dazu, Frauen auf „ihren Platz" zu verweisen. Jede Frau, die sich durchsetzt oder in einem „Männerjob" Erfolg hat, kann als Lesbe abgestempelt werden.

Boston Woman's Health Book Collective, *1971*

Lieber einmal mit Schneewittchen als siebenmal mit den Zwergen!

Slogan auf einer Berliner Lesbendemonstration

Lesbianismus ist keine Frage der sexuellen Vorliebe, sondern eine politische Wahl, die jede Frau treffen muss, die ihre weibliche Identität finden und so die Herrschaft des Mannes beenden will.

Charlotte Bunch (*1944)
am. Politikwissenschaftlerin, 1975

Zunächst wurde die Lesbierin in der Bewegung als rufschädigende Bedrohung betrachtet, allmählich aber wurde die Unabhängigkeit von Lesbierinnen zum Symbol für eine neue politische Identität von Frauen. Und die radikale Frau, frei von Männerherrschaft, konnte und sollte sich Lesbierin nennen, ob sie nun mit einer anderen Frau eine emotionale und sexuelle Beziehung hatte oder nicht.

Jane Rule (*1931)
am. Schriftstellerin, 1975

Lesbierinnen verstehen, dass weibliche Solidarität sich nicht in der Zuneigung zu einer anderen Frau erschöpft, die das Gleiche erlitten hat. Es bedeutet, zusammen auf gemeinsame Ziele hinzuarbeiten. Es ist ein Gefühl von Zusammengehörigkeit.

Sidney Abbott, Barbara Love
am. Autorinnen,
1973

Alle Frauen sind Lesbierinnen, außer denen, die es noch nicht wissen.

Jill Johnston
am. Journalistin, 1973

Solange die Frauen ineinander nicht die Möglichkeit eines primären Engagements sehen, das die Sexualität mit einschließt, enthalten sie sich selbst die Liebe und Wertschätzung vor, die sie den Männern so bereitwillig zugestehen, und bekräftigen damit ihren zweitklassigen Status.

Jill Johnston, *1973*

Der Lesbianismus ist weit mehr als eine sexuelle Vorliebe. Er ist eine politische Position.

Sidney Abbott
am. Autorin, 1972

Lesbischsein bedeutet: sich selbst lieben. Sich – eine Frau. Und das in einer Kultur, die Frauen für minderwertig hält und verachtet. Die Gesellschaft gesteht dem Mann den höchsten Platz zu. Lesbischsein aber heißt, die Frau an die erste Stelle zu setzen. Darum trifft der Lesbianismus die männliche Vorherrschaft im Kern.

Charlotte Bunch (*1944),
Rita Mae Brown (*1944)
am. Schriftstellerinnen,
1972

Liebe und Sexualität zwischen Frauen müssen sich mit Tat und Sieg, Intellekt und Reflexion mischen, diese prägen und von ihnen geprägt werden.

Phyllis Chesler (*1941)
am. Psychologin und Autorin

Sehen wir doch der Wahrheit ins Gesicht, die größte Bedrohung für Männer ist die Solidarität unter Frauen, und Lesbischsein symbolisiert diese Solidarität.

Sidney Abbott, Barbara Love
am. Autorinnen, 1971

Unabhängig von Körpertyp, Bildungsstand, Temperament oder Mentalität sind alle homosexuellen Frauen darin vereint, dass sie eine Versklavung durch den Mann ablehnen. Sie weigern sich, das „andere" Geschlecht zu sein.

Charlotte Wolff
dt. Psychologin, 1971

Wenn du Frauen liebst, befindest du dich im Widerstand gegen die Herrschaft des Mannes.

Rita Mae Brown (*1944)
am. Schriftstellerin, 1971

Schließlich muss in einer Gesellschaft, die militant heterosexuell ist, Homosexualität irgendwann eine bewusste Entscheidung sein.

Ti-Grace Atkinson (*1939)
am. Autorin, 1970

„Lesbisch" ist das Wort, das Etikett, die Situation, mit der man Frauen bei der Stange hält. Wenn eine Frau mit diesem Wort bezeichnet wird, dann weiß sie, dass sie nicht mehr im Gleichschritt ist. Sie weiß, dass sie diese schreckliche Schranke der Geschlechterrolle überschritten hat, sie weicht zurück, sie protestiert, sie ändert ihr Verhalten, um akzeptiert zu werden.

Radicallesbians,
1970

Ich will mit Würde und das heißt, mit Feuer über das sprechen, was ich die edle Zeit einer Leidenschaft zwischen Frauen nenne.

Sidonie-Gabrielle Colette (1873–1954)
frz. Schriftstellerin

Die Frau, die sich zur Lesbierin macht, weil sie die Herrschaft des Mannes ablehnt, kostet oft das Vergnügen, in einer andern denselben Amazonenstolz wiederzufinden.

Simone de Beauvoir (1908–1986)
frz. Philosophin und Schriftstellerin, 1949

Die Liebe zwischen Frauen ist kontemplativ. Ohne Kampf, ohne Sieg, ohne Niederlage. Jede ist Subjekt und Objekt, Herrin und Sklavin zugleich. Dualität wird zu gegenseitigem Geben und Nehmen.

Simone de Beauvoir,
1949

Ihr seid weder anomal noch verabscheuungswürdig oder wahnsinnig. Ihr seid wie alle anderen Menschen ein Teil dessen, was der Mensch Natur nennt.

Margaret Radclyffe Hall (1886–1943)
engl. Schriftstellerin, 1928

Gleichgeschlechtlich liebende Frauen, zeigt, dass ihr nicht nur da seid, um geduldet zu werden, sondern dass ihr auch bereit seid zum Kampf für eure Freiheit.

Lotte Hahn (Aufruf des Bundes für ideale Frauenfreundschaft)
um 1930

Du wirst niemals dem Zauber einer deines eigenen Geschlechts erliegen – was für ein verdorrter Garten muss die Welt für dich sein!

Virginia Woolf (1882–1941)
engl. Schriftstellerin, 1927

Es ist so dringend zu wissen, neben dir gibt es so viele andere Menschen, die gleich dir Homosexuelle sind, die den gleichen Kampf zu kämpfen haben, den auch du zum guten Ende führen willst.

Zeitschrift „Frauenliebe", *1927*

Es ist wahr, dass ich nur auf Frauen Eindruck machen will. Einzig Frauen regen meine Phantasie an.

Virginia Woolf (1882–1941)
engl. Schriftstellerin, 1926

Nie werde ich ihren warmen Körper, ihre einfache Liebe, ihre Weisheit und ihr einfühlsames, freundliches Wesen vergessen. Sie verschaffte mir die Gelegenheit, andere Frauen kennen zu lernen. Sie lehrte mich, mich dieser Art von Liebe nicht zu schämen.

Greta Garbo (1905–1990)
schwed. Schauspielerin, 1922

Wie wäre die Liebe, auch die rein seelische Liebe, die innige Sympathie, die leidenschaftlich verehrende Freundschaft zu Menschen gleichen Geschlechts erklärlich, wenn sich Liebe in jedem höchsten Sinne nur aus dem „Fortpflanzungstrieb" entwickeln könnte?

Helene Stöcker (1869–1943)
dt. Schriftstellerin, Pazifistin und Herausgeberin von „Mutterschutz", 1911

Schließlich sind wir doch alle, genau betrachtet, Homosexuelle – der eine mehr, der andere weniger. Also richtiger: Wir sind alle Bisexuelle, alle Zweigeschlechtliche und je nach Entwicklung fähig, zweigeschlechtlich zu empfinden und zu lieben, der eine mehr, der andere weniger – der eine in Form platonischer Freundschaft – der andere in Form mehr oder weniger platonischer Liebe.

Johanna Elberskirchen (1857–1937)
dt. Schriftstellerin, 1904

Was, wir sollen zurückweichen vor dem Worte Homosexuelle?!? Was, wir sollen uns damit mundtot machen lassen?! Wir sollen uns deshalb fein säuberlich hüllen in das fein unsäuberliche Gewand des „Weibchens", des – „Sexus"?! Wir, die wir die ganze Jämmerlichkeit, den ganzen Jammer der Prostitution unserer Persönlichkeit und unseres „Weibseins" mit so ungeheurer, so schmerzhafter Wucht empfinden?! Und wir sollen dastehen und nur heimlich die Fäuste ballen, zähneknirschend, erstickend fast an unserem Schmerz und unserer Empörung – das wegen des Wortes „Homosexualität"? Nein. Nie.

Johanna Elberskirchen, *1904*

Wie wahr, dass eine Frau in eine Frau und ein Mann in einen Mann verliebt sein kann. Es ist eine Wonne, soviel steht fest, denn es ist zweifellos dieselbe Liebe, die wir empfinden, wenn wir Engel sind.

Margaret Fuller (1810–1850)
am. Philosophin und Schriftstellerin, 1845

Ich fühle solche Nähe zu anderen Seelen – besonders wenn sie beinahe im Gleichklang mit der meinen sind –, dass ich sozusagen Besitz von ihnen ergreife. Seit langer Zeit habe ich Sie ... Ja Olympe, ich atme durch Ihren Busen und durch Puls Ihres Herzens ... Sie sehen, meine Liebe, dass für mich die Liebe, ich sage, die wirkliche Liebe – nur zwischen zwei Seelen lebendig sein kann: Zwei Frauen können sich wahrhaftig lieben, zwei Männer ebenso. All dies soll ich Ihnen sagen, welch brennenden Durst ich verspüre, geliebt zu werden.

Flora Tristan (1803–1844)
frz. Philosophin, Sozialistin und Pionierin der Frauenbewegung, 1838/39

Ihr Geist ist so schön wie ihr Körper.

Christina von Schweden (1626–1689)
schwed. Königin und Gelehrte

Manche sagen, es sei ein Reiterheer, manche sagen, ein Heer zu Fuß, wieder andere, eine Schiffsflotte sei es, der schönste Anblick in dieser dunklen Welt, ich aber sage, es ist die, die du liebst.

Sappho (ca. 613–580 v.Chr.)
griech. Dichterin

Frauensolidarität

Die Versöhnung der Frauen mit den Männern ist nicht die erste Etappe des Feminismus. Sie ist die zweite. Der erste feministische Schritt ist die Versöhnung der Frauen mit den Frauen – und damit auch mit sich selbst.

Alice Schwarzer (*1942)
dt. Journalistin, Herausgeberin von „EMMA" und Autorin,
2000

Wohin du auch gehst: Dein Job ist es, ein, zwei andere Frauen mitzunehmen. Wenn du das nicht tust, ist mir ganz egal, wohin du gehst.

Gerda Lerner (*1920)
am. Historikerin und Autorin,
2000

Wenn Frauen etwas durchsetzen wollen, dürfen sie sich nicht auseinander dividieren lassen.

Christine Bergmann (*1939)
dt. Politikerin, 1999

Erhebe mit mir deine Stimme, künde von meinem geschundenen Leib. Schweigst du, dann war meine Freiheit nur ein Traum.

Shafighe Jargin
afgh. Autorin, 1999

Wir haben keine Frauenlobby, keine Klubs, keine Solidarität unter Frauen. Wir streiten und zerstreiten uns, und das macht uns verwundbar. Aber um zu verhindern, dass unser bisher Erreichtes durch diese Verschwörung von Nostalgikern, Fundamentalisten und Reaktionären aller Couleur zunichte gemacht wird, gibt es nur ein Mitteln, und das ist: Solidarität und „Schwesterlichkeit".

Benoîte Groult (*1920)
frz. Schriftstellerin, 1999

Wir haben es mit einer einflussreichen fundamentalistischen Internationalen zu tun, die eine klare Strategie hat. Um die Frauenrechte zu sichern, brauchen auch wir eine demokratische Internationale der Frauen – sonst haben wir keine Chance gegen das Ungeheuer. Ohne die Unterstützung der Frauen- und Menschenrechtler der westlichen Länder verlieren wir diesen Kampf um Leben und Tod.

Khalida Messaoudi (*1958)
alg. Journalistin und Politikerin,
1999

Wenn wir einander nicht sehen können, können wir uns selbst nicht sehen. Wenn ihr weiterkommen wollt als wir, müsst ihr auf unseren feministischen Schultern stehen.

Phyllis Chesler (*1941)
am. Psychologin und Autorin, 1997

Es sind nicht Hunderte, nicht Tausende, sondern Millionen von Mädchen, die damit (Genitalverstümmelung) leben müssen und daran sterben. Für mich ist es bereits zu spät, der Schaden ist nicht wieder gut zu machen; aber vielleicht kann ich dazu beitragen, dass eine andere davor bewahrt wird.

Waris Dirie (*1965)
somal. Topmodel und Sonderbotschafterin der UNO gegen Genitalverstümmelung,
1997

Wir können keine starken Demokratien aufbauen, ohne regionale und überregionale Frauen-Netzwerke zu schaffen, die uns überhaupt erst ermöglichen, wesentliche Fortschritte zu erzielen.

Hillary Clinton (*1947)
am. Juristin und Politikerin, 1997

Frauen beginnen ja endlich, Seilschaften zu bilden, was die Männer immer schon können: sich gegenseitig was zuschanzen.

Elfriede Jelinek (*1946)
östr. Schriftstellerin, 1997

Wohin du auch gehst, nimm eine Frau mit.

Gloria Steinem (*1934)
am. Journalistin, Herausgeberin von „Ms" und Autorin

Letztlich isoliert der immer vergleichede Blick die eine von der anderen und verhindert solidarisches Verhalten.

Gisela Kramer,
dt. Journalistin, 1993

Unter der glitzernden Oberfläche sitzen wir alle im selben Boot. Wir müssen zusammenhalten. Alle.

Marilyn French (*1929)
am. Schriftstellerin, 1994

Solidarität hat etwas mit Würde, mit Ehre, mit Selbstwertgefühl zu tun. Eine Frau, die zu einer anderen solidarisch ist, hat keinen Selbsthass als Frau. Eine Frau, die solidarisch ist, hat einen Eigenwert und definiert sich nicht ausschließlich dadurch, wie Männer sie finden.

Irmtraud Morgner (1933–1990)
dt. Schriftstellerin, 1990

Die Frauen sind die Hälfte des Volkes! Sie brauchen Räume, die ermöglichen, dass Frauen sich treffen, sich über ihrer Lage, ihre Wünsche und ihre Forderungen aussprechen können. Nur so kann sich Solidarität unter Frauen entwickeln, die bewirkt, sicherer und schöner in der Welt zu stehen.

Irmtraud Morgner, 1990

Wenn uns der kalte Wind ins Gesicht bläst, hält sich die Solidarität nur bei den Frauen, die das sowohl durchdacht als auch durchfühlt haben, die nicht einfach nur eine Mode mitgemacht haben. Solidarität ist nichts Oberflächliches.

Irmtraud Morgner, 1990

Wir mussten lernen, miteinander nicht nur über die gemeinsame Unterdrückung, sondern über unsere unterschiedlichen Lebensumstände zu sprechen. Und wie jede andere Bewegung, sind auch wir so manches Mal über diese Unterschiede gestolpert und haben über die Definition gestritten, wer wir sind.

Susan Griffin (*1943)
am. Schriftstellerin

Wir anerkennen das Recht und die Notwendigkeit von kolonisierten Menschen auf der ganzen Welt, eingeschlossen Dritte-Welt-Frauen in den USA, ihre unabhängigen Bewegungen zu schaffen. Aber letzten Endes müssen wir zusammen kämpfen.

Gloria Anzaldúa (*1942)
am. Autorin, 1981

Der internationale Feminismus wird Frauen in dem vereint finden, was der Unterdrückung aller Frauen gemeinsam ist. Diese Einheit ist unerlässlich, wollen sich Frauen über die Bedingungen der Geschlechtskolonisation erheben.

Kathleen Barry
am. Soziologin und Autorin, 1979

Frauen werden für andere Frauen tabu erklärt – nicht nur in sexueller Hinsicht, sondern als Kameradinnen, Mitstreiterinnen, Inspirationsquellen. Indem wir dieses Tabu brechen, werden wir wieder eins mit unseren Müttern. Indem wir wieder eins werden mit unseren Müttern, brechen wir dieses Tabu.

Adrienne Rich (*1929)
am. Schriftstellerin, 1976

Wir sollten uns aus tiefstem Herzen und sehr aktiv solidarisch zeigen. Solidarisch mit den Beschnittenen, mit den Zugenähten, mit den Verschleierten, mit den Versklavten, mit den von ihren Zuhältern ausgebeuteten Prostituierten, mit den in Bordellen der ganzen Welt eingesperrten Mädchen aller Hautfarben, mit den Arbeiterinnen, die nicht nur in den Fabriken arbeiten, sondern auch noch zu Hause (und außerdem noch die Arbeit des Kinderkriegens leisten, ohne dafür mit dreifachem Gehalt entlohnt zu werden, sondern nur mit dreifacher Erschöpfung), solidarisch auch mit den reichen Damen, die oft von einem Tag auf den andern keine reiche Damen mehr sind, sondern nur noch Frauen, aus dem simplen Grund, dass sie nicht mehr gefallen.

Benoîte Groult (*1920)
frz. Schriftstellerin, 1975

Wir haben unendlich viel Liebe zu vergeben, nicht mehr nur an die Männer, denen wir uns so lange ausschließlich gewidmet haben, sondern auch an all die Frauen, die sich mit ihrem Geheimnis zurückgezogen haben, das nie jemanden interessiert hat und das sie der Welt gerade zu offenbaren beginnen, sehr langsam, mit Schmerzen, Verwunderung und Freundschaft.

Benoîte Groult, 1975

Frauen gemeinsam sind stark!

Slogan der 1970-er Jahre

Das Konzept weiblicher Solidarität ist der Schlüssel für eine geschlossene, organisierte und beharrliche Arbeit an der Neuordnung der Gesellschaft. Aber emotionale Solidarität – das Bewusstsein gemeinsamen Leidens – allein genügt nicht, denn sie beruht auf der Erkenntnis gemeinsamer Ohnmacht, was die Ohnmacht der Frau noch verstärken könnte.

Sidney Abbott, Barbara Love
am. Autorinnen, 1973

Für sich betrachtet hatten die Feministinnen scheinbar auch nicht mehr oder weniger Grund, den Mann zu hassen, als alle anderen Frauen zu ihrer Zeit. Aber sie besaßen Selbstachtung, Mut und Stärke. Ob sie die Männer nun liebten oder hassten, der Demütigung durch den Mann entkommen waren oder unter ihr litten, sie identifizierten sich immer mit Frauen.

Betty Friedan (*1921)
am. Psychologin und Autorin, 1963

Frei sein zu wollen, heißt auch wollen, dass die anderen frei sind.

Simone de Beauvoir (1908–1986)
frz. Philosophin und Schriftstellerin

Die Frauenbewegung muss international werden, um durch Solidarität von Frauen über alle nationalen Grenzen hinweg den Status der Frauen auf der ganzen Welt zu verbessern.

Alice Paul (1885–1977)
am. Juristin und Pazifistin, um 1938

Als Frau habe ich kein Land. Als Frau will ich kein Land haben. Für mich als Frau ist die ganze Welt mein Land.

Virginia Woolf (1882–1941)
engl. Schriftstellerin, 1938

Auch wenn uns geographische Grenzen trennen, die nur in der Vorstellung existieren, und unsere Sprache nicht die gleiche ist, so seid ihr hier dennoch nicht in einem fremden Land oder unter fremden Menschen. Im Land des Herzens und den Räumen des Geistes gibt es keine Grenzen, die die Länder voneinander trennen.

Anna Howard Shaw (1847–1919)
engl. Theologin und Predigerin, 1922

Wenn die Frauenbewegung ihre Voraussetzungen verwirklichen will, so kann sie es nur als internationale Organisation. Das Bewusstsein dieser Notwendigkeit ist auch immer in der Frauenbewegung der ganzen Erde lebendig gewesen.

Rosa Mayreder (1858–1938)
östr. Philosophin, Schriftstellerin und Herausgeberin von „Dokumente der Frauen"

Rechtlos, ungleich vor dem Gesetz, unter zahllosen Erschwernissen und Ungerechtigkeiten leidend, bewahren die Frauen das Band ihrer weiblichen Solidarität.

Mary Sheepshanks (1872–1958)
engl. Herausgeberin von „Jus Suffragii" und Pazifistin

In diesen schrecklichen Zeiten, da zwischen den Nationen so viel Hass gesät wird, müssen die Frauen zeigen, dass wenigstens wir unsere Solidarität erhalten haben, und dass wir fähig waren, gegenseitige Freundschaft aufrecht zu erhalten.

Aletta Jacobs (1851–1929)
nl. Ärztin und Pazifistin, 1915

Was wir Suffragetten tun werden, wenn wir unsere Rechte haben? Wir werden als Botschafterinnen der Freiheit zu den Frauen in anderen Teilen der Welt ziehen, die noch nicht so frei sind wie wir.

Christabel Pankhurst (1880–1958)
engl. Rechtswissenschaftlerin und Autorin, 1915

Ich kam in den Genuss jener völligen, grenzenlosen Solidarität, die jeder Frau, die sich aktiv für die Sache (die militante Frauenbewegung) engagiert, als eine der unmittelbarsten und größten Belohnungen zuteil wird. Gleich von Anfang an herrscht ein Gefühl vollkommener Zusammengehörigkeit und gegenseitigen Vertrauens.

Constance Lytton (1869–1923)
engl. Autorin, 1914

Alles was ich schreibe steht im Dienst der Frauen.

Hedwig Dohm (1833–1919)
dt. Philosophin und Schriftstellerin

Dieses treue Bewusstsein für das angestrebte Ziel, das über die Grenzen des eigenen Lebens und ihrer individuellen Interessen hinausreicht, macht das religiöse Element der Frauenbewegung unserer Tage aus. Es verbindet die Frauen aller Rassen, Klassen und Länder, die für die Neuorientierung des Lebens der Frau kämpfen, mit dem Band gemeinsamer Begeisterung zu einem einzigen Körper.

Olive Schreiner (1850–1920)
südafr. Schriftstellerin und Pazifistin, 1911

Die Frauenbewegung kennt keinen Rassen- und kennt keinen Klassenhass; solange sie sich dieses Ideal erhält, brauchen die Vertreterinnen der Frauenbewegung, ob Christin oder Jüdin, ob Türkin, Chinesin oder Heidin, nicht bange zu sein, dass solches Geschwätz, wie es von der „holden Staatsbürgerin" und vom „frommkirchlichen Reich" dann und wann ausgeht, irgendwie Eindrücke machen wird, vielleicht nur da, wo man noch niemals etwas für die Frauenbewegung „gemacht" hat, aber feige seitwärts stand und anderen den Kampf überließ.

Minna Cauer (1842–1922)
dt. Autorin und Herausgeberin von „Frauenbewegung", 1909

Die Frauenbewegung ist eine internationale; wir dürfen keinerlei Unterschiede kennen, weder der Nation, noch der Religion oder des Standes.

Annie Kennie (1879–1953)
engl. Suffragette, 1907

Leider haben noch viel zu wenig Frauen begriffen, dass hier alle Frauen der ganzen Welt dasselbe empfinden sollten. Welcher Nation, Religion, Standes oder politischen Bekenntnisses sie auch sind, leiden sie nicht alle unter der generellen Unterdrückung als Geschlechtswesen?

Lida Gustava Heymann (1868–1943)
dt. Autorin, Pazifistin und Herausgeberin von „Die Frau im Staat", 1903

Die Liebe zwischen Mutter und Kind ist etwas Wunderschönes. Doch es gibt noch ein höheres Gesetz: die Liebe für uns selbst.

Charlotte Perkins Gilman (1860–1935)
am. Philosophin, Ökonomin und Schriftstellerin, 1903

Nur wenn die Frauen immer loyal denken und loyal handeln, wird ihre Sache siegen.

Susan B. Anthony (1820–1906)
am. Abolitionistin und Pionierin der Frauenbewegung, 1902

Die Frauen, aus deren unmittelbaren Nähe ein Opfer zum Exempel für alle herausgegriffen worden ist, sind es diesem Opfer und sind es der Gesamtheit schuldig, dass sie einmütig in geschlossener Reihe vor die Öffentlichkeit treten, zu klagen und zu richten, zu protestieren.

Anita Augspurg (1857–1943)
dt. Juristin, Pazifistin und Herausgeberin von „Die Frau im Staat", 1902

Wir Frauen fühlen, dass es eine Beschimpfung und Entwürdigung unseres ganzen Geschlechts ist, wenn im Namen des Gesetzes die geringste unserer Schwestern wie eine Ausgestoßene behandelt wird.

Josephine Butler (1828–1906)
engl. Autorin und Gründerin der „Internationalen Abolitionistischen Föderation", 1898

Wenn auf dieser Tribüne nicht genügend Platz für alle ist, werde auch ich nicht darauf stehen bleiben.

Susan B. Antony (1820–1906)
am. Abolitionistin und Pionierin der Frauenbewegung, 1896

Frauen, die alle Rechte besitzen, die sie sich wünschen, sollten daran denken, dass andere Frauen längst nicht die Rechte haben, die sie sich wünschen.

Carrie Chapman Catt (1859–1947)
am. Journalistin und Pazifistin, 1891

Wir empfinden euch nicht als Fremde oder Ausländer, da Frauen aller Nationalitäten aufgrund der künstlichen Trennung der Geschlechter ein universales Gefühl für Unrecht haben, das das gemeinsame Band der Vereinigung/Union zwischen uns formt.

Elizabeth Cady Stanton (1815–1902)
am. Abolitionistin, Autorin und Pionierin der Frauenbewegung, 1888

Ach, meine Schwestern! Sollen wir, nur weil wir ein schönes Zuhause und gute Ehemänner haben, die Augen vor dem Leid unserer Schwestern verschließen? Und auch wenn wir glücklich sind, sollen wir da nicht Mitleid mit jenen haben, die es nicht sind? Eine Frau muss nicht selbst Unrecht erduldet haben, um das Unrecht zu fühlen, das anderen angetan wurde.

Lillie Devereux Blake (1833–1913)
am. Autorin, 1883

Lasst die Frau für sich selbst sorgen, wie sie es noch nie getan hat. Zu lange überwog ihr Wohlwollen gegenüber der Kirche und den Männern. Lasst sie sich nun selbst helfen.

Elizabeth Cady Stanton (1815–1902)
am. Abolitionistin, Autorin und Pionierin der Frauenbewegung, 1873

Frauen, die Schwestern und Töchter in den Reihen der Menschheit sind, müssen sich bei den Schwestern aller Nationen zu Hause fühlen. Unter uns gibt es keine Ausländer, denn wir sind nirgends Bürger.

Jeanne D'Hericourt (1809–1875)
frz. Frauenrechtlerin, 1869

Frauen aller Länder, vereinigt Euch!

Marie Goegg-Pouchoulin (1826–1899)
schweiz. Gründerin der „Internationalen Frauenassoziation" und Pazifistin, 1868

Wie sollen wir den Kreuzzug unternehmen, den wir für notwendig halten? Indem wir uns klar machen, dass unsere Kräfte, zersplittert wie sie sind, zu nichts führen, während sie vereint Berge zu versetzten vermögen.

Marie Goegg-Pouchoulin, *1868*

Man hört viel über den Zusammenhalt der Männer, aber stärker noch ist die weibliche Solidarität – im Guten wie im Schlechten.

Susan B. Antony (1820–1906),
Elizabeth Cady Stanton (1815–1902)
am. Autorinnen, um 1850

Wir müssen einander treu sein.

Lucy Stone (1818–1893)
am. Abolitionistin und Pionierin der Frauenbewegung, 1852

Die weiblichen Sklaven sind unsere Schwestern.

Angelina Grimké (1805–1879)
am. Abolitionistin und Pionierin der Frauenbewegung, 1837

Vermögende Frauen von Rang sollten den Beschluss fassen, überall dort, wo es möglich ist, nur Frauen zu beschäftigen. Sie sollten Lehrerinnen für ihre Kinder suchen. Sie sollten nur in Geschäften kaufen, in denen sie von Frauen bedient werden. Sie sollten keine Kleider tragen, die nicht von Frauen gemacht wurden. Und sie sollten diese Frauen so großzügig entlohnen wie die Männer, die bislang ihren Platz einnahmen.

Priscilla Wakefield (1751–1832)
engl. Autorin, 1798

Schwestern, meine teuren Schwestern! Wir müssen untereinander nachsichtiger sein und lernen, uns konsequenter zugunsten unseres Geschlechts zu verhalten.

Olympe de Gouges (1748–1793)
frz. Rechtsphilosophin, Schriftstellerin und Verfasserin der „Frauenrechtserklärung"

Frauen, wäre es nicht an der Zeit, dass auch unter uns eine Revolution stattfände? Werden die Frauen immer isoliert von einander sein?

Olympe de Gouges, *um 1790*

Frauenverachtung

Wir kommen also nicht an der Erkenntnis vorbei, dass in unseren Gesellschaften unter einer brüchigen Schicht ein virulenter Frauenhass existiert. Diese Gefühle von Hass und Verachtung existieren auch in Friedenszeiten. Genährt wird dieser Hass beispielsweise in der gesellschaftlich akzeptierten Pornografie, die auch in Friedenszeiten die körperliche Gewalt von Männern über Frauen propagiert.

Ruth Seifert
dt. Militärsoziologin, 1993

Das Motiv Frauenhass war also siebzigmal tödlicher gewesen als das Motiv Fremdenhass. Ein Dutzend Fremdenhass-Opfer, über die zu Recht Empörung herrschte, gegen etwa 800 Frauenhass-Opfer, über die niemand sprach. So sensibel beim Fremdenhass reagiert wird, so gleichgültig lässt der Frauenhass.

Alice Schwarzer (*1942)
dt. Journalistin, Herausgeberin von „EMMA" und Autorin, 2000

Der Serienkiller ist ja ein Mythos, der die Medien immer wieder beschäftigt. Denken wir nur an „Jack the Ripper". Er ist der Archetyp des Frauenhassers, der sich immer wieder aufs Neue an der Frau rächt. Männer sind seit Jahrhunderten von solchen Psychopathen fasziniert. Sie verkörpern den unterdrückten oder offenen Frauenhass, den auch normale Männer empfinden, die niemals einen Mord begehen würden.

Joyce Carol Oates (*1938)
am. Schriftstellerin, 2000

Frauen haben keine Ahnung, wie sehr die Männer sie hassen, schrieb ich vor dreißig Jahren. Ich vermute, dass im Jahr 2000 mehr Männer mehr Frauen erbitterter hassen als 1970.

Germaine Greer (*1939)
austr. Schriftstellerin, 2000

Die Sexindustrie produziert ein riesiges und stetig wachsendes Reservoir an Frauenhass. Sie lehrt Generationen von Jungen und Männer weltweit die sexualisierte Unterdrückung von Frauen und den brutalen Umgang mit ihnen.

Sheila Jeffreys
engl. Politikwissenschaftlerin und Autorin, 1999

Und die Jungen, kaum haben sie aufgehört, die Brüste der Mutter zu verschlingen, da spielen sie sich schon als ihre Kritiker auf. Sie haben ihre Milchzähne noch nicht ausgespuckt, da sehen sie in den Frauen schon teuflische Wesen. Und wenn sie endlich die sogenannten Weisheitszähne bekommen, erreicht ihr Frauenhass seinen Höhepunkt.

Malika Mokeddem (*1949)
alg. Ärztin und Schriftstellerin, 1995

Die Achtung der Frau ist immer die glorreiche, moralische Kehrseite des Frauenhasses der Männer.

Sarah Kofmann (*1934)
frz. Philosophin

Fremdenhass ist heute in aller Munde, Frauenhass wird als solcher noch nicht einmal wahrgenommen, ist bisher keine politische Kategorie.

Alice Schwarzer (*1942)
dt. Journalistin, Herausgeberin von „EMMA" und Autorin, 1993

Der Frauenhass ist die Mutter allen Hasses. Auf diesem früh eingeübten und alltäglich gelebten Hass vor der fremden Nächsten wuchert der Hass vor allem Anderen. Warum sollte der Herrenmensch nicht auf Fremden herumtrampeln, wenn er gewohnt ist, seine Nächsten unterm Stiefel zu haben? Wer Frauen schlägt, schlägt auch Fremde.

Alice Schwarzer, 1993

Frauenhass und Fremdenhass haben mehr als eine Wurzel: Der eine baut auf dem andern auf. Es ist der Wahn, etwas Besseres zu sein als der/die Andere. Es ist der Wahn, Herr zu sein über Leben und Tod. Es ist das Faustrecht, Enthemmtheit und Rammelroutine. Vollgestopft bis an die Haarwurzel mit sexistischen und rassistischen Parolen und zugedröhnt mit Gewalt/Porno-Videos ziehen sie los: Jeder einzelne eine tickende Zeitbombe.

Alice Schwarzer, 1993

Den Hass gegen die Frauen haben nicht sie erfunden, sie haben ihn eingeatmet, in der Schule, aus den Büchern, in der Kirche, auf den Sportplätzen.

Dacia Maraini (*1935)
it. Schriftstellerin, 1994

Jeder Mann, der sich nicht klar von den Frauenhassern distanziert, gehört dazu. Jeder Mann, der tatenlos zusieht, wenn Frauen benachteiligt, belästigt oder misshandelt werden, macht sich mitschuldig. Jede Frau, die nicht solidarisch mit einer benachteiligten, beleidigten oder bedrohten Frau ist, spielt das Spiel der Frauenhasser. Frauenhass darf nicht länger salonfähig sein. Denn Frauenhass ist kein Kavaliersdelikt, sondern ein Verbrechen gegen die Menschlichkeit.

EMMA, 1992

Viele Frauen wehren sich gegen den Feminismus, weil es eine Qual ist, sich des brutalen Frauenhasses bewusst zu sein, der die Kultur, die Gesellschaft und alle persönlichen Beziehungen durchdringt.

Andrea Dworkin (*1946)
am. Soziologin und Schriftstellerin

Frauen haben keine Ahnung, wie sehr die Männer sie hassen.

Germaine Greer (*1939)
austr. Schriftstellerin, 1970

Geschichte und Vorbilder

Im neuen Jahrtausend dürfen wir Frauen nicht – noch einmal! – wieder von vorne anfangen. Wir müssen uns auf die Schultern unserer Vorgängerinnen stellen – und weiter blicken.

Alice Schwarzer (*1942)
dt. Journalistin, Herausgeberin von „EMMA“ und Autorin, 2000

All den jungen Frauen, die heute zwanzig Jahre alt sind, kann man darum gar nicht genug ans Herz legen, Simone de Beauvoir zu lesen!

Elisabeth Badinter (*1944)
frz. Philosophin und Autorin, 1999

Indem man ihnen das Wissen der eigenen Geschichte entzog, beraubte man die Frauen ihrer Heldinnen- und Rollenmuster.

Gerda Lerner (*1920)
am. Historikerin und Autorin, 1999

Ich stehe auf den Schultern der Frauen, die vor uns so hart um ihre und unsere Rechte gekämpft haben. Das vergesse ich nicht.

Melissa Etheridge (*1961)
am. Musikerin, 1999

Lernen wir von dem Mut und der Entschlossenheit unserer Mütter und Großmütter.

Madeleine Albright (*1937)
am. Politwissenschaftlerin und ehem. Außenministerin der USA, 1998

Es ist gefährlich zu vergessen, die eigene Geschichte nicht zu kennen. Ohne die wegweisende Funktion eines Vorbildes muss man das Rad neu erfinden und immer wieder dieselben Kämpfe ausfechten.

Phyllis Chesler (*1941)
am. Psychologin und Autorin, 1997

Denn alle diese freien mutigen Frauen sind – weitaus mehr als unsere Vorfahrinnen des 19. Jahrhunderts – unsere wahrhaftigen geistigen Mütter.

Elisabeth Badinter (*1944)
frz. Philosophin und Autorin, um 1995

Unsere Geschichtslosigkeit hält uns klein.

Alice Schwarzer (*1942)
dt. Journalistin, Herausgeberin von „EMMA“ und Autorin, 1995

Die Geschichte als eine Geschichte der Kämpfe zwischen Familienvätern und entrechteten Frauen wird von Frauen geschrieben. Die Unterschlagung und Verfälschung der patriarchalen Geschichtsschreibung, das politische System und seine Gesetzmäßigkeiten werden sichtbar.

Hannelore Schröder (*1935)
dt. Rechtsphilosophin und Autorin

Dass ein Mensch ohne Vergangenheit keine Gegenwart haben kann, daran litten und leiden nicht nur, aber auch komponierende Frauen. Wie lange hatten wir Frauen keine Historie, aus deren Prozessualität wir den Weg in unsere heutigen Sozialisationsformen und Möglichkeiten hätten ersehen und erfassen können.

Patricia Jünger (*1951)
schweiz. Komponistin

Voller Bewunderung und Respekt entdeckte ich die Arbeit meiner Ahnenschwestern.

Sheila Jeffreys
engl. Politikwissenschaftlerin und Autorin, 1990

Dass uns Frauen das Wissen über unsere eigene Geschichte des Kämpfens und Vorankommens fehlt, ist ein wichtiges Mittel gewesen, uns in unserer untergeordneter Position zu halten.

Gerda Lerner (*1920)
am. Historikerin und Autorin, 1986

Dass den Frauen eine eigene Geschichte versagt worden ist, hat immer erneut dafür gesorgt, dass Frauen die Ideologie des Patriarchats akzeptierten, was ihr Selbstwertgefühl nachhaltig unterminiert hat. Die Männer-Version der Geschichte, legitimiert als „allgemeingültige Wahrheit", hat Frauen als Randfiguren der Zivilisation und als Opfer der geschichtlichen Entwicklung dargestellt.

Gerda Lerner, *1986*

Die Schriftstellerinnen des 19. Jahrhunderts lasen mit höchster Aufmerksamkeit die Romane der Schriftstellerinnen des 18. Jahrhunderts; wieder und wieder lasen sie die Lebensbeschreibungen von Königinnen, Äbtissinnen, Dichterinnen und Wissenschaftlerinnen. Frühe „Materialsammlerinnen" suchten in der Bibel und anderen historischen Quellen, zu denen sie Zugang hatten, um dicke Wälzer mit Angaben über Heldinnen zu füllen.

Gerda Lerner, *1986*

Die Frauengeschichte ist ein beredtes Zeugnis für Frauenaufbrüche, die schnell wieder vergessen werden.

Anette Kuhn (*1934)
dt. Historikerin und Autorin

Die Unsichtbarmachung der Fraueneigengeschichte zählt zu den Mechanismen unserer patriarchalischen Gesellschaft.

Anette Kuhn

Frauenemanzipation ist ohne genaue Kenntnis der Frauengeschichte nicht möglich.

Gerda Lerner (*1920)
am. Historikerin

Jawohl! Sie sehen noch immer auf uns herab, nur weil wir Frauen sind! Dabei gibt es doch auch Frauen wie Qui Jin! Wir müssten vor allen Dingen mehr lesen – und zwar nicht immer nur diese verstaubten Klassiker, die sie uns vorsetzen! Wir könnten es mit jedem Mann aufnehmen, wir haben nämlich überhaupt keinen Grund, uns vor ihnen zu fürchten.

Ding Ling (1904–1986)
chin. Schriftstellerin

Es wird die politische und historische Vergangenheit der Frauen ausradiert, wodurch jede neue Generation von Feministinnen als krankhafte Wucherung auf dem Gesicht der Zeit empfunden wird.

Adrienne Rich (*1929)
am. Schriftstellerin

Es genügt nicht, dass Feministinnen die Leiche der patriarchalen Pathologien sezieren. Frauen waren nicht immer für Männer (da). Wir müssen die Genealogie der Frauen kennen, die nicht für Männer oder in zentraler Beziehung zu ihnen existieren.

Janice Raymond
am. Sozialwissenschaftlerin und Autorin

Auch die moderne Geschichtsschreibung entwickelt nichts anderes als die Perspektive eines Herrenabends. Die

Geschichte der Frau wird ignoriert. Sie wird ausgeschaltet aus der geschichtlichen Überlieferung, indem man sie totschweigt, indem man sie im wahrsten Sinne des Wortes nicht vorkommen lässt.

Marielouise Janssen-Jurreit (*1941)
dt. Journalistin und Autorin, 1976

Die Kämpferinnen, Theoretikerinnen und die Revolutionärinnen spielen eine viel wichtigere Rolle, als wir denken, und sei es nur, indem sie beweisen, dass Frauen genauso verrückt, gewalttätig, kompromisslos und eigennützig sein können wie alle Rebellen der Welt, sie, die so lange am Herd gehockt haben, lächelnd unter der Last ihrer Ketten – als seien sie leicht zu tragen. Diese Rebellinnen sind es, die es allen anderen Frauen ermöglichen, nicht den Weg der Gewalt zu wählen, ohne für passiv, feige und masochistisch gehalten zu werden.

Benoîte Groult (*1920)
frz. Schriftstellerin, 1975

Die Reaktion der Gesellschaft auf Frauen, die um ihre Rechte kämpften, blieb durch die Jahrhunderte bewundernswert beständig: kein Verständnis, keine Achtung, kein Erbarmen.

Benoîte Groult, 1975

Alles, was zu diesem Neubewusstsein beiträgt, alles, was die unbekannte Geschichte der Frauen der Vergessenheit beiträgt, prägt die Zukunft aller und bereitet die Gesellschaft vor, in der die Menschenrechte auch Frauenrechte sein werden.

Benoîte Groult, 1975

Zu wissen, dass die Zeitgenossinnen meiner Großmutter nicht nur brave Ehefrauen, Mütter, Hausfrauen und Köchinnen waren, sondern vielmehr eine Generation potenzieller Freiheitskämpferinnen, gibt ihrem Dasein eine neue Dimension und meinem Leben neue Kraft.

Midge Mackenzie
engl. Filmregisseurin und Autorin, 1975

Wenn [Historiker] aus Gründen der Genauigkeit oder der Logik dazu gezwungen sind, den Namen einer Frau im Zuge eines Ereignisses von nationaler Bedeutung zu erwähnen, wird dieser Name unweigerlich mit einem abfälligen Adjektiv versehen. So werden alle bedeutenden Frauen in den Geschichtsbüchern zu „Drachen" (Boadicea), „Flittchen" (Matilda von Flandern), „Hysterikerinnen" (Johanna von Orleans), „Ungeheuern" (Tomyris) oder schlicht und ergreifend zu Mythen (Martia und die Päpstin Johanna).

Paulina Wright Davis (1813–1876)
am. Journalistin, 1872

Wir müssen zweitausend Jahre Propaganda für die Minderwertigkeit der Frau abwerfen.

Elizabeth Gould Davis (1910–1974)
am. Autorin, 1971

Die verdächtigen weißen Flecken in unseren Geschichtsbüchern, wenn es um den Feminismus geht, oder die Tatsache, dass die feministische Bewegung ständig mit der konservativen Frauenrechtsbewegung oder den reformistischen Frauenverbänden der „progressiven Ära" in einen Topf geworfen wird, ist kein Zufall. Sondern ein Bestandteil des Gegenschlages auf den ersten feministischen Kampf, den wir immer noch durchstehen müssen.

Shulamit Firestone (*1945)
kan. Autorin, 1970

Nur wenige Menschen wissen heute, dass der frühe Feminismus echte Basisarbeit war. Die Menschen wissen nichts von den mühevollen Reisen der feministischen Pionierinnen ins Hinterland und an die Grenzen. Oder dass sie in den Städten von Tür zu Tür gingen, um über ihr Anliegen zu sprechen und Unterschriften für Petitionen zu sammeln, die in den Versammlungen nur Gelächter ernteten.

Shulamit Firestone, *1970*

Hat es sie gegeben, die fabelhaften Jungfrauenvölker, die Rossedämoninnen, hereinjagend vom Rand der Welt, dass Eis und Goldsand spritzt? Das „männerhassende Heer", mit klirrenden Locken und Bräuchen unerhört? Zeitlich-wirklich bilden die Amazonen nicht nur ein extremes Ende des „Mutterrechts". Sie sind Selbstzweck und Anfang auch. Als ausschweifende Töchterreiche mit Ausschließung alles Männlichen bis auf versklavte Knabenkrüppel heben sie sich ab von der weltalten, ruhend toleranten Muttersippe, die unbotmäßige junge Mannheit ganz friedlich abschob durch Exogamie.

Helen Diner (Pseudonym für Bertha Eckstein, auch Sir Galahad) (1874–1948)
östr. Schriftstellerin

Um ermessen zu können, was es heißt, keine Geschichte zu haben, lasst uns annehmen, wir wüssten nichts von der Geschichte des Mannes!

Mary Ritter Beard (1876–1985)
am. Anwältin und Historikerin

Sie [Mary Wollstonecraft] war ihr ganzes Leben lang im Aufstand gewesen – gegen Tyrannei, gegen das Gesetz, gegen die Konvention.

Virginia Woolf (1882–1941)
engl. Schriftstellerin, 1928

Eine Frau, die im 16. Jahrhundert mit einer großen Begabung zur Welt kam, musste ohne Zweifel wahnsinnig werden, sich erschießen oder ihre Tage in einer einsamen Hütte außerhalb des Dorfes beschließen, halb Hexe, halb Zauberin, gefürchtet und verspottet. Denn man braucht nicht viel von Psychologie zu verstehen, um sich vorstellen zu können, dass ein hochbegabtes Mädchen, das sich der Dichtkunst verschrieb, von der Umgebung daran gehindert, von den eigenen Instinkten gequält und zerrissen, schließlich krank werden und den Verstand verlieren musste.

Virginia Woolf, *1928*

Wenn wir von einer Hexe lesen oder von einer Frau, die vom Teufel besessen ist, oder auch nur von einem bemerkenswerten Mann, der eine Mutter hatte, dann, glaube ich, sind wir einer verlorengegangenen Romanautorin auf der Spur.

Virginia Woolf, *1928*

Die Geschichte des Widerstandes der Männer gegen die Frauenemanzipation der Frau ist vielleicht interessanter als die Geschichte selbst.

Virginia Woolf, *1928*

Aber es ging dem Weibe mit dem Christentum, wie es ihm bisher immer ergangen ist: Es nimmt sich der Sache der Freiheit als seiner eigensten an, man duldet seine Mitwirkung, solange man sie braucht, und sobald der Erfolg gesichert scheint, jagt man es von dannen, damit es von den Früchten des Sieges nicht mitgenieße.

Johanna Loewenherz (1857–1937)
dt. Schriftstellerin, 1895

Es ist ein trauriges Schauspiel, dies immer wieder erneute krampfhafte Anklammern des Weibes an die Kämpfer für Freiheit und Recht, des immer wieder vollzogenen rohen Abschüttelns nachdem der Mohr seine Arbeit getan, der immer wieder getäuschten Hoffnung.

Johanna Loewenherz, 1895

Die Sklavenbefreiung ist hauptsächlich ein Werk der Frau.

Johanna Loewenherz, 1895

Das tragische Beispiel, wie man Frauen stets um ihr gutes Recht betrog, liefert die erste französische Revolution. Frauen hatten mitgekämpft.

Johanna Loewenherz, 1895

Wenn der Mann davon ausgeht, die Frau sei minderwertig, unfähig, breit gefächerte Interessen zu haben, und allein zu seinem Vergnügen erschaffen; wenn er Gesetze erlässt und Bräuche einführt, um diese Überzeugung zu bewahren; wenn er sie größtenteils in Harems einschließt, sie für so gefährlich hält, dass sie nur mit Schleier auf die Straßen darf – dann wird sich auch seine Geschichtsschreibung nach diesen Überzeugungen richten und die Fakten, wie sie auch sein mögen, entsprechend auslegen.

Caroline Wells Dall (1822–1912)
am. Abolitionistin und Autorin, 1914

So wichtig war ihr die Freiheit, dass sie dafür in den Tod ging. So sehr liebte sie die Frauen, dass sie für deren Freiheit mit ihrem Leben bezahlte. Zu diesem Schluss kam die große gerichtliche Untersuchung zum Tod von Emily Wilding Davidson.

Christabel Pankhurst (1880–1958)
engl. Rechtswissenschaftlerin und Autorin, 1913

Ich habe Mary Wollstonecraft, diese große Frau, nie gesehen, aber ich habe ihre wortgewandten und unwiderlegbaren Argumente für die Freiheit der Frau gelesen. Ich habe die meisten fortschrittlich denkenden Frauen, die nach ihr kamen, kennen gelernt und gekannt – Lucretia Mott, die Schwestern Grimké, Elizabeth Cady Stanton, Lucy Stone – eine große, illustre Schar bedeutender Frauen. Die älteren unter ihnen haben uns verlassen und der Großteil derer, die in den Anfangsjahren mit mir zusammengearbeitet haben, sind fort. Ich selbst bin nur noch kurze Zeit hier, dann wird eine andere meinen Platz einnehmen, so wie das bei allen anderen der Fall war. Der Kampf muss weitergehen. Ihr müsst dafür sorgen, dass er weitergeht.

Susan B. Anthony (1820–1906)
am. Abolitionistin und Pionierin der Frauenbewegung, 1906

Wenn die Frauen nur erst mehr geschichtliche Quellenstudien betreiben werden, dürfte sich wahrscheinlich herausstellen, dass den deutschen Frauen an der Befreiung vom fremden Joche und Joche eigener, brutaler Herrschergewalt von Gottes Gnaden, ein weit größerer Anteil zufällt, als die Herren Geschichtsschreiber uns mitzuteilen für gut befinden.

Lida Gustava Heymann (1868–1943)
dt. Autorin, Pazifistin und Herausgeberin von „Die Frau im Staat", 1905

Die Epoche, die gewaltige Epoche des Mutterrechts beherrscht die Morgenröte der Kultur – die erste Kulturepoche! Der weltgeschichtliche Triumph des Weibes! Und dieser Triumph ist ein Beweis, ein weiterer Beweis für uns, die Unterdrückten, die Abhängigen, die sozialen

Sklavinnen, dass wir von Natur her keine Unterdrückten, keine Sklaven, keine Inferioren sind, Beweis, dass auch wir frei geboren und Freie, Herrschende von Natur aus sind!

Johanna Elberskirchen (1857–1937)
dt. Schriftstellerin, 1904

Es sind die Frauen aller Länder, die in dieser Weise eine neue Phase in der Erscheinungsform unserer Zeit repräsentieren, obgleich nur die Kraft und die Geschlossenheit ihres Strebens neuartig ist; vorbereitet, angedeutet, angesponnen, manchmal zu bedeutungsvollerem Umfang anschwellend, manchmal wieder im Strome der Zeitläufe untergehend, ist die Frauenbewegung durch Jahrtausende und seit den Tagen des Altertums.

Anita Augspurg (1857–1943)
dt. Juristin, Pazifistin und Herausgeberin von „Die Frau im Staat", 1903

In Griechenland gab es emanzipierte Frauen, die ihre Persönlichkeit zu freiester Entwicklung und Selbständigkeit zu bringen wussten. Wir kennen nur die hervorragenden Gestalten einer Aspasie, Sappho, Hypathia u.a. In Rom sehen wir noch deutlicher Spuren einer Frauenbewegung in unserem Sinne. Zunehmende Rechtserweiterungen ... streitbare Äbtissinnen, die mit fester Hand ihr Recht und ihr Gebiet zu behaupten wussten, über Hofleute und Adlige ihres Sprengels zu Gericht saßen.

Anita Augspurg, *1903*

Eine einzige Frau hat vor langen Jahren, ein Prediger in der Wüste, erkannt, was einzig die Lage der Frauen heben und sie zu einer gleich geachteten Persönlichkeit in der Gesellschaft machen könne: ihre Mitarbeit im Staat. Jene Frau, eine Schriftstellerin, viel zu bescheiden und schüchtern, um sich persönlich in den agitatorischen Kampf zu mischen, aber klar und scharf in ihrem Denken und mutig und offen in ihren Worten wie keine – Hedwig Dohm – forderte die politischen Rechte der Frau Anfangs der siebziger Jahre in mehreren Schriften, die jetzt in dem Buche „Der Frauen Natur und Recht" gesammelt erschienen sind.

Anita Augspurg, *1902*

Diejenigen, die wie ich zu den letzten Überlebenden einer beinahe ausgestorbenen Generation gehören, staunen darüber, dass so viele junge Menschen die Vergangenheit nicht kennen. Sie denken gerne, sie seien aus dem Boden geschossen wie Kürbisse, und bis sie kamen sei nichts geschehen. Deshalb erfüllt es mich immer mit Genugtuung, diese Geschichten zu hören, denn sie sollen wissen, dass andere vor ihnen säten, was sie heute ernten.

Susan B. Anthony (1820–1906)
am. Abolitionistin und Pionierin der Frauenbewegung, 1893

Gesetz, öffentliche Meinung und Religion sahen – von der Zeit Moses' bis zum heutigen Tag – in der Frau nie mehr als das Eigentum des Mannes, dessen er sich Belieben entledigen kann.

Susan B. Anthony

Wir werden uns erheben und uns selber retten und die Nation von allem Schaden befreien. In den Fußstapfen von Jeanne d'Arc werden wir uns unser Land mit eigener Kraft zurückgewinnen.

Ch'iu Chin (1879–1907)
chin. Dichterin und Revolutionärin

Es war die gesamte Macht des bürgerlichen und kirchlichen Rechts nötig, um die Frau in jener untergeordneten Stellung zu halten, in die sie sich angeblich bereitwillig fügt. Wenn die Frau von Natur aus keine Willenskraft, kein Durchsetzungsvermögen, keine eigene Meinung besitzt, wieso wurde dann dieses Geschlecht unter den verschiedensten Ausprägungen von religiösem Fanatismus verfolgt, was in der Hexenverfolgung gipfelte, bei der gerade mal ein Hexer auf tausend Hexen geopfert wurde?

Elizabeth Cady Stanton (1815–1902)
am. Abolitionistin, Autorin und Pionierin der Frauenbewegung, 1884

Wie viele große Unbekannte weiblichen Geschlechts mögen auf unserer Erde gewandelt haben, ohne eine Spur ihres Daseins zu hinterlassen! Mit verschlossenen Lippen steigen die meisten Frauen ins Grab.

Hedwig Dohm (1833–1919)
dt. Philosophin und Schriftstellerin, 1874

Die Geschichte der Frauen ist nur eine Geschichte ihrer Verfolgung und ihrer Rechtlosigkeit.

Hedwig Dohm, *1876*

Die Geschichte ist nur ein langer, mühsamer Weg zur Gleichberechtigung.

Elizabeth Cady Stanton (1815–1902)
am. Abolitionistin, Autorin und Pionierin der Frauenbewegung, 1863

Werdet Ihr uns sagen, dass es keine weiblichen Newtons, Shakespeares und Byrons gibt? Vielleicht wurden in den Frauen größere Talente zerstört, als sogar jene besaßen, da es ihnen an wirklicher Kultur, gebührender Anerkennung, einem Leistungsansporn durch Belohnung ihrer Verdienste und Handlungsfreiheit fehlte.

Ernestine L. Rose (1810–1892)
poln.-am. Pionierin der Frauenbewegung, 1851

Die Geschichte der Menschheit ist die Geschichte wiederholter Schädigungen und Übergriffe von Seiten des Mannes.

Seneca Falls Convention, *1848*

Die Geschichte aller Zeiten hat gelehrt, dass diejenigen, welche selbst an ihr Recht zu denken vergaßen, auch vergessen wurden.

Louise Otto-Peters (1819–1895)
dt. Schriftstellerin, Herausgeberin der „Frauen-Zeitung" und Pionierin der Frauenbewegung, 1849

Als ich dann die Vorträge von Ernestine L. Rose und die Schriften von Margaret Fuller las und entdeckte, dass andere Frauen ebensolche Gedanken hegten wie die, die in meinem eigenen Kopf gärten, und ich feststellte, dass ich nicht allein war, wie hüpfte da mein Herz vor Freude!

Emily Collins
am. Autorin, um 1848

Ich habe aus Pflichtgefühl ein bisschen [über Geschichte] gelesen; aber ich sehe nichts darin, was mich nicht stört oder ärgert. Streitereien zwischen Päpsten und Königen, Krieg oder Seuchen auf jeder Seite, Männer die nicht viel taugen, und fast keine Frauen – das ist langweilig.

Jane Austen (1775–1817)
engl. Schriftstellerin

Schmückt ihren Lehrstuhl tief gebückt,
Und setzet auch zu ihren Füßen,
Der Weisheit Nektar höchst beglückt,
Von ihren Lippen zu genießen.

Wer Ohren hat, der öffne sie;
Und habt ihr einst durch Fleiß und Müh
Minervens Heiligtum erstiegen;
So sprecht: Der Bassi kluger Kiel,
Gab uns die Kraft dahin zu fliegen.

Christiane Marianne von Ziegler (1695–1760)
dt. Dichterin, 1732

Seid eingedenk der ausgezeichneten Frauen aus den früheren Zeitaltern!

Mary Astell (1666–1731)
engl. Philosophin, Schriftstellerin und Pionierin der Frauenbewegung, um 1700

Daher wird es geschehen, dass in späteren Zeiten der Leser der Geschichte während einer langen Epoche nicht mehr Erinnerung an unseren Namen findet, als ein Schiff Spuren hinterlässt auf seinem Weg durch die Wellen.

Anna Maria van Schurmann (1607–1678)
nl. Philosophin

Wenn jemand sagt, dass wir Büchern Glauben schenken sollen, die von berühmten Männern geschrieben wurden, welche noch niemals die Unwahrheit gesagt hätten, und die gleichwohl immer nur die Schwächen der Frauen herausstellen, so sage ich darauf, dass solche Autoren niemals etwas anderes im Sinn hatten, als die Frauen zu verleumden und zu betrügen. Ich erwidere ihnen (den Männern), dass nicht die Frauen diese Bücher schrieben und dass sie es auch nicht waren, die das, was allerorten über sie und ihr Verhalten verbreitet wird, dort notiert haben ... aber hätten die Frauen selbst geschrieben – das weiß ich gewiss – sie hätten es anders gemacht.

Christine de Pizan (1365– ca. 1430)
it. Philosophin, Schriftstellerin und Pionierin der Frauenbewegung, 1404/05

Ein junges Mädchen von sechzehn Jahren (Johanna von Orleans), für das die Waffen nicht zu schwer sind: Und vor ihr fliehen die Feinde, keiner vermag ihr standzuhalten. Eine einfache Hirtin, tapferer als es jemals ein römischer Held war. Fürwahr, welche Ehre für das weibliche Geschlecht.

Christine de Pizan

Gesundheit, Krankheit und Sucht

Als ich mit 16 Jahren mein erstes Album aufnahm, musste ich mir von meinem Produzenten anhören, ich sei zu fett. Ich nahm mir das so zu Herzen, dass ich fünf Jahre lang unter Magersucht und Bulimie litt.

Alanis Morisette (*1975)
kan. Sängerin, 2002

Was für manche vielleicht eine schwere Bürde ist, war mein Glück, denn die Krankheit hat mir geholfen, mein wahres Ich zu erkennen.

Anastacia (*1973)
(sie leidet an der Crohn-Krankheit)
am. Sängerin

Wir brauchen eine Neuorientierung im Gesundheitswesen, die den geschlechtsspezifischen Unterschieden Rechnung trägt.

Christine Bergmann (*1939)
dt. Politikerin, um 2001

Durch die erlebte Gewalt steigt das Risiko von Suchtmittelabhängigkeit, der Suizidalität, des Einstiegs in die Prostitution, von ungewollten Schwangerschaften und Depressivität. 75 Prozent der Essstörungen, 80 Prozent der Drogenabhängigkeit und 50 Prozent der akuten psychischen Leiden von Frauen/Mädchen sind auf (sexuelle) Gewalterfahrungen zurückzuführen. Frauen mit Gewalterfahrungen leiden unter psychosomatischen und psychischen Krankheiten, wie Erschöpfungszuständen, Angst- und Panikattacken, Schlaflosigkeit, Kopfschmerzen, Konzentrationsschwäche, Essstörungen und Selbstmordgedanken.

Anita Heiliger (*1942)
dt. Sozialwissenschaftlerin und Autorin, 2000

Wir nehmen hin, dass schon Dreijährige so sein wollen wie die Spice Girls. Dass Sechsjährige – so eine kanadische Studie – sich bereits Sorgen über ihr Aussehen im Badeanzug machen. Dass Zwölfjährige ein schlechtes Gewissen beim Essen haben. Und dass die Hauptsorge der meisten 15-Jährigen lautet: Bin ich dünn genug?

Susie Orbach (*1946)
am. Psychotherapeutin und Autorin, 2000

In welch erschreckendem Ausmaß psychische Krankheiten von Frauen eine Reaktion auf früh erlittene Gewalttaten ihrer männlichen Angehörigen sind, begreifen wir erst allmählich.

Luise F. Pusch (*1944)
dt. Linguistin und Autorin, 1992

Doppelt so viele Frauen wie Männer landen in der Psychiatrie. Zweimal so viele Frauen leiden unter Depressionen. Drei- bis viermal so viele Frauen wie Männer machen ambulante Psychotherapien und Analysen. Auf zwei Drittel und höher wird der weibliche Anteil an den Medikamentenabhängigkeiten geschätzt. 80 Prozent aller Psychopharmaka werden von Frauen geschluckt. Angstattacken, Mager- und Fresssucht sowie Kleptomanie gelten als „reine Frauenkrankheiten".

Cornelia Filter (*1954)
dt. Journalistin, 1997

Drei von vier Frauen in der Psychiatrie sind Opfer sexueller Gewalt. Jede zweite Patientin, bei der die Diagnose „Schizophrenie" gestellt wird, ist Inzest-Opfer. Drei von vier Frauen mit Essstörungen und vier von fünf Fixerinnen sind als Mädchen sexuell missbraucht worden.

Cornelia Filter,
1997

Wenn depressive Patientinnen in die psychiatrische Krisenambulanz oder in die geschlossene Abteilung kommen, klagen sie zuerst darüber, dass sie ihren Haushalt nicht mehr schaffen und die Familie nicht mehr versorgen können. Ich habe noch nie von einem Mann gehört, der sich für krank hält, weil er den Haushalt nicht schafft.

Andrea Hüttner
dt. Psychiaterin, 1997

Die Hysterie ist die Kriegsneurose des Geschlechterkampfes.

Judith Lewis Herman
am. Psychiaterin,
1994

Jede Frau, die durch Krebs eine Brust verloren hat, weiß, dass sie sich anders fühlt als vorher. Aber man lässt uns weder Zeit noch Raum, herauszufinden, was wir wirklich fühlen, und diese Gefühle auch anzunehmen. Man gibt uns eilends die kosmetische Versicherung, unsere Gefühle seien unwichtig: Unser Aussehen sei alles, die Summe unseres Selbst.

Audre Lorde (1934–1992)
am. Schriftstellerin, 1979

Frauen mit Brustkrebs sind auch Kriegerinnen. Ich selbst war im Krieg und bin es noch. So wie jede Frau, der wegen Krebs eine oder beide Brüste abgenommen werden mussten – einer Krankheit, die auf dem besten Weg ist, die größte Geißel unserer Zeit zu werden.

Audre Lorde, *1979*

Ich lehne es ab, meine Narben hinter Schafswolle oder Silikonkissen zu verstecken und sie somit zu trivialisieren. Ich lehne es ab, meinen Körper zu verstecken, nur weil sich dann unsere frauenfeindliche Welt besser fühlt.

Audre Lorde, *1979*

Die Wahrheit von Frauen wird oft als verrückt, naiv oder dumm charakterisiert, weil das Patriarchat die Macht hat zu bestimmen, was richtig und was nicht richtig ist.

Elizabeth Debold, Idelisse Malave,
Marie Wilson, *1994*

Die Formen weiblichen Verhaltens, die von den zeitgenössischen Ideologien als verinnerlichter Selbsthass oder Masochismus bezeichnet werden, sind meistens nur die folgerichtige Reaktion auf die Dominanz-Geste eines Mannes.

Nicole Anthony

Intellektuelle Frauen wurden in der Geschichte des Patriarchats unschädlich gemacht, indem man sie für verrückt erklärte.

Gisela Breitling (*1939)
dt. Malerin, 1986

Die weibliche Erfahrung der Unterordnung, der Unterdrückung, der Ungleichheit zwischen den Geschlechtern wird als natürlich und normal definiert, und jeder Ausdruck von Widerstand wird individualisiert und gilt als pathologisch.

Jill Julius Matthews
1990

Um das weibliche Stereotyp aufrechtzuerhalten, charakterisieren Männer offene, definitive und augenfällige Widerstandsformen als Wahnsinn, wenn Frauen sie anwenden.

Sarah Lucia Hoagland
am. Philosophin, 1988

Gewichtsobsession ist heute eine der bei Frauen am meisten verbreiteten Störungen. Sie ist der gemeinsame Nenner bei Erkrankungen wie Fettleibigkeit, Bulimie, Anorexia nervosa – besonders häufig tritt sie aber bei Frauen mit normalem Gewicht auf.

Rita Freedman
am. Psychologin, 1986

Zahllose Frauen verbringen zahllose Therapiestunden mit dem Versuch, ihr vermeintliches Versagen in der weiblichen Rolle aufzuarbeiten – dabei ist es nicht der weibliche Masochismus, sondern der Sadismus der Gesellschaft, der veränderungsbedürftig ist.

Rita Freedman, *1986*

Früher wurde das Hexenwesen mit Scheiterhaufen bekämpft, heute mit Scheißegaltabletten.

Irmtraud Morgner (1933–1990)
dt. Schriftstellerin

Heterosexualität wurde Frauen mit unverhüllter Gewalt oder unterschwellig aufgezwungen und doch haben Frauen dagegen Widerstand geleistet, nicht selten um den Preis von Folter, Gefängnis, Psychochirurgie, sozialer Ächtung und äußerster Armut.

Adrienne Rich (*1929)
am. Schriftstellerin, 1980

Muss man bei den zahlreichen Frauen, deren Sexualleben durch einen allzu brutalen Liebhaber oder durch einen Ehemann versaut wurde, der sie vergewaltigte, die Frigidität ihrem mangelnden Masochismus in die Schuhe schieben? Oder sind sie nicht einfach deshalb frigide, weil Vergewaltigung und Brutalität den Frauen ebenso wenig gefällt wie den Männern.

Elisabeth Badinter (*1944)
frz. Philosophin und Autorin, 1980

Sie [die Freudsche Theorie] erhielt die Annahme aufrecht, dass die weibliche Persönlichkeit von Natur aus defekt sei, diesmal, weil die Frau keinen Penis hat und nicht, weil sie einen Uterus hat (wie von Gynäkologen behauptet).

Mary Daly (*1928)
am. Philosophin, Theologin und Schriftstellerin, 1978

Wenn du psychotisch auf etwas fixiert bist und zum Arzt gehst, weil er dir mal eben ein paar Finger amputieren soll, wird er sie nicht abschneiden. Aber er wird dir deine Geschlechtsorgane entfernen. Es ist schwieriger, Valium verschrieben zu bekommen, als dass dir aus deiner Gebärmutter ein Penis gebastelt wird.

Lily Tomlin (*1936)
am. Schauspielerin, 1974

Wenn Frauen die Sklavinnendienste in Küche und Kinderzimmer oder die Unterwerfungsrituale in Bett und Büro verweigern, sind sie eben verrückt.

Alice Schwarzer (*1942)
dt. Journalistin, Herausgeberin von „EMMA" und Autorin, 1974

Das weit verbreitete sogenannte Hausfrauen-Syndrom äußert sich in Nervosität, Schlafstörungen, Alpträumen, Kopfschmerzen, Depressionen und Hysterie. Seine Ursachen sind auch nach Meinung der Mediziner Leere, Rollenkonflikt, Abhängigkeit und Überarbeitung.

Alice Schwarzer, *1974*

Lebten wir heute in einem Matriarchat, würde eine matriarchalisch strukturierte Psychologie Vaginaneid und Vaterinstinkt proklamieren. Ehrgeizige Männer wären verrückt und passive Frauen reif für den Psychotherapeuten. Determinierend sind nicht Uterus und Penis, sondern Konditionierung und Macht.

Alice Schwarzer, *1974*

Eine „richtige Frau", die den „Job", Männer zu erfreuen unbefriedigend findet, ist eine Hysterikerin.

Radical Feminists, *1972*

Frauen haben keine Komplexe. Sie haben politische Probleme.

Lower East Side Women's Liberation Collective, *1972*

Was wir „Geisteskrankheiten" nennen, ist entweder das Ausagieren der abgewerteten weiblichen Rolle oder die totale oder teilweise Auflehnung gegen das Rollenstereotyp.

Phyllis Chesler (*1941)
am. Psychologin und Autorin, 1972

Frauen leben fortwährend in einem Zustand der Trauer – um das, was sie nie besaßen oder zu kurz besessen haben, und um das, was sie in der Gegenwart nicht besitzen können, sei es den Traumprinzen oder reale Macht.

Phyllis Chesler, *1972*

Warum erzählen uns unsere Mütter und Großmütter und Urgroßmütter nicht, welche Schlacht das war, die wir verloren oder nie geschlagen haben! Damit wir begriffen hätten, wie vollkommen unsere Niederlage ist, und dass Religiosität und Wahnsinn und Frigidität die Antwort unserer Trauer ist?

Phyllis Chesler

Wenn wir nicht glücklich mit ihnen sind, stempeln sie schnell das Wort „frigid" auf unseren Schoß, das bedeutet so viel wie „unbrauchbar". Und dann schmieren sie dicke Bücher zusammen über unsere Frigidität mit lateinischen Ausdrücken, 500 Seiten lang Ahnungslosigkeit!

Ruth Berlau (1906–1974)
dt. Schriftstellerin

Mir fehlt nichts – außer dass ich mindestens zweitausend Jahre zu spät geboren wurde. Frauen mit dem Körperbau von Amazonen und berserkerhaften Ambitionen sind nicht mehr en vogue und haben keinen Platz mehr auf dieser verflucht zivilisierten Erden. Hier sitze ich – total übergeschnappt – und habe nur die Wahl, entweder immer verrückter und verrückter zu werden oder soweit zur „Vernunft" zu kommen, dass man mir erlaubt, in das Leben zurückzukehren, das mich verrückt gemacht hat.

Lara Jefferson, *1947*

Frigidität bedeutet also mancherlei dem männlichen Partner gegenüber: Entwertung der männlichen Sexualnorm, der Männer überhaupt, oder mindestens eines bestimmten Mannes.

Alice Rühle-Gerstel (1894–1943)
dt. Psychologin, 1932

Die bisherige Frauenerziehung war eine Ausbildung und Züchtung weiblicher Schwächen und Krankheiten.

Johanna Elberskirchen (1857–1937)
dt. Schriftstellerin

Wenn wir die dunklen Geheimnisse ans Licht bringen könnten, die in unseren Irrenanstalten verborgen sind, müssten wir schockiert feststellen, wie viele rebellischer Ehefrauen, Schwestern und Töchter auf diese Weise falschen Sitten und barbarischen Gesetzen geopfert werden, die von Männern für Frauen gemacht wurden.

Elizabeth Cady Stanton (1815–1902)
am. Abolitionistin, Autorin und Pionierin der Frauenbewegung, 1898

Die Herren der Wissenschaft verlangen im Interesse des Frauengehirns: Ausschließung der Frau von wissenschaftlichen Studien. Ich schlage ihnen als Pendant, zum Schutz des weiblichen Gehirns, folgende, ebenso berechtigte Bestimmungen vor: Jeder Mann, der seine Frau schlecht behandelt, wird – wegen Gehirnschwächung des Weibes – des Landes verwiesen.

Hedwig Dohm (1833–1919)
dt. Philosophin und Schriftstellerin, 1874

Die meisten Frauen, die sich in Irrenanstalten befinden, sind dort, weil sie unter häuslichen Problemen leiden, weil sie überarbeitet sind, weil sie nicht in der Lage sind, ihren Lebensunterhalt zu verdienen, oder weil sie schreckliche Angst haben, dazu vielleicht auch in Zukunft nie in der Lage zu sein.

Virginia Penny, *1869*

Krankhaft an Leib oder Seele, verschroben, überspannt nennt man eine Frau, nachdem man sie ohne Barmherzigkeit in die Arme des ersten Besten, der sie nach ihr ausstreckt, geliefert hat, und sie nun mit unüberwindlichem Entsetzen wahrnimmt, was von ihr gefordert wird, was sie gewähren soll.

Ida Hahn-Hahn (1805–1880)
dt. Schriftstellerin und Orientreisende, 1845

Die Tyrannei der Männer ist die Ursache fast aller Geisteskrankheiten.

Mary Wollstonecraft (1759–1797)
engl. Philosophin, Schriftstellerin und Pionierin der Frauenbewegung, 1792

Gewalt

Seit 1995 haben Feministinnen immer wieder lautstark auf extreme Menschenrechtsverletzungen gegenüber Frauen in Afghanistan hingewiesen, Geschlechterapartheid haben wir es genannt, in Wirklichkeit ist es eine ethnische Säuberung in neuer Form, eine „Geschlechtersäuberung". Wenn ein Staat Minderheiten ermordet, nennt man das Genozid; wenn ein Staat einen Teil seiner Bevölkerung ermordet, nennt man das Demozid; wenn eine Staat seine weibliche Bevölkerung ermordet, nennen wir es Femizid.

Robin Morgan (*1941)
am. Journalistin und Autorin 2001

Die Welt hat sich mehr über die Zerstörung der beiden antiken Buddhas aufgeregt als über die Zerstörung der Frauen. Doch: Wenn sie uns bei Nacht auflauern und ihr nichts tut, werden sie euch am nächsten Morgen auflauern.

Robin Morgan, *2001*

Jahr für Jahr sterben weltweit noch immer rund 200 000 Frauen an nicht sachgemäßen Abtreibungen.

Alice Schwarzer (*1942)
dt. Journalistin, Herausgeberin von „EMMA" und Autorin, 2000

Auch die genüsslich allabendlich im Fernseh-Krimi zelebrierten Frauenmorde haben ihre Funktion. Jeder zuschauende Mann kann sich mit dem (männlichen) Mörder oder dem Kommissar identifizieren – jede zuschauende Frau muss sich mit dem (weiblichen) Opfer identifizieren (darum ist es so gut, dass es endlich auch Kommissarinnen gibt).

Alice Schwarzer, *2000*

Mitten in Europa sind alljährlich Zehntausende Mädchen von Klitorisverstümmelung bedroht.

Anke Müller-Belecke
dt. Journalistin, 2000

Wer nichts [gegen die Genitalverstümmelung] tut, ist ein Rassist!

Linda Weil-Curiel
frz. Anwältin, 2000

1993 verhängte die GIA ihr Todesurteil über mich. Das war und ist schlimm. Es ist allerdings einfacher, zum Tode verurteilt zu sein und zu wissen warum, als zu den Tausenden Frauen und Menschen aus dem algerischen Volk zu gehören, die hingerichtet wurden, ohne zu wissen warum. Es gibt nichts Schrecklicheres als die Morde an diesen Mädchen und Frauen, die niemals politisch aktiv waren, niemals öffentlich aufgetreten sind und die einsam und hilflos starben.

Khalida Messaoudi (*1958)
alg. Journalistin und Politikerin, 1999

Ganz wie der Rassismus kann auch der Sexismus verheerende Ausmaße annehmen. Erinnern wir uns nur an die millionenfachen Hexenverbrennungen zwischen dem 11. und 16. Jahrhundert in Europa.

Benoîte Groult (*1920)
frz. Schriftstellerin, 1999

Aber Frauen waren schon vorher dran: Alleinstehenden, geschiedenen, berufstätigen Frauen stecken sie die Häuser an und verbrennen sie mitsamt den Kindern. Lange hat niemand etwas gesagt, weil es „nur" Frauen waren. Aber jetzt geht es auch den Männern an den Kragen. Ausländische Journalisten und Feministinnen müssen endlich ihre Solidarität bekunden, und zwar öffentlich. Sie könnten versuchen, Druck auf die algerische Regierung auszuüben. Kommen und sehen, was hier passiert.

Djamila Seddiki
alg. Journalistin, 1994

Noch gibt es allerdings so gut wie keine empirischen Befunde über die körperlichen und seelischen Folgen bei den 130 Millionen beschnittener Mädchen und Frauen auf der Welt – und jedes Jahr kommen zwei Millionen hinzu. Klar ist, dass es sich um ein schwerwiegendes Trauma handelt und die Demütigung und der Schmerz durch Sexualverkehr und Geburten tagtäglich neu an die Frau herangetragen wird.

Tobe Levin (* 1948)
am. Literaturwissenschaftlerin, 1998

Frauen werden durch massive Einschüchterung dazu gebracht, die Existenz sexueller Gewalt abzustreiten. Wenn wir sie anprangern, werden wir als verrückt bezeichnet – von denen, die ein stillschweigendes Interesse an ihrem Fortbestand und daher ihrer Geheimhaltung haben.

Kathleen Barry
am. Soziologin und Autorin

Dann spürte ich, wie mein Fleisch, meine Geschlechtsteile, fortgeschnitten wurden. Ich hörte den Klang der stumpfen Klinge, die durch meine Haut fuhr. Wenn ich heute daran zurückdenke, erscheint es mir schlichtweg unfassbar, dass mir dies widerfahren ist, und ich habe das Gefühl, als würde ich von jemand anderem sprechen. Es gib keine Worte, die den Schmerz beschreiben könnten. Es ist, als ob dir jemand ein Stück Fleisch aus dem Oberschenkel reißt oder dir den Arm abschneidet, nur dass es sich dabei um die empfindsamsten Teile deines Körpers handelt.

Waris Dirie
somal. Topmodel und Sonderbotschafterin der UNO gegen die Genitalverstümmelung von Frauen, 1998

Die Vorstellung, dass dieses Jahr wieder zwei Millionen kleine Mädchen dasselbe erleiden müssen, wie ich es einst durchgemacht habe, bricht mir das Herz.

Waris Dirie, *1998*

Diese Gesellschaft nennt den Mann, der Kinder oder Frauen oder andere Männer foltert und tötet, „un mostro". Damit kann sie die Tatsache verschleiern, ignorieren oder leugnen, dass Folter und gewaltsamer Tod heute in Italien „business as usual" sind. Außerdem spricht sich eine solche Gesellschaft mit der Etikettierung vom männlichen Täter als „Monster" von jeglicher Verantwortung frei für eine Kultur, die sich der Gewalt gegen Frauen in Wort und Bild als einer Hauptquelle für den Unterhaltungssektor bedient und deren Gesetze gegen Vergewaltigung ein Witz sind.

Donna Leon (*1942)
am. Literaturwissenschaftlerin und Kriminalschriftstellerin, 1997

Die Klitorisverstümmelung praktizierten schon die Inquisitoren im Mittelalter, wenn sie meinten, eine „Hexe" dingfest gemacht zu haben.

Cornelia Filter
dt. Journalistin, 1997

Ich war schon immer sein Besitz, bestimmt zu seinem persönlichen Vergnügen. Meine ersten Erinnerungen reichen bis zu meinem siebten Lebensjahr zurück. Er ist Schuld an dem Unglück. Ich hasse ihn. Eines Tages wird er zahlen für alles, was er mir angetan hat!

Cheyenne Brando (1970–1995)
Tochter von Marlon Brando, 1995

Es gab eine Zeit, da opferte man Zicklein und Kälber, heute opfert man kleine Mädchen.

Dacia Maraini (*1936)
it. Schriftstellerin, 1994

Vergewaltigung und Mord sind Teil der väterlichen Ideologie, die die Beherrschung und Unterwerfung eines feindlichen Körpers vorsieht.

Dacia Maraini, *1994*

Während wir bis zu den Knien im Frauenblut waten, soll ich über Freud, Derrida und Foucault plaudern?

Mary Daly (*1928)
am. Philosophin, Theologin und Schriftstellerin, 1994

Die Verkrüppelung und Verstümmelung von Frauen ist heute allgemein üblich. Nicht nur im Mittleren Osten. Nicht nur in Asien. Nicht nur in Afrika.

Alice Walker (*1944)
am. Schriftstellerin, 1994

Wie viele Männer bringen täglich ihre Frauen oder Freundinnen um, man kann sie gar nicht zählen, und wie viele sind es, wenn man alles zusammennimmt, all die Fälle von Misshandlung, Vergewaltigung, Folter und Mord in allen Großstädten und Kleinstädten und Dörfern auf der ganzen Welt?

Marilyn French (*1929)
am. Schriftstellerin, 1994

Was ist ein Vater? Ein Dieb in meinem Herzen. Stahl er dem unsichtbaren Mädchen alles, was es noch hatte: den Willen.

Marilyn French, *1994*

Ich bin sicher, dass du wie Generationen von Männern vor dir der Meinung warst, Inzest sei dein Privileg, dein gutes Recht – der Meinung, Väter hätten ein Eigentumsrecht an den Körpern ihrer Töchter, so wie auch an denen ihrer Frauen und Sklavinnen. Und dass du wie sie geglaubt hast, es sei dein Recht, andere Menschen zu besitzen, über sie zu verfügen, und dass sich Männlichkeit sogar über diese Fähigkeit, andere zu beherrschen, definiert.

Marilyn French, *1994*

Diese Verbrechen haben keine Spuren im Gedächtnis der Stadt hinterlassen, nicht einmal ein Andenken, ein Wort ist geblieben, ganz zu schweigen von einem Gedenkstein für das „Unbekannte Opfer", vergleichbar mit dem Grabmal des Unbekannten Soldaten.

Dacia Maraini (*1936)
it. Schriftstellerin und Feministin, 1994

Zu entdecken, dass man nicht allein war mit diesen Erfahrungen, dass dahinter vielmehr ein System steckte, dass es immer wieder die gleichen Techniken waren, mit denen die Kinder zum Schweigen gebracht und dazu getrieben wurden, die „schmutzigen" Geheimnisse in sich zu verschließen, als seien sie die eigentlichen Stützen des schwankenden Familienglücks – dies zu entdecken war eine große Erleichterung.

Dacia Maraini, *1993*

Vergewaltiger überschreiten eine Grenze, eine klar und deutlich gezogene Grenze. Wenn ihnen keine eindeutigen, schweren und vor allem vorhersehbaren Konsequenzen drohen, dann kehren sie nie mehr um.

Alice Vachss
am. Juristin, 1993

Wer sagt, das Opfer ist daran schuld, dass es vergewaltigt wurde, der könnte ebenso gut sagen, die Banken seien daran schuld, dass sie ausgeraubt werden. Niemand hat es verdient, vergewaltigt zu werden.

Alice Vachss, *1993*

Wenn Vergewaltigung eine Krankheit wäre, dann wäre sie eine Seuche.

Alice Vachss, *1993*

Wir verschwenden viel zuviel Zeit darauf, Vergewaltiger vom therapeutischen Standpunkt aus „verstehen" zu wollen. Wenn wir uns schon so eingehend mit den Vergewaltigern befassen müssen, dann sollten wir sie so studieren, wie man seinen Gegner im Kampf analysiert, denn wir müssen wissen, wie unsere Feinde sind. Am wichtigsten aber ist, dass wir lernen, den Vergewaltigern das Handwerk zu legen und sie, wenn wir sie endlich gefasst haben, auch wirklich zur Verantwortung ziehen.

Alice Vachss, *1993*

Wenn sexuelle Psychopathen (etwa aggressive Pädophile und Serienvergewaltiger) es sich zur Lebensaufgabe machen, Sexualverbrechen zu begehen, dann müssen wir es uns zur Aufgabe machen, sie auf Lebenszeit hinter Gitter zu bringen.

Alice Vachss, *1993*

Ein Diebstahldelikt beurteilen wir nach dem Wert der gestohlenen Dinge und dem Grad der dabei verübten Gewalt. Wenn wir Sexualverbrechen nach denselben Kriterien beurteilen würden, bekäme buchstäblich jeder Vergewaltiger lebenslänglich.

Alice Vachss, *1993*

Vergewaltigungen regulieren die Machtbeziehungen der Geschlechter. Sie dienen dazu, eine bestimmte Ordnung zwischen den Geschlechtern zu sichern oder – wenn die brüchig zu werden droht – wiederherzustellen.

Ruth Seifert
dt. Militärsoziologin, 1993

Frauenmorde sind keine Kavaliersdelikte und auch kein Zufall, sie haben System. Sie sind die letzte Konsequenz des tiefen und alltäglichen Frauenhasses. Ihr Ziel ist – ganz wie beim Fremdenhass – die Entwürdigung und Einschüchterung einer bestimmten Menschengruppe: nämlich aller weiblichen Menschen.

Alice Schwarzer (*1942)
dt. Journalistin, Herausgeberin von „EMMA" und Autorin, 1992

Wie wäre es, wenn an jedem Ort, an dem eine Frau Opfer des tödlichen Frauenhasses geworden ist, ein solcher Stein zur Erinnerung mahnen würde? Frauenmorde wären nicht mehr unsichtbar, die Opfer nicht mehr unappetitliche Leichen, sondern Menschen.

EMMA, *1992*

Bei jeder Vergewaltigung wird dem Opfer bewusst ein psychisches Trauma zugefügt.

Judith Lewis Herman
am. Psychiaterin, 1994

Der Vergewaltiger will sein Opfer terrorisieren, beherrschen und bis zur völligen Hilflosigkeit erniedrigen.

Judith Lewis Herman, *1994*

Sie werden nachmittags heimlich deinen Tee vergiften. In dunklen Neumondnächten werden sie dich aufhängen an dem Ast des Mangobaumes, an der Zimmerdecke, an den Hacken. Einer nach dem anderen werden sie dich vergewaltigen, bei der Kapurchbrücke werden sie deine Brust durchstoßen, aus dem fahrenden Zug werden sie dich werfen, deine Kehle werden sie mit scharfer Klinge durchschneiden, deinen Körper werden sie mit Benzin übergießen und anzünden. Sie sind keine Menschen, sie sind Männer.

Taslima Nasrin (*1962)
banglad. Ärztin und Schriftstellerin, 1991

Warum blieb nur den Opfern von Vergewaltigungen jedes Mitleid versagt? Warum wird Vergewaltigung anders eingeordnet als die anderen Grausamkeiten, die die Soldaten zahlreich begingen?

Taslima Nasrin, *1991*

Wie viele Morde, wie viele Vergewaltigungen müssen noch verübt werden, bis die Opfer stolz dastehen können und nicht verurteilt werden, sondern stattdessen die Grausamkeit der Männer verurteilen dürfen?

Taslima Nasrin, *1991*

Wenn Männer mit Händen, Fäusten, Hämmern oder anderen schweren Gegenständen auf Frauen einschlagen, ihnen die Arme nach hinten drehen, die Knochen brechen, den Schädel einschlagen, sie mit Füßen treten, mit Messern aufschlitzen, erschießen oder ihren ganzen Erfindungsreichtum einsetzen, um sie auf andere Art zu verletzen, dann sprechen Sozialwissenschaftler unschuldig von „häuslicher“ oder „ehelicher“ Gewalt.

Sharon Lamb
am. Linguistin, 1991

Alle Männer sind Vergewaltiger, und das ist alles. Sie vergewaltigen uns mit ihren Augen, ihren Gesetzen und Regeln.

Marilyn French (*1929)
am. Schriftstellerin und Feministin

Frauenmord ist nichts anderes als sexistischer Terrorismus in seiner extremsten Form.

Jane Caputi, Diana Russel
am. Soziologinnen und Autorinnen, 1990

Genau wie viele Menschen die Existenz des Holocaust, die Ermordung von sechs Millionen Juden, abstreiten, so weigern sich heute die meisten, wahrzunehmen, in welch mörderischen Zeiten Frauen leben und sterben. Da werden Ehemänner und Väter zu Gefängniswärtern, bereit zu töten, wenn sie Widerstand spüren.

Jane Caputi, Diana Russel, *1990*

Wenn jeder Femizid als solcher erkannt und festgehalten würde, wenn die Pornographie und Gewaltverherrlichung als Literatur des Hasses gelten würde, dann müsste diese Männergesellschaft zugeben, dass wir Frauen unter der Knute sexistischen Terrors leben, in Ausmaß, Intensität und Absicht vergleichbar mit der Verfolgung, Folter und Vernichtung der Frauen als Hexen im Europa des 14. bis 17. Jahrhunderts.

Jane Caputi, Diana Russel, *1990*

Ich kenne nicht einmal ihre Namen. Die Tode meiner Schwestern sind nicht nennenswert nicht bedrohlich genug um die Abendnachrichten zu heben, nicht wichtig genug, um zwischen „Schützt-das-ungeborene-Leben“-Bannerträgern und Homosexuellenbefreiungs-Krawallen in San Francisco zu Stein zu werden.

Audre Lorde (1934–1992)
am. Schriftstellerin

Der Missbrauch und Mord von Frauen und Mädchen lässt sich nicht von sexuellen „Fantasien" und Pornografie trennen.

Sheila Jeffreys
engl. Politikwissenschaftlerin und Autorin, 1990

Eine Frau, die an den Folgen einer Verletzung am Arbeitsplatz stirbt, ist wahrscheinlich ermordet worden.

Catherine Bell
1990

Den neuen Männern genügt es nicht mehr, uns mit Netzstrümpfen, Dekolleté und Häschenohren darzustellen. Sie fesseln uns. Foltern uns. Ermorden uns. Denn genau das macht den neuen Mann heiß: die kaltgemachte Frau. Ihm reicht's endgültig mit der Emanzipation.

Alice Schwarzer (*1942)
dt. Journalistin, Herausgeberin von „EMMA" und Autorin, 1986

Sofortige Stillegung aller Männer!

Slogan der Frauenbewegung, *um 1986*

Vergewaltigung ist überall – in Harrisburg, Gorleben und Wackersdorf.

Slogan der Frauenbewegung, *um 1986*

Alle Männer sind potenzielle Vergewaltiger.

Slogan der Frauenbewegung

Seit meiner Kindheit kannte ich diese Wahrheit; vielleicht war es die gewaltigste und furchtbarste Wahrheit, die ich kannte: Das schamlose Mädchen wird getötet. Aber den Grad an Schamlosigkeit, der das Töten erfordert, den kannte ich nicht.

Sahar Khalifa (*1941)
arab. Schriftstellerin, 1986

Natürlich standen Geschichten in den Zeitungen: Leichen in Straßengräben oder im Wald, zu Tode geknüppelt oder verstümmelt, böse zugerichtet, wie es immer hieß, aber in diesen Geschichten ging es um andere Frauen, und die Männer, die so etwas taten, waren andere Männer. Keiner von denen gehörte zu den Männern, die wir kannten.

Margaret Atwood (*1939)
kan. Schriftstellerin, 1985

Achtzig Millionen afrikanische Mädchen und Frauen bekommen noch heute die Klitoris beschnitten oder werden infibuliert [Zunähen der Schamlippen]. Sie werden um den Preis ihrer Gesundheit und manchmal sogar um den ihres Lebens erotisch und körperlich verstümmelt.

Tobe Levin
dt. Literaturwissenschaftlerin, 1985

Sie müssen die Frauen nicht mehr so oft lynchen, obwohl sie es früher taten – der Herr und seine Männer gingen nachts durch die Dörfer und schlugen und töteten jede Frau, die sie draußen erwischten. Die europäischen Hexenverbrennungen löschten die Unabhängigen aus; zwei verschiedene Dörfer hatten – nachdem die Inquisition für jenes Jahr zu Ende war – noch je eine lebende Frau übrig: eine.

Judy Grahn
am. Lyrikerin

Man brachte mich zu Bett. Ich sah, wie sie meine zwei Jahre jüngere Schwester (vier Jahre alt) packten – genau in der gleichen Weise, wie sie mich vor wenigen Minuten ergriffen hatten. Ich schrie: Nein! Nein! so laut ich konnte. Zwischen den großen groben Händen sah ich das Gesicht meiner Schwester –

totenbleich, die dunklen Augen weit aufgerissen. Für den Bruchteil einer Sekunde trafen sich unsere Blicke; ich werde den Ausdruck namenlosen Schreckens in ihren Augen nie vergessen.

Nawal El Saadawi (*1931)
ägypt. Ärztin und Schriftstellerin,
1979

Obgleich ihre Opfer – Geisteskranke und Juden – beiden Geschlechtern angehörten, wurden alle in die Opferrolle gezwungen, die dem Modell der Opfer des patriarchalischen Frauenmords nachgebildet war, welches wiederum die Wurzel und das Vorbild des Völkermordes ist.

Mary Daly (*1928)
am. Philosophin, Theologin und Schriftstellerin, 1978

Diese organisierte Aggression/Gewalt von Männern, die von Angst vor ihrer eigenen Leere und Schwäche erfüllt sind, wird in konkreten Taten wie Vergewaltigung, Verstümmelung, Mord gegen Frauen gerichtet. Diese Akte der Gewalttätigkeit sind Ausdruck dafür, dass der Kriegszustand und der Vergewaltigungszustand im Innersten eins sind, dass alle Invasionen, Okkupationen, Zerstörungen von „feindlichem Territorium" nur Variationen zum Thema Vergewaltigung/Frauenmord sind.

Mary Daly, 1978

Die Verbreitung des Gräuels [der Genitalverstümmelung] wurde entschuldigt, legitimiert und gefordert von jeder Weltreligion, die da Patriarchat heißt. Obgleich Sekten wie der Islam und das Christentum es nicht erfunden haben, taten sie nichts Wirkungsvolles, um dem ein Ende zu setzen.

Mary Daly, 1978

Die patriarchalische Gewalt hat eine spezielle Art körperlicher Gewaltanwendung, die besonders sexuell orientiert ist: die Vergewaltigung.

Kate Millett (*1934)
am. Schriftstellerin und Künstlerin,
1969

Und diese weibliche Kastration wird heute jährlich an Millionen Mädchen und Frauen praktiziert! In mindestens 24 Ländern, darunter der Jemen, Kenia, Guinea, Mali, Tansania, Djibouti, Irak and Amazonien. In einigen Ländern werden den Mädchen nicht nur die Klitoris entfernt, sondern darüber hinaus werden auch noch die äußeren Schamlippen zugenäht. Das geschieht unter anderem in Äthiopien, im Sudan und in Somalia.

Pauline Caravello, 1977

Die Klitorisbeschneidung ist der wohl extremste und brutalste Akt einer Männergesellschaft, die Frauen das Recht auf ihren Körper und ihre Sexualität abspricht.

Pauline Caravello, 1977

Würde mit Männern irgendeiner Gruppe, Kaste, Schicht oder Rasse so verfahren – wir können sicher sein, dass die internationale Linke darüber empört wäre, und es zumindest ein Bewusstsein über diesen Skandal gäbe. Aber es sind ja nur Frauen ...

Pauline Caravello, 1977

In Europa wurden Frauen noch bis ins 19. Jahrhundert beschnitten. Einige westliche Psychologen und Ethnologen gehen noch heute so weit, die Klitorisbeschneidung zu bagatellisieren oder sie sogar für Europäerinnen zu empfehlen.

Pauline Caravello, 1977

Hier werden fast alle Mädchen beschnitten, aber niemand spricht darüber. Die Zeitungen schweigen. Das Fernsehen. Der Rundfunk. Unsere einzige Hoffnung ist der Protest aus dem Ausland.

Eine Frau aus dem Sudan, 1977

Die Furien sind zurückgekommen, um die Ermordung unserer Mütter zu rächen. Die Feministinnen sind die zeitgenössischen Furien.

Jill Johnston (*1929)
am. Autorin

Vergewaltigung ist eine Form des Massenterrorismus. Die Angst vor einer Vergewaltigung sorgt dafür, dass Frauen nachts nicht auf die Straße gehen. Dass sie zu Hause bleiben. Dass sie bescheiden und passiv bleiben, aus Angst, man könne sie für aufreizend halten.

Susan Griffin (*1943)
am. Schriftstellerin und Feministin, 1975

Der Tatbestand der Vergewaltigung schlich sich durch die Hintertür in die Gesetzbücher als das Verbrechen eines Mannes gegen das Eigentum eines anderen. Die Frau galt natürlich als Eigentum des Mannes.

Susan Brownmiller (*1935)
am. Journalistin und Autorin, 1975

Männer – meist sind es Gruppen von Männern – vergewaltigen Frauen oft aus denselben Gründen, aus denen Gruppen weißer Männer Schwarze gelyncht haben: Als kollektive Strafe für ihre Anmaßung, weil sie aus der Reihe tanzen, weil sie sich weigern, den ihnen zugewiesenen Platz zu akzeptieren, weil sie sich sexuelle Freiheiten herausnehmen, oder auch nur, weil sie nachts im falschen Stadtviertel die falsche Straße entlang laufen und ein leichtes, isoliertes Ziel für Gruppenhass und Wut abgeben.

Susan Brownmiller, 1975

Eine Welt ohne Vergewaltiger wäre eine Welt, in der Frauen sich frei, ohne Angst vor Männern bewegen könnten. Dass einige Männer vergewaltigen, reicht als Bedrohung aus, um die Frauen im Zustand fortwährender Einschüchterung zu halten, sich ständig bewusst zu sein, dass das biologische Werkzeug des Mannes etwas Furchtbares ist, das sich urplötzlich in eine Waffe verwandeln kann.

Susan Brownmiller, 1975

Vergewaltigende Männer sind nicht Außenseiter der Gesellschaft, sondern vielmehr männliche Stoßtrupps, terroristische Guerillas im längsten Krieg, den die Welt jemals gesehen hat. Jede Vergewaltigung ist eine Demonstration von Macht, doch die Täter haben mehr als nur einen körperlichen Vorsprung. Denn sie handeln im Rahmen von Institutionen, die ihnen von vornherein Vorteile verschaffen und dem Opfer kaum Gelegenheit geben, zu seinem Recht zu kommen.

Susan Brownmiller, 1975

Gruppenvergewaltigung ist nicht einfach Sieg des Mannes über die Frau, sondern der Sieg von Männern über die Frau schlechthin.

Susan Brownmiller, 1975

Es liegt in der Natur jeder Institution, die Männer von Frauen trennt und ihnen das Machtmittel der Waffe in die Hand gibt, dass sich die geballte Macht gegen alle Frauen wenden kann, denn Frauen werden im Krieg nicht deswegen zum Opfer von Vergewaltigungen, weil sie dem Feindeslager angehören, sondern weil sie Frauen und deshalb Feinde sind.

Susan Brownmiller, 1975

Im Krieg wie im Frieden bürden Ehemänner ihren vergewaltigten Frauen den Großteil der Last der Verantwortung für dieses schreckliche Ereignis auf. Die heiligen Eigentumsrechte wurden verletzt, und dem Eigentum selbst wird die Schuld dafür gegeben.

Susan Brownmiller, 1975

Von vorgeschichtlicher Zeit bis in die Gegenwart hatte Vergewaltigung eine entscheidende Funktion. Sie ist nicht mehr und nicht weniger als ein bewusster Prozess der Einschüchterung, durch den alle Männer alle Frauen in einen Zustand der Furcht halten.

Susan Brownmiller, 1975

Als die Frauenbewegung die Vergewaltigung zu einem Verbrechen machte, über das man sprechen konnte, feuerte sie die ersten Vergeltungsschüsse in einem Krieg ab, der so alt ist wie die Menschheit.

Susan Brownmiller, 1975

Die Erkenntnis, dass sich Vergewaltiger in nichts deutlich von anderen Männern unterscheiden, macht ihr Vergehen nicht weniger schrecklich. Vielmehr wirft es die Frage auf, was das für eine Gesellschaft ist, in der normale Männer Vergewaltiger sein können.

Andra Medea, Kathleen Thompson, 1974

Unser unterwürfiges, friedfertiges, mitfühlendes und verführerisches Verhalten diente vor allem dazu, eine Vergewaltigung zu verhindern, oder zu vermeiden, dass man uns die Schuld dafür gab.

Phyllis Chesler, 1972

Zuwendungsentzug und sexueller Missbrauch sind möglicherweise die beiden wichtigsten Faktoren, die Mädchen schon in sehr frühem Alter für ihre Bereitschaft, sich zu unterwerfen, präparieren.

Phyllis Chesler (*1941)
am. Psychologin und Autorin, 1972

Vergewaltigung gehört zum Krieg; aber vielleicht sollte man genauer sagen, dass die Fähigkeit zur Entmenschlichung anderer, die die männliche Sexualität derart zerfrisst, von der Sexualität auf den Krieg übertragen wird. Das Lied der Grundausbildung („Dies ist mein Gewehr, dies ist meine Pistole, dies ist mein Schwanz; dies ist zum Töten, das ist zum Spaß") ist nicht ein Stück bizarrer Gehirnwäsche, erfunden von der blühenden Fantasie irgendeines Feldwebels; es ist ein Ausdruck der Tatsache, dass die Saite der Gewalt wahrscheinlich mitklingt, wenn man die Saite der Sexualität in der patriarchalen Psyche berührt, und umgekehrt.

Adrienne Rich (*1929)
am. Schriftstellerin, 1973

Vergewaltigung ist der äußerste sichtbare und physische Akt von Gewalt und Depersonalisierung, der von Männern gegen Frauen begangen wird.

Adrienne Rich, 1973

Ich weiß, dass hinter mir mein Vater eingetreten ist, er hat geschworen, mich zu töten, und ich stelle mich rasch zwischen den langen schweren Vorhang und das Fenster, damit er mich nicht überrascht beim Hinausschauen, aber ich weiß schon, was ich nicht wissen soll: Am Seeufer liegt der Friedhof der ermordeten Töchter. Mein Vater lässt den See über die Ufer treten, damit nichts herauskommt, damit nichts zu sehen ist, damit die Frauen über den Gräbern ertrinken, damit die Gräber ertrinken.

Ingeborg Bachmann (1926–1973)
östr. Schriftstellerin, 1971

Ich weiß, dass es wichtig ist, unter Wasser zu schreien, weil es auch die Haie vertreibt, so muss das Schreien auch meinen Vater vertreiben, der mich anfallen will, mich zerfleischen will, oder er will wieder mit mir schlafen, mich packen vor dem Riff, damit meine Mutter es sieht, ich schreie: Ich hasse dich, ich hasse dich mehr als mein Leben, und ich habe mir geschworen, dich zu töten!

Ingeborg Bachmann, *1971*

In einigen Teilen der Vereinigten Staaten lassen Gesetzgebung und Fallrecht noch immer zu, dass ein Mann seine Frau „aus Leidenschaft" erschießt. Der umgekehrte Fall läuft natürlich unter der Bezeichnung Mord.

Diane B. Schulder (*1937)
am. Juristin, 1970

Was ihr Angst machte, war das Gefühl, dass ihr weiblicher Körper sie wehrlos machte. Sie hatte eine Todesangst davor, genommen zu werden, wie sie sich ausdrückte und wie es täglich den jungen Mädchen geschah. Gefangen in einer Situation, die nur schlimmer werden konnte.

Alice Walker (*1944)
am. Schriftstellerin, 1970

Was ich wünsche ist, was ich war, vor dem Bett, vor dem Messer.

Sylvia Plath (1932–1963)
am. Schriftstellerin

Meine früheste Erinnerung? Das ist die Erinnerung an einen Kampf ums Überleben. Ich war noch ganz klein, ein Baby in einem Bettchen, ja, und ich kämpfte um mein Leben. Aber ich möchte lieber nicht darüber sprechen.

Marilyn Monroe (1926–1962)
am. Filmschauspielerin

Über eine Million Weiber erlitten allein in Deutschland während der Dauer der Hexenprozesse den Feuertod auf dem Scheiterhaufen. Dem Verdacht der Hexenschaft verfiel, ob jung, ob alt, jede weibliche Person, die irgendwie die familiale Sitte durch eigene Machtvollkommenheit verletzte.

Rosa Mayreder (1858–1938)
östr. Philosophin und Schriftstellerin, 1934

Die Frau ist und bleibt dazu verdammt, in einem System zu leben, in dem das Verhältnis von legalen zu illegalen Vergewaltigungen eine Million zu eins ist.

Margaret Sanger (1883–1966)
am. Krankenschwester und Vorkämpferin der Geburtenkontrolle, 1920

Wir wollen nicht länger hören, dass wir Frauen durch den Krieg beschützt werden. Nein, wir werden durch den Krieg vergewaltigt.

Lida Gustava Heymann (1868–1943)
dt. Frauenrechtlerin, Pazifistin und Autorin, 1915

Die entsetzlichen Vergewaltigungen sind die Begleiterscheinungen jedes Krieges.

Lida Gustava Heymann, *1915*

Wir wissen, dass Frauen vergewaltigt werden, und wir protestieren dagegen, denn schlimmer als der Tod, schlimmer als die Hölle, schlimmer als alle Teufel ist Vergewaltigung für Frauen.

Lida Gustava Heymann, *1915*

Die Zahl der Kinder, jungen Mädchen und Frauen jeden Alters, die in friedlichen Zeiten so häufig zum Opfer werden, weil die Doppelmoral eine Ächtung des Mannes für seine sexuellen Verbrechen verhindert, vervielfacht sich im Krieg.

Rosika Schwimmer (1877–1948)
ung. Frauenrechtlerin und Pazifistin, 1914

Während man den Schein der Unsittlichkeit verfolgt, blüht die wirkliche Unsittlichkeit, die Verführung und Schändung kleiner Kinder. Und wird wahrscheinlich solange blühen, solange die Frauen aus allen Ämtern ausgeschlossen sind, in denen Sittengesetze auf Grund der Herrenmoral geschaffen werden.

Rosika Schwimmer, *1908*

Eine Vergewaltigung ist die Verletzung eines Grundrechts und sollte gänzlich unabhängig von jeder gesetzlich oder anderweitig künstlich hergestellten Beziehung zwischen den Parteien sein. Es wäre ein grober Verstoß gegen die Moral zu verfügen, alle von einem Ehemann begangenen Handlungen, wie niederträchtig und grausam sie auch sein mögen, seien durch die Einwilligung der Frau in die Ehe gerechtfertigt, die einmal gegeben, nie mehr widerrufen werden kann.

Elmy Wolstenholme
engl. Suffragette und Autorin, 1898

Die Tageszeitungen verkünden die Vergewaltigung fliehender, gehetzter Mädchen, und nur die Augen der Engel sehen voll Mitleid auf den Massenmord an den Frauen, von dem nirgends zu lesen ist. Ich verfolge die zarten Fäden dieser schrecklichen, öffentlichen Akte zurück zu den Überzeugungen und Gesetzen, die das Geschlecht zu einem Adel erheben.

Elizabeth Cady Stanton (1815–1902)
am. Abolitionistin, Autorin und Frauenrechtlerin, 1869

Wenn wir statt „Hexen" „Frauen" lesen, dann verstehen wir besser den vollen Umfang der Grausamkeiten, die die Kirche diesem Teil der Menschheit auferlegt hat.

Matilda Joslyn Gage (1826–1898)
am. Abolitionistin, Autorin und Frauenrechtlerin

Fragt sich jemand, warum so viele Frauen sterben? Kummer und ständige Sorge töten beinahe ebenso viele Frauen, wie Männer auf dem Schlachtfeld sterben.

Mary Chesnut (1823–1886)
am. Autorin, 1862

Das Lynchen von Negern ist etwas, das das Blut in den Adern gerinnen lässt – doch die unzähligen Frauenmörder dagegen bleiben nahezu unbeachtet, obwohl unsere Zeitungen davon voll sind.

Susan B. Anthony (1820–1906)
am. Abolitionistin und Frauenrechtlerin

Gleichheit, Differenz und Gleichberechtigung

Es gibt keinen größeren Garanten für den Frieden als die Emanzipation und Gleichberechtigung der Geschlechter. Sie ist der erste Schritt zum Weltfrieden.

Alice Schwarzer (*1942)
dt. Journalistin, Herausgeberin von „EMMA" und Autorin
2000

Die Gleichheit der Geschlechter ist die letzte Transformation der Menschenrechtserklärung, die viel zu lange allein als Deklaration der Männerrechte verstanden wurde.

Elisabeth Badinter (*1944)
frz. Philosophin und Autorin,
1995

Die weiblich-männliche Anatomie und Physiologie gleichen sich strukturell bis in die Details der sexuellen Organe hinein. Am Anfang steht sogar das weibliche Prinzip.

Alice Schwarzer (*1942)
dt. Journalistin, Herausgeberin von „EMMA" und Autorin,
2000

Wenn ein Mann bestimmend handelt wird er bewundert und respektiert. Wenn eine Frau das tut, ist sie schwierig oder unmöglich. Wenn er Schauspieler, Produzent und Direktor ist, ist er ein Multitalent. Wenn sie das gleiche tut, wird sie eitel und egoistisch genannt.

Barbra Streisand (*1942)
am. Schauspielerin und Sängerin,
1994

Bisher ist der Unterschied zwischen den Geschlechtern bloß diejenige Unterscheidung, die der Mann zu seinen Gunsten gegenüber der Frau getroffen hat.

Gisela Breitling (*1939)
dt. Malerin, 1986

Die Gleichberechtigung ist erst dann erreicht, wenn mittelmäßige Künstlerinnen überall genauso häufig vertreten sind wie mittelmäßige Künstler.

Rune Mields (*1935)
dt. Malerin, 1984

In der privaten Beziehung zwischen Mann und Frau wird der Grundstein für alle Ungleichheiten gelegt.

Kathleen Barry
am. Soziologin und Autorin, 1979

Zwischen den Geschlechtern auch nur die geringste Ungleichheit hinnehmen, bedeutet, diese Ungleichheit stützen.

Simone de Beauvoir (1908–1986)
frz. Philosophin und Schriftstellerin, 1974

Da ich nicht denke, dass die Frau von Natur aus dem Mann unterlegen ist, denke ich auch nicht, dass sie ihm von Natur aus überlegen ist.

Simone de Beauvoir, *1976*

Der Geist ist androgyn.

Meret Oppenheim (1913–1985)
schweiz. Malerin

Nichts, weder Rasse noch Klasse, bestimmt so sehr ein Menschenleben wie das Geschlecht.

Alice Schwarzer (*1942)
dt. Journalistin, Herausgeberin von „EMMA" und Autorin, 1975

Zur Gleichberechtigung gehört nicht nur, dass man ebenso behandelt wird wie ein Mann. Zur Gleichberechtigung gehört auch, dass man sich selbst die gleiche Behandlung angedeihen lässt wie einem Mann.

Marlo Thomas (*1943)
am. Schauspielerin

Im Dunkeln sind wir alle gleich – und glaub mir, Schwester, wir sind im Dunkeln!

Robin Morgan (*1941)
am. Journalistin und Autorin

Die Ungleichheit zwischen den beiden Geschlechtern sitzt so tief, dass sie fast unsichtbar geworden ist.

Shulamit Firestone (*1945)
kan. Autorin, 1970

Die feministische Revolution muss nicht einfach auf die Beseitigung männlicher Privilegien, sondern der Geschlechtsunterscheide selbst zielen ... die genitalen Unterschiede zwischen den Geschlechtern müssen ihr soziales Gewicht verlieren.

Shulamith Firestone, *1970*

Die „wirklichen" Unterschiede zwischen den Geschlechtern werden wir wohl kaum in Erfahrung bringen, bis die Geschlechter anders, d.h. wirklich gleich behandelt werden. Davon sind wir heute noch sehr weit entfernt.

Kate Millett (*1934)
am. Schriftstellerin und Künstlerin, 1969

Dominanz und Kontrolle sind nicht das Vorrecht des männlichen Geschlechts – nicht einmal bei den Säugetieren. Dominanz und Aggression wechseln je nach Spezies und abhängig von den Einzeltieren zwischen den Geschlechtern hin und her. Bei einigen Arten übernimmt das eine Geschlecht in der einen Saison, das andere in der nächsten die Führung.

Elisabeth Mann-Borgese (1918–2002)
dt.-kan. Meeresrechtlerin und Politikwissenschaftlerin, 1963

In einer vollends kollektivierten Gesellschaft könnte die Frau dem Mann gleichgestellt, ihm sogar überlegen sein – auch hinsichtlich der Körperkraft. Der somatische ist ebenso wie der psychische Zustand der Frau eine „Funktion" der sozialen Ordnung, und in der derzeit herrschenden Ordnung ist Körperkraft ein Symptom, nicht die Ursache, männlicher Überlegenheit.

Elisabeth Mann-Borgese, *1963*

Man kommt nicht als Frau zur Welt, man wird es. Kein biologisches, psychisches, wirtschaftliches Schicksal bestimmt die Gestalt, die das weibliche Menschenwesen im Schoß der Gesellschaft annimmt.

Simone de Beauvoir (1908–1986)
frz. Philosophin und Schriftstellerin, 1949

Es gibt kein „natürliches Wesen" der Frau oder des Mannes. Die unterschiedliche Konstitution der Geschlechter ist nicht die Ursache, sondern die Folge der geschlechtsspezifischen Arbeitsteilung. Die Unterschiede zwischen den Geschlechtern sind also rein gesellschaftlich bedingte Folgen der gesellschaftlichen Vorherrschaft des einen Geschlechts über das andere. Folge der unterschiedlichen Stellung.

Mathilde Vaerting (1884–1977)
dt. Soziologin und Autorin, 1921

Ein exakter Vergleich von Mann und Frau, welcher die wirklichen angeborenen Geschlechtsunterschiede aufdecken will, fordert als erste Vorbedingung eine neue Vergleichsbasis. Es dürfen nur Geschlechter verglichen werden in völliger gleicher Lage: als Männer bei männlicher Vorherrschaft mit Frauen bei weiblicher Vorherrschaft. Oder Frauen bei männlicher Vorherrschaft mit Männern bei weiblicher Vorherrschaft. Oder Männer und Frauen bei völliger Gleichberechtigung der Geschlechter.

Mathilde Vaerting, *1921*

Die heute als sicher festgestellten sexuellen Unterschiede im Körperbau sind so geringfügig, dass sie eine verschiedene Art von Leibesübungen nicht rechtfertigen. Es gibt keinen weiblich gebauten und weiblich arbeitenden Muskel, der in ganz besonderer Weise auf die Anstrengungen durch Leibesübung antwortet, es gibt kein anders geartetes weibliches Blut, keine weibliche Atmung.

Alice Profé (1867–1956)
dt. Ärztin und Sportlerin, um 1912

Es gibt keinen wesentlichen Unterschied, es gibt in der Anlage kein prinzipiell männliches und prinzipiell weibliches Geschlecht.

Johanna Elberskirchen (1857–1937)
dt. Schriftstellerin

Männer und Frauen sind als gleich freie und unabhängige Glieder der menschlichen Gesellschaft geboren, gleichmäßig begabt mit Verstand und Talenten und gleichberechtigt zur Ausübung ihrer persönlichen Rechte und persönlichen Freiheit. Das natürliche Verhältnis der Geschlechter zueinander ist das der Unabhängigkeit und gemeinsamen Arbeit. Internationales Komitee für Frauenstimmrecht.

Es gibt größere Unterschiede innerhalb der Geschlechter als zwischen ihnen.

Ivy Compton-Burnett (1884–1969)
engl. Schriftstellerin

Die „weibliche Andersartigkeit" ist eine so durchsichtige Lüge, als wolle man dem Armen einreden, sein trocken Brot und Fusel wären vollwertig dem Fasan und dem Champagner des Reichen, wenn auch andersartig.

Hedwig Dohm (1833–1919)
dt. Philosophin und Schriftstellerin, 1908

All diese Eigenschaften sind keine uns natürlichen, sondern sind erworbene. Wäre ungekehrt der Mann der Übervorteilte, Betrogene, im Lauf der Jahrhunderte Geknechtete gewesen, so wäre es auch der Mann, der sich diese Eigenschaften angewöhnt hätte; er wäre es, der lügen und heucheln und kriechen würde; und hätten wir ihn, wie er uns, in Unwissenheit gehalten, so wäre er heute kindisch, dumm, ohne Vernunft, tändelnd etc.; denn jene Eigenschaften sind entweder Sklaveneigenschaften oder Eigenschaften der Unreife: Kindereigenschaften.

Johanna Loewenherz (1857–1937)
dt. Schriftstellerin, 1895

Für eine Parallele zwischen den Leistungen des Weibes und des Mannes fehlt jedenfalls heute noch jede objektive Grundlage. Dieses Abwägen der Leistungen ist erst dann statthaft und gewinnt erst dann Zweck und Sinn, wenn der Frau die gleiche Entwicklungsfreiheit wird wie dem Mann.

Johanna Elberskirchen (1857–1937)
dt. Schriftstellerin, 1907

Das schöne Wort von der „Andersartigkeit aber Gleichwertigkeit der Frau" ist heute meist nur eine Phrase, mit der man unbequemen Ansprüchen und Konsequenzen aus dem Weg zu gehen sucht.

Helene Stöcker (1869–1943)
dt. Philosophin, Herausgeberin von „Mutterschutz" und Autorin, 1906

Die Annahme, das Weib sei wegen seiner kleineren Gehirnmasse geistig inferior, ist ebenso irrig wie wenn man behaupten würde, die Fortpflanzungsfähigkeit des Mannes sei minderwertig, weil er kleinere Beckenmasse hat als das Weib.

Maxie Freimann
dt. Autorin, 1905

Wir verlangen aber nicht nur gleiche Moral, sondern auch gleiches Gesetz für Mann und Weib!

Anna Pappritz (1861–1939)
dt. Autorin, 1902

Männer und Frauen sind gleich geboren.

Ch'iu Chin (1879–1907)
chin. Dichterin und Revolutionärin

Die scharfe Betonung der absoluten seelischen Ungleichartigkeit der Geschlechter hält vor der einfachsten Beobachtung nicht stand. Wenn nicht die körperlichen Verschiedenheiten wären, würden wir echt oft Männer von Frauen nicht unterscheiden können, und die Verschiedenheiten dürften noch weiter Abbruch erleiden, wenn erst Erziehung und Tätigkeitsbereiche die gleichen für Mann und Frau sein werden.

Hedwig Dohm (1833–1919)
dt. Philosophin und Schriftstellerin, 1895

Es gibt aber nicht eine einzige geistige Eigenschaft, welche beim Mann zu finden wäre, von welcher die Frau keine Spur zeigte und ebenso wie der weibliche Körper sich aus denselben Bestandteilen aufbaut, wie der männliche und zu seiner Erhaltung der gleichen Stoffe bedarf, ebenso verlangt der weibliche Intellekt nach derselben Kultur wie der männliche.

Anita Augspurg (1857–1943)
dt. Juristin, Autorin, Herausgeberin von „Frauenstimmrecht" und „Die Frau im Staat" und Pazifistin, 1894

Ich glaube, Männer sind von Natur aus nicht ungerechter als Frauen. Wenn Frauen von Anfang das Recht gehabt hätten, nicht nur über sich selbst, sondern auch über die Männer zu herrschen, säßen letztere in der heutigen Arbeitswelt zweifellos auf den untergeordneten und schlechter bezahlten Arbeitsplätzen. Die Führungspositionen mit den großen Gehältern hätten die Frauen inne. Ehemänner wären dazu verpflichtet, ihren Frauen zu dienen, sodass jeder von euch Männern seine liebe Frau bitten müsste: Bitte, sei doch so gut und gib' mir zehn Cent für eine Zigarre.

Susan B. Anthony (1820–1906)
am. Abolitionistin und Pionierin der Frauenbewegung

Es gibt nur ein Geschlecht.

George Sand (1804–1876)
frz. Schriftstellerin

Denn es gibt keine vom Mann besonders für uns Frauen erfundene Doktrin, die wir gläubig nachzubeten haben und die unser Gesetz sein soll, noch darf die Autorität alter Traditionen unsere Richtschnur sein, nenne man diese Autorität auch Weda, Talmud, Koran oder Bibel.

Nein! Die Vernunft, die wir als unseren höchsten und einzigen Gesetzgeber anerkennen, die Vernunft gebietet uns, frei zu sein.

Mathilde Franziska Anneke (1817–1884)
dt. Revolutionärin und Journalistin, 1869

Nur in einem einzigen Fall wurde die [Gleichberechtigung] beharrlich ignoriert: im Falle jener einen Hälfte der menschlichen Rasse [der Frauen].

Josephine Butler (1828–1906)
engl. Autorin und Gründerin der „Internationalen Abolitionistischen Föderation", 1869

Völlige Gleichberechtigung wird es erst geben, wenn die Frau an der Gesetzgebung und der Wahl der Gesetzgeber teilhat.

Susan B. Anthony (1820–1906)
am. Abolitionistin und Pionierin der Frauenbewegung, 1897

Noch nie hat die Welt eine wahrhaft große und tugendhafte Nation gesehen, denn noch nie war die Frau dem Manne gleichgestellt.

Elizabeth Cady Stanton (1815–1902)
am. Abolitionistin, Autorin und Pionierin der Frauenbewegung

Wenn man feststellen möchte, über welche Kräfte ein Mensch verfügt, gleich welchen Geschlechts, gleich welcher Hautfarbe und gleich, welches seine äußeren Umstände sind, gibt es nur einen sinnvollen Weg: Man muss ihn nach Kräften fördern und danach sehen, wie er seine Fähigkeiten einsetzt.

Harriet Martineau (1802–1876)
engl. Ökonomin, Journalistin und Kinderbuchautorin, 1851

Was hat der Mann je getan, das die Frau unter den gleichen Umständen nicht auch tun könnte?

Ernestine L. Rose (1810–1892)
poln.-am. Pionierin der Frauenbewegung, 1851

Menschlichkeit kennt kein Geschlecht. Tugend kennt kein Geschlecht. Das Denken kennt kein Geschlecht. Leben und Tod, Lust und Schmerz, Freude und Leid, kennen kein Geschlecht.

Ernestine L. Rose, *1851*

Wenn Politik von Männern und Frauen zusammen betrieben würde, hört man zuweilen, würde es im amerikanischen Kongress weniger unmoralisch zugehen als heute. Aber ich glaube, wir dürfen von Frauen nicht mehr verlangen als von Männern, wir sollten dafür sorgen, dass sie gleichberechtigt sind, und nicht, dass sie Männern überlegen seien.

Lucretia Mott (1793–1880)
am. Abolitionistin und Pionierin der Frauenbewegung

Hebt hoch die Fahne der weiblichen Unabhängigkeit und senkt sie nicht, bis der Sieg gesichert und beide Geschlechter sich vollkommen gleich sind.

Lucretia Mott, *1850*

Ich aber ich will es den Männern gleich tun! Ich will frei sein und ungebändigt! In dieser Stunde reiße ich mich los von all diesen beengenden Formen des Herkommens und der Schicklichkeit, in dieser Stunde breche ich mit allen Satzungen, in die man die Frauen eingezwängt hat. Ich will kein Weib mehr sein, sondern ein freies, fühlendes, denkendes und handelndes menschliches Geschöpf!

Luise Mühlbach (1814–1873)
dt. Schriftstellerin, 1849

Ich nehme das Recht in Anspruch auf „meine Façon" selig zu werden, mich auf meine Art mit dem Weltall zu vermitteln; ein Recht, das Frauen ebenso gut zusteht wie den Männern.

Louise Aston (1814–1871)
dt. Revolutionärin und Autorin, 1846

Gleich und Gleich: So müssen sich die Geschlechter gegenüber stehen, und in einem Gleichgewicht, welches aus der sittlichen Basis der Selbstbestimmung und Selbsterkenntnis entspringt, den Vertrag der Ehe miteinander schließen, woraus hervorgeht, dass nicht alles dulden, nicht alles verzeihen, nicht alle Selbständigkeit im Handeln und Denken aufgeben, ihre heilige Pflicht wird.

Ida Hahn-Hahn (1805–1880)
dt. Schriftstellerin und Orientreisende, 1846

Wir wollen jede willkürliche Schranke niedergerissen haben. Wir wollen jeden Weg für Frauen ebenso offen haben wie für Männer. Dann und nur dann wird die Menschheit reif dafür sein, wenn innere und äußere Freiheit genauso für die Frau wie für den Mann als Recht anerkannt und nicht als Zugeständnis gewährt wird.

Margaret Fuller (1810–1850)
am. Philosophin und Schriftstellerin

Die grundsätzliche Gleichheit von Mann und Frau ist der einzige Weg, der zur Einigkeit der Menschen führen kann.

Flora Tristan (1803–1844)
frz. Philosophin, Sozialistin und Pionierin der Frauenbewegung, 1843

Denken Sie daran, dass Liebe, die Intelligenz, die Kraft kein Geschlecht haben.

Flora Tristan, *1843*

Die Intelligenz hat kein Geschlecht und Geisteskraft ebenso wenig.

Sarah Grimké (1792–1873)
am. Abolitionistin und Pionierin der Frauenbewegung, 1838

Hier stehe ich. Gott hat uns als Gleichgeborene erschaffen.

Sarah Grimké, *1838*

Ich bitte nicht um Vorteile für mein Geschlecht. Ich gebe unseren Anspruch auf Gleichheit nicht auf. Alles, worum ich unsere Brüder bitte, ist, dass sie ihren Fuß von unserem Nacken nehmen.

Sarah Grimke, *1837*

Niemals werde ich bereit sein, irgendeinen Mann zu heiraten in einer Gesellschaft, die ich nicht dazu bewegen kann, meine völlige Gleichheit mit demjenigen zu akzeptieren, an den ich mich binden oder vielmehr verkaufen würde. Ich will keine Herrschaft von List und Schläue, ich will in gänzlicher Gleichheit und Freiheit leben.

Pauline Roland (1805–1852)
frz. Journalistin und Schriftstellerin, 1830

Denkt etwa unser Geist nach anderen logischen Gesetzen? Nimmt er Dinge der Außenwelt anders auf als die Männer? Wer wäre der, der dies zu behaupten wagen möchte?

Amalia Holst (1758–1829)
dt. Philosophin und Schriftstellerin, 1802

Genie hat kein Geschlecht.

Germaine de Staël (1766–1817)
frz. Schriftstellerin

In der Gesellschaft muss Gleichheit herrschen, sonst findet die Moral keinen Boden; Gleichheit kann aber nicht Wurzel fassen, solange die eine Hälfte der

Menschheit in Abhängigkeit gehalten wird.

Mary Wollstonecraft (1759–1797)
engl. Philosophin, Schriftstellerin, Pionierin der Frauenbewegung, 1792

Die Frau sei frei geboren und bleibe dem Manne gleich in allen Rechten.

Olympe de Gouges (1748–1793)
frz. Rechtsphilosophin, Schriftstellerin, Verfasserin der „Frauenrechtserklärung", 1791

Es steht fest, dass Männer und Frauen von gleicher Konstitution sind. Das wird dadurch bewiesen, dass bei den Wilden die Frauen ebenso robust, ebenso behände sind wie die Männer. Die Schwächlichkeit unserer Konstitution und unserer Organe liegt daher sicherlich an unserer Erziehung und ist eine Folge der Stellung, die man uns in der Gesellschaft zugewiesen hat. Männer und Frauen, von gleicher Natur und gleicher Konstitution, sind der gleichen Fehler, der gleichen Tugenden und der gleichen Laster fähig. Die Tugenden, die man den Frauen im allgemeinen hat vermitteln wollen, sind fast sämtlich Tugenden wider die Natur, die nur unbedeutende Scheintugenden, aber sehr reale Laster nach sich ziehen.

Louise d'Epinay (1726–1783)
frz. Pädagogin und Schriftstellerin, 1772

Eine Frau ist ebenso fähig wie ein Mann. Sämtliche Unterschiede müssen sich also aus der Erziehung, den praktischen Übungen und Eindrücken herleiten.

Sophia
engl. anonyme Verfasserin, 1739

Wenn alle Menschen frei geboren werden, wie kommt es dann, dass Frauen als Sklavinnen zur Welt kommen?

Mary Astell (1666–1731)
engl. Philosophin, Schriftstellerin und Pionierin der Frauenbewegung, 1700

Zwischen dem Gehirn der Frau und dem des Mannes gibt es keinen Unterschied.

Jeanne Dumée
frz. Astronomin, 1680

Das menschliche Wesen ist weder Mann noch Frau. Mann und Frau sind so vollkommen eins, dass wenn der Mann mehr ist als die Frau, dann auch die Frau mehr ist als der Mann. Der Mensch wurde als Mann und Frau geschaffen und die beiden sind nur eins.

Marie de Jars de Gournay (1565–1645)
frz. Schriftstellerin, 1622

Wenn die Damen seltener als die Männer Hervorragendes leisten, dann liegt das nur daran, dass ihnen keine gute Bildung zuteil wurde.

Marie le Jars de Gournay, *1622*

Und dennoch kann es nicht den geringsten Zweifel geben: Die Natur hat sie mit ebenso vielen körperlichen und geistigen Gaben ausgestattet wie die weisesten und erfahrensten Männer.

Christine de Pizan (1365– ca. 1430)
it. Philosophin, Schriftstellerin und Pionierin der Frauenbewegung, 1404/05

Hausarbeit

Die Arbeitsteilung im Haus weist den Geschlechtern ihren Platz in der Welt zu. Und der Platz der Frau ist in der Regel der einer kleinlichen, nörgelnden „Erbsenzählerin", die anscheinend keine anderen Probleme hat als die Anzahl der gespülten Teller und die Häufigkeit der gemachten Betten. Der Platz des Mannes ist in der Regel der eines Grandseigneurs, der sich in solchen Niederungen gar nicht erst aufhält.

Alice Schwarzer (*1942)
dt. Journalistin, Herausgeberin von „EMMA" und Autorin, 2000

Nur solange er jünger ist, fasst er noch mit an im Haushalt. Sobald er verheiratet ist, sinkt seine Bereitschaft schon auf die Hälfte. Und ist erst einmal ein Kind da, teilt nur noch jeder zehnte Mann die Hausarbeit partnerschaftlich. Wenn ein Kind kommt, fallen junge Mütter beruflich zurück und machen junge Väter ihren ersten Karrieresprung – befreit von der Konkurrentin am Arbeitsplatz und unterstützt von der Hausfrau zu Hause.

Alice Schwarzer, *2000*

Das langweilige Leben als Hausfrau und Mutter, das einen daran hindert, zur Gesellschaft etwas anderes beizusteuern als ein neues Mitglied, kann zur Tortur werden.

Fay Weldon (*1933)
engl. Schriftstellerin, 1999

Die Frau am Herd, die seit den siebziger Jahren ein Vogelscheuchendasein fristete, ist wieder zum erstrebenswerten Ideal geworden. Besser freudestrahlende Mutterschaft als das höllische, einsame Leben jener Frauen, die ihrer Karriere, auf die frau heute gerne wieder verzichten darf, den Vorzug geben.

Benoîte Groult (*1920)
frz. Schriftstellerin, 1999

Ich werde putzen, wenn es einen selbsttätigen Staubsauger gibt.

Roseanne Barr (*1952)
am. Schauspielerin, 1995

Hausfrauenlohn würde Frauen nicht befreien, sondern sie zusätzlich versklaven! Würde sie noch mehr an Kinder und Küche ketten! Ich höre schon förmlich den Ehemann wie er nach Hause kommt: „Sauwirtschaft hier! Immer noch kein Essen auf dem Tisch. Schließlich wirst du ja dafür bezahlt."

Alice Schwarzer (*1942)
dt. Journalistin, Herausgeberin von „EMMA" und Autorin, 1985

Was nun wäre zur wirklichen Veränderung anzustreben? Dies scheinen mir die wesentlichen Punkte: 1. Die Verweigerung der selbstverständlichen Zuständigkeit von Frauen für Haus und Kinder und damit auch der Doppelbelastung. 2. Die Übernahme der Hälfte aller Haus- und Erziehungsarbeit durch die Männer. 3. Die weitgehende Übernahme von Haus- und Erziehungsarbeiten durch gesellschaftliche Einrichtungen: Krippen, Ganztagsschulen, Großküchen etc.

Alice Schwarzer, *1977*

Hausarbeit ist Menschenarbeit und nicht Frauenarbeit.

Alice Schwarzer

Unabhängig vom jeweiligen politischen Regime verrichten stets die Frauen die unbezahlte Hausarbeit, und die Männer profitieren davon. Es sind die Frauen, die sexuelle und emotionale Dienste leisten.

Diane Bell, Renate Klein

Zuhause: Wo die Revolution beginnt.

Cherríe Moraga, Gloria Anzaldúa
am. Autorinnen, 1981

Hausarbeit darf nicht mehr nur von Frauen, sondern muss von allen erledigt werden.

Simone de Beauvoir (1908–1986)
frz. Philosophin und Schriftstellerin, 1976

Frauenarbeit! Die Hausarbeit ist die schwerste Arbeit auf der Welt. Deshalb wollen Männer sie nicht verrichten.

Edna Ferber (1887–1968)
am. Autorin

Familiengründung und Hausarbeit sind die Grundaufgaben in einer Gesellschaft und sollten zu gleichen Teilen von Männern und Frauen erledigt werden. Eine solche, aus geteilter Pflicht erwachsene Gleichberechtigung wird ein gleichberechtigtes Streben nach Arbeit, Liebe, Vergnügen, Nachdenken, emotionaler Unabhängigkeit und all den anderen verdammten Dingen nach sich ziehen, die das Leben bereichern und Frieden und Freude bringen.

Vivian Gornick (*1935)
am. Literaturkritikerin, 1970

Der Ordnungswahn ist genauso ein Laster, eine Manie wie Alkoholismus oder Rauschgiftsucht. Enttäuschte und Gescheiterte ergeben sich einem Wahn – die Hausfrau ist von vornherein nur dazu bestimmt, zwischen Ordnungswahn und tödlicher Langweile hin und her zu schwanken.

Karin Schrader-Klebert
1969

Die Verdummung der Frau durch Erziehung und Ehe ist deshalb so notwendig, weil sich die Frau sonst nicht mehr im Haushalt festhalten ließe.

Karin Schrader-Klebert, *1969*

Zuhause: Ein gemütliches Konzentrationslager.

Betty Friedan (*1921)
am. Autorin, 1963

Das Bild von der glücklichen Hausfrau, die zu Hause kreativ ist – malt, bildhauert, schreibt – ist eine der Halbwahrheiten des Weiblichkeitswahns. Es gibt sowohl Männer als auch Frauen, die das tun können. Wenn aber der Mann zu Hause arbeitet, hält seine Frau die Kinder strikt von ihm fern, sonst passiert was.

Betty Friedan, *1963*

Gerade dieses Gefühl von Leere, dieses verbissene Verleugnen der Außenwelt treibt die Frauen oft dazu, sich noch mehr anzustrengen, sich noch hektischer in die Hausarbeit zu stürzen, um ja nicht in die Zukunft schauen zu müssen. Und das, was sich die Hausfrau aussucht, um die Leere zu füllen, so logisch und notwendig ihre Gründe auch zu sein scheinen, macht sie noch mehr zur Gefangenen ihrer trivialen häuslichen Routine.

Betty Friedan, *1963*

Ihre Haltung gegenüber ihrem Heim wird von derselben Dialektik gelenkt, die ganz allgemein ihre Lage bestimmt: Sie nimmt und gibt sich dabei zur Beute, sie befreit sich und resigniert dabei.

Durch den Verzicht auf die Welt will sie eine Welt gewinnen.

Simone de Beauvoir (1908–1986)
frz. Philosophin und Schriftstellerin, 1949

Nicht ohne Bedauern schließt sie hinter sich die Türen des Heims. Als junges Mädchen hatte sie die ganze Welt zum Vaterland. Der Wald gehörte ihr. Nunmehr ist sie in einem engen Raum begrenzt. Die Natur schrumpft zu den Größenverhältnissen eines Geraniumtopfes zusammen. Mauern versperren den Horizont.

Simone de Beauvoir, *1949*

Es gibt wenig Aufgaben, die der Sisyphus-Qual verwandter sind als die Hausfrauenarbeit.

Simone de Beauvoir, *1949*

Waschen, bügeln, fegen, die Staubflöckchen unter den Möbeln hervorkehren, damit hält man zwar den Tod auf, kommt aber nicht zum Leben.

Simone de Beauvoir, *1949*

Schließlich weiß man nicht mehr recht, ob die Pommes frites für den Mann oder ob der Mann für die Pommes frites da ist.

Simone de Beauvoir, *1949*

Zu glauben, die vielen monotonen Arbeiten, die eine Frau täglich verrichtet, gäben ihr das erfüllende Gefühl, etwas geschaffen zu haben, ist ebenso widersinnig wie zu glauben, ein Fließbandarbeiter freue sich darüber, ein Automobil gebaut zu haben, nur weil er eine Schraube angezogen hat.

Edith Mendel Stern (1901–1975)
am. Schriftstellerin, 1949

Als ich acht Jahre alt war, musste ich einmal in der Woche die Socken für die ganze Familie stopfen. Ich glaube, als ich damals gezwungen war, die Socken meiner Brüder zu stopfen, während diese lasen oder Karten oder Domino spielten, begann meine Hinwendung zum Feminismus.

Hannah Mitchell
am. Autorin, 1946

Kein Wunder, dass es so schwer ist, das Interesse verheirateter Frauen für soziale Reformen zu wecken. Die moderne Forderung nach einer 40–Stunden-Woche erscheint einer Frau und Mutter wie ein Witz, die Glück hat, wenn ihre Woche nur siebzig Stunden hat.

Hannah Mitchell, *1946*

Ich unterscheide nicht mehr Winter und Sommer am Stand der Wiesen oder der Heide, sondern am Beschlag oder Reif der Fensterscheibe. Früher erging ich mich im Buchenwald und bewunderte die blaue Feder, die der Häher fallen ließ, begegnete ich auf meinem Weg dem Landstreicher, dem Schäfer, und jetzt gehe ich von Zimmer zu Zimmer mit dem Staubwedel in der Hand.

Virginia Woolf (1882–1941)
engl. Schriftstellerin, 1931

Der Mann wird das Privileg seiner Hilflosigkeit nicht kampflos aufgeben. Der Durchschnittsmann ist sorgfältig darauf bedacht, seine Unkenntnis in Haushaltsfragen – von der Frage, was er mit den Krümeln tun soll, bis hin zur Telefonnummer des Lebensmittelladens – zu pflegen. Seine fröhliche Inkompetenz gewährt ihm einen besseren Schutz als der Ruf, jähzornig zu sein.

Chrystal Eastman (1881–1928)
am. Rechtswissenschaftlerin und Pazifistin, 1920

Die Suffragette, die mit dem häuslichen Leben, so wie es ist, zufrieden ist, das auf der Unterwerfung der Frau gründet und durch den Verstoß gegen die Rechte des Kindes fortdauert, ist keine wirkliche Rebellin, sondern oberflächlichen Gefühlen zum Opfer gefallen.

Theresa Billington-Greig (1877–1964)
engl. Journalistin, 1911

In Zukunft muss der Zwang aufhören, dass in der Ehe gleich die Hauswirtschaft für die Frau dabei ist!

Anita Augspurg (1857–1943)
dt. Juristin, Herausgeberin von „Frauenstimmrecht" und „Die Frau im Staat" und Pazifistin

Das Zuhause ist eine menschliche Institution. Alle menschlichen Institutionen sind verbesserungsfähig.

Charlotte Perkins Gilman (1860–1935)
am. Philosophin, Ökonomin und Schriftstellerin, 1903

Gewiss versetzt die Arbeit, welche die Frau im Haus verrichtet, den Mann in die Lage, mehr Reichtum anzuhäufen, als ihm das ohne sie möglich gewesen wäre. In diesem Sinne stellt die Frau einen wirtschaftlichen Faktor in der Gesellschaft dar. Doch das tun Pferde auch.

Charlotte Perkins Gilman, *1898*

Der Haushalt als kleine – zwei bis fünf oder zehn Personen starke – Industrieeinheit, befindet sich, was den wirtschaftlichen Fortschritt angeht, beinahe am untersten Ende der Skala. Das kostet Männer mehr Geld, Frauen mehr Arbeit, beiden mehr als doppelt so viel Zeit und Kraft als nötig. Eine Art zu leben, bei der man die Hälfte der Zeit und die Hälfte der Kraft der Welt verschwendet, ist nicht ökonomisch.

Charlotte Perkins Gilman, *1903*

Das Zuhause ist von seiner Natur her so beschaffen, dass es uns vor Gefahren schützen soll. Ursprünglich war es ein Versteck, ein Zufluchtsort für die Schutzlosen. Im Haus zu bleiben ist dem Wachstum des eigenen Mutes keinesfalls zuträglich.

Charlotte Perkins Gilman, *1903*

Wie wirkt es sich auf den Verstand aus, wenn man sein ganzes Leben lang zu Hause verbringt? Einem Mann können wir diese Frage nicht stellen, denn kein Mann hat das je getan, es sei denn, er litt unter einer angeborenen Krankheit.

Charlotte Perkins Gilman, *1903*

Der beste Beweis für das Missfallen des Mannes am häuslichen Leben ist seine weitgehende Abwesenheit von zu Hause.

Charlotte Perkins Gilman, *1903*

Ich litt unter intellektuellem Hunger, der, ebenso wie ein leerer Magen, sehr deprimierend ist. Ich hatte keine anregende Gesellschaft. Ich weiß jetzt, mit welchen Schwierigkeiten die meisten Frauen in einem isolierten Haushalt zu kämpfen hatten.

Elizabeth Cady Stanton (1815–1902)
am. Abolitionistin, Autorin und Pionierin der Frauenbewegung, 1898

Protest gegen den Mottenfraß der Häuslichkeit, weil man in einer glücklichen Häuslichkeit sonntags immer die Dachziegel vom Nachbarn zählt.

Bettina von Arnim (1785–1859)
dt. Schriftstellerin

Selbst dann, wenn die Frau die gesamte Arbeit für die Familie allein macht, früh aufsteht und sich spät zur Ruhe legt, kocht und wäscht, putzt und flickt und

Hausarbeiten aller Art erledigt, wird ihr Mann sagen, dass er sie „versorgt", und offenbar nicht einmal auf den Gedanken kommen, er schulde ihr einen Lohn für ihre Arbeit.

Lillie Devereux Blake (1833–1913)
am. Autorin, 1883

Der isolierte Haushalt ist zu einem großen Teil für die Unwissenheit und Erniedrigung der Frau verantwortlich. Ein Geist, der stets nur mit Kindern und Dienstboten in Kontakt kommt, deren Aspirationen und Ehrgeiz nicht über das Dach hinausgehen, das sie schützt, muss zwangsläufig an seiner Entfaltung gehindert werden.

Elizabeth Cady Stanton (1815–1902),
Susan B. Anthony (1820–1906),
Matilda Joslyn Gage (1826–1898)
am. Pionierinnen der Frauenbewegung, 1881

Die vier Wände dürfen nicht zum Getto werden, in das man das Pariageschlecht einpfercht.

Hedwig Dohm (1833–1919)
dt. Philosophin und Schriftstellerin, 1873

Die Frau ist kleinlich, weil die ausschließliche Besorgung der häuslichen Geschäfte ihren Charakter ins kleinliche zersplittert.

Hedwig Dohm, *1876*

Jedermann soll ihre oder seine Näharbeit selber erledigen, oder denen überlassen, die sich dazu besonders eignen, den vielen Männern nämlich, die in Wirtschaften und an den Straßenecken herumlungern und stundenlang ihre Zeit mit Trinken und Schwatzen totschlagen.

Elizabeth Cady Stanton (1815–1902)
am. Abolitionistin, Autorin und Pionierin der Frauenbewegung

Was ist diese Häuslichkeit anderes als ein stetes Abmühen für die niedersten Bedürfnisse? Die Beschränkung der weiblichen Tätigkeit auf den Haushalt hemmt die Entwicklung des Lebens im höchsten Grade.

Louise Dittmar (1807–1884)
dt. Philosophin und Herausgeberin von „Soziale Reform", 1849

Weißt du, Rose, in allen Angelegenheiten des Haushalts müssen wir zwei Dinge beachten: Erstens, was ist schicklich, zweitens, was ist den Herren des Hauses genehm – alles andere ist gut genug für die Damen.

Anne Brontë (1820–1849)
engl. Schriftstellerin

Kavalierstum und Ritterlichkeit

Wie sich überhaupt unter scheinbarer Galanterie und Fürsorge der Männer in Wahrheit immer Verachtung und Benachteiligung gegenüber Frauen verbergen.

Alice Schwarzer (*1942)
dt. Journalistin, Herausgeberin von „EMMA" und Autorin, 2000

Die „romantische Liebe" ist der Dreh- und Angelpunkt zur Aufrechterhaltung der Männermacht, das erkannten kluge Frauen schon vor hundert Jahren und müssen es doch immer wieder neu sagen.

Daniela Weiland
dt. Autorin, 1996

Und obwohl wir uns bravourös in einer Männerwelt bewegen, haben wir doch eine riesige Achillesferse mit dem Namen Romantik.

Bonni Krebs, *um 1991*

Ritterlichkeit und Frauenverehrung müssen mit Recht als Übergriff empfunden werden.

Gisela Breitling (*1939)
dt. Malerin, 1986

Die romantische Liebe ist die mythische Zelebrierung der Verleugnung der Frau.

Andrea Dworkin (*1946)
am. Soziologin und Schriftstellerin, 1976

In vermintem Gelände sind alle Männer Gentlemen – nach dem Motto: Ladies first.

Barbra Streisand (*1942)
am. Filmschauspielerin und Sängerin

Die romantische Liebe trägt große Schuld an der Unkenntnis der Menschen über Sex und hält viele äußerst schmerzliche Mythen aufrecht. Frauen haben sich mit erbärmlichen sexuellen Beziehungen und vorgetäuschten Orgasmen abgefunden, und ganz allgemein ihre Bedürfnisse verschwiegen. All das im Namen der romantischen Liebe.

Eleonor Stephens, *1975*

Man erspare es uns, uns mit dem Kavalierstum zu ködern, als sei das ein Privileg unseres Frauendaseins. Es ist nichts anderes als eine Äußerung des Sexualinstinkts. Wahre menschliche Wärme entspringt einem freieren und selteneren Gefühl und hat mit Sex nichts zu tun.

Benoîte Groult (*1920)
frz. Schriftstellerin, 1975

Früher brauchte man nur ein Taschentuch fallen zu lassen, und schon stürzten die Männer herbei. Heute könnte man einen Büstenhalter verlieren, und keiner rührt einen Finger.

Helen Vita (1928–2001)
dt. Sängerin und Kabarettistin

Frauen müssen die Rückkehr der Romantikfalle verhindern.

Rosemarie Radford Ruether (*1936)
am. Theologin

Sie [die Frauen] können das Ritual der männlichen Galanterie verweigern, das unter dem Deckmantel der Verführung ihre Minderwertigkeit feiert. Warum sollten Frauen nicht auch die Zigaretten der Männer anstecken? Warum nicht ihre Koffer tragen? Warum nicht einen Autoreifen wechseln? Gerade diese einfachen, täglichen Handlungen haben einen erzieherischen Wert für Frauen und Männer, weil sie die Verweigerung einer zugeteilten Rolle demonstrieren.

Susan Sontag (*1933)
am. Schriftstellerin,
1972

Romantische Liebe [ist] ein abgekartetes Spiel. Es soll Frauen dazu verführen, ihre Identität aufzugeben.

Caroline Mahoney Bird (*1915)
am. Journalistin,
1971

Der Romantizismus ist ein kulturelles Instrument der Männerherrschaft, das die Frauen daran hindern soll, ihre Lage zu erkennen.

Shulamit Firestone (*1945)
kan. Autorin,
1970

Aber noch die romantischste Anbetung ist ein Knechtungsinstrument; je mehr der Mann der Frau einredet, dass es Liebe sei, was sie verbindet, desto mehr bezieht er sie auf sich als auf ihr Zentrum, ihre einzige Existenzberechtigung und macht aus ihr jenes gefügige und opferbereite Wesen, das sich dann willig seinem Zweck unterordnet.

Karin Schrader-Klebert
1969

Somit macht die Ritterlichkeit die Gleichen ungleich. Je weniger Respekt eine Frau als Mensch bekommt, desto höher schätzt sie die „respektvollen" Gesten, die sie als Frau verlangen kann.

Dana Densmore, 1969

Man nimmt allgemein an, dass das Patriarchat der westlichen Welt durch die höfische und romantische Liebe beeinflusst wurde. Obwohl dies zum Teil stimmen mag, ist dieser Einfluss doch weitgehend überschätzt worden. Zwar hat das traditionelle ritterliche Benehmen im Vergleich zum unumwundenen Machismo (Männlichkeitskult) oder zum orientalischen Verhalten bestimmte Zugeständnisse gemacht, doch ist dies nichts als eine spielerische Art der Wiedergutmachung, die den untergeordneten Frauen helfen sollte, ihr Gesicht zu wahren.

Kate Millett (*1934)
am. Schriftstellerin und Künstlerin,
1969

Man muss die Galanterie als ein Spiel erkennen, in dem die herrschende Gruppe die ihr Unterlegenen auf ein Podest erhebt.

Kate Millett, 1969

Das Argument des Schutzes dämpft oft den Klang der Türen, die den Frauen vor der Nase zugeschlagen werden.

Betty Friedan (*1921)
am. Autorin, 1963

Die weibliche Fata Morgana männlicher Ritterlichkeit lässt betörende Bilder erstehen. Da gibt es Männer, die ihr Leben zu Ehren einer Geliebten – heimlich Geliebten – für ein Lächeln aufs Spiel setzen; da sind die legendären Drachentöter, die ein Untier erledigen, bevor sie sich der Hand des geliebten weiblichen Wesens für würdig erachten; und um die Ehre, einen abgerissenen Bändel vom Kleide der Geliebten tragen zu dürfen, werden Löwen bezwungen.

Iris von Roten (1917–1990)
schweiz. Juristin und Autorin, 1958

Verwegenheit ihres Ritters gibt der Frau das Gefühl, dass er ihrer wert sein möchte. Darum „verführt" Ritterlichkeit in jeder Form, vom selbstvergessenen körperlichen Einsatz zugunsten der einzelnen Frau bis zu betulichen, höflichen Manieren um sie herum.

Iris von Roten, *1958*

Man hilft der Dame in den Mantel! Was hat das schon zu bedeuten, wenn anderseits ein ganzer weiblicher Berufsstand, jener der Serviertöchter, alten und jungen Knaben, nachdem diese ihren Schoppen gehabt haben, in den Mantel helfen muss.

Iris von Roten, *1958*

Nur in Rittermärchen ist die Frau das behütete Geschlecht. Betretet ein beliebiges amerikanisches Haus und ihr werdet Großmütter, Mütter, Frauen, Schwestern, Tanten, Töchter und Dienstbotinnen finden, deren Leben einem großen Zweck geweiht ist – die männlichen Familienmitglieder vor den Wechselfällen des Alltags zu bewahren.

Florence Guy Seabury
Schriftstellerin, 1943

So lange ihr eure Hände faltet und lächelt, wenn euer Ehemann hereinkommt, ist alles in Ordnung. Aber kaum wird seine Ritterlichkeit auf die Probe gestellt, kracht es.

Cicely Hamilton (1872–1952)
engl. Schauspielerin und Dramaturgin, 1911

Eine Form von Herablassung gegenüber Unterlegenen. Ein Kode rücksichtsvollen Verhaltens, der sich in Gesten und Ereignissen wie dem Öffnen von Türen, dem Ziehen von Hüten und dem Überreichen von Teetassen äußert, aber die Vorrangstellung und Überlegenheit des Mannes in wichtigeren Bereichen des Lebens weder berührt noch beeinträchtigt.

Cicely Hamilton, *1909*

... ist nichts weiter als ein Lippengeständnis! Ritterlichkeit hält die Männer nicht davon ab, Frauen den geringst möglichen Lohn zu zahlen.

Elizabeth Robins
engl. Schauspielerin und Schriftstellerin, 1907

Liebe und Schutz werden oft ganz und gar zur Tyrannei.

Elizabeth Cady Stanton (1815–1902)
am. Abolitionistin, Autorin und Pionierin der Frauenbewegung, 1898

Man hört viel von der Ritterlichkeit des Mannes gegenüber der Frau. Doch sie verschwindet wie Tau in der Morgensonne, wenn eine der unseren in Konkurrenz zum männlichen Geschlecht tritt. Wenn eine Frau sitzt, weint, und händeringend in ihrer eigenen Hilflosigkeit schwelgt, schnallt der moderne Ritter seinen fiktiven Brustpanzer um und zieht sein Schwert für sie. Doch wenn sich die Frau für den Lebenskampf rüstet, bereit, falls nötig wie eine Löwin zu kämpfen, um ihre hungrigen Kinder satt zu bekommen, soll sie als ihr Schlachtfeld das Wohnzimmer oder die Küche wählen.

Martha J. Coston (1828–1886)
am. Autorin, 1886

Für die junge Dame, deren Verehrer monatelang beteuert hatte, „ihr Sklave" zu sein, dürfte es ein ziemlicher Schock sein, wenn sie nach ein paar Wochen Ehe feststellt, dass er sehr genau weiß, wer hier der Meister ist. Wenn sie dann einen Blick auf die neue Visitenkarte mit den Worten „Mr. und Mrs. Soundso" wirft, auf der nur sein Name steht, und auf der das Mr. vor dem Mrs. ihr zeigt, das er in Wirklichkeit über ihr steht, dann erkennt sie vielleicht, dass sie mit ihrem Ehemann „verschmolzen" wurde.

Lillie Devereux Blake (1833–1913)
am. Autorin, 1883

Lasst uns lernen, die Frauen nicht mehr mit großzügiger, beschützender Liebe und Fürsorge einzuengen. Dann werden auch die Männer lernen – wie es sich gehört – dass sich diese Methode der Verleumdung der Frau nicht mehr als Instrument zu ihrer Unterwerfung eignet.

Paulina Wright Davis (1813–1876)
am. Journalistin, 1870

Ein verliebter Mann springt, um den Handschuh oder den Blumenstrauß eines albernen Mädchens von sechzehn Jahren aufzuheben. Zu Hause aber lässt er seine betagte Mutter Kübel voll Wasser und Arme voll Holz schleppen oder seine Frau Stunde um Stunde ein zwanzig Pfund schweres Baby herumtragen, ohne jemals seine Hilfe anzubieten.

Elizabeth Cady Stanton (1815–1902)
am. Abolitionistin, Autorin und Pionierin der Frauenbewegung, 1855

Man sagt uns, Frauen hätten alle Rechte, die sie brauchen. Selbst Frauen sagen uns das, ich schäme mich, es zuzugeben. Sie verwechseln Höflichkeit mit Rechten. Schmeicheleien und Sitzplätze, während die Männer heute Abend in dieser Halle stehen, sind reine Galanterie. Wir wollen Rechte!

Lucy Stone (1818–1893)
am. Abolitionistin und Pionierin der Frauenbewegung, 1855

Keine Frau, die ihre Würde als eine moralische, intellektuelle und verantwortungsvolle Einheit versteht, gibt etwas auf die Aufmerksamkeit oder den Schutz, die ihr „die Einflüsterungen der Ritterlichkeit und der Poesie romantischer Galanterie" gnädigerweise gewähren.

Angelina Grimké (1805–1879)
am. Abolitionistin und Pionierin der Frauenbewegung, 1837

Ah, wie viele meiner Geschlechtsgenossinnen müssen unter der Herrschaft, die im gütigen Namen der Sicherheit so unrechtmäßig über sie ausgeübt wird, feststellen, dass das, worauf sie sich stützen, bestenfalls ein gebrochenes Schilfrohr, oft aber ein Speer ist.

Sarah Grimké (1792–1873)
am. Abolitionistin und Pionierin der Frauenbewegung, 1837

Ich gestehe, angesichts des großen Werts, den die Männer dieses Landes auf äußerste Höflichkeit und Ehrerbietung gegenüber den Frauen legen, wirkt es etwas befremdlich, dass wir zur Arbeit für unsere Brüder gedrängt werden sollen. Man sollte meinen, es entspräche eher den „Einflüsterungen der Ritterlichkeit und der Poesie romantischer Galanterie", wenn sie Gesellschaften zur Bildung ihrer Schwestern gründen würden.

Sarah Grimké, *1837*

Es ist bedauerlich, dass sich die Frauen systematisch dadurch erniedrigen, dass sie die trivialen Aufmerksamkeiten der Männer annahmen. Diese glauben, durch solche besonders edel zu erscheinen, während sie tatsächlich nur hochmütig ihrer eigenen Überlegenheit dienen.

Mary Wollstonecraft (1759–1797)
engl. Philosophin, Schriftstellerin und Pionierin der Frauenbewegung, 1792

Ich kann kaum meinen Lachmuskeln gebieten, wenn ich den Ernst sehe, mit dem ein Mann sich beeilt, für eine Dame ein Taschentuch aufzuheben oder eine Tür zu schließen, was sie doch selbst gekonnt hätte.

Mary Wollstonecraft, *1792*

Es ist wahr, Frauen sollten mit Höflichkeit behandelt werden; denn da ein wenig Förmlichkeit und äußerer Respekt ihr ganzer Schutz, alle Privilegien sind, die ihnen zugestanden werden, wäre es barbarisch, sie dessen zu berauben.

Mary Astell (1666–1731)
engl. Philosophin, Schriftstellerin und Pionierin der Frauenbewegung, 1700

Was sind all die feinen Reden und Unterwerfungen, die gemacht werden, anderes als ein Missbrauch ihrer Person auf wohlerzogene Weise? Die Frau muss bezeugter Weise eine Närrin sein, die glauben kann, dass ein Mann, stolz und eitel wie er ist, seine Autorität, deren er sich rühmt, die Würde und das Vorrecht seines Geschlechtes, aus keinem anderen Grund einen Moment lang zu ihren Füßen legt, als mit der Absicht, sie mit größerem Nutzen wieder aufzunehmen. Er mag sich einige Tage lang ihr Sklave nennen, aber das geschieht nur, um sie zu dem seinen zu machen für den gesamten Rest seines Lebens.

Mary Astell, *1700*

Ich bringe dir Weihrauch dar, das ist wahr, aber du wirst wahrscheinlich dafür bezahlen und mir eine Entschädigung geben für deine Dummheit, dir vorzustellen, dass ich mir diese Umstände machen würde, wenn ich nicht hoffte, nein, wenn ich nicht sicher wäre, meinen eigenen Nutzen daraus zu ziehen. Wenn als nichts anderes, dann dienst du wenigstens als Trainingsgegenstand für meinen Verstand, und wie groß du auch immer durch meinen Atem wirst, ich bin es, der das Lob verdient, so großartig über ein derart armseliges Subjekt zu sprechen. Wir, die wir die Abgötter machen, sind die größten Götter; und wie wir euch aufbauen, steht es auch in unserer Macht, euch zurückzuführen zu eurer anfänglichen Bedeutungslosigkeit oder zu etwas Schlimmerem, zur Verachtung; Ihr habt deshalb nur euer gutes Benehmen, und seid wahrlich nicht mehr als das, was uns gefällt, aus euch zu machen.

Mary Astell, *1700*

Körper

Wir bringen unseren Mädchen bei, dass der Körper, in dem sie wohnen, ein unsicherer Ort ist. Wir bringen ihnen bei, dass der Appetit, der Geruch, das Begehren, das Fleisch von Frauen ungehörig, unerwünscht und nicht akzeptabel ist. Als besonders abstoßend gilt der Appetit von Frauen, er ist einfach zu groß. Er muss in Schach gehalten werden.

Susie Orbach (*1946)
am. Psychotherapeutin und Autorin, 2000

Wir lernen, dass wir andere füttern, selbst aber zurückstehen sollen. Dass wir angemessen weiblich aussehen sollen. So kommt es, dass unsere Identität, unser Selbstwertgefühl in engem Zusammenhang damit stehen, dass wir andere füttern und selbst hungern.

Susie Orbach, *2000*

Frauenkörper sind niemals neutrales Terrain gewesen.

Susie Orbach, *2000*

Es gibt keinen perfekten Körper. Jeder Frauenkörper kann zur Zielscheibe der skrupellosen Agenten der Verunsicherungs-Mafia werden.

Susie Orbach, *2000*

Fett ist eine feministische Streitfrage.

Susie Orbach, *2000*

An den Körpern und Kleidern der Geschlechter lässt sich der jeweilige Grad der Emanzipation der Frauen ablesen. Je gleichberechtigter, umso ähnlicher; je weniger gleichberechtigt, umso verschiedener.

Alice Schwarzer (*1942)
dt. Journalistin, Herausgeberin von „EMMA" und Autorin, 2000

Die Körper der Geschlechter sind über Jahrhunderte geprägt von ihrer unterschiedlichen Nahrung (für Vater das größte Stück Fleisch) und ihrem unterschiedlichem Training und Bewegungsradius (in ganz extremen Patriarchaten dürfen Frauen kaum das Haus verlassen, so wie in den islamischen Gottesstaaten). Nicht nur vom Ägypten der PharaonInnen, wo die Geschlechter lange quasi gleich waren, zeigen uns die Grabmalereien Männer und Frauen, die gleich groß, gleich kräftig und gleich gekleidet sind.

Alice Schwarzer, *2000*

Frauen sind noch nicht einmal im Besitz ihres eigenen Körpers. Die Versuche der Fremdbestimmung des Frauenkörpers sind umfassend und massiv. Unsere Körper sind besetzt, sind kolonialisiert. Dem ist nur, wenn überhaupt, partiell zu entkommen. Denn es fängt an mit den sexuellen Übergriffen und geht weiter mit dem Schönheitsdiktat.

Alice Schwarzer, *2000*

Dass Frauen mit ihrem Körper auch ganz anders umgehen können, zeigt ihr Einbruch in den Sport. Immer mehr spielen Fußball, laufen, schwimmen, springen, fechten, ja boxen sogar.

Alice Schwarzer, *2000*

Auch die (meist) unterschiedliche Beschaffenheit der Körper ist sowohl das Resultat unterschiedlicher Wahrnehmung als auch das Resultat Jahrhunderte langer unterschiedlicher Ernährung und Bewegung.

Alice Schwarzer, *2000*

Die Werbung, die Medien, der Film, alle bieten sie den Körper der Frau als Ware an, die der Mann kaufen oder mit Gewalt nehmen kann. Mehr noch: Die ganze Welt des Konsums verführt via Sexualgewalt und Ware Frau. Man kauft nicht nur das Auto, man kauft den Frauenkörper dazu.

Dacia Maraini (*1936)
it. Schriftstellerin, 2000

Auf der ganzen Welt ist der Körper der Frau die Währung des Patriarchats.

Robin Rowland, Renate Klein, *1966*

Unsere Kultur hat die Frauen nicht nur gelehrt, sich ihres Körpers niemals sicher zu sein, ständig nach Anzeichen mangelnder Perfektion zu suchen, ständig um „Verbesserung" ihres Körpers bemüht zu sein. Sie lehrt die Frauen (und nicht zu vergessen die Männer) auch, wie man einen Körper betrachtet.

Susan Bordo (*1947)
am. Philosophin, 1993

Frauen sollen ihre Haut füttern, als Versuch, sich selbst die Liebe zu geben, die ihnen so fehlt. Doch was nutzt die glatteste Haut, wenn die Seele Falten schlägt?

Sylvia Schneider (*1952)
dt. Journalistin, 1992

Die Vereinnahmung des Frauenkörpers begann parallel zur ersten Frauenbewegung, also spätestens mit der Jahrhundertwende, vermutlich schon um einiges früher.

Ebba D. Drolshagen (*1948)
norw.-dt. Autorin, 1992

Abtreibung ist für viele Frauen nicht nur eine Leidenserfahrung, die alles übersteigt was Männer je erfahren können, es ist ein auch Akt der Barmherzigkeit und der Selbstverteidigung.

Alice Walker (*1944)
am. Schriftstellerin, 1991

Das Selbstgefühl existiert nicht unabhängig vom Körper, es ist untrennbar mit dem Körper verbunden. Falsche Schönheitsvorstellungen bringen falsche Körperteile hervor, neumodellierte Taillen, Busen und Gesichter, die wie erworbene Accessoires getragen werden. Solange Frauen sich hinter solchen kulturellen Verzerrungen verbergen, werden sie auch von ihnen kontrolliert, ganz gleich, wie sicher sie sich damit fühlen mögen.

Rita Freedman
am. Psychologin, 1986

Ebenso wie die weibliche Rolle eine Verzerrung des normalen erwachsenen Verhaltens impliziert, stellt der „feminine" Körper eine Verzerrung des gesunden erwachsenen Körpers dar. Man könnte sagen, Frauen verhalten sich in der Sicht unserer Gesellschaft dann „normal", wenn sie ihre geschlechtsspezifische Abnormität signalisieren.

Rita Freedman, *1986*

Es scheint so zu sein, dass ausgerechnet in den Zeiten, in denen wir Frauen es geschafft haben, äußere Fesseln zu lockern oder gar zu sprengen, sich neue innere Fesseln um uns gelegt haben. Und dass eine der schlimmsten inneren

Fesseln eben dieser Schlankheitswahn ist, der sehr viel mehr Folgen hat, als wir zu ahnen wagen.

Alice Schwarzer (*1942)
dt. Journalistin, Herausgeberin von „EMMA" und Autorin, 1984

Es wird kein Zufall sein, dass ausgerechnet mit erstarkender Emanzipation die Frauen immer dünner werden sollen. Daran haben auch Aerobic und Bodybuilding wenig geändert. Im Gegenteil: Diese Moden haben einerseits das Streben der Frauen nach mehr Bewegung und Stärke aufgenommen, es aber andererseits im Handumdrehen wieder pervertiert: schlank sein und dekorativ, das bleibe das Gesetz.

Alice Schwarzer, *1984*

Unsere Körper, Terrain männlicher Normen, männlicher Gewalt, männlicher Besitznahme, sind seit Jahrtausenden enteignet, kolonialisiert vom Patriarchat. Nicht zufällig lautete eine der ersten Forderungen der neuen Frauenbewegung: Mein Bauch gehört mir! Wenn wir Freiheit wollen, müssen wir zu allererst einmal uns selbst, unsere eigenen Körper befreien. Und unsere Seelen entgiften. Auch vom Diätwahn. Ja, dann wird vielleicht auch ein Teil der Fantasie und Energie, die wir heute in dieses kleinliche und wahrhaft unwürdige Kalorienzählen investieren, wieder frei sein. Frei zu diesem Leben. Frei zum Kämpfen um etwas, das sich lohnt.

Alice Schwarzer, *1984*

Das Schönheitsdiktat ist sowohl eine Frage des Zeitgeschmacks als auch eine Frage der Macht. Diese Macht kann weit gehen, sie kann sogar das Leben kosten. Und das nicht nur bei Magersucht, sondern auch bei Schönheitsoperationen wie den Silikon-Implantaten oder dem Fettabsaugen.

Alice Schwarzer, *1984*

Es ist eine natürliche Folge des Feminismus, dass wir uns um unseren Körper kümmern, ihn mit Respekt behandeln, stolz auf ihn sind und eine gesunde Beziehung zwischen unserem Körper, unserem Geist und unserer Sexualität aufbauen. Muskeln sind eine Metapher für mentale Stärke und Erfolg.

Trixie Rosen
1983

Ich kenne keine Frau – Jungfrau, Mutter, Lesbierin, Verheiratete, im Zölibat Lebende – für die ihr Körper nicht ein fundamentales Problem ist: sein verborgenes Wesen, seine Fruchtbarkeit, seine Sehnsucht, seine angebliche Frigidität, seine blutige Sprache, sein Schweigen, seine Veränderungen und Verstümmelungen, seine Erniedrigung und sein Reifen.

Adrienne Rich (*1929)
am. Schriftstellerin, 1979

Die gesamte „Kultur" des Patriarchats sendet laufend Botschaften aus, wie schmutzig die Frauen seien. Die Herabwürdigung der weiblichen Organe und weiblicher Funktionen, wie der Menstruation – gegenwärtig von den medizinischen, pharmazeutischen und therapeutischen Saubermännern propagiert – macht die zu Opfern Ausersehenen besessen mit „weiblicher Hygiene", vereinnahmt sie mit Maßnahmen wie übertriebenen Spülungen und dem Gebrauch tödlicher Deodorants.

Mary Daly (*1928)
am. Philosophin, Theologin und Schriftstellerin, 1978

Die künstlich hervorgerufene Beschäftigung mit der „Aufmachung“ des weiblichen Körpers: Haare, Gesicht und Körper werden mit gefährlichen und teuren künstlichen Farbstoffen zugekleistert, der weibliche Körper wird in ungesunde Formen gepresst – das alles trägt zum Mangel an Selbstachtung und zur gemeinsamen Verachtung bei.

Mary Daly, *1978*

Von allen Seiten werden wir darin bestärkt, unseren Körper als losgelöst von uns selbst zu betrachten. Unsere „Figur“ soll von einem künftigen Liebhaber oder Ehemann bewundert werden. Unsere Brüste sind dazu da, um von dem „Mann unseres Lebens“ während der Liebesspiele liebkost zu werden, sie dienen der Ernährung unserer Kinder und sind Gegenstand gynäkologischer Untersuchungen.

The Boston Women's Health Book Collective, *1971*

Vielen von uns fällt es ziemlich schwer, sich im eigenen Körper wohl zu fühlen.

The Boston Women's Health Book Collective, *1971*

Wir können natürlich den Einfluss einer jahrzehntelangen körperfeindlichen Erziehung und prüder Moralvorstellungen in wenigen Jahren nicht ungeschehen machen. Doch wir können uns Wissen über unseren Körper aneignen, uns mit ihm vertraut machen und Verantwortung für ihn übernehmen. Mit einem positiven Gefühl für unseren Körper gewinnen wir an Selbstvertrauen.

The Boston Women's Health Book Collective, *1971*

Ihr Körper war für sie nicht Quelle der Lust und der Auseinandersetzung mit sich selbst, sondern war zu einem Objekt geworden: für den Frauenarzt zur Befriedigung seines medizinischen Forscherdrangs, für die Mode- und Kosmetikindustrie zur Befriedigung ihrer Profitinteressen, für den Staat und den Unternehmer zur Produktion künftiger Arbeitskräfte.

The Boston Women's Health Book Collective, *1971*

Eine Form der Frauenunterdrückung ist die Enteignung und Vorenthaltung von Wissen über die Frauenkörper.

The Boston Women's Health Book Collective, *1971*

Der Körper der Frau ist das Fundament, auf dem das Patriarchat errichtet wurde.

Adrienne Rich (*1929)
am. Schriftstellerin, 1976

Die Angst vor und der Hass auf unseren Körper behindern oft unseren Verstand.

Adrienne Rich, *1976*

Wir haben gelernt, dass unser ganzes Menschsein sich reduziert auf unseren Körper, dass unsere Geschlechtsorgane unsere Faszination und unseren Wert ausmachen; deshalb haben viele Frauen sich von ihrem eigenen Körper entfremdet, sind besessen von ihrem Spiegelbild und sehen sich selbst eher als Objekt, das Männern gehört, und nicht als Subjekt einer Existenz.

Adrienne Rich, *197*

Der somatische Zustand der Frau ist ebenso wie der psychische eine „Funktion“ der sozialen Ordnung, und in der derzeit herrschenden Ordnung ist Kör perkraft ein Symptom, nicht die Ursache, männlicher Überlegenheit.

Elisabeth Mann-Borgese (1918–2002)
dt.-kan. Meeresrechtlerin und Politikwissenschaftlerin, 1963

Es gibt Länder, wo die Männer im Sitzen urinieren, und es kommt vor, dass Frauen dies im Stehen verrichten. Das ist unter anderem bei vielen Bauersfrauen üblich. Aber in der heutigen westlichen Gesellschaft verlangt es allgemein die Sitte, dass sie sich hinkauern, während die aufrechte Haltung den Männern vorbehalten bleibt.

Simone de Beauvoir (1908–1986)
frz. Philosophin und Schriftstellerin, 1949

Große Schritte machen, singen, lebhaft sprechen, laut lachen, einen Apfel essen bedeutet eine Provokation. Die Folge ist, dass sie beschimpft werden. Diese Selbstbeherrschung, zu der die Frau genötigt wird, ertötet die Ursprünglichkeit.

Simone de Beauvoir, *1949*

Aber ist denn der unausgebildete, vernachlässigte Frauenkörper als der richtige anzusehen? Muss nicht vielmehr versucht werden, ihn zu überwinden, ihm auch sein Recht zukommen zu lassen? Freilich ist das nicht ganz so einfach. Denn es haben Generationen daran gearbeitet, diese Verbildung uns schon als geschlechtsgebunden erscheinen zu lassen.

Carla Verständig
dt. Universitäts- und Sportlehrerin, 1928

Dass wir es bei der Frau nur mit Verbildungserscheinungen zu tun haben und nicht mit naturgegebenen Geschlechtsunterschieden, zeigen die Berichte von anderen Völkern und anderen Zeiten. Bei ihnen war die Frau durchaus nicht immer das „schwache Geschlecht“, sondern dem Mann an Körperkraft ebenbürtig oder sogar überlegen.

Carla Verständig, *1928*

Das Entsetzliche in der Stellung der Frau von heute ist, dass weder ihr Körper noch ihre Zeit oder ihre Individualität ihr wirklich selbst gehört.

Edith Havelock-Ellis, *1922*

Der Körper der Frau ist immer auch Anschauungsobjekt.

Hillary Robinson (1825–1911)
am. Autorin

Heute kann man nicht ermessen, welcher Kraft und Elastizität der weibliche Körper fähig sein wird, wenn er den bisherigen schwächenden Lebensverhältnissen einmal mehrere Generationen hindurch entzogen sein wird.

Else Wirminghaus
1911

Die körperliche Erziehung des Mannes wird in Zukunft im ästhetischen Moment eine Richtschnur finden müssen, und die Ausbildung der Frau hat in der Kräftigung ihres Körpers ihr nächstes Ziel zu suchen und dadurch mit aller Künstelei und Pseudoanmut endgültig aufzuräumen.

Else Wirminghaus

Solange das Weib seine Organe: Herz, Lungen, Muskel- und Nervenapparat, nicht in Luft und Licht und freier Bewegung kann arbeiten lassen, solange das Weib im Hause eingesperrt ist, solange wird und kann die Frau muskulös und nervös, organisch nicht stark, gesund und schön sein.

Johanna Elberskirchen (1857–1937)
dt. Schriftstellerin, 1904

Im übrigen arbeiten die deutschen Frauen im allgemeinen in ihrer äußerlichen Erscheinung durch Kleidung und bewegungslose Lebensweise so systematisch auf eine Verkürzung, Verbreiterung und Verdickung ihrer Hüften hin, dass eine schlanke Figur das völlige Gegenteil ihres Ideals zu sein scheint.

Anita Augspurg (1857–1943)
dt. Juristin, Herausgeberin von „Frauenstimmrecht" und „Die Frau im Staat" und Pazifistin, 1902

Fahren wir fort in unserem Vergleich zwischen der Lebensweise von Mann und Frau. So werden wir gewahr, dass der Mann von Jugend an sich die doppelte, fünffache, zehnfache Körperbewegungen verschafft. Darum ist es ihm ein leichtes, mehr Nahrung aufzunehmen, darum ist seine Muskelkraft ein Halb bis zwei Drittel größer als beim Weib, darum arbeiten bei ihm Herz und Lunge ruhiger und ausgiebiger.

Hope Bridges Adams-Lehmann (1855–1883)
dt.-engl. Ärztin, 1899

Man redet der Frau ein, dass sie kränklich sei und schwach und daher des männlichen Schutzes bedürfe; denn ahnte sie die ihr angeborene Kraft und Gesundheit, so könnte der souveräne Mensch in ihr erwachsen, und es könnte geschehen, dass eines Tages die Männererde der alten Germanen zur Menschenerde würde, gleichermaßen für Mann und Weib.

Hedwig Dohm (1833–1919)
dt. Philosophin und Schriftstellerin, 1874

Ich vermute sogar: käme es dem Weibe darauf an, ihre Körperkomplexion bis zur brutalen Kraft auszuarbeiten, so würde die Natur gegen die Befriedigung dieses ehrgeizigen Wunsches keinen Einspruch erheben.

Hedwig Dohm, *1874*

Der Mangel physischer Kraft dient immer da zum Vorwand, wo man die Frau benachteiligen will. Bei einem Teil des weiblichen Geschlechts ist dieser Mangel allerdings in hohem Grade vorhanden in Folge der absoluten Vernachlässigung körperlicher Übungen.

Hedwig Dohm, *1873*

Was immer zur perfekten Entwicklung des männlichen Körpers nötig ist, muss auch für die Entwicklung der Frau vonnöten sein.

Elizabeth Cady Stanton (1815–1902)
am. Abolitionistin, Autorin und Pionierin der Frauenbewegung, 1855

Ich beklagte oft, wie wenig Aufmerksamkeit die körperliche Ertüchtigung in der Erziehung der Frau gemeinhin erfährt. Wer den Körper stärkt, stärkt auch den Geist.

Frances Wright (1795–1852)
schott.-am. Schriftstellerin und Reformerin, 1821

So lasst uns also dadurch, dass man uns nicht nur in der frühen Kindheit, sondern auch in der Jugend die gleiche körperliche Ertüchtigung gestattet wie dem männlichen Geschlecht, unseren Körper zur Vollendung bringen.

Mary Wollstonecraft (1759–1797)
engl. Philosophin, Schriftstellerin und Pionierin der Frauenbewegung, 1792

Liebe

Man denke das nur mal richtig zu Ende: Da sind zwei, von denen sich einer vom anderen bedienen lässt, zuschaut, wie der andere sich aufreibt, und auf dessen Rücken die Füße hochlegt. Und das ganze nennt sich dann Liebe.

Alice Schwarzer (*1942)
dt. Journalistin Herausgeberin von „EMMA" und Autorin, 2000

Es sind schon wirklich unwürdige Verhältnisse. Aber Frauen und Männer sind diese unwürdigen Verhältnisse seit Generationen gewohnt. Sie kennen es kaum anders. Frauen sind es gewohnt, nicht um ihrer selbst willen geliebt zu werden, sondern sich Liebe durch Dienstleistungen zu erkaufen.

Alice Schwarzer, *2000*

Doch solange es als befriedigend gilt, die Sexualität und sogar die Liebe auf der Lust an weiblicher Ungleichheit zu begründen, wird es keine wirkliche Gleichheit oder Freiheit für Frauen geben.

Sheila Jeffreys
engl. Politikwissenschaftlerin und Autorin, 1999

Frauen sollen ihre Haut füttern, als Versuch, sich selbst die Liebe zu geben, die ihnen so fehlt.

Sylvia Schneider (*1952)
dt. Journalistin, 1992

Die Liebe ist die Fortführung des Krieges mit anderen Mitteln. Auf diesem Schlachtfeld erfolgt eine oft blutige, manchmal unblutige Vernichtung des Weiblichen, das nie Subjekt werden darf, immer Objekt bleiben muss, Gegenstand von gesellschaftlich nicht anerkannten Arbeitsverträgen, genannt Ehe.

Elfriede Jelinek (*1946)
östr. Schriftstellerin, 1991

Ich glaube nicht daran, dass es zwischen Abhängigen oder zwischen Herren und Sklaven glückliche Liebesbeziehungen geben kann.

Elfriede Jelinek, *1989*

Unter dem Namen Liebe bekam die bereitwillige und bedingungslose Knechtschaft etwas Ekstatisches, Edles, Erfüllendes, ja sogar Erlösendes.

Marilyn Frye
am. Autorin, 1983

Wenn Liebe die Antwort ist, könnten Sie die Frage dann bitte umformulieren?

Lily Tomlin (*1939)
am. Schauspielerin

Die Fähigkeit der Frau zu lieben ist gleichbedeutend mit ihrer Fähigkeit, Missbrauch zu ertragen, ohne den Geschmack daran zu verlieren. Für die Frau bedeutet Liebe immer Selbstaufgabe, die Aufgabe ihrer Identität, ihres Willens und ihrer körperlichen Integrität, um die Maskulinität ihres Liebhabers zu erfüllen und zu erlösen.

Andrea Dworkin (*1946)
am. Soziologin und Schriftstellerin, 1976

Im Namen der Liebe werden Frauen erniedrigt und ausgebeutet und lassen sich ausbeuten.

Simone de Beauvoir (1908–1986)
frz. Philosophin und Schriftstellerin, 1976

Eine Folter, die so viele junge Frauen kennen – an Händen und Füßen von Liebe und Mutterschaft gefesselt, ohne ihre Träume vergessen zu haben.

Simone de Beauvoir, 1974

Frauen arbeiten nicht nur für Geld, sie arbeiten auch aus Liebe. Nicht aus Liebe zur Arbeit, sondern aus Liebe zum Mann, zum Kind, zum Nächsten. Und genau diese Liebe, die die Gratisarbeit produziert, wird heute wieder verstärkt von Frauen erwartet. Wachsender Frauenunmut, entsprechende Männerwut und steigende Erwerbslosigkeit verleihen der so billigen Parole von der Mutter, die „die Beste" sein soll, Aktualität. Im Zentrum jeder Frauenbefreiung muss darum weiterhin der Kampf gegen die geschlechtsspezifische Arbeitsteilung stehen.

Alice Schwarzer (*1942)
dt. Journalistin, Herausgeberin von „EMMA" und Autorin, 1973

Liebe ist die einzige Entschuldigung für die sexuelle Aktivität der Frau.

Kate Millett (*1934)
am. Schriftstellerin und Künstlerin, 1970

Dass Frauen für die Liebe und Männer für die Arbeit leben, ist eine Binsenweisheit.

Shulamit Firestone (*1945)
kan. Autorin, 1970

Die destruktiven Auswirkungen der Liebe können nur im Umfeld der Ungleichheit auftreten. Da jedoch die sexuelle Ungleichheit ein konstanter Faktor geblieben ist – in welcher Abstufung auch immer –, wurde die faule „romantische" Liebe zur charakteristischen Liebe zwischen den Geschlechtern.

Shulamit Firestone, 1970

Frauen brauchen nicht auf die Erfüllung ihres (meist ungestillten) Bedürfnisses nach emotionaler Wärme und Zuneigung zu verzichten. Sie müssen vielmehr Wege finden, diese Bedürfnisse zu befriedigen, ohne ihre Freiheit oder Selbstachtung einzubüßen. Das Verlangen der Frau nach Liebe sollte auf verschiedene neue Arten gestillt werden, als Kontrapunkt oder Zäsur von Ereignissen, die nicht von Machtlosigkeit diktiert sind.

Phyllis Chesler (*1941)
am. Psychologin und Autorin, 1972

Wir beginnen, die politische Funktion der Liebe zu begreifen. Bedenkt, wie wichtig „Liebe" für jene politische Struktur ist, die „Religion" heißt.

Ti-Grace Atkinson (*1939)
am. Autorin, 1970

Macht Krieg, nicht Liebe!

Slogan der New Yorker „The Feminists", 1960-er Jahre

Ich frage mich, ob die Liebe der Frauen schuld daran ist, dass die Männer so herrschaftlich gehen und so meisterlich sprechen.

Alma Routsong (alias Isabel Miller, (*1924)
am. Schriftstellerin, 1969

Der Begriff der Liebe ist kaum analytisch erforscht worden. Das ist bemerkenswert, wenn wir die Tragweite seiner ethischen und politischen Philosophie bedenken.

Ti-Grace Atkinson (*1939)
am. Autorin, 1969

Ist die Liebe eine Art hysterischer Zustand, ein Wahnsinn und daher schmerzlos, in den sich Frauen zurückziehen, wenn der Widerspruch zwischen den letzten Fetzen ihrer menschlichen Überlebensfähigkeit und dem Auf und Ab des täglichen Frauenlebens zu unerträglich wird?

Ti-Grace Atkinson, 1969

Einst hat man mir erzählt (wie sollte es anders sein), dass die Liebe schön ist. Meine Mutter hat es mir erzählt; sie musste es wissen, sie hat nie eine gehabt. Der Mangel regte ihre Fantasie an. Ein Wissenschaftler wird Ihnen sagen, dass der Mangel immer diese Wirkung hervorbringt.

Djuna Barnes (1892–1982)
am. Schriftstellerin, 1922

Die Liebe zum Beruf bedingt gerade auch die andere Liebe und umgekehrt. Was du gegen sie sagst, sagst du zum Schaden meiner Liebe und Hingabe an dich.

Iris von Roten (1917–1990)
schweiz. Juristin und Autorin, 1958

[Treves:] Meiner Erfahrung nach kommen den Frauen recht oft stolze Worte über die Lippen. In Liebesdingen findet man bei ihnen freilich keine Spur davon.

Agatha Christie (1891–1975)
engl. Kriminalschriftstellerin, 1957

An dem Tag, an dem es der Frau möglich sein wird, aus ihrer Stärke, nicht aus ihrer Schwäche heraus zu lieben; um sich selbst zu finden, nicht, um vor sich zu fliehen; um sich Geltung zu verschaffen, nicht, um sich zu erniedrigen – an jenem Tag wird die Liebe für sie ebenso wie für den Mann zu einer Quelle des Lebens, nicht der tödlichen Gefahr.

Simone de Beauvoir (1908–1986)
frz. Philosophin und Schriftstellerin, 1949

Das Wort Liebe hat für die beiden Geschlechter durchaus nicht denselben Sinn, und hierin liegt eine Quelle der schweren Missverständnisse, die sie voneinander trennen.

Simone de Beauvoir, 1949

Eine Sklavin des Mannes, hält sie sich für sein Idol. In ihrem Körper gedemütigt, preist sie die große Liebe.

Simone de Beauvoir, 1949

Die Liebe ist der Frau als höchste Sendung zugewiesen worden, und wenn sie sie einem Mann zuwendet, sucht sie in ihm Gott.

Simone de Beauvoir, 1949

Die Liebe ist der Blick in die Seele.

Simone Weil (1909–1943)
frz. Philosophin und Schriftstellerin

Die Männer haben die Frauen in die Liebe verwiesen, wie man die Indianer in die Reservate verwiesen hat.

Alice Rühle-Gerstel (1894–1943)
dt. Psychologin, 1932

[Das Fliegen ist] aufregender als die Liebe zu einem Mann und viel gefahrloser.

Thea Rasche (1891–1971)
dt. Fliegerin, Europas erste Kunstfliegerin

Erst in einer tiefen Freundschaft mit einer Frau ist wahre Nähe, Vertrauen und Geborgenheit möglich. Aus dem Gleichklang von Fühlen und Denken, von Interessen und Wünschen ergibt sich die totale Erfüllung in der Liebe.

Vita Sackville-West (1892–1962)
engl. Schriftstellerin

Liebe: Eine Karriere, eine Möglichkeit für die Frau, ihren Lebensunterhalt zu verdienen.

Cicely Hamilton (1872–1952)
engl. Schauspielerin und Dramatikerin, 1909

Die Liebe zwischen Mutter und Kind ist etwas Wunderschönes. Doch es gibt noch ein höheres Gesetz: die Liebe für uns selbst.

Charlotte Perkins Gilman (1860–1935)
am. Philosophin, Ökonomin und Schriftstellerin, 1903

Ich habe das unveräußerliche, verfassungsmäßige und naturgegebene Recht, zu lieben, wen ich will. So lang oder so kurz zu lieben, wie ich kann. Diese Liebe, wenn es mir gefällt, jeden Tag einem anderen zu schenken.

Victoria Woodhull (1838–1927)
am. Journalistin und Bankerin, erste Kandidatin für das am. Präsidentenamt, um 1875

Wir Frauen sind immer in der Gefahr, zu ausschließlich unseren Gefühlen zu leben, und obwohl unsere Gefühle vielleicht unsere schönste Gabe sind, sollten wir auch unseren Anteil an einem unabhängigeren Leben haben – Freude an Dingen um ihrer selbst willen. Es ist jämmerlich, die Hilflosigkeit liebenswürdiger Frauen zu sehen, wenn ihre Gefühle enttäuscht werden – denn man hat ihnen beigebracht, dass sie an jeder Art von Gelehrsamkeit nur Freude finden, wenn sie mit einem Gefühl der persönlichen Liebe verknüpft ist.

George Eliot (1819–1880)
engl. Schriftstellerin

Ich habe wenig Hoffnung für die Frau, solange sie nicht erkennt, dass aus Liebe zu sterben eher schändlich als bemitleidenswert ist.

Caroline Wells Dall (1822–1912)
am. Autorin, 1861

Die Liebe steht über dem Gesetz, über den Überzeugungen des Menschen. Sie ist die Wahrheit, die Flamme, das reine Element, die Uridee der moralischen Welt.

Germaine de Staël (1766–1817)
frz. Schriftstellerin, 1813

Die Liebe ist ein goldener Pfeil; was der Mensch mit ihm durchbohrt, das macht er gewissermaßen zu seiner Beute.

Gertrud die Große von Helfta (1256–1301/2)
dt. religiös-theologische Schriftstellerin

Männer

Wie kann es bloß angehen, dass es für viele Männer fast ein Tabu ist, mit einer erwachsenen Frau zu schlafen, die Krähenfüße um die Augen hat – während sie kaum Gewissensbisse plagen, mit einer 14-Jährigen ins Bett zu gehen.

Susan Sarandon (*1946)
am. Schauspielerin, 2001

Wenn ich diese Musikvideos-Awards sehe mit diesen Gruppen, deren Hauptattraktion nackte Bräute sind, die ihre Ärsche schwingen, dann denke ich: Warum danken diese Typen immer wieder Gott, dass sie den Preis gewonnen haben – anstatt sich wenigstens bei den Frauen zu bedanken, die ihren Arsch hingehalten haben.

Hanin Elias (*1973)
dt.-syr. Musikerin, 2001

Wie es möglich ist, andere Menschen zu beherrschen und eine Hierarchie zu festigen, das lernten die Männer durch die bereits praktizierte Dominanz über die Frauen in ihrer eigenen Gemeinschaft.

Gerda Lerner (*1920)
am. Historikerin und Autorin

Wenn Frauen von Männern akzeptiert werden – das gilt für Homosexuelle und Heterosexuelle –, dann entweder als „Intellekt" oder als „Möse", entweder als „Herz" oder als „Möse", entweder als „Mutter" oder als „Möse". Frauen werden selten als emotionale und intellektuelle und sexuelle Geschöpfe akzeptiert. Es nimmt daher kaum Wunder, dass Frauen Mühe haben, alle drei Fähigkeiten gleich zu entwickeln.

Phyllis Chesler (*1941)
am. Psychologin und Autorin

Männer denken immer nur an Männer.

Rune Mields (*1935)
dt. Malerin, 2000

Das Recht des Blickes, des Einblickes, ist ein Recht des Mannes. Die Frau hat nur das Recht des Sichzeigens, in Peepshows oder beim Film.

Elfriede Jelinek (*1946)
östr. Schriftstellerin

Wenn ein Mann seine Weiblichkeit nicht entwickeln darf, weil Eltern oder die Gesellschaft es nicht zulassen, dann wird er schrecklich. Dann muss er durch Power und Macht kompensieren, dann wird er zum Vierkantschlüssel.

Marianne Sägebrecht (*1945)
dt. Schauspielerin

Aber Männer interessieren sich nicht wirklich für lebendige Frauen, sondern eher für ihr Bild von Frauen, für ihre Projektionen und Fantasmen.

Alice Schwarzer (*1942)
dt. Journalistin, Herausgeberin von „EMMA" und Autorin

In Bezug auf die Frauen scheinen die Männer sich heute, dreißig Jahre nach dem (Wieder-) Aufbruch der Frauenbewegung, in zwei Hälften zu teilen: Die eine Hälfte ist mehr oder weniger für uns, die andere mehr oder weniger gegen uns. Den harten Kern unserer Gegner können wir nicht überzeugen, ihn können wir nur bekämpfen. Den harten Kern unserer Freunde können wir bestärken. Und die schwankende Mehrheit werden wir weniger durch große Töne, gutes Zureden oder Bittebittemachen gewinnen, sondern eher durch gelebte Vorbilder: starke Frauen und menschliche Männer.

Alice Schwarzer, *2000*

Männer sind wie ein Porsche – das Image stimmt noch, aber die Technik ist veraltet.

Katharina Witt (*1965)
dt. Eiskunstläuferin

In der Hand einen Rosenkranz, Männer denken nur bis zum Schwanz ...

Aziza-A. (*1971)
türk. Rapperin

Aber da immer mehr Frauen sich dennoch Zugang zu Bildung und langsam auch zu Bürgerinnenrechten erkämpften, dämmerte es den Männern mit Grauen, dass die Frauen ihnen eines Tages wirklich gleichberechtigt sein könnten. Und das hat in Männeraugen nicht nur mit dem Teilen von Privilegien zu tun, es bedeutet vielmehr eine schändliche Niederlage.

Benoîte Groult (*1920)
frz. Schriftstellerin, 1999

Männer werden generell überschätzt.

Maren Kroymann (*1949)
dt. Schauspielerin

Wenn Männer Babys kriegen müssten, hätte jeder höchstens eines.

Lady Diana (1961–1999)
Princess of Wales

Ein bisschen Männerhass steht jeder Frau.

Ursula Müller
dt. Mathematikerin

Der schönste Mann der Welt taugt nichts, wenn er keinen Sinn für Humor hat.

Madonna (*1958)
am. Sängerin

Wenn die Jungs nicht das von dir kriegen, was sie wollen, sind sie stinksauer auf dich.

Madonna

Jeder Mann sollte mindestens einmal im Leben die Zunge eines anderen Mannes im Mund gehabt haben. Nur dann kann er mitreden.

Madonna

Früher mussten wir Männer darauf hinweisen, dass Frauen auch Menschen sind. Nun müssen wir uns klar machen, dass auch Männer Menschen sind.

Fay Weldon (*1933)
engl. Schriftstellerin, 1999

Manchem unaufgeklärtem Mann erscheint eine Feministin als finstere Frauenperson, die mit dem Hackebeilchen in der Hand darauf aus ist, das männliche Geschlecht um den kleinen Unterschied zu bringen.

Jutta Limbach (*1934)
dt. Juristin, ehem. Präsidentin des dt. Bundesverfassungsgerichts

Die Männer sind langweilig und in ihren festgefahrenen Formen eingeschlafen. Die Frauen von heute sind hungriger, kraftvoller, interessanter. Und innovativer.

Doro Pesch
dt. Musikerin, 1993

Männer können Fettsäcke sein, die abartigsten Bärte tragen, total unattraktiv bis unappetitlich aussehen – das macht nichts. Frauen müssen nicht nur mehr können, die müssen auch immer top gepflegt sein.

Sabine Sauer
dt. Showmasterin

Männer kann man überreden, Frauen muss man überzeugen.

Barbra Streisand (*1942)
am. Schauspielerin und Sängerin

Die Männer lügen den Frauen die Hucke voll, und je länger sie mit der Frau zusammen sind, umso mehr lügen sie.

Anke Ehrhardt
am. Psychologin

Was mich betrifft, so will ich eigentlich nur Sex von den Männern – manchmal. Ich will keine Gespräche mit ihnen, nicht ihren Rat, nicht ihre Hilfe und schon gar nicht ihr blödes Liebesgesäusel.

Germaine Greer (*1939)
austr. Schriftstellerin

Wenn einer ein Schicksal hat, dann ist es ein Mann. Wenn einer ein Schicksal bekommt, dann ist es eine Frau.

Elfriede Jelinek (*1946)
östr. Schriftstellerin

Zu einem 400–Meter-Lauf treten ein Mann und eine Frau an! Der Mann mit zwanzig Metern Vorsprung und im sportlichen Outfit. Die Frau mit Rucksack, aus dem zwei Kinder gucken, vor ihr mehrere Hürden. Da ist die Frage, wer schneller ist, müßig.

Regine Hildebrandt (1921–2001)
dt. Politikerin,
1993

Was ich bei Männern hasse, kann ich genau sagen: Das ist dieses Machogehabe. Ich mag im allgemeinen sehr junge Männer, also alles, was unfertig ist, was sich noch nicht in diesem System wohnlich eingerichtet hat, um Karriere zu machen.

Elfriede Jelinek (*1946)
östr. Schriftstellerin

Ich muss gestehen, dass mir das auch schon passiert ist, dass sich einem Männer zwar andienen, in fast sklavischer Weise, und dass sie sich auch gerne einer schöpferischen Frau untertan machen, gerade um sie zu unterstützen in jeder Weise; dass aber irgendwann einmal diese Ansprüche voll zurückschlagen, und sie dann den Gegenwert in einer Art von Dienstleistung zurückerwarten. Der Preis für ihre Servilität oder ihre Unterwerfung wird sehr wohl eingeklagt. Die Männer achten sehr darauf, dass das Konto ausgeglichen wird.

Elfriede Jelinek, *1989*

So mancher rührende, schwache Mann wäre vermutlich ein Pascha, wenn er nicht eine starke Frau hätte, die ihn daran hindert.

Elfriede Jelinek, *1989*

Männer sind wie ein Teppich; wenn man etwas von ihnen aufrollt, sehen sie plötzlich betreten aus.

Inge Meysel (*1910)
dt. Schauspielerin

Ich frage mich manchmal, ob Männer und Frauen wirklich zueinander passen. Vielleicht sollten sie einfach nebeneinander wohnen und sich nur ab und zu besuchen.

Katherine Hepburn (*1907)
am. Schauspielerin

Wenn Frauen unergründlich scheinen, dann liegt es am fehlenden Tiefgang der Männer.

Katherine Hepburn

Männer finden nur das emanzipiert, was ihnen nicht wirklich gefährlich werden kann.

Svende Merian (*1955)
dt. Autorin

Hinter jedem großen Mann steht eine blöde Frau, die fest daran glaubt, dass aus dem Arschloch ihres Lieblings die Sonne scheint. Und dass seine sensiblen Fingerchen abfallen würden, wenn er mal zum Spültuch griffe.

Angela Carter (1940–1992)
engl. Journalistin und Schriftstellerin, 1992

Die Männer sind im Grunde faul. Wenn alle Frauen Jobs hätten, würden die Männer zu Hause bleiben, Bier trinken und sich alle Fernsehprogramme anschauen.

Fürstin Gracia Patricia von Monaco (1928–1982)

Heutzutage gibt es für einen Mann nur noch eine Form des Feminismus: endlich den Mund zu halten über das Wesen des Weiblichen und das Wort den Frauen zu überlassen.

Benoîte Groult (*1920)
frz. Schriftstellerin

Allzu viele Männer scheinen auf naive und egoistische Weise immer noch zu glauben, dass das, was sie gerne fühlen und mögen, automatisch auch das sein muss, was Frauen mögen.

Shere Hite (*1943)
am. Sexualforscherin

Wenn ein Mann Karriere macht, fragt kein Mensch: Und was machen Sie mit ihren Kindern?

Senta Berger (*1941)
dt. Schauspielerin

Die fortschrittlichen Männer, die angeblich linken, fand ich schon immer am schlimmsten. Sich mit den Opfern in der Dritten Welt solidarisieren, okay. Aber in den eigenen vier Wänden seine Machtprivilegien abgeben – haha.

Alice Schwarzer (*1942)
dt. Journalistin, Herausgeberin von „EMMA" und Autorin

Wenn alle Männer, die infantil geblieben sind, auch so behandelt würden, wäre die Welt voller Kinderwagen.

Merle Oberon (*1919)
am. Schauspielerin

Eine Sache, die mich die Politik gelehrt hat, ist, dass Männer weder ein vom Verstand gelenktes noch ein verständliches Geschlecht sind.

Margaret Thatcher (*1925)
engl. Politikerin

Männer sind Bestien, und selbst Bestien benehmen sich nicht so wie sie.

Brigitte Bardot (*1934)
frz. Schauspielerin

Das Schlimme an den Männern ist, dass sie Angst vor der Leidenschaft haben. Sie lieben mit dem Fuß auf dem Bremspedal – und deshalb wissen sie überhaupt nicht, was Leidenschaft ist.

Brigitte Bardot

Der ideale Ehemann ist ein unbestätigtes Gerücht.

Brigitte Bardot

Männer sind wie Milch. Lässt man sie stehen, werden sie sauer.

Madonna (*1958)
am. Sängerin, 1992

Hören sie nicht auf die Männer, die Ihnen erzählen, die Revolution werde die Probleme der Frauen schon lösen. Wenn sie sich in drei bis vier Jahren die Haare haben abschneiden lassen, um selbst Direktor zu werden, werden sie die gleichen Sklavenhalter sein wie ihre Papas.

Betty Friedan (*1921)
am. Autorin

Ich frage mich, wie Männer überhaupt ernsthaft sein können. Sie haben dieses schwächliche, lange Ding, das an ihrem Körper hängt und das nach seinem eigenen Willen hoch- und runtergeht. Wenn ich ein Mann wäre, würde ich die ganze Zeit nur über mich selber lachen.

Yoko Ono (*1933)
am. Multimedia-Künstlerin

„Warum können die Männer nicht sagen, wann eine Frau einen Orgasmus hat?" „Warum?", fragten alle. „Weil sie nie dabei sind." Die Frauen johlten.

Joy Fielding (*1945)
kan. Schriftstellerin

Männer haben Angst vor mir, und das ist gut so.

Catherine Deneuve (*1943)
frz. Schauspielerin

Als gefragt wurde, was sie am meisten bei Männern ängstigt, antworteten sie: „Wir haben Angst, dass sie uns umbringen könnten." Männer antworteten auf dieselbe Frage über Frauen: „Wir haben Angst, dass sie über uns lachen könnten."

Margaret Atwood (*1939)
kan. Schriftstellerin

Brüllt ein Mann, ist er dynamisch. Brüllt eine Frau, ist sie hysterisch.

Hildegard Knef (1925–2002)
dt. Schauspielerin, Sängerin und Autorin

Es ist eine Schwäche der Männer, Frauen gegenüber stark erscheinen zu wollen.

Hildegard Knef

Die meisten Männer sind der Meinung, ein Stückchen mehr Fleisch am Körper sei schon ein ausreichender Grund für allerlei Vorrechte.

Patricia King (*1930)
am. Autorin

Viele Männer glauben, dass „Ist das Essen fertig?" zu rufen das gleiche bedeutet wie „Ich liebe dich".

Phyllis Schlaffly

Wenn Frauen ihre Augen von den Männern abwenden, werden die Männer sich gegenseitig als das erkennen müssen, was sie wirklich sind. Dies könnte der Beginn der Erlösung der Männer oder ihrer endgültigen Selbstzerstörung sein.

Janice Raymond
am. Sozialwissenschaftlerin und Autorin

Männer und Schweine haben immer etwas zu grunzen.

Nina Hagen (*1955)
dt. Rocksängerin

Die jungen Männer von heute sind wie Ringkämpfer: Sie gehen auch in der Liebe sofort auf den Schultersieg aus.

Vanessa Redgrave (*1937)
engl. Schauspielerin

Der moderne Mann, besonders der mit einer Tendenz zur Impotenz, braucht Fügsamkeit im Bett und Bewunderung und Triumphgefühle – keine Aufregung und neue Stellungen.

Fay Weldon (*1933)
engl. Schriftstellerin, 1981

Alle Männer sind Vergewaltiger, und das ist alles. Sie vergewaltigen uns mit ihren Augen, ihren Gesetzen und Regeln.

Marilyn French (*1929)
am. Schriftstellerin, 1994

Es werden immer noch Millionen von Büchern gekauft, warum Männer nicht lieben können und warum Frauen zuviel lieben. Von Frauen. Den Männern ist es eigentlich sowieso egal, was die Frauen von ihnen denken

Elfriede Jelinek (*1946)
östr. Schriftstellerin, 1989

Ohne Frauen geht es nicht. Deshalb sind die Männer auch so wütend. Sie haben erkannt, dass die Zukunft uns gehört.

Joan Collins (* 1933)
am. Schauspielerin, 1991

Die meisten haben einen Phallus in ihrem Gehirn und statt eines Herzens eine Wüste ohne Palmen. Ich aber habe in meinem Kopf heftige Sandstürme, und mein Herz ist so verödet, dass ich mich manchmal frage, ob mir noch etwas übrigbleibt.

Malika Mokeddem (*1949)
alg. Ärztin und Schriftstellerin, 1990

Alle Männer sind gleich, einerlei ob es Franzosen, Italiener, Engländer, Amerikaner oder Deutsche sind. Sie alle wollen eine Frau unbedingt erobern.

Gina Lollobrigida (*1927)
it. Schauspielerin

Der Tag wird kommen, an dem die Männer begreifen werden: Wenn sie nicht allein in der Steinzeit zurückbleiben wollen, müssen sie uns Frauen wohl oder übel hinterherlaufen.

Annette Berr (*1963)
dt. Autorin und Musikerin, 1989

Der Mann ist im Kern groß und genießbar, ein Bürger, der singt und spielt. Er schafft seiner Frau, damit ihr Körper sich jeden Tag ordentlich zum Dienst melden kann, Reizwäsche via Katalog an. Verwegenes hat er erwählt, damit sie den Vorbildern auf den Fotos gleich zu werden trachtet.

Elfriede Jelinek (*1946)
östr. Schriftstellerin, 1989

Wenn ein Mann etwas Blödes tut, sagen die Leute: „Ist der nicht blöde?“ Wenn eine Frau etwas Blödes tut, sagen die Leute: „Sind Frauen nicht blöde?“

Doris Day (*1924)
am. Schauspielerin und Sängerin, 1988

Der moderne Ehemann ist überzeugt, die Frau gehöre ins Haus. Er erwartet daher, daß sie nach der Arbeit unverzüglich dorthin zurückkehrt.

Jane Fonda (*1937)
am. Schauspielerin

Aufs Ganze gesehen ist der Bereich des Emotionalen für Männer größer als für Frauen, und Frauen müssen mehr Gefühle unterdrücken als Männer. Zumindest in ihren intimen Beziehungen können ja Männer gegenüber ihren Partnerinnen auch die „weiblich“ definierten Gefühle von Kleinheit und Versagen, von Angst und Trauer zum Ausdruck bringen, die ihnen sonst nicht gestattet sind. Frauen dagegen dürfen Gefühle der Stärke, der Selbstüberzeugtheit, des Zornes, des Ehrgeizes eigentlich nirgendwo äußern.

Gisela Breitling (*1939)
dt. Malerin, 1983

Warum sollten Frauen eher schön als klug sein? Weil Männer besser gucken als denken können!

Anonym

In der Liebe fühlt sich der Mann als Bogen, er ist aber nur der Pfeil.

Jeanne Moreau (*1928)
frz. Schauspielerin und Regisseurin

Es wurde schon ein Mann auf den Mond gebracht – warum nicht alle?

Flying Fish
engl. Frauentheatergruppe

Männer sagen, sie mögen unabhängige Frauen. Aber sie verschwenden keine Zeit, ihr diese Unabhängigkeit Stück für Stück zu nehmen.

Candice Bergen (*1946)
am. Schauspielerin

Männer propagieren die Idee, dass auch Männer feminin sind – besonders, wenn sie sich feminin verhalten – das lenkt ab von der Tatsache, dass Feminität eine von Männern gemachte Konstruktion ist, die im Grunde überhaupt nichts mit Weiblichkeit zu tun hat.

Mary Daly (*1928)
am. Philosophin, Theologin und Schriftstellerin, 1978

Männer sind wie Taschenlampen: Sie blenden, ohne viele Licht zu verbreiten.

Lore Lorentz (1920–1994)
dt. Kabarettistin

Fängst du einen Mann – wirf ihn zurück.

Slogan der australischen Frauenbewegung

Ein starker Mann muss eine Frau nicht beherrschen.

Marilyn Monroe (1926–1962)
am. Schauspielerin

Männer laufen vor gescheiten Frauen davon.

Marilyn Monroe

Die Männer beteuern immer, sie liebten die innere Schönheit der Frau. Komischerweise gucken sie immer woanders hin.

Marlene Dietrich (1901–1993)
dt. Schauspielerin und Sängerin

Die Männer haben sich offensichtlich etwas verändert. Ich glaube, gerade die Emanzipation hat sie feindseliger gegenüber Frauen gemacht als zuvor, sie sind aggressiver, aufdringlicher, ironischer, widerwärtiger als zu meiner Zeit.

Simone de Beauvoir (1908–1986)
frz. Philosophin und Schriftstellerin

In der Haltung der Männer von heute liegt eine Zwiespältigkeit, die die Frau in ein schmerzhaftes Dilemma treibt. Sie erkennen weitgehend an, dass die Frau ihnen gleichgeartet und auch gleichwertig ist; dennoch verlangen sie auch weiterhin von ihr, dass sie das Unwesentliche bleibe; für sie lassen sich diese beiden Formen des Schicksals aber nicht vereinen: Sie schwankt zwischen beiden, ohne für eine von ihnen völlig geeignet zu sein, und daher fehlt ihr das Gleichgewicht.

Simone de Beauvoir

Schweigen bei Männern ist nicht das gleiche wie Zuhören.

Gloria Steinem (*1934)
am. Journalistin, Herausgeberin von „Ms" und Autorin

Nicht nur die Verachtung, sondern auch die Glorifizierung der weiblichen Fruchtbarkeitsorgane sind Ausdruck männlicher Fixierung und männlichen Fetischismus.

Mary Daly (*1928)
am. Philosophin, Theologin und Schriftstellerin

Ist das nicht bemerkenswert? Wenn man darauf besteht, über seine Zeit selbst zu verfügen, ist man unfreundlich. Wenn aber ein Mann darauf besteht, sie einem zu stehlen, ist er nett.

Andra Medea, Kathleen Thompson
am. Schriftstellerinnen, 1974

Die Männer tadeln den Wankelmut der Frauen, wenn sie sein Opfer sind, aber finden ihn ganz entzückend, wenn sie sein Nutznießer sind.

Brigitte Horney (*1911)
dt. Schauspielerin

Tatsache ist, der Mann braucht die Frau mehr als die Frau den Mann braucht. Da er sich dessen bewusst war, versuchte der Mann, die Frau wirtschaftlich von sich abhängig zu machen. Es war die einzige ihm zur Verfügung stehende Möglichkeit, ihr von Nutzen zu sein.

Elizabeth Gould Davis (1910–1974)
am. Autorin, 1971

Männer erwarten von Frauen, dass sie männliche Geheimnisse hüten, männliche Schwächen lieben und männliche Grausamkeit.

Phyllis Chesler (*1941)
am. Psychologin und Autorin, 1972

Männer vollziehen Handlungen, Frauen Gesten.

Phyllis Chesler, *1972*

Auch männliche Verlierer können eine „Frau“ finden, die für sie sorgt – sicherlich auch sehr viel leichter als eine weibliche „Gewinnerin“ Frauen oder Männer findet, die für sie sorgen.

Phyllis Chesler, *1972*

Durch List hat er dich versklavt, dich, die du groß, stark und mutig warst. Er hat dir deine Weisheit gestohlen, die Erinnerung ausgelöscht an das, was du einst warst, dich zu jenem gemacht, der nichts ist, der nicht spricht, der nichts besitzt, der nicht schreibt, er hat aus dir ein armseliges, gefallenes Geschöpf gemacht, er hat dich geknebelt, missbraucht, verraten. Mit List und Tücke hat er deinen Verstand eingelullt, hat dich in ein dichtes Netz von Fehlern eingesponnen, die er als unabdingbar für dein Wohlbefinden, als deine Natur erklärt. Er hat deine Geschichte erfunden. Aber die Zeit naht, da du die Schlange unter dem Absatz zertreten wirst, die Zeit naht, da du aufschreien kannst, aufrecht, erfüllt von Kühnheit und Leidenschaft. Das Paradies existiert im Schatten des Schwertes.

Monique Wittig (*1935)
frz. Schriftstellerin

Wenn ich eine Mann wäre, dachte sie, über den Spülstein gebeugt. Wenn ich ein Mann wäre, würde ich alle Männer zusammenschlagen – so böse und gemein sind diese Schweine.

Alice Walker (*1944)
am. Schriftstellerin, 1970

Eine Männersitzung zu belauschen ist ein traumatischer Schock für jede Frau: Also war sie die ganze Zeit nichts weiteres als „Arsch“, „Fleisch“, „Fotze“ oder „die Dingsda“, die aufs Kreuz gelegt wurde, oder die „Zicke“, „Hure“ oder „Schnalle“, von der Geld, Liebe oder Sex ergaunert wurde.

Shulamit Firestone (*1945)
kan. Autorin, 1970

Frauen erwarten und akzeptieren aus alter Gewohnheit eine emotionale Verkrüppelung bei Männern, die sie bei Frauen niemals tolerieren würden.

Shulamit Firestone, *1970*

Ein Mann darf auf die Welt fluchen und schimpfen, weil sie ihm gehört. Aber derselbe Fluch aus dem Mund einer Frau oder eines Minderjährigen, d.h. eines unvollständigen „Mannes", der die Welt noch nicht besitzt, wird als Anmaßung und folglich als Unschicklichkeit oder noch Schlimmeres erachtet.

Shulamit Firestone, 1970

Der Männerbund ist eine Festung für patriarchalische Anschauungsweisen und Emotionen.

Kate Millett (*1934)
am. Schriftstellerin und Künstlerin,
1969

Selten ist ein Mann so gut in Stimmung, wie dann, wenn er von sich selbst erzählt.

Marlene Dietrich (1901–1992)
dt. Schauspielerin

Kein Mann spielte eine passive Rolle in der Unterdrückung von Frauen.

Roxanne Dunbar-Ortiz (*1938),
Lisa Leghorn
am. Historikerinnen und Autorinnen,
1969

Zur Natur hat der Mann ein aus Sentimentalität und Grausamkeit gemischtes Verhältnis. Zur Frau ebenfalls. Wie die Natur benutzt er auch die Frau als Arbeitsinstrument, oder er findet sie schön wie ein Stück Natur – eine Blume, einen Edelstein etc.

Karin Schrader-Klebert
1969

Die erhabenen, sentimentalen Naturgefühle des Mannes äußern sich verbal genauso wie die gefühlvolle Anbetung der Frau. Der Dichter, der Verliebte, der Träumer ist aber immer das alleinige Subjekt seiner Poesie, seiner Liebe, seines Traums; denn indem er die Objekte verherrlicht, die nur in Bezug auf ihn selbst das sind, was sie sind, verherrlicht er im Grunde nur sich selbst.

Karin Schrader-Klebert, 1969

Im Gegenteil, der Mann hat ein begründetes Interesse an der Dummheit; er weiß, dass eine aufgeklärte, bewusste weibliche Bevölkerung für ihn das Ende wäre.

Valerie Solanas (1936–1988)
am. Feministin,
1968

Die Männer können keine grundlegende Revolution herbeiführen, denn der Mann an der Spitze will stets den Status quo, und die unten Sitzenden wollen nichts anderes als – selber der Mann an der Spitze sein.

Valerie Solanas, 1968

In seiner verzweifelten Unsicherheit, in seiner Angst, dass seine Frau ihn verlässt, sobald sie unter den Einfluss von anderen Männern oder von etwas, das entfernt nach Leben aussieht, gerät, versucht der Mann, sie von anderen Männern und von dem bestehenden Bisschen Zivilisation zu isolieren und schleppt sie daher hinaus in die Vorstadt, in diese Ansammlung selbstvergessenerer Paare und ihrer Kinder.

Valerie Solanas, 1968

Der Mann ist nur Teil einer Spezies und austauschbar gegen jeden anderen Mann.

Valerie Solanas, 1968

Schon wieder Männer! Wie ich sie hasse, jedes einzelne Muttersöhnchen.

Greta Garbo (1905–1990)
schwed. Schauspielerin

Frauen wollen mittelmäßige Männer, und die Männer bemühen sich, so mittelmäßig wie möglich zu sein.

Margaret Mead (1901–1978)
am. Anthropologin, 1958

Sie [die Männer] überfallen uns, anstatt uns zu umarmen, sie kaufen uns, anstatt uns zu gewinnen, sie betreiben uns wie ein Geschäft, bei dem etwas herauskommen soll.

Ruth Berlau (1906–1974)
dt. Schriftstellerin

Jeder Mann, den ich treffe, will mich beschützen. Ich weiß gar nicht wovor.

Mae West (1892–1980)
am. Schauspielerin

Wenn man das erotische Verhalten der Männer heute betrachtet, ist es durchaus denkbar, dass Frauen eines Tages auch einen Computer lieben könnten, der Unterschied wäre nicht groß.

Anna Magnani (1918–1973)
it. Schauspielerin

Die Fantasie der Männer reicht bei weitem nicht aus, um die Realität der Frau zu begreifen.

Anna Magnani

Wenn sich ein Mann am Steuer eines Wagens niederlässt, ist er ein Pfau, der sein Rad in der Hand hält.

Anna Magnani

Ich finde Bärte wunderschön: Man sieht so wenig von den Gesichtern.

Anna Magnani

Wenn eine Mann seine Meinung äußert, ist er ein Mann. Wenn eine Frau dasselbe tut, ist sie ein Miststück.

Bette Davis (1908–1989)
am. Schauspielerin

Ich habe oft gedacht, dass Männer, die Frauen leidenschaftlich umsorgen, letztlich mehr am Tempel und seiner Ausstattung hängen als an der Göttin selbst.

Marguerite Yourcenar (1903–1987)
frz. Schriftstellerin

Er sah die Abende, da er sich freuen würde, im Klub Männer zu treffen, die über andere Frauen mit einer Rohheit sprächen, an der er Vergnügen finden würde, das gleiche Vergnügen vermutlich, mit dem sie über seine sprachen, wenn er nicht da war.

Marguerite Yourcenar

Ein Mann wünscht nicht bis in die letzten abgründigen Tiefen seines einmaligen Innenlebens begriffen zu werden von einer Frau – er könnte sonst merken, dass es nicht so unerhört einmalig ist, und das würde er sehr übel nehmen.

Irmgard Keun (1905–1982)
dt. Schriftstellerin

Jeder Mann legt Wert darauf, ein im Grunde „einsamer Mensch" zu sein. Man respektiere das. Ihn sentimental sein zu lassen. Männer brauchen das – und können es nur bei einer Frau sein. Zynische Männer sind am sentimentalsten (Zynismus als Stacheldraht um ein weiches Herz).

Irmgard Keun

Unbedingt und immer über dasselbe mit ihm lachen – sonst ist's Essig mit der erstrebten Gemeinsamkeit. Sich politisch aufklären lassen. Sehr dumm sein, aber sehr intelligent fragen.

Irmgard Keun

Männer, die von Heiraten, Familie, Ehe und Mütterlichkeit reden, mögen an Liebe, Sinnlichkeit, Kinder und Kameradschaft denken oder auch nicht, so gut wie immer aber haben sie ehefrauliche Hausarbeit im Rahmen einer Art Privathotel vor Augen, in das sie nach des Tages Mühe einkehren und wo sie sich´s wohl sein lassen können. Chef de réception, Köchin, Casserolier, Kellner und Zimmermädchen in einem ist dort die Lebensgefährtin. Das ist der männliche Lebensstandard.

Iris von Roten (1917–1990)
schweiz. Juristin und Autorin, 1958

Die Gleichberechtigung der Frau im beruflich-wirtschaftlichen Leben bedroht ihn. Denn ihr steht „Gleichverpflichtung" des Ehemannes im Haushalt gegenüber. Loyalerweise muss der Mann, dessen Frau sich selber ernährt, sich selber kochen. Also sieht ein Mann bei konsequenter Frauenemanzipation Naturgesetze aus den Fugen geraten und wittert Weltuntergang.

Iris von Roten, *1958*

Männer lernen niemals aus den Fehlern, die sie im Laufe ihres Lebens machen. Sie machen sie immer wieder und müssen einen immer größeren Preis dafür zahlen.

Vicki Baum (1888–1960)
östr. Schriftstellerin, 1956

So wie er will, dass sie im Bett zugleich warm und kühl ist, verlangt er von ihr, ganz und gar sein, aber keine Bürde zu sein. Sie soll ihm einen festen Platz im Leben geben, und ihn gleichzeitig frei lassen, die monotone tägliche Arbeit erledigen, ihn aber nicht langweilen, immer zur Hand, aber niemals ungelegen sein. Er will sie ganz für sich allein, ihr aber nicht gehören, er will Teil eines Paares sein und doch allein bleiben.

Simone de Beauvoir (1908–1986)
frz. Philosophin und Schriftstellerin, 1949

Männer sind zwar oft so jung, wie sie sich fühlen, doch niemals so bedeutend.

Simone de Beauvoir

Der Mann gefällt sich im allgemeinen in der Rolle des Mentors und Führers. Am Abend eines Arbeitstages, an dem er die Schwierigkeiten des Verkehrs mit seinen Kollegen, die Unterordnung unter Vorgesetzte erfahren hat, fühlt er sich gern als absolut höheres Wesen, das widerspruchslos seine Wahrheiten von sich gibt.

Simone de Beauvoir, *1949*

Der Mann ist stark daran interessiert, die Sittengesetze, die er aufstellt, einem Gott zuzuschieben. Vor allem deshalb, weil er über die Frau eine unbedingte Autorität ausübt, ist es gut, wenn diese ihm vom höchsten Wesen übertragen wird.

Simone de Beauvoir, *1949*

[Er] führt sich zu Hause als Weltenschöpfer auf: Ein Wort, und sein Essen kommt auf den Tisch, seine Hemden sind gestärkt, seine Kinder halten den Mund.

Simone de Beauvoir, *1949*

Ein Mann genießt das Gefühl, dass andere von ihm abhängig sind. Er blickt in den Spiegel und sieht sich so, wie andere ihn vielleicht sehen – als körperlich unscheinbar, geistig minderbemittelt, arm, unwichtig, erfolglos. Er blickt in den Spiegel seines Geistes und sieht seine Frau, die sich an seinen Arm klammert, die Kinder an ihren Rockschößen. Sie alle sehen zu ihm, dem Brotverdiener, der Quelle aller guten Gaben auf. Ein sehr verlockendes Bild.

Eleanor Rathbone (1872–1946)
engl. Politikerin, 1936

Nachdem John mich im Schach geschlagen hatte, hielt er es für notwendig, mir etwas beizubringen. Wenn er ganz klar gewinnt, bemerkt er: „Ein gutes Spiel. Du machst Fortschritte." Wenn er verliert, ruft er aus: „O Gott, ich bin eine kompletter Idiot, ich muss meinen Kopf verloren haben." Das scheint mir typisch männlich.

Katherine Mansfield (1888–1923)
engl. Schriftstellerin

Viele erfolgreiche Männer haben keinerlei sichtbare Qualifikationen außer der, keine Frau zu sein.

Virginia Woolf (1882–1941)
engl. Schriftstellerin

Männer nehmen die Welt nicht wahr, weil sie selber glauben, sie seien die Welt.

Virginia Woolf

Der Egoismus der Männer überrascht und schockiert mich sogar jetzt noch.

Virginia Woolf

Frauen haben über Jahrhunderte hinweg als Spiegel gedient mit der magischen und köstlichen Kraft, das Bild des Mannes in doppelter Größe wiederzugeben. Das Spiegelbild ist von äußerster Wichtigkeit, weil es die Lebenskraft auflädt: Es stimuliert das Nervensystem. Nimm es ihnen weg, und die Männer sterben wie der Drogenabhängige, dem man sein Kokain entzieht.

Virginia Woolf, *1928*

Ich verabscheue die männliche Sichtweise. Mich langweilt ihr Heroismus, ihr Stolz und ihre Ehre. Ich denke, das Beste, was diese Männer tun können ist, nicht mehr über sich selbst zu reden.

Virginia Woolf

Männer wissen, dass in irgendeiner Weise Gefühle und Erfahrungen wichtig sind. Also haben sie Frauen um sich herum, die sich um ihre Gefühle kümmern, wie Ameisen sich um Blattläuse kümmern.

Nellie Letitia McClung (1873–1951)
kan. Politikerin

Ich bin nicht abergläubisch, aber es gibt Dinge, die mir kein Glück bringen, zum Beispiel die Männer.

Ava Gardner (1922–1990)
am. Schauspielerin

Seine Hoheit, der Mann findet es lächerlich, dass Frauenzimmerchen Plätze an der Sonne beanspruchen, während doch der Schatten ihr natürliches, gottgewolltes Element ist.

Hedwig Dohm (1833–1919)
dt. Philosophin und Schriftstellerin, 1918

Ein Mann kann höchstens vollständig sein, eine Frau aber vollkommen.

Eleonore Duse (1859–1924)
it. Schauspielerin

Wenn man Männern Arbeit abnimmt, fügen sie sich ohne Umständlichkeiten.

Lida Gustava Heymann (1868–1943)
dt. Autorin, Herausgeberin von „Die Frau im Staat" und Pazifistin

Wie schön die Welt sein könnte, wenn die Männer an Stelle von Gewalt und Dummheit, Geist und Menschlichkeit setzen würden.

Lida Gustava Heymann

Männer überragen Frauen turmhoch an Eitel- und Selbstgefälligkeit, Verleumdungstrieb, Neid, Intriganz, an Kleinlichkeit und Wichtigtuerei.

Lida Gustava Heymann

Durch den Mann erst erhält das Weib ihre Persönlichkeit, das ist eine Lieblingsvorstellung der Männlichkeit.

Rosa Mayreder (1858–1938)
östr. Philosophin, Schriftstellerin und Herausgeberin von „Dokumente der Frauen"

Die Lieblingstaktik der Männer im Streit mit den Frauen ist es, ihre Darstellung der Tatsachen zu leugnen.

Christabel Pankhurst (1880–1958)
engl. Rechtswissenschaftlerin und Autorin, 1913

Selbst gute und kluge Männer verlieren ihr Besinnung, wenn es sich um eine Frauenfrage handelt.

Bertha Pappenheim (1859–1936)
dt. Autorin und Gründerin des „Jüdischen Frauenbundes", 1912

Für den Mann ist gewissermaßen die ganze Welt da, die Prostitution, das Verhältnis, die Ehe. Die Frau ist durch die moralische Ächtung, jedenfalls nach außen hin, dem Schein nach zur vollkommenen Abstinenz gezwungen.

Helene Stöcker (1869–1943)
dt. Philosophin, Herausgeberin von „Mutterschutz" und Autorin, 1911

[Der Mann:] Ein Mensch, der davon überzeugt ist, die Frau sei eine Art lebende Puppe. Wenn man an der richtigen Stelle drückt, quietscht sie einen von zwei Sätzen: „Ich liebe dich" und „O mein lieber Schatz".

Cicely Hamilton (1872–1952)
engl. Schauspielerin und Dramatikerin, 1909

Wenn ein männlicher Theaterdirektor oder Redakteur sich für ein aus weiblicher Feder stammendes Gedicht begeistern soll, so verlangt er in 99 von 100 Fällen dafür als Belohnung ein anderes Gedicht, das „Gedicht von Gott dem Herrn", wie Heine es nennt – des Weibes Leib.

Johanna Loewenherz (1857–1937)
dt. Schriftstellerin, 1895

Er weiß, wenn er eine kluge Frau hat, so hat er als Frau ein Wesen mit eigenem Willen, und kein willenloses. Und dies ist, was ihm nicht passt. Seine Eigentumsrechte werden dadurch geschmälert.

Johanna Loewenherz, *1895*

Und der hässliche Mann, der keine Schönheit hat, derentwegen man ihm Liebe schenkt, hat immer noch Geld, dessentwillen man ihm „Liebe" verkauft.

Johanna Loewenherz, *1895*

Was für das Weib sittenlos ist, ist für den Mann Glorie, die er, ach wie gerne!, von sich scheinen lässt.

Johanna Loewenherz, *1895*

Der Mann wollte von der Frau nur ihren Körper. Er hat sich dieses Körpers bemächtigt. Er hat ihn zum Abfallhaufen sexueller Abartigkeiten gemacht.

Francis Swiney
engl.Autorin, 1907

Die erste männliche Zelle, der erste von der Mutter getrennte männliche Organismus, war ursprünglich ein Versagen des mütterlichen Organismus, sich selbst zu reproduzieren. Er entstand auf Grund eines chemischen Mangels im Stoffwechsel oder im Körper der Mutter.

Francis Swiney, *1907*

Es gibt viele und gute Männer, die für das feinere Seelenleben ihrer Frauen, die sie auf ihre Art durchaus lieb haben, dennoch kein Auge besitzen. Vergehen, sterben kann man an ihrer Seite, ohne dass sie es merken.

Käthe Schirmacher (1865–1930)
dt. Schriftstellerin und Politikerin, 1901

Fällt ihnen einmal im Wesen der Frau etwas Besonderes auf, fragen sie: „Was fehlt dir?", und lautet die Antwort „Nichts", so beruhigen sie sich dabei. Die Frauen sind so unverständlich, so reizbar, so leicht verstimmt. Das klassische „Nichts" der Frau aber, wenn es auch wirklich manchmal nichts deckt, bezeichnet oft doch auch ein schweres, bittres Etwas, geistige und seelische Kämpfe, große Leere und Einsamkeit im Herzen. Die, welche so antwortet, hat sich aber dem, der fragt, derartig auseinandergelebt, dass sie ihre tiefsten Gedanken, ihre feinsten Gefühle nun für sich behält.

Käthe Schirmacher, *1901*

Der Mann will die Frauen nicht als ihm gleichgeordnet anerkennen, und da er die Macht in den Händen hat, da er (O Ungeheuerlichkeit) zugleich Kläger und Richter ist – verweigert er der Frau ihr Recht.

Käthe Schirmacher, *1899*

Wenn ein Mann Selbstmord begeht, gibt man sofort einer schlechten Beziehung die Schuld. Wenn sich ein anderer in einem Anfall von Wahnsinn das Leben nimmt, trieb ihn die Verschwendungssucht seiner Frau dazu. „Weibliche Verschwendungssucht" entschuldigt auch den rücksichtslosen Verschwender und Bankrotteur. Wenn der Mann Frau und Familie verlässt und fremden Frauen nachläuft, trifft der Vorwurf dafür seine Frau. Wenn er seine Lust damit befriedigt, unschuldige Mädchen zu verführen, werden genügend seiner Kameraden zu seiner Verteidigung eilen und seine Ehefrau als Grund für seinen Ruin anführen. Und so ist es am Ende die ewig gleiche Geschichte.

Amelia Bloomer (1818–1894)
am. Herausgeberin von „The Lily" und Erfinderin der „Bloomers", 1895

Heutzutage wimmelt es von Adams. Was immer sie auch verbrochen haben, stets muss eine Eva sich härmen.

Amelia Bloomer

Das Geschlecht ist doch nicht das Unanständige an den Männern; ihre Rohheit ist es.

Hedwig Dohm (1833–1919)
dt. Philosophin und Schriftstellerin, 1873

Wenn die Männer im politischen Leben, da, wo sie als Gleichberechtigte, die höchsten Interessen der Menschheit beratend, zusammenkommen, schon so schrecklich sind, ach Gott, sollten sie da nicht vielleicht im eigenen Hause, wo sie jeglicher Kontrolle der öffentlichen Meinung überhoben, unter vier Augen mit ihren sanften Gattinnen verkehren, noch schrecklicher sein!

Hedwig Dohm
1873

Hat jede Frau gesetzmäßig einen Tyrannen, so lässt mich die Tyrannei kalt, die Männer von ihresgleichen erfahren. Einen Tyrannen für einen anderen.

Hedwig Dohm

Grundprinzip: Alles muss werden, wie dein Mann es will, ich könnte auch sagen, wie die Männer es wollen. Sie wollen alle so ziemlich dasselbe.

Hedwig Dohm

Die Sprache der Männer gegenüber Frauen ist und war schon immer, viel zu sehr von dieser Art: Ihr müsst uns zu guten Menschen machen und uns gut halten. Ihr müsst ständig für uns beten, da wir keine Zeit (und keine Lust) haben, für uns selbst zu beten. Ihr müsst unsere Seelen retten, während ihr täglich dafür Sorge tragt, dass wir es bequem haben. Und irgendwie müsst ihr uns unbedingt einen Platz im Himmel erkämpfen. Ihr wisst schon, wie!

Josephine Butler (1828–1906)
engl. Autorin und Gründerin der „Internationalen Abolitionistischen Föderation“,
1871

Ich kann mich recht in die Seele so eines armen Wurms von Mann versetzen, der draußen in der Welt überall herumgestoßen, gehänselt, über die Achsel angesehen wird; und nun tritt er über die Schwelle seins Hauses, jeder Zoll an ihm ein Herr, eine Autorität, ein Hausgott.

Hedwig Dohm (1833–1919)
dt. Philosophin und Schriftstellerin

Die Reflexion, der Verstand oder sagen wir einfacher und richtiger, der Egoismus spricht zu dem Manne. Die Frau, die an deinem Herde lebt, darf nicht allzu klug sein, der Verstand muss bei ihr unter der Herrschaft des Gefühls stehen, sie muss sein: passiv, rezeptiv, naiv. In keinem Fall darf sie klüger sein als du.

Hedwig Dohm, *1876*

Glücklicherweise hat die Vorsehung es so eingerichtet, dass die Männer selten die geistige Superiorität ihrer Frauen, wenn solche vorhanden ist, gewahr werden, sonst würde es noch mehr unglückliche Ehen geben, als es ohnedies schon gibt.

Hedwig Dohm, *1876*

Und die Männer sollten die Superiorität einer Frau ertragen! So angestammt ist ihnen das Gefühl ihrer Geschlechtserhabenheit, dass die Röte der Scham ihnen bei dieser Vorstellung ins Gesicht steigt.

Hedwig Dohm, *1876*

O, unsere Herren und Gebieter sind höflicher geworden. Jetzt sind wir nicht mehr minderwertig, nur anderswertig als der Mann. Aus dem Mund selbst orthodoxer Antifeministinnen wird uns diese tröstliche Versuchung.

Hedwig Dohm

Dass die Männer im Allgemeinen geistig wenig begabte Frauen den intelligenteren vorziehen, halten sie für eine vernichtende Kritik aller intelligenten Weiber und für einen Beweis, dass geistige Inferiorität das natürliche Element der Frau sei.

Hedwig Dohm, *1876*

Das übliche männliche Gebet sitzt mir schon lange wie ein Stachel in meinem Fleisch. Es bringt alle weiblichen Engel zum Weinen, wenn sie sehen, wie ein protziger Ehemann die Hände vor einem gerösteten Truthahn faltet, den seine Frau am heißen Herd stehend zwei Stunden gedreht und begossen hat. Der Mann tut, als wäre die ganze Mahlzeit von einem männlichen Himmel gefallen.

Elizabeth Cady Stanton (1815–1902)
am. Abolitionistin, Autorin und Pionierin der Frauenbewegung

Ein Mann, der sich im Gespräch mit seiner Frau widerlegt fühlt, fängt sogleich an, sie zu überschreien: Er will und kann beweisen, dass ihm immer, auch wenn er falsch singt, die erste Stimme gebührt.

Marie von Ebner-Eschenbach (1830–1916)
östr. Dichterin

Durch Heftigkeit ersetzt der Mann, was ihm an Wahrheit fehlt.

Annette von Droste-Hülshoff (1797–1848)
dt. Dichterin

Ich wusste, wie schlecht Männer sind, aber ich wusste nicht, wie alltäglich und gleich sie alle sind.

George Sand (1804–1876)
frz. Schriftstellerin

Männer lieben Frauen nicht. Sie benutzen und nutzen sie aus, dann finden sie es gerecht, die Frauen dem Gesetz der Treue zu unterwerfen.

George Sand

Er benahm sich wie ein Hahn, der glaubte, die Sonne sei nur aufgegangen, um ihn krähen zu hören.

George Eliot (1819–1880)
engl. Schriftstellerin

Selig der Mann, der nichts zu sagen hat und davon absieht, diese Tatsache durch Worte zu beweisen.

George Eliot

Männer zahlen einen hohen Preis für ihre Abneigung, die Selbsthilfe und Unabhängigkeit bei Frauen zu unterstützen.

George Eliot

O, wenn Sie wüssten, wie wenig mich ihr Geschlecht interessiert. Das einzig Männliche, das ich mag, sind tatsächlich die Ochsen, die ich male.

Rosa Bonheur (1822–1899)
franz. Malerin

Die Männer glauben, Frauen wären so etwas Ähnliches wie Kinder. Wenn sie uns sehen könnten, wie wir wirklich sind, wären sie wohl ziemlich erstaunt, aber selbst die klügsten und scharfsinnigsten Männer hängen oft einem Irrglauben an, was Frauen betrifft. Die gute Frau ist für sie ein seltsames Ding, halb Puppe, halb Engel, die schlechte Frau fast immer eine Teufelin.

Charlotte Brontë (1816–1855)
engl. Schriftstellerin

Männer sind nicht geboren, um zu kommandieren, Frauen nicht, um zu gehorchen.

Lucretia Mott (1793–1880)
am. Abolitionistin und Pionierin der Frauenbewegung

Die Mehrheit der Männer betrachtet ihre Frauen und Mütter als ihr Eigentum. Sie glauben, sie seien nur deshalb erschaffen worden, um in ihrem höchsten Zweck der Mutterschaft, sodann der Leidenschaft zu dienen. Sie glauben, sie bestünden nur aus Tränen, Hysterie, Sorgen, Nörgelei, Kritik, seien einfältig und dumm, und müssten wie schwierige Kinder beschwatzt, gelockt und gezwungen werden.

Elizabeth Oakes Smith (1806–1893)
am. Autorin, 1853

Sobald gewöhnliche Männer – und dies ist bis jetzt die große Mehrzahl – in die Region des Weibes geraten, verwechseln sie diese mit Dienstbarkeit, und Liebe mit niederer Sinnlichkeit.

Louise Dittmar (1807–1884)
dt. Philosophin, Autorin und Herausgeberin von „Soziale Reform", 1849

Gott, wie komisch sind die Männer! Ganz ernsthaft bilden sie sich ein, der liebe Gott habe unser Geschlecht geschaffen, um das ihre zu bedienen! Und die eine Hälfte des Menschengeschlechts wäre geschaffen, damit sie die andere brutalisiere! Ihr wollt winken, und wir sollen kommen – ein Wort sagen, und wir sollen anbeten – lächeln, und wir sollen auf die Knie fallen – zürnen, und wir sollen verzweifeln.

Ida Hahn-Hahn (1805–1880)
dt. Schriftstellerin und Orientreisende, 1845

Nur ein Mann kann glauben, dass das Glück einer Frau darin besteht, ihm zu gefallen und ihn zu bedienen.

Margaret Fuller (1810–1850)
am. Philosophin und Schriftstellerin

Er [der Mann] hat alles in seiner Macht Stehende getan, um ihren Geist zu erniedrigen und zu versklaven. Nun blickt er triumphierend auf den Schaden, den er angerichtet hat, und sagt, das Geschöpf, dem er all das angetan hat, sei ihm unterlegen.

Sarah Grimké (1792–1873)
am. Abolitionistin und Pionierin der Frauenbewegung, 1837

Der am meisten unterdrückte Mann kann ein anderes Wesen unterdrücken – seine Frau. Die Frau ist die Proletarierin ihres eigenen Proletariats.

Flora Tristan (1803–1844)
frz. Philosophin, Sozialistin und Pionierin der Frauenbewegung

Männer kommen zu ihren Meinungen wie Jungen lesen lernen – durch genaues Wiederholen.

Elizabeth Barrett Browning (1806–1861)
engl. Dichterin

Woher kommt aber jener Irrtum gebildeter Männer, wenn sie über Menschenrechte in bürgerlichen Verhältnissen philosophieren? Nur aus dem Hange des Menschen, vermöge dessen wir nicht gern Rechte teilen, welche wir so lange ungeteilt und ausschließlich genossen haben.

Amalia Holst (1758–1829)
dt. Philosophin und Schriftstellerin, 1802

So lieb ich Sie als einen treuen Freund habe, so wäre es doch besser, es wären keine Männer in der Welt: Da gäb's dann keine Eroberer!

Charlotte von Stein (1742–1827)
dt. Schriftstellerin

Die Männer erheben sich für die Menschenrechte, indem sie die Frauen unterdrücken.

Mary Wollstonecraft (1759–1797)
engl. Philosophin, Schriftstellerin und Pionierin der Frauenbewegung, 1792

Tyrannen und Sinnesmenschen wollen die Frauen unaufgeklärt im Dunkel der Unwissenheit lassen, denn sie brauchen Sklaven und ein Spielzeug für ihre Sinne. Der sinnliche Mann ist der gefährlichste der Tyrannen.

Mary Wollstonecraft, 1792

Heute sind diese liebreizenden Männer doch nichts anderes mehr als Spielzeugfiguren, aufgeblasene, buntscheckige und maskierte Adonisse, selbstherrliche miese Spötter, die sich den ganzen Vormittag gestiefelt und gespornt auf der Straße herumtreiben und ihre Jockeys durchprügeln, weil diese nicht das getan, was sie gar nicht angeordnet haben.

Olympe de Gouges (1748–1793)
frz. Rechtsphilosophin, Schriftstellerin, Verfasserin der „Frauenrechteserklärung", 1788

Mann, bist du der Gerechtigkeit fähig? Eine Frau stellt dir diese Frage: Du wirst ihr nicht auch noch dieses Recht nehmen.

Olympe de Gouges, *1791*

Alle Männer wären Tyrannen, würde man sie lassen.

Abigail Adams (1744–1818)
Autorin und Frau des Präsidenten der USA, um 1776

Ich bin mehr und mehr überzeugt davon, dass ein Mann eine gefährliche Kreatur ist, und je mehr Macht viele oder nur wenige bekommen, desto mehr nutzen sie sie aus und schreien wie die Totengräber nach mehr.

Abigail Adams, *um 1776*

Wir schätzen sie [die Männer] zu hoch ein und uns selbst zu gering.

Mary Astell (1666–1731)
engl. Philosophin, Schriftstellerin und Pionierin der Frauenbewegung, 1706

Kein Mann kann eine Frau von überlegenem Geist ertragen oder würde eine verständige Frau freundlich behandeln, außer er denkt, er stehe auf höherem Niveau und sie sei so klug, ihm zuliebe eine Ausnahme darzustellen und ihre Maßnahmen nach seinen Vorgaben zu richten.

Mary Astell, *1706*

Er ist, ich gebe zu, von seiner eigenen geliebten Person sehr eingenommen. Er sieht sehr viel in ihr, was zu bewundern ist – sein Auftreten und seine Miene, seine Worte und Taten, jede Bewegung, die er macht, zeigt es – aber wer nach seinem Geschmack sein soll, der muss eine Urteilskraft wie er haben, einen Geist, der genauso schal ist, und eine Voreingenommenheit, die so groß wie seine eigene ist.

Mary Astell, *1706*

Unter den vielen tönenden Komplimenten, Worten, die keinen Inhalt haben, ist das seine wahre Absicht: Er möchte jemanden, der seine Familie leitet, eine Haushälterin, ein notwendiges Übel, jemanden, in dessen Interesse es liegen wird, ihm nicht Unrecht zu tun, und in die er deshalb mehr Vertrauen setzen kann als in irgend jemanden, der seine Kinder großziehen kann und all die Sorge und Mühe ihrer Erziehung auf sich nimmt, um seinen Namen und seine Familie zu erhalten. Jemanden, dessen Schönheit, Geist oder gute Laune und angenehme Plauderei ihn zu Hause unterhalten werden, wenn er draußen Widerspruch erfahren hat und enttäuscht worden ist; die ihm jene Gerechtigkeit widerfahren lässt, die die bösartige Welt ihm verweigert. Mit einem Wort, jemanden, den er ganz beherrschen kann und folglich nach seinem Willen und seiner Vorliebe formen darf, die ein Leben lang die seine sein muss und deshalb seine Pflicht nicht aufgeben kann, wie auch immer er sie behandeln wird.

Mary Astell, *1706*

Männer sind die einzigen, die Frauen unglücklich machen. Sie verursachen ihren Kummer, nicht aber ihre Freuden.

Marguerite Cavendish (1623–1674)
engl. Philosophin und Autorin, 1668

Die Männer (sind) so gedankenlos und grausam uns gegenüber, dass sie uns jedwede Freiheit vorenthalten und uns in ihren Häusern oder Betten begraben wie in einer Gruft.

Marguerite Cavendish, *1668*

Denkt nur an die zahllosen Meuchelmorde, die Anmaßungen, die Meineide, die Flüche, an ihre Spielsucht und Völlerei und an all die anderen lasterhaften Dinge, die sie tagtäglich begehen! Und erst die Morde, die Gewalttaten, die Diebstähle und die anderen liederlichen Taten, die alle von Männern verübt werden!

Moderata Fonte (1555–1592)
it. Philosophin und Schriftstellerin, um 1592

Männlichkeit

Dieser Männlichkeitswahn, mit seinem pathologischen Narzissmus und Fremdenhass, der zu Beginn des 21. Jahrhunderts leider nicht nur in den orientalischen Gottesstaaten, sondern auch in westlichen Demokratien grassiert, ist der entscheidende Faktor. Ein Mann, der es gewohnt ist, die eigene Mutter, Schwester, Frau zu verachten – der kann auch kein Mitgefühl für seine Nächsten haben und schon gar nicht für Fremde.

Alice Schwarzer (*1942)
dt. Journalistin, Herausgeberin von „EMMA" und Autorin, 2002

Die bärtigen und waffenstarrenden Männer im Orient kamen den Milchgesichtern im Okzident gerade recht. Schließlich waren alle Männer Ende der siebziger Jahre reichlich strapaziert von der Emanzipation der Frauen. Da war die neue archaische Männlichkeit und die Möglichkeit zum Verweis, dass es woanders noch ganz anders zugeht mit den Frauen, auch im modernen Westen herzlich willkommen.

Alice Schwarzer (*1942), *2000*

Der Terrorist – oder, je nach Gesichtspunkt, der Freiheitskämpfer – ist das ultimative Sexidol einer nur auf Männer bezogenen kulturellen Tradition, die aus biblischen Zeiten bis in die Gegenwart reicht: Er ist die logische Erweiterung des patriarchalen Helden/Märtyrers. Er ist der Demon Lover, und die Gesellschaft ist, heimlich oder offen, von ihm fasziniert. – Wir müssen diese Definition von „Männlichkeit" verändern, die für Männer toxisch und für Frauen tödlich ist.

Robin Morgan (*1941)
am. Journalistin und Autorin, 2001

In dem Maße, wie der Mann seine Männlichkeit anbetet, verabscheut die Frau diese.

Nawal El Saadawi (*1931)
ägypt. Ärztin und Schriftstellerin

Männer können töten, saufen und eine Hure vögeln. Aber ab und zu möchte ich wissen: Wie ist denn ein richtiger Mann?

Tori Amos (*1963)
am. Musikerin, 2001

Die sexuelle Benutzung von Frauen ist identitätsstiftend für Männer, durch Sex erschaffen sie sich ihre Männlichkeit.

Sheila Jeffreys
engl. Politikwissenschaftlerin und Autorin, 1999

Die männliche Erbkrankheit ist das: Bist du nicht, wie ich dich will, so hass ich dich. Verstoß ich dich. Vernicht ich dich.

Benita Cantieni
dt. Journalistin und Autorin

Die Beherrschung einer Frau macht einen Mann erst zum Mann – das heißt: Zum Überlegenen.

Marilyn French (*1929)
am. Schriftstellerin, 1994

Männer schätzen weibliche Schönheit, denn dadurch wirken sie männlicher. Sie bietet ihnen den Raum, in dem sie unangefochten freier atmen, sich stärker, klüger und kompetenter fühlen können.

Sylvia Schneider (*1952)
dt. Journalistin, 1992

Macht und Männlichkeit sind seit Tausenden von Jahren praktisch Synonyme. Doch nicht nur der real Mächtige, sondern auch „der einfache Mann auf der Straße", konnte Machtgefühle erlangen: durch stetes Unterstreichen seiner Männlichkeit, und das hieß (und heißt) vor allem: durch Hervorheben all dessen, was sich an Unterschieden zum weiblichen Geschlecht irgendwie dingfest machen ließ.

Margaret Minker (*1948)
dt. Journalistin, 1992

Wenn sie sich gegenseitig die Fenster einschossen oder mit ihren Lastern auf den Bahngleisen entlang rasten oder den Barkeeper in der Rhythm Ranch k.o. schlugen, dann sperrte der Sheriff sie ein, und meine Tanten zuckten mit den Achseln und schauten nach, ob die Kinder zu Hause waren. Was Männer tun, ist einfach das, was Männer eben tun. An manchen Tagen knirschte ich mit den Zähnen und wünschte mir, ich wäre als Junge geboren worden.

Dorothy Allison (*1953)
am. Schriftstellerin, 1992

Nichts zerstört männliche Blütenblätter mehr als ein bisschen feministischer Regen. Ein paar Tropfen werden wie ein Platzregen empfunden.

Susan Faludi (*1960)
am. Journalistin, 1991

Was für Frauen verboten ist, macht den Mann männlich.

Gisela Breitling (*1939)
dt. Malerin, 1986

Aufs Ganze gesehen ist der Bereich des Emotionalen für Männer größer als für Frauen, und Frauen müssen mehr Gefühle unterdrücken als Männer. Zumindest in ihren intimen Beziehungen können ja Männer gegenüber ihren Partnerinnen auch die „weiblich" definierten Gefühle von Kleinheit und Versagen, von Angst und Trauer zum Ausdruck bringen, die ihnen sonst nicht gestattet sind. Frauen dagegen dürfen Gefühle der Stärke, der Selbstüberzeugtheit, des Zornes, des Ehrgeizes eigentlich nirgendwo äußern.

Gisela Breitling, *1983*

Die in sich kreisende Männerwelt, die internationale Bruderschaft, bleibt beharrlich mit den eigenen Spiegelbildern und Spiegelfechtereien beschäftigt.

Gisela Breitling, *1982*

Männlichkeit übermäßig zu betonen – bis hin zum Phallussymbol von Obelisken und Raketen –, war und ist dabei stets nur eine der beiden Möglichkeiten. Schwarz lässt weiß glänzen, und „Weibliches" macht „Männliches" deutlich: „Männer schätzen Weiblichkeit, denn durch den Gegensatz wirken sie männlicher".

Susan Brownmiller (*1935)
am. Journalistin und Autorin

Wenn die Männlichkeit an sich etwas Höherwertiges ist, müsste es möglich sein, das zu beweisen.

Elisabeth Badinter (*1944)
frz. Philosophin und Autorin, 1980

Das Schönste an männlichen Männern ist etwas Weibliches; das Schönste an femininen Frauen ist etwas Männliches.

Susan Sontag (*1933)
am. Schriftstellerin

Um sicher zu sein, dass er ein „Mann“ ist, muss der Mann darauf achten, dass die Frau eindeutig „Frau“ ist, nämlich das Gegenteil von einem „Mann“.

Valerie Solanas (1936–1988)
am. Autorin, 1968

Das männliche Ego ist, bis auf wenige Ausnahmen, elefantös.

Bette Davis (1908–1989)
am. Schauspielerin, 1962

Die Männer sind persönlich beleidigt, wenn Mädchen und junge Frauen in ihrer Gegenwart nicht lachen, über 25 nicht lächeln und über 45 nicht ein gütiges Strahlen einschalten. Hat doch die Unterlassungssünderin am Hofe der Herrscher nicht den glücklichen Untertanen gespielt, nicht dem Herrscher von Gottesgnaden zugejubelt. Sie hat passiven Widerstand gegen die männliche Illusion geleistet, im „Land des Lächelns“ der geliebte Regent zu sein.

Iris von Roten (1917–1990)
schweiz. Juristin und Autorin, 1958

Niemand ist den Frauen gegenüber aggressiver oder herablassender als ein Mann, der seiner Männlichkeit nicht ganz sicher ist.

Simone de Beauvoir (1908–1986)
frz. Philosophin und Schriftstellerin, 1949

Das Mannsein ist eine Gloriole, ein feststehender, gegebener Wert, der sich trotz der Kleinlichkeiten des Individuums, seines Inhabers, behauptet.

Simone de Beauvoir, *1949*

Dem Manne hat man dagegen als männlich die Neigung zu herrschen beigelegt, so dass also die Herrschaft über das Weib seiner männlichen Wesensart kongruent ist.

Mathilde Vaerting (1884–1977)
dt. Soziologin und Autorin, 1921

Durch den Mann erst erhält das Weib ihre Persönlichkeit, das ist eine Lieblingsvorstellung der Männlichkeit.

Rosa Mayreder (1858–1938)
östr. Philosophin, Schriftstellerin und Herausgeberin von „Dokumente der Frauen“

Der Mann liegt klar zu Tage. Er hielt und hält sich für das Meisterwerk der Schöpfung, den Herrn aller Kreatur, die Vollendung aller menschlichen Entwicklung. Er besitzt als Geschlecht einen naiven, oft kindlichen Stolz auf sich, seine Fähigkeiten, Tugenden, Vorzüge und Laster. Er strahlt über das ganze Gesicht, wenn er nur an sich denkt, er freut sich innig, kindlich, dass er ein solch prächtiger Kerl ist, dass es der Erde vergönnt ward, solch Prachtgeschlecht zu tragen und dem Weibe, die einzelnen Exemplare dieses Prachtgeschlechtes anzubeten.

Käthe Schirmacher (1865–1930)
dt. Schriftstellerin und Politikerin, 1911

Und hielten wir das Brot in der Hand, so würde zwischen euch die Konkurrenz entstehen, wer dieses Brotes teilhaftig wird – ihr würdet euch putzen, um uns zu gefallen.

Johanna Loewenherz (1857–1937)
dt. Schriftstellerin, 1895

Meine Herren, was Männlichkeit ist, weiß ich nicht.

Johanna Loewenherz, *1895*

Wie auf einem Viehhof die Äußerungen des tonangebenden Hahnes für die Auffassung der ganzen Herde maßgebend ist und seine Kundgebungen stets allseitiges Gegacker als lebhaftesten Applaus hervorrufen, der in dem Geplapper und Geschnatter verwandter Herden sein reizendes Echo findet, so ist auch die stumpfsinnige Männerherde mit dem Willen ihres Leithammels immer eines Sinnes und blökt seine Rufe so lange wieder, bis sie von anderen, entfernten Herden weiter gebrüllt werden.

Maxie Freimann, *1905*

Fressen, Saufen, Huren bilden den Drehstrom, in dem die zivilisierten Männer schwimmen.

Maxie Freimann, *1905*

Ist ein Mann etwa weniger Mann, wenn er sanft und bescheiden ist, voll Aufopferung und liebevollen Gemüts?

Hedwig Dohm (1833–1919)
dt. Philosophin und Schriftstellerin, 1873

Jeder echte Mann schaudert bei der Vorstellung, dass seine Frau klüger sein könnte als er. Eine solche Situation scheint ihm eine durchaus lächerliche und er sieht sich dabei im Lichte des unschuldigen Opfers einer Abnormität, einer Naturverwirrung. Ist er, der Gatte, auch als Mann etwas dümmlich, er tröstet sich damit, dass er wenigstens ein Mann ist und als solcher ein Riese an Intelligenz diesen Frauen gegenüber.

Hedwig Dohm, *1876*

Wenn der Mann sagt: „Die Frau hat keine Logik", so fragt er zu gleicher Zeit: „Wer hat sie denn? Natürlich ich. Sie hat keine originelle Kraft, ergo triefe ich von Originalität. Wie gut", meint er, „dass Gott die Frauen geschaffen hat – als Folie für mich, es würde sonst am Ende niemand merken, wie produktiv, originell und logisch denkkräftig ich bin." Gern überlassen sie dem weiblichen Geschlecht all diejenigen Tugenden, von denen sie sich keinen Profit versprechen, Sanftmut, Passivität, Furchtsamkeit, Schüchternheit, Keuschheit, größere moralische Vortrefflichkeit, Naivität usw., aber alle Eigenschaften, die ihrem eigenen Fortkommen im Leben förderlich sind, behalten sie für sich.

Hedwig Dohm, *1876*

Wenn man die Skala der Männlichkeit hinabsteigt, wird mit jeder Stufe die Vorstellung stärker, die Existenz der Frau diene keinem höheren Zweck, als dem, die Lust des Mannes zu stillen.

Elizabeth Cady Stanton (1815–1902)
am. Abolitionistin, Autorin und Pionierin der Frauenbewegung, 1869

Mode

Was aber sehen wir heute? Wir sehen die exakte Spiegelung der beiden aktuellen Tendenzen; den Fortschritt und Rückschritt zugleich. Wir sehen hier Schuhe, Kleider und Hosen, in denen auch Frauen sich frei bewegen können – und wir sehen da Stilettos, Bodys und Minis, in denen Frauen eingeengt und unfrei sind. Mehr noch: die sie lächerlich machen. Auch das hat Methode. Aber genau dieses Ridiküle sei sexy, erzählt man den Frauen.

Alice Schwarzer (*1942)
dt. Journalistin, Herausgeberin von „EMMA" und Autorin, 2000

Um zu testen, ob das, was wir Frauen modisch für übermütig, extravagant oder verführerisch halten, nicht in Wahrheit lächerlich ist, habe ich mir einen ganz einfachen Trick angewöhnt: Ich stelle mir vor, dass ein Mann das anhat, was die Frau da trägt – ist die Vorstellung grotesk, dann ist sie es auch für eine Frau.

Alice Schwarzer, *2000*

Mode und Werbung sind natürlich die Komplizen dieser Rückkehr zum Sexualobjekt. Und wir erleben zu Beginn des dritten Jahrtausends etwas für die Feministinnen meiner Generation Unvorstellbares: die Rückkehr des Korsetts, das schon im 19. Jahrhundert so viele Frauen peinigte.

Benoîte Groult (*1920)
frz. Schriftstellerin, 2000

Der neue Karrierefrauen-Einheitslook. Das ist ein Kostüm, dessen Anleihen an den Herrenanzug durch kurze Rocklänge gemildert werden soll. Die Röcke, deren Saum immer über dem Knie endet, pflegen im Sitzen gern bis zum Slipsaum hoch zu rutschen und nehmen so jeder Trägerin die Ernsthaftigkeit, indem sie sie entblößen.

Alice Schwarzer (*1942)
dt. Journalistin, Herausgeberin von „EMMA" und Autorin, 2000

Wenn eine Frau, die einen Minirock trägt, etwas Ernsthaftes sagen will, so glaubt man ihr nicht. Ihre bloßen Schenkel sprechen eine stärkere Sprache als ihr beredter Mund.

Dacia Maraini (*1936)
it. Schriftstellerin, 2000

Ich habe nichts gegen ein feminines Äußeres. Doch wenn es so weit kommen sollte, dass ich die Halsschleife meiner Seidenbluse beim Kochen in die Salatschüssel tunke, und ich nach einem achtstündigen Bürotag mit Wadenkrämpfen aus meinen Hochhackigen steige, dann weiß ich mit Sicherheit, dass ich meine soeben neu erworbene Contenance (auch das gehört zum neuen Modeverdikt) verlieren werde.

Gabriele Senn
dt. Journalistin, 2000

Auch die Mode ist mit von der Partie. Sie wird nunmehr von „großen Couturiers" entworfen, in der Mehrzahl Männer. Die Frauen lassen sich von ihnen in eine männlichen Fantasmen entsprungene Form gießen.

Benoîte Groult (*1920)
frz. Schriftstellerin, 1999

In den frühen achtziger Jahren legte die Sprache der Mode eine starke Betonung auf schwarzes Leder, Ketten und Handschellen. Die sexuelle Aggression war sehr viel deutlicher in der Mode spürbar. Verglichen mit den engen, kleinen, schwarzen Teilen der späten achtziger war der Minirock sechziger Jahre geradezu zahm.

Sheila Jeffreys
engl. Politikwissenschaftlerin und Autorin, 1990

Ich werde die neuen Miniröcke dann tragen, wenn Männer im Spielanzug ins Büro kommen.

Kathlyn Fury
Kolumnistin

Frauen (kauften) umso seltener Kleidung, je selbstbewusster und emanzipierter sie wurden. Je mehr ihnen ihre Arbeit Spaß machte, desto weniger dachten sie über ihre Kleidung nach.

Susan Faludi (*1960)
am. Journalistin, 1990

Und Mode hat ja bekanntlich nicht nur eine Wirkung nach außen, sondern auch nach innen. Mit einem Rock, der knapp über den Hintern reicht, schmeißt sich eine Frau eben auf den Markt und darf sich nicht wundern, wenn sie entsprechend behandelt wird.

Irmtraud Morgner (1933–1990)
dt. Schriftstellerin

Mode: ein Diktat, das wie eine Empfehlung aussieht.

Senta Berger (*1941)
dt. Schauspielerin

Die Modeschöpfer behandeln den Rock wie einen Theatervorhang: Sie heben und senken ihn, ganz wie es ihnen passt.

Sophia Loren (*1934)
it. Schauspielerin

Wenn genügend Frauen ihre (äußeren und inneren) Korsetts lockern, ihre Schlankheitspillen in die Toilettenspülung schütten und ihre hochhackigen Schuhe von den Füßen schleudern, dann ist die Welt nicht mehr ganz das, was sie vorher war.

Rita Freedman
am. Psychologin, 1986

Eine Frau, die sich ständig sorgt, welchen Eindruck ihr Verhalten und ihre Kleidung auf eine kritische Öffentlichkeit machen, ist eine Frau in Fesseln. Sie könnte genauso gut zu Hause bleiben.

Emely Hahn
am. Autorin, 1974

Ich trage immer Hosen wegen der Dornen und weil es vielleicht Schlangen gibt.

Katherine Hepburn (*1907)
am. Schauspielerin

Ich habe schon als kleines Mädchen immer Jungenkleidung angezogen. Ich schätze seit jeher die Freiheit, die mir Männerkleidung gibt.

Marlene Dietrich (1901–1992)
dt. Schauspielerin und Sängerin

Nichts ist weniger natürlich, als sich als Frau zu kleiden.

Simone de Beauvoir (1908–1986)
frz. Philosophin und Schriftstellerin, 1949

Dekorative Kleidung hat eine sehr komplexe Funktion. Bei gewissen primitiven Völkern trägt sie religiöse Bedeutung. Am häufigsten dient sie freilich dem Zweck, die Frau in ein Idol zu verwandeln.

Simone de Beauvoir, 1949

Es ist klar, welche Bedeutung der Kleidung der Frau zukommt: Sie ist Schmuck – und wer sich schmückt, bietet sich feil.

Simone de Beauvoir, *1949*

Die absurd engen Röcke, die ihre Trägerin daran hindern, wie ein Mensch zu gehen, sind ein bemitleidenswerter Appell an die Welt. Zweifellos sind sie ein Protest gegen die neue Frauenbewegung, die sich mehr Freiheit, mehr Menschlichkeit für die Frauen zum Ziel gesetzt hat.

Nellie Letitia McClung (1873–1951)
kan. Politikerin, 1915

Die grässlichen kleinen Trippelschritte dieser Frauen in ihren engen Röcken scheinen zu sprechen. Sie sagen: Ich bin kein nützliches menschliches Wesen – seht! Ich kann nicht laufen. Ich wage es nicht zu rennen, aber ich bin eine Frau. Mein Geschlecht spricht für mich. Ich bin zu nichts nütze. Ich wurde geschaffen, um versorgt zu werden. Mein einziger Reiz ist mein Geschlecht.

Nellie Letitia McClung, *1915*

Bisher hatte die Mode durch Umbildung des Frauenkörpers, die Differenzierung der Geschlechter mehr und mehr verschärft, so dass uns schließlich die Vorstellung vom natürlichen Frauenkörper verlorengegangen war. Es wird auch noch eine geraume Zeit dauern, bis wir diese zurückgewonnen haben

Else Wirminghaus, *1911*

An der jungen weiblichen Generation, deren Körper niemals durch entstellende Kleidung verdorben, sondern durch ihm gemäße Gymnastik veredelt worden, müssen wir von neuem zu lernen beginnen.

Else Wirminghaus, *1911*

Und wird nur der Mann mit kurzem Haar geboren? Nicht auch das Weib, kommt das etwa mit einer Koiffure auf die Welt? Und der Hut, der „männliche" Hut? Hat der Mann ihn etwa bei der Geburt auf dem Kopfe, extra vom lieben Gott verehrt? Sind alle diese Dinge nicht Geburten oder Ausgeburten der Mode?

Johanna Elberskirchen (1857–1937)
dt. Schriftstellerin, 1904

Haben erst ein Dutzend Geister die Unnatur von Tailleneinschnitt und Korsett erkannt, und fühlen sich erst hundert Mütter in ihrem Gewissen bedrängt, wenn sie den gesunden Körper ihrer Töchter durch jenes verhängnisvolle Instrument zu verunstalten und zu zerstören beginnen, so werden sie auch den Mut haben, Vernunft und Geschmack an die Stelle von Gewohnheit und Ungeschmack zu setzen.

Anita Augspurg (1857–1943)
dt. Juristin, Herausgeberin von „Frauenstimmrecht" und „Die Frau im Staat", 1901

Die Zeit ist so weit, dass nicht allein die einzelnen, die sich schon immer ihre Mode selbst schufen, sondern auch die vielen, die tragen, was man ihnen vorzeigt, erscheinen können: nicht eine Karikatur der menschlichen Gestalt, sondern eine Freude für ein künstlerisch anspruchsvolles Auge.

Anita Augspurg, *1901*

Diese Geschöpfe, die man emanzipieren möchte, halten fest an dem Zeichen ihrer Sklaverei. Sie ziehen mit Beharrlichkeit ihre langen Röcke, mit denen man im Frauengemach ihre Füße fesselte, durch den Schmutz des Pflasters, durch den infizierten Staub der Straße.

Zeitschrift „Fronde", *1901*

Selbst die, die im knappen Radlerkostüm das Entzücken eines normalen Ganges kennen gelernt hat, fügt sich im gewöhnlichen Leben einem abscheulichen Wulst von Falten, die die Knie fesseln, die Hand belasten, und wenn sie einen Augenblick dieser entfallen, den schädlichsten Unrat, die verpesteten und gefährlichsten Mikroben aufraffen.

Zeitschrift „Fronde", *1901*

Es unterliegt für mich keinem Zweifel, dass die Zukunft nicht den Röcken gehört, sondern der Hose.

Louise Max, *1898*

Die Frau hat genau ebenso viel Beine, wie der Mann, sie bedient sich derselben, besonders beim Radfahren, in genau derselben Weise, sollte also doch eigentlich darauf bedacht sein, sie ebenso praktisch zu bekleiden, d.h. jedem Bein seine eigene Hülle zu geben, statt beide in eine zu stecken. Ist doch noch niemand darauf gekommen, beide Arme in ein Futteral zu stecken.

Amalie Rother, *1897*

Ich glaube, die Art, wie Frauen sich kleiden, stellt ein deutliches Hindernis bei der Verwirklichung dieser Möglichkeiten dar und sollte mit Nichtbeachtung gestraft oder durch Überzeugungskraft aus der Gesellschaft verbannt werden.

Elizabeth Stuart Phelbs (1844–1911), *1897*

Zeitungsreporter haben die recht amüsante Angewohnheit, in allen Einzelheiten auf die Garderobe der Rednerinnen einzugehen – in der Regel, ohne den Inhalt ihrer Rede zu erwähnen.

Susann B. Anthony (1820–1906),
Ida Husted Harper (1851–1931)
am. Autorinnen, 1885

Legt einen Reifrock um die Hüften eines Jungen. Schnürt ihn in ein Korsett. Behängt ihn mit pfundweise Kleidung und wehenden Röcke. Stopft sein Hinterteil mit einem Cul de Paris aus. Schnürt seine Taille ein, bis seinen Lungen nur noch die Hälfte des Atemvolumens bleibt. Beschwert seinen Kopf mit überflüssigem Haar und steckt eine Vielzahl Haarnadeln hinein. Dann setzt ihn hin und sagt ihm, er soll Griechisch übersetzen und um die besten Noten an einer Eliteuniversität konkurrieren.

Frances Ellen Burr
am. Autorin, 1874

Die Natur verwehrt es [den Männern] nicht, jene prachtvolle Garderobe zu tragen, die sie an uns so schätzen. Früher trugen sie zu ihrem Schmuck scharlachroten, mit Gold durchwirkten Samt, bestickte Manschetten, glitzernde Schnallen am Knie, und langes, gepudertes Haar. Warum wird das heute bei einem feierlichen Anlass in Abendgarderobe nicht mit der gleichen Strenge von ihnen verlangt, mit der man Schleppen, Spitzen und Hochfrisuren von unserem Geschlecht fordert?

Abba Louisa Goold Woolson (1838–1921)
am. Autorin, 1874

Wenn sich schon manche Menschen um anderer willen zu Schaufensterpuppen machen müssen, so sollten doch die Qualen gleichmäßig verteilt sein. Wir werden unsere Hälfte der Last tragen, lasst die Männer die ihre tragen!

Abba Louisa Goold Woolson, *1874*

Warum die Unterschiede in der Kleidung wahren? Sicher ist doch die Kleidung, die das eine Geschlecht als zweckmäßig erachtet, auch für das andere geeignet. Was immer zur perfekten Entwicklung des männlichen Körpers nötig ist, muss auch für die Entwicklung der Frau vonnöten sein.

Elizabeth Cady Stanton (1815–1902)
am. Abolitionistin, Autorin und Pionierin der Frauenbewegung, 1855

Diese Kleidung erleichtert es mir, von der Wiege zum Schreibtisch, von der Küche in den Salon zu laufen, im einen Augenblick Wiegenlieder im Kinderzimmer, und im nächsten auf dem Klavierstuhl die Melodien des guten alten Tom Moore zu singen. Wie könnte ich all das bewerkstelligen, wenn ich lange Röcke trüge?

Elizabeth Cady Stanton, *um 1851*

Ein Korsett aus Walknochen bringt die lebenswichtigen Organe ziemlich durcheinander.

Elizabeth Cady Stanton, *um 1851*

Wir werden erst Frieden haben, wenn wir den großen Petticoat der Nation abgeschnitten haben.

Elizabeth Cady Stanton, *1851*

So mächtig ist die Tyrannei der Tradition, dass eine nach der anderen in die Sklaverei [ihrer früheren Kleidung] zurückkehrte, um ständiger Beobachtung, Kritik, Spott, Verfolgung, [und] dem Mob zu entgehen, und ihre Freiheit der Ruhe opferte.

Elizabeth Cady Stanton, *1851*

Ich fühle mich jetzt ebenso wenig als Mann wie zuvor in langen Röcken – es sei denn, ein Mann zu sein bedeutet, größere Freiheiten zu genießen und seine Fesseln abzustreifen. Ich nehme an, in dieser Hinsicht sind wir männlicher, denn wir wissen, dass wir in der Kleidung wie in allem anderen Dingen Sklavinnen waren und sind, während der Mann in seiner Kleidung und allen anderen Dingen frei ist.

Amelia Bloomer (1818–1894)
am. Herausgeberin von „The Lily" und Erfinderin der „Bloomers", 1854

Hätte Gott die Absicht gehabt, die Geschlechter durch ihre Bekleidung zu unterscheiden, so würde er genaue Anordnungen getroffen haben für den Stil eines jeden.

Amelia Bloomer

Der gesunde Menschenverstand lehrt uns, dass die Kleidung, die am bequemsten ist und unseren Bedürfnissen am ehesten entspricht, sowohl für Männer als auch für Frauen richtig ist.

Amelia Bloomer

Frauen leben in Knechtschaft. Ihre Kleidung ist ihnen ein großes Hindernis, wenn sie sich einer Arbeit widmen möchten, die sie finanziell unabhängig macht.

Lucy Stone (1818–1893)
am. Abolitionistin und Pionierin der Frauenbewegung, 1854

Eines der größten Hindernisse bei dem Vorhaben, die Frau im Hinblick auf Menschenrechte, moralische Würde und intellektuelles Streben mit ihrem Bruder auf die gleiche Stufe zu stellen, so wie Gott es einst getan hatte, ist ihre Vorliebe für Kleider.

Sarah Grimké (1792–1873)
am. Abolitionistin und Pionierin der Frauenbewegung, um 1838

Männern sehen modische Frauen als hübsches Spielzeug oder lediglich als Werkzeug der Lust – und auch diese selbst sehen sich so.

Sarah Grimké, *1837*

Ihre Geistlosigkeit, ihre Hartherzigkeit, ihre Frivolität, die zwangsläufig aus diesem falschen und herabsetzenden Frauenbild folgen, können nur diejenigen vollständig erfassen, die die Verrücktheit und Lasterhaftigkeit der modischen Welt am eigenen Leibe erlebt haben.

Sarah Grimké, *1837*

Die Hauptbeschäftigung modischer Mädchen ist es, mit ihren äußeren Vorzügen die Aufmerksamkeit und Beachtung der Männer auf sich zu ziehen.

Sarah Grimké, *1837*

Sie glauben nur selten, dass Männer sich von intellektuellen Verdiensten locken lassen. Sie stellen nämlich fest, dass eine geistig überlegene Frau allgemein gemieden wird und man von ihr sagt, sie überschreite ihre Grenzen, die in den Augen der anderen darin bestehen, sich zu kleiden, zu tanzen, die eigene Person so vorteilhaft wie möglich herauszustellen, und jene Flut von Romanen in den Zeitungen zu lesen, die ihr als vernunftbegabtem Wesen mehr schaden als alles andere.

Sarah Grimké, *1837*

Lasst uns lernen, uns mit etwas Ausgezeichneterem zu rühmen als mit der Erfindung einer Mode, und keinen solch erniedrigenden Gedanken zu unterhalten über unseren eigenen Wert, als sich vorzustellen, dass unsere Seelen uns nur zum Dienst an unserem Körper gegeben wurden und dass die beste Verfeinerung, die wir ihnen angedeihen lassen können, es ist, die Augen von Männern anzuziehen.

Mary Astell (1666–1731)
engl. Philosophin, Schriftstellerin und Pionierin der Frauenbewegung, 1964

Mutterschaft

Die moderne 24–Stunden-Mutter ist neu in der Menschheitsgeschichte. Und sie ist eine Reaktion auf die Frauenbewegung.

EMMA

Es gibt kaum einen Erfahrungsbericht junger Mütter von heute, in dem das Wort „Schuldgefühl" nicht mit schöner Regelmäßigkeit wiederkehrt. Die Frauen haben Schuldgefühle, wenn ihr Kind schreit, wenn es an der Brust nicht genug trinkt, wenn sie zu früh abstillen, wenn ihnen das Stillen Schmerzen bereitet oder lästig ist, wenn sie nicht immer geduldig und freundlich auf ihr Kind eingehen, wenn sie es zeitweilig jemand anders überlassen, wenn es mal unausgeglichen oder quengelig ist, wenn es sich nicht optimal entwickelt, wenn es aggressiver, schüchterner, weniger intelligent, weniger liebenswert als anderer Leute Kinder ist oder als ihre eigene Idealvorstellung.

Herrad Schenk (*1948)
dt. Soziologin und Autorin, 1996

Die „Neue Mütterlichkeit" ist eine erste Reaktion der Frauen auf die „Wahlfreiheit". Seit knapp drei Jahrzehnten können Frauen bei uns entscheiden, ob und wann sie Mütter werden wollen. Mutter werden ist kein biologischer Automatismus mehr, sondern ein frei wählbares Lebenskonzept. Mit der Möglichkeit, Kinder als Lebensinhalt auch „abwählen" zu können, steigt die individuelle Bedeutsamkeit dieser Entscheidung.

Herrad Schenk, *1996*

Dafür, dass sie ein bisschen wirtschaftliche Unabhängigkeit erlangt haben, werden sie bestraft, indem man ihnen faktisch die völlige Verantwortung für das Wohlergehen der Kinder überträgt, während Horden von Profis ständig ihre Unzulänglichkeiten beurteilen und festhalten. Die Idealisierung der Mutter ist durch die Kriminalisierung der Mutter ausgetrieben worden.

Germaine Greer (*1939)
austr. Schriftstellerin, 2000

Dabei täte es Vätern wie Kindern gut, wenn Väter endlich auch Mütter wären. Denn menschliche Väter entlasten nicht nur die Mütter, sie haben auch einen sehr guten Einfluss auf die Kinder: Für die Jungen sind sie positives Beispiel, und für die Mädchen setzen sie Maßstäbe in Bezug auf Männer.

Alice Schwarzer (*1942)
dt. Journalistin, Herausgeberin von „EMMA" und Autorin, 2000

Der Grad der Emanzipation von Frauen lässt sich in der Geschichte exakt am Grad der Mystifizierung oder Nicht-Mystifizierung der Mütterlichkeit ablesen.

Alice Schwarzer, *2000*

Mutterschaft und Kinderkult sind heute die effektivste Waffe gegen die Emanzipation. Was auf der anderen Seite den rasant ansteigenden Kinderboykott der Frauen erklärt.

Alice Schwarzer, *2000*

Es wird immer wieder die These vertreten, dass wir Frauen doch von Natur aus anders seien, unsere Rolle biologisch vorgeprägt sei. Die Mutterschaft als das angebliche „weibliche Zentrum" verleitet zu falschen Beschränkungen.

Rita Süssmuth (*1937)
dt. Politikerin, 1999

Ich bin erstaunt, wenn ich von hochintelligenten Menschen im Westen zu hören kriege, welche schlimmen Schäden Kinder unter drei Jahren erleiden, die nicht von der Mutter betreut werden. Mit diesem Muttermythos werden Frauen unter Druck gesetzt. Ich sage den Frauen: Lasst euch nicht erpressen, ihr seid keine schlechten Mütter, wenn ihr auch erwerbstätig sein wollt.

Christine Bergmann (*1939)
dt. Politikerin, 1998

Alle reden im Westen von Rabenmüttern – von Rabenvätern redet hier niemand.

Christine Bergmann, 1998

Es gibt kaum eine Frau in der Literaturgeschichte, die nicht auch an der Mutterschaft zerbrochen wäre.

Elfriede Jelinek (*1946)
östr. Schriftstellerin, 1997

Die meisten alleinerziehenden Mütter wählen ihr Schicksal selbst, und das sehr bewusst. Keineswegs „arm dran" und „sitzen gelassen". Untersuchungen belegen: Allein erziehende Frauen haben „mehr soziale Kontakte und signifikant mehr Freundinnen und Ansprechpartner bei Problemen als verheiratete Mütter". Bei gleicher Wochenarbeitszeit im Beruf bleibt den Alleinerziehenden noch dazu „mehr Zeit für sich und ihre Kinder", weil sie sich nicht so lange mit Hausarbeit aufhalten. Im Klartext: weil sie zuhause nicht auch noch einen Mann zu bedienen haben.

Cornelia Filter
dt. Journalistin, 1994

Bei der Geburt atmen sie [die „neuen Väter"] noch mit, aber dann geht ihnen schnell die Luft aus.

Cheryl Benard (*1953),
Edith Schlaffer (*1950)
östr. Sozialwissenschaftlerinnen und Autorinnen

Mütter zu beschuldigen ist ein alter Taschenspielertrick des Patriarchats: Wie im Zauberer von Oz verwenden wir all unsere Energie darauf, die böse Hexe aufzuspüren, so dass wir dem Drahtzieher keine Aufmerksamkeit schenken.

Elizabeth Debold, Idelisse Malave,
Marie Wilson,
am. Autorinnen, 1994

Das Gebärfestival allein wäre ja noch zu ertragen gewesen, wenn es auch etwas monoton war. Aber die Networks setzten nicht nur Babys in die Welt; sie holten auch regressive Fantasien über Mutterschaft und Ehe auf den Bildschirm zurück.

Susan Faludi (*1960)
am. Journalistin, 1991

Die Kinder sind das letzte Faustpfand, das die Männer in der Hand haben.

Sigrid Metz-Göckel (*1940)
dt. Soziologin, 1985

Die Mutterschaft ist schließlich immer noch die geschickteste Art, Frauen zu Sklaven zu machen [...] Solange es als Hauptaufgabe der Frau gilt, Kinder zu bekommen, wird sie sich eben kaum um Politik oder Technologie kümmern, und: sie wird den Männern nicht ihre Überlegenheit streitig machen.

Simone de Beauvoir
frz. Philosophin und Schriftstellerin, *1982*

Eine erneute Verklärung von „Mutterschaft" und „Weiblichkeit" ist der Versuch, die Frauen auf das Niveau von vorher zurückzudrängen.

Simone de Beauvoir, *1982*

Wenn wir die lange Geschichte der Vaterautorität und der Mutterliebe betrachten, finden wir überall Versagen, Lüge, Frustration und Egoismus.

Elisabeth Badinter (*1944)
frz. Philosophin und Autorin, 1980

Die Mutterliebe ist so häufig als etwas Instinkthaftes bezeichnet worden, dass wir gern glauben, ein solches Verhalten sei unabhängig von Raum und Zeit in der Natur der Frau verankert.

Elisabeth Badinter, *1980*

Die Mutterliebe ist nur ein menschliches Gefühl. Sie ist, wie jedes Gefühl, ungewiss, vergänglich und unvollkommen.

Elisabeth Badinter, *1980*

Der Mutterinstinkt ist ein Mythos.

Elisabeth Badinter, *1980*

Mütter, die Opfer bringen und ans Zurückhalten denken, sind keine Mütter, die sollten lieber arbeiten gehen.

Maxie Wander (1933–1973)
östr.-dt. Schriftstellerin

Hausfrau und Mutter zu sein ist die größte Herausforderung im Leben, aber wenn es dich nicht interessiert, mach es nicht. Mich hat es nicht interessiert und ich habe es nicht gemacht.

Katherine Hepburn (*1907)
am. Schauspielerin, 1978

Von Männern geschaffene Systeme sind homogen. Sie schließen uns Frauen aus, erniedrigen uns oder leugnen unsere Existenz. Die häufigste Begründung für unseren Ausschluss aus diesen Systemen ist, dass wir Mütter sind oder sein sollten.

Adrienne Rich (*1929)
am. Schriftstellerin, 1976

Bis vor kurzem hatten die meisten Frauen überhaupt nicht die Wahl, Mutter zu sein oder nicht; auch heute noch ist die Möglichkeit der Wahl nirgends garantiert. Der grundlegende Verlust der Verfügungsgewalt über ihren eigenen Körper behindert das Recht jeder Frau, ihre Bilderwelt und die Einsichten ihres eigenen Seins zu gestalten.

Adrienne Rich

Wir sprechen von Frauen als „Nichtmüttern" oder „kinderlos"; wir sprechen aber nicht von „Nichtvätern" oder „kinderlosen Männern".

Adrienne Rich

Mutterschaft ist jedoch nur so lange etwas Bewundernswertes, wie Mutter und Kind an einen legalen Vater gebunden sind. Uneheliche Mutterschaft, auf Sozialhilfe angewiesene oder lesbische Mutterschaft wird belästigt, beleidigt oder vernachlässigt.

Adrienne Rich

Jede Frauengeneration wurde ihren eigenen Kindern geopfert. Die Geschichte ist der Holocaust der Frau.

Rosemarie Radford Ruether (*1936)
am. Theologin, 197[illegible]

Jeder weiß, dass zwischen Frauen und Kindern ein besonderes Band besteht. Doch ich behaupte, dass die Natur dieses Bandes nichts anderes ist als die gemeinsam erlittene Unterdrückung.

Shulamit Firestone (*1945)
kan. Autorin, 1970

Die Emanzipation der Frau wird erst dann perfekt sein, wenn auch Männer Kinder zur Welt bringen. Darum stifte ich mein Geld für einen Forschungsauftrag, der die Voraussetzungen dafür schaffen soll.

Gloria Watney
kan. Autorin

Wenn du eine Mutter hast, die dich für deine Unabhängigkeit liebt, hast du eine Mutter, die Rebellion in deinem Herzen und Revolution in deinen Knochen nährt.

Judy Chicago (*1939)
am. Künstlerin, 1975

Nie habe ich bereut, kein Kind zu haben. Ganz im Gegenteil, wenn ich die Beziehung der Frauen, die ich kenne, zu ihren Kindern sehe, vor allem zu den Mädchen, erscheint mir das oft wirklich grässlich. Ich bin glücklich, dem entkommen zu sein.

Simone de Beauvoir (1908–1986)
frz. Philosophin und Schriftstellerin, 1973

Indem ich kinderlos blieb, erfüllte ich meine natürliche Bestimmung.

Simone de Beauvoir, *1973*

Wenn Mutterschaft die höchste Erfüllung der weiblichen Natur ist, welchen Schutz braucht sie dann außer Liebe und Freiheit? Die Ehe aber erniedrigt, beleidigt und korrumpiert nur diese Erfüllung.

Phyllis Chesler (*1941)
am. Psychologin und Autorin, 1972

Die Vorstellung, Frauen seien in erster Linie dazu da, Kinder auf die Welt zu bringen, war zu jeder Zeit weit verbreitet und ist es noch immer. Man könnte fast sagen, es handelt sich um eine männliche Grundüberzeugung.

Eva Figes (*1932)
dt.-engl. Schriftstellerin, 1970

Es mag sein, dass es im Leben einer alten Frau oft das fröhliche Lachen ihrer Kinder gab, das alte Gold der Liebe, manchmal auch das Rosa der Zärtlichkeit. Vor allem aber gab es das Rot ihres Blutes, die Schwärze ihrer Müdigkeit, das Kackbraun und Pipigelb der Windeln und der Unterhosen ihrer lieben Kleinen und ihres Mannes. Und dann das Grau ihrer Mattigkeit und das Beige ihrer Resignation.

Marie Cardinal (*1929)
frz. Schriftstellerin

Wie viel mehr haben die Mütter bei der Geburt ihrer Kinder Anlass zu sagen: Eine neue Fessel! Denn sie schmiedet sie bei der herrschenden Arbeitsteilung der Geschlechter zwanzig Jahre lang ans Haus. Die Fessel besteht in der Pflicht, die Tausende von Mahlzeiten zuzubereiten, die das Kind verzehrt, allen und jeden Schmutz zu beseitigen, den es verursacht, und als Penelope am Flickkorb zu sitzen.

Iris von Roten (1917–1980)
schweiz. Juristin und Autorin, 1958

Die Zeit, welche die Mutter mit ihrer Haus- und Hüterinnenarbeit verliert, gewinnen die Ehemänner und Söhne für ihre Unternehmungen. Sie sind Motörchen, die gewissermaßen mit der Kraft des „Mamalis“ geladen herumpfurren ... und die Mamalis schleppen getreulich Futter und warme Unterwäsche herbei, weshalb sie für gute Herzen, aber schlechte Köpfe gehalten werden.

Iris von Roten, *1958*

Die männerherrschaftliche Regelung, die Mutter ein Vierteljahrhundert lang für sämtliche materiellen Dienstleistungen gegenüber den Kindern einzuspannen und ihr zugleich die übrigen Hausarbeit aufzuhalsen, ist doppelt tragisch. Denn sie ist im Grunde so wenig im Interesse der Kinder wie in jenem der Frauen.

Iris von Roten, *1958*

Wenn Männer schwanger werden könnten, wäre die Abtreibung ein Sakrament.

Florynce Kennedy (1916–2000)
am. Rechtsanwältin und Bürgerrechtlerin

Die Täuschung beginnt jedoch dann, wenn die Religion die Mutterliebe verkündet, jede Frau sei musterhaft. Denn die Hingabe der Mutter kann völlig authentisch sein, was jedoch in Wirklichkeit selten der Fall ist. Meist ist die Mutterliebe eine seltsame Mischung aus Narzissmus, Altruismus, Traum, Aufrichtigkeit, Unaufrichtigkeit, Hingabe und Zynismus.

Simone de Beauvoir (1908–1986)
frz. Philosophin und Schriftstellerin, 1949

Dass das Kind der oberste Zweck der Frau sei, ist eine Behauptung, die nicht mehr wert ist als ein Propaganda-Schlagwort.

Simone de Beauvoir, *1949*

Es gibt keine „unnatürliche" Mutter, da Mutterliebe nichts Natur-Gegebenes an sich hat.

Simone de Beauvoir, *1949*

Um die Frau zur Gratisarbeit zu bringen, kann man ihnen nicht die Schönheit der Mystik z.B. des Geschirrspülens oder des Wäschewaschens preisen. Also predigt man ihnen die Schönheit der Mutterschaft.

Simone de Beauvoir, *1949*

Ich möchte allerdings gern wissen, warum gerade Kinder zur Rechtfertigung der Existenz einer Frau herhalten müssen. Sich in einem Leben fünf- oder sechsmal zu rechtfertigen, das heißt doch, wie mir scheint, auf einem Punkt herumzureiten, den sogar die Natur auf sich beruhen lässt, und die Natur lässt kaum je etwas auf sich beruhen.

Djuna Barnes (1892–1982)
am. Schriftstellerin, 1922

Ich meine, es wäre weitaus delikater, und zwar in jeder Hinsicht, wenn die Frauen aufhörten, sich der Kinder als Beweisgrund zu bedienen. Man sollte nicht durch Weiblichkeit Beachtung erzwingen.

Djuna Barnes, *1922*

Ich werde dafür sorgen, dass er gefüttert, gekleidet und erzogen wird; aber verlangt nicht auch noch, dass ich ihn liebe.

Dorothy Sayers (1893–1957)
engl. Kriminalschriftstellerin

Eine Frau kann zum Beispiel beschließen, sich dem Studium des Tuberkelbakteriums zu widmen. Ihre Kinder müssen dann möglicherweise vom Frühstück bis zum Abendessen auf sie verzichten, und dennoch ist es denkbar, dass die Arbeit der Frau für ihre Kinder wichtiger, ihrer Gesundheit und ihrem Glück zuträglicher ist, als wenn sie den ganzen Tag über in Rufweite gewesen wäre.

Alice Beal Parsons (1896–1926)
am. Autorin, 1926

Wir verwehren uns jedoch gegen Kirche oder Staat, die sich zum Richter und Herrn auf diesem Gebiet aufschwingen und versuchen, widerstrebende Frauen gegen ihren Willen in die Mutterrolle zu zwingen.

Margaret Sanger (1883–1966)
am. Krankenschwester und Vorkämpferin der Geburtenkontrolle, 1922

Die am weitesten reichende gesellschaftliche Entwicklung der modernen Zeit ist das Aufbegehren der Frau gegen die sexuelle Knechtschaft. Die wichtigste Kraft bei der Neugestaltung der Welt ist die freie Wahl der Mutterrolle.

Margaret Sanger, *1920*

Erst, wenn eine Frau Herrschaft und Kontrolle über ihren Körper besitzt, kann sie von sich sagen, sie ist frei. Erst wenn sie bewusst wählen kann, ob sie Mutter sein will oder nicht, kann sie von sich sagen, sie ist frei.

Margaret Sanger, *1920*

Die Rolle der Frau war die einer Gebärmaschine, nicht mehr.

Margaret Sanger, *1920*

Der erste Schritt auf dem Weg zu einem eigenen Leben, Freiheit und dem Streben nach Glück ist für jede Frau die Entscheidung, ob sie Mutter werden möchte oder nicht. Eine erzwungene Mutterschaft ist die umfassendste Verweigerung des weiblichen Rechts auf Leben und Freiheit.

Margaret Sanger, *1914*

Wenn ein ausgeprägter Egoismus eine der Voraussetzungen für Genialität ist (weil ein großes Werk nur unter äußerster Konzentration entstehen kann, zu der man aber nicht in der Lage ist, wenn man seine Beschäftigung fortwährend unterbrechen muss, um die Wünsche anderer zu erfüllen), spricht einiges dafür, dass sich Genialität und Mutterschaft nicht vertragen.

Helena M. Swanwick (1864–1939)
engl. Autorin und Pazifistin, 1913

Die Mutter ist – normalerweise – die unersetzliche Ernährerin ihres Kindes. Das Säugen des Kindes ist aber auch die einzige geschlechtliche Funktion im großen Prozess des Aufziehens der menschlichen Nachkommenschaft. Alles übrige ist soziale, d.h. nicht an geschlechtliche Funktionen gebundene Leistung. Diese von der physischen Mutterschaft ganz unabhängigen Faktoren sind bei Männern ebenso wie bei Frauen zu treffen.

Rosika Schwimmer (1877–1948)
ung. Politikerin und Pazifistin, 1912

Dies freie Selbstbestimmungsrecht [hinsichtlich des Mutterwerdens] sollten alle Menschen fordern.

Katharina Scheven (1861–1922)
dt. Autorin und Herausgeberin von „Der Abolitionist", 1908

Die Brutpflege ist durchaus keine prinzipielle weibliche Eigenschaft, sondern wird unter Umständen auch vom männlichen Geschlecht ausgeübt – vor allen Dingen sind auch die Organe der Brutpflege: Uterus und Milchdrüsen dem Manne eigentümlich. Dass nun solche Brüste bei Männern auch wirklich Milch gegeben haben, ist von einer Reihe alter Beobachter bestätigt worden.

Johanna Elberskirchen (1857–1937)
dt. Schriftstellerin, 1904

Wenn es menschlichen Müttern angeboren wäre, richtig für ihre Kinder zu sorgen, dann würden auch alle menschlichen Mütter richtig für ihre Kinder sorgen. Tun sie das?

Charlotte Perkins Gilman (1860–1935)
am. Philosophin, Ökonomin und Schriftstellerin, 1903

Man wird den Frauen das Kindergebären noch ganz verleiden mit der Sucht, sie damit für alle anderen Lebensansprüche abfinden zu wollen.

Hedwig Dohm (1833–1919)
dt. Philosophin und Schriftstellerin, 1903

In unserer Gesellschaft ist die Mutterschaft Zeichen und Siegel, Mittel und Weg, die Frau zu knechten.

Mona Caird (1854–1932)
engl. Autorin, 1894

Dass die Mütter die geborenen und notwendigen Erzieherinnen ihrer Kinder sind, gehört zu den Erlogenheiten, die überall Kurs haben, und die man als Trumpf gegen die moderne Frauenbewegung ausspielt.

Hedwig Dohm (1833–1919)
dt. Philosophin und Schriftstellerin, 1900

Immer und überall werden Frauen für die Rolle der Ehefrau und Mutter geopfert.

Elizabeth Cady Stanton (1815–1902),
Susan B. Anthony (1820–1906),
Matilda Joslyn Gage (1826–98)
am. Autorinnen, 1881

Dein zernähter Finger ist ein heiliges Symbol, der Dunst, der dem Waschkessel entsteigt – Weihrauch, die Windeln, die du hinter dem Ofen trocknest, sind Trophäen der Mutterliebe.

Hedwig Dohm (1833–1919)
dt. Philosophin und Schriftstellerin, 1873

Eine Frau, die einen Sohn geboren hat, hat ihre „Aufgabe" erfüllt. Die unverheiratete Frau – sei sie heilig wie die heilige Theresa, nützlich wie Miss Nightingale, begabt wie Miss Cornwallis – hat sie ganz und gar verfehlt.

Francis Power Cobbe (1822–1904)
irische Journalistin und Reformerin, 1869

Darf der Mann, nur weil er Vater ist, nichts anderes sein? Sollen alle Frauen jeden Gedanken auf die Mutterschaft richten, nur weil einige von ihnen Mütter sind? Und können jene, die Mütter sind, nichts anderes sein?

Elizabeth Cady Stanton (1815–1902)
am. Abolitionistin, Autorin und Pionierin der Frauenbewegung, 1867

Ich habe wahrscheinlich von ihrer Brust mit meiner täglichen Nahrung meine Liebe für die Unabhängigkeit und den Hass auf männliche Tyrannei eingezogen.

Sarah Emma Edwards
am. Soldatin, 1866

Es gibt ein Wort, das süßer ist als Mutter, Heim oder Himmel – das ist das Wort: Freiheit.

Frances D. Gage (1808–1884)
am. Abolitionistin und Autorin

Auf die populäre Behauptung, ihre Mütter hätten die Männer zu dem gemacht, was sie sind, entgegnete sie: Welche Mutter, fragte sie, habe ihren Sohn je gelehrt, Rum zu trinken, zu spielen, zu fluchen, zu rauchen und Tabak zu kauen? In Wirklichkeit sei dem Jungen beigebracht worden, seine Mutter als minderwertig zu betrachten, und dass es nicht männlich sei, ihren Anweisungen Folge zu leisten.

Frances D. Gage, *1852*

Aber Mutter – nimmermehr! Weil die Männer, überhaupt die Menschen, in diesem Punkt etwas schwer von Begriffen sind und meinen, Kinder zu haben sei das Höchste, was eine Frau erwünschen könne.

Ida Hahn-Hahn (1805–1880)
dt. Schriftstellerin und Orientreisende, 1838

Ich schwöre Dir, für Dich zu kämpfen, Dir eine bessere Welt zu bereiten. Du wirst weder Sklavin sein noch Paria.

Flora Tristan (1803–1844)
frz. Philosophin, Sozialistin und Pionierin der Frauenbewegung

Um eine gute Mutter zu sein, braucht eine Frau Verstand. Nur wenige Frauen, denen beigebracht wurde, sich ganz und gar nach ihren Ehemännern zu richten, besitzen die nötige geistige Unabhängigkeit.

Mary Wollstonecraft (1759–1797)
engl. Philosophin, Schriftstellerin und Pionierin der Frauenbewegung, 1792

Ich sage, keine Mutterschaft mehr!

Claire Démar (1801–1833)
frz. Philosophin und Autorin

Ohne Regung, die ich oft beschreibe,
Ohne Zärtlichkeit ward ich zum Weibe,
Ward zur Mutter! wie im wilden Krieg,
Unverliebt ein Mädchen werden müsste,
Die ein Krieger halb gezwungen küsste,
Der die Mauer einer Stadt erstieg.

Anna Louise Karsch (1722–1791)
dt. Dichterin und Schriftstellerin

Patriarchat

Die Frage von Krieg und Frieden ist eng verknüpft mit den Machtverhältnissen zwischen den Geschlechtern. Je stärker diese Hierarchie durch die Emanzipation der Frauen ins Wanken gerät, umso kriegerischer wird die Stimmung bei den Männern. Es steigt die Bereitschaft, Konflikte mit Gewalt auszutragen – in den eigenen vier Wänden wie auch im Weltmaßstab.

Alice Schwarzer (*1942)
dt. Journalistin, Herausgeberin von „EMMA" und Autorin, 2002

In vielen Gesellschaften ist es nach wie vor selbstverständlich, dass Männer über Frauen verfügen und sie schlagen dürfen. In den meisten Ländern der Welt werden Jungen gegenüber Mädchen vorgezogen, in einigen Ländern werden weibliche Embryos gezielt abgetrieben, wodurch weltweit 60 Millionen Frauen fehlen. Über eine Million Mädchen werden jedes Jahr in die Prostitution gezwungen. Rund 2 Millionen Mädchen werden jedes Jahr an ihren Geschlechtsorganen verstümmelt. Circa 130 Millionen Mädchen und Frauen aus 28 Staaten sind hiervon betroffen. Vergewaltigung wird in allen Kriegen als Waffe eingesetzt.

Anita Heiliger (*1942)
dt. Soziologin und Autorin, 2000

Du hast zwei Drittel der Welt unterschlagen: Irrenhaus, Krankenhaus, Zuchthaus. Das ist der Dreisatz der Weiber-Weltformel. Lehnst du dich auf, kommst du ins Zuchthaus. Lehnst du dich nicht auf, drehst du durch und musst ins Irrenhaus und beneidest die Weiber, die zum Beil gegriffen haben. Unterwirfst du dich mit Lust, kommst du mit einem kaputtgemachten Unterleib ins Krankenhaus. Und mit sieben Schläuchen aus dem Bauch beneidest du die Frauen, die im Irrenhaus dahindämmern dürfen.

Christa Reinig (*1926)
dt. Schriftstellerin

Versteckte männliche Gewalt erzwingt die Unterordnung der Frau und erhält sie aufrecht.

Judith Lewis Herman
am. Psychiaterin, 1994

Der angebliche „Unterschied" zwischen den Geschlechtern ist das Softwareprogramm zur Aufteilung der Welt in 99 Prozent Männerbesitz und 1 Prozent Frauenbesitz (so sind die Besitzverhältnisse laut UNO). Die Gewalt ist die Hardware. Denn alle Machtverhältnisse – egal ob zwischen Völkern oder Geschlechtern – basieren im Kern auf Gewalt: ausgeübt oder drohend. Und so ist das auch zwischen Männern und Frauen.

Alice Schwarzer (*1942)
dt. Journalistin, Herausgeberin von „EMMA" und Autorin

Das politische, alles umfassende System des Patriarchalismus ist nicht „natürlich", sondern historisch gewachsen. Es bestand nicht von Anbeginn der Menschheit, wie noch stetes behauptet wird, und „muss" daher auch fortbestehen, es ist veränderbar, es ist abschaffbar.

Hannelore Schröder (*1935)
dt. Rechtsphilosophin und Autorin

Wenn du jemanden unterdrückst und fesselst, musst du am anderen Ende der Kette hängen. Du bist eingesperrt in dein eigenes System der Unterdrückung.

Toni Morrison (*1931)
am. Schriftstellerin und Literaturnobelpreis-Trägerin, 1989

Die vorherrschende Religion auf dem gesamten Planeten ist das Patriarchat. Alle sogenannten Religionen, die das Patriarchat legitimieren, sind lediglich Sekten, alle – von Buddhismus und Hinduismus zum Islam, Judaismus, Christentum, bis zu so säkulären abgeleiteten Formen wie Freudianismus, Jungianismus, Marxismus und Maoismus – sind Infrastrukturen des Gebäudes des Patriarchats.

Mary Daly (*1928)
am. Philosophin, Theologin und Schriftstellerin, 1978

Patriarchat ist die Heimat der Männer; es ist Vaterland; und Männer sind seine Handlungsbevollmächtigten.

Mary Daly, *1978*

Das hierarchische Geschlechterverhältnis ist die Wurzel, ist der Beginn alles Herrenmenschentums und seiner Sklaven. Hier lernen die Herren, sogar das, was sie lieben, zu verachten. Sie benutzen ihre eigenen Frauen (Mutter, Geliebte, Tochter), beuten sie aus, greifen über auf ihre Seele und ihren Körper. Und so manches Mal können diese Opfer von Glück sagen, wenn sie überleben.

Alice Schwarzer (*1942)
dt. Journalistin, Herausgeberin von „EMMA" und Autorin, 1975

Überall haben die, die Macht über andere ausüben, nur das eine Ziel: sie zu behalten. Ob es um Leibeigene, um Schwarze, Arme oder um Frauen ging – freiwillig sind ihnen ihre Rechte nie zugestanden worden; sie mussten erkämpft werden – eines nach dem andern. Wenn es um Frauen geht, bei denen all diese Handicaps zusammenkommen können, wird die Situation geradezu unentwirrbar; denn die Gefühlsbeziehungen, die sie mit den Herbeiführern, Nutznießern und manchmal sogar Liebhabern ihrer Unterdrückung verbindet, verschleiern und verfälschen die Probleme.

Benoîte Groult (*1920)
frz. Schriftstellerin, 1975

Grundlage aller Orthodoxie ist die Herrschaft und Kontrolle über die Frau.

Michele Landsberg
kan. Journalistin, 1975

Die Herrschaft der Männer über die Frauen dient den Männern, und die Befreiung der Frauen wird folglich auf Kosten der männlichen Privilegien gehen.

Susan Sontag (*1933)
am. Schriftstellerin, 1972

Keine Frau entgeht jener Form von Imperialismus, in der die Männer die Rolle des Kolonialisten spielen und sie die des Eingeborenen.

Susan Sontag, *1972*

Wirtschaftlich betrachtet bilden Männer und Frauen fast zwei verschiedene Kasten; unter sonst gleichen Voraussetzungen haben die ersteren vorteilhaftere Stellungen, höhere Löhne, mehr Erfolgsaussichten – sie haben in der Industrie, der Politik usw. eine weit größere Zahl an Stellen inne, die wichtigsten Posten sind ihnen vorbehalten. Außer den konkreten Machtmitteln, die sie besitzen, sind sie auch noch mit einem Prestige ausgestattet, dessen selbstverständliche Überlieferung der Erziehung des Kindes ihren Stempel aufprägt: In der Gegenwart lebt die Vergangenheit, und in der Vergangenheit ist die gesamte Geschichte von den Männern gemacht worden.

Simone de Beauvoir (1908–1986)
frz. Philosophin und Schriftstellerin, 1949

Die Gleichberechtigung der Frauen stand in der Verfassung, war auf dem Papier vorhanden, das war aber auch alles. Die Wirtschaft, die Finanzen, Verwaltung, der gesamte Staatsapparat, der bei Revolutionen und Umwälzungen ausschlaggebender Faktor ist, befanden sich ausschließlich in den Händen der Männer. Denn diese allein beherrschten wiederum den Parteiapparat wie die Parteikassen und damit die Propaganda.

Lida Gustava Heymann (1868–1943)
dt. Autorin, Herausgeberin von „Die Frau im Staat" und Pazifistin, um 1942

Die öffentliche und die private Sphäre sind untrennbar miteinander verknüpft. Tyrannei und Unterwürfigkeit in der einen entsprechen Tyrannei und Unterwürfigkeit in der anderen.

Virginia Woolf (1882–1941)
engl. Schriftstellerin

Alle staatlichen Einrichtungen: Schule, Besserungsanstalten, Gefängnisse, Verwaltung, Rechtsprechung usw. tragen den Stempel des männlichen Gewaltprinzips.

Lida Gustava Heymann (1868–1943)
dt. Autorin, Herausgeberin von „Die Frau im Staat" und Pazifistin, 1921

Dass die Frauen auch heute nicht über ihren Körper verfügen dürfen, zeigt erschreckend die männliche Faust in der heutigen Staatsidee.

Rosa Schwann-Schneider
östr. Journalistin, *1920*

Fordert mit Energie, dass der einseitige und ewig unbillig richtende Männerstaat zu bestehen aufhöre und alle Regierungs- und Verwaltungsgebiete auch von Frauen oder deren Anordnung besorgt werden.

Helene von Druskowitz (1856–1918)
östr. Philosophin und Dramatikerin, 1905

Um den Mann dreht sich alles – alle Rechte, alle Gesetze, alle sozialen Einrichtungen und die ganze Familie.

Johanna Elberskirchen (1857–1937)
dt. Schriftstellerin, 1904

Alle sozialen Einrichtungen, alle Sitten und Gesetze hier und dort, damals und jetzt, sind nichts als eine Illustration des Bibelspruchs: Er soll dein Herr sein.

Hedwig Dohm (1833–1919)
dt. Philosophin und Schriftstellerin, 1876

Solange es heißt, der Mann will und die Frau soll, solange leben wir nicht in einem Rechts-, sondern in einem Gewaltstaat.

Hedwig Dohm, *1876*

Wo die Interessen von Mann und Frau in Konflikt geraten, da werden die Interessen der besitzlosen und einflusslosen Frauen aufgeopfert werden.

Hedwig Dohm, *1876*

Wir haben in unsern Staatseinrichtungen keine einzige Sprosse, keine einzige Stufe, zu der das Weib emporklimmen könnte oder dürfte, kein einziges öffentliches Ziel, zu dem das Weib ihre Arme empor strecken und rufen könnte: Ich will dich erreichen, du sollst mich verklären und meinen Namen erheben!

Luise Mühlbach (1814–1873)
dt. Schriftstellerin, 1844

Alle gesellschaftlichen Einrichtungen haben unbedingt das weibliche Wesen dem männlichen nachgesetzt; alle gesellschaftlichen Einrichtungen wurden durch barbarische Revolutionen gestürzt. Wir sehen einer neuen Entwicklung entgegen, der umfassendsten, welche je die Gesellschaft neu gestaltete. Alle Teile derselben harren einer Umgestaltung.

Louise Dittmar (1807–1884)
dt. Philosophin, Herausgeberin von „Soziale Reform", 1847

Männer verfügen über alle Positionen der Macht, des Vertrauens und des Profits, sie machen die Gesetze und verfügen über die Regierungsgewalt auf allen Ebenen; nicht nur das schärfste Schwert, sondern alle Schwerter und Donnerbüchsen stehen ihnen zu Gebote, was ihnen aufgrund der zwingendsten Logik der Welt den Zugriff auf alles ermöglicht, was sie als ihnen zustehend betrachten und begehren. Wer soll es mit ihnen aufnehmen?

Mary Astell (1666–1731)
engl. Philosophin, Schriftstellerin und Pionierin der Frauenbewegung

Es verhält sich doch so, dass die Männer über die Frauen und keineswegs die Frauen über die Männer Herrschaft ausüben.

Christine de Pizan (1365–ca.1430)
it. Philosophin, Schriftstellerin und Pionierin der Frauenbewegung, 1404/05

Politik

Man greift bei den Gegnern nicht die Sache an, sondern die Frau, ihr Privatleben, ihre Sexualität. Das sind die Methoden der Männer an der Macht, wenn sie sich von einer Frau bedroht fühlen.

Khalida Messaoudi (*1958)
alg. Journalistin und Politikerin, 2002

Ich stelle fest, dass Fundamentalisten und Demokraten in Bezug auf die Frauen dieselben Methoden haben. Es ist derselbe Kampf. Man spricht mir einfach das Recht ab, ein politisches Wesen zu sein. Ich bin dazu verurteilt, ein sexuelles Wesen zu sein.

Khalida Messaoudi, *2002*

Ich hatte geglaubt, die Tatsache, dass wir zusammen gegen dasselbe Ungeheuer gekämpft hatten, hätte zwischen uns Bande der Brüderlichkeit geknüpft, die über allem stehen. Aber in Wahrheit sind sie immer noch im Krieg gegen die Frauen – wenn es um die Macht geht.

Khalida Messaoudi, *2002*

Die starken Männer sind also wieder da. Die Frauen haben ihnen auf ihren Platz geholfen und sind dabei auf ihren verwiesen worden.

Mechthild Jansen
dt. Sozialwissenschaftlerin, 2002

Es gibt keine Demokratie ohne die Frauen.

Khalida Messaoudi (*1958)
alg. Journalistin und Politikerin, 1999

Die Politikerinnen aller Parteien, von rechts bis links, wurden abgeblockt, gedemütigt, geköpft. Die Alt-Parteien haben ganze Friedhöfe von ausgebooteten Spitzenpolitikerinnen, allesamt Opfer der Männerkumpanei.

Alice Schwarzer (*1942)
dt. Journalistin, Herausgeberin von „EMMA" und Autorin, 1998

Jetzt ist es an diesen Frauen, in Sachen Fraueninteressen den großen Schulterschluss zu machen. Über die Parteien hinweg. Über die Generationen hinweg. Und über die Angst vorm Liebesverlust hinweg. Denn wie immer wird mann versuchen, sie zu spalten: Du bist ja nicht so eine, du darfst mitmachen – aber die anderen ... Nein, wir alle! Tüchtige wie Mittelmäßige, Junge wie Alte, Strahlende wie Blasse – ganz wie bei den Männern. Statt falscher Schwesternseligkeit endlich echte Weiberkumpanei.

Alice Schwarzer, *1998*

Die politische Männergesellschaft ist wie die katholische Kirche: Die Jungs sind die Profis der Macht und wollen sie halten.

Alice Schwarzer, *1998*

In den vergangenen Jahrzehnten hat sich da keine Partei mit Ruhm bekleckert. Sie haben alle immer nur allem die Spitze gebrochen: der Frauenpolitik ebenso wie einzelnen starken Politikerinnen.

Alice Schwarzer, *1998*

Auch der Sozialismus hatte den fundamentalsten aller „Widersprüche", den der Geschlechter, eben nicht in Frage gestellt. Wettstreit der Systeme hin oder her, in Sachen Männerbündelei und Frauendegradierung hatten Kapitalismus und Sozialismus herzlich wenig Differenzen.

Alice Schwarzer, *1998*

Wer keine Frauenquote will, muss die Frauen wollen.

Rita Süssmuth (*1937)
dt. Politikerin

Die Staatschefs, die westlichen Intellektuellen engagieren sich manchmal für unterdrückte Minderheiten in irgendeinem Winkel unseres Planeten. Aber nicht für die Frauen! Nicht für die Mehrheit, die sie darstellen! Nicht gegen die Gesetze, die sie erniedrigen. Die Frau ist nicht „die Zukunft des Mannes", sondern ein verschämtes Schweigen in einer sogenannt fortschrittlichen Welt.

Malika Mokeddem (*1949)
alg. Ärztin und Schriftstellerin, 1995

Mir ist gleichgültig, wie viel meine Minister reden – so lange sie tun, was ich sage.

Margaret Thatcher (*1925)
engl. Politikerin

Eine Sache, die mich die Politik gelehrt hat, ist, dass Männer weder ein vom Verstand gelenktes noch ein verständliches Geschlecht sind.

Margaret Thatcher

Wenn man in der Politik etwas gesagt haben möchte, dann fragt man einen Mann; wenn man etwas getan haben möchte, eine Frau.

Margaret Thatcher

Statt ihnen das Bewusstsein der Unterlegenheit zu nehmen, wird dieses Minderwertigkeitsgefühl der Frauen durch die Partei noch verstärkt. So bildet die Institution Partei nur das getreue Abbild der Institution Ehe, und der Eintritt in die Partei ist kein Aufbruch zu weiblicher Emanzipation und Selbstgestaltung, sondern zu weiblichem Satellitentum – die Sozialistinnen kämpfen nicht Hand in Hand mit den Genossen, wie Clara Zetkin meinte, sondern an der Hand ihrer Männer.

Marielouise Janssen-Jurreit (*1941)
dt. Journalistin und Autorin, 1976

Natürlich hat die Frauenbewegung auch in den Parteien gewirkt – bei den einen früher, bei den anderen später. Ohne diese Spuren wäre ich wahrscheinlich nicht 1982 Generalsekretärin der FDP und damit die erste Generalsekretärin einer Partei überhaupt geworden.

Irmgard Adam-Schwaetzer (*1942)
dt. Politikerin, 1991

Historisch ist es unleugbar, dass eine wie auch immer geartete Reformabsicht des Paragrafen 218 wohl noch heute in den Schubladen der Sozialdemokraten und Liberalen schlummern würde, hätte es den Druck der Frauen von außen nicht gegeben!

EMMA, *1990*

Auch linke Parteien zögern nicht, Frauenrechte zu opfern, um mächtigere konservative Gruppen zu beschwichtigen.

Nawal El Saadawi (*1931)
ägypt. Ärztin und Schriftstellerin um 1990

„Die Internationale erkämpft das Menschenrecht" – unter Ausschluss aller weiblichen Menschen.

Hannelore Schröder (*1935)
dt. Rechtsphilosophin und Autorin

Der Frauenbereich wird eben ausgespart in der Partei. Zunächst mal mit dem Argument: Das ist nicht politisch. Dann kommt das nächste: Das schadet der Partei. Der wahre Grund ist natürlich, dass jeder einzelne von den Männern ganz elementar betroffen ist, persönlich profitiert von der Unterdrückung der Frauen.

Dorothee Vorbeck
dt. Politikerin

Kommt für mich gar nicht in Frage. Schauen Sie sich die Zetkin an – die konnte ja nichts machen: Bei allem musste sie erst Partei befragen. Wissen Sie, wie das blamabel ist?

Gertrud Baer (1890–1981)
(auf die Frage nach einem möglichen Eintritt in eine Partei)
dt. Journalistin und Pazifistin, 1978

Auch die Genossen sind Paschas. Die armen Lieblinge, sie können fast nicht anders. Die haben das dermaßen im Blut. Klassenkämpfe, das sind Kämpfe unter Männern. Die Frauen, die Schätzchen, die dürfen höchstens mal dabei helfen. Anschließend werden sie wieder in die Küche geschickt.

Simone de Beauvoir (1908–1986)
frz. Philosophin und Schriftstellerin, 1975

Staatschefs, die zu Hause vergleichsweise liberale Wesen sind, haben nichts dagegen, in der UNO neben Herrschern zu sitzen, deren Frauen beschnitten, zugenäht oder bestenfalls zum Schweigen und zur Unwissenheit verurteilt sind.

Benoîte Groult (*1920)
frz. Schriftstellerin, 1975

Menschenbefreier wollten die Genossen gern sein, Frauenunterdrücker aber wollten sie mindestens genauso gern bleiben.

„Frankfurter Weiberrat"

Dass Frauen sich kaum für Politik interessieren, hat seine Ursache in einer gewissen Resignation. Politik ist etwas, das über unsere Köpfe hinweg gemacht wird, und fast in jedem Fall gegen unsere Interessen. Es gibt keine Partei, die die Interessen der Frauen vertritt.

Marlen Haushofer (1920–1970)
östr. Schriftstellerin, 1957

53 Prozent der Wähler sind Frauen. Wir könnten jeden Politiker absetzen, der uns die volle Gleichberechtigung verweigert.

Shirley Chrisholm (*1924)
am. Politikerin

Jetzt heißt es sich mit dem Nationalsozialismus kritisch auseinander zu setzen, und das ist besonders für uns Frauen von größter Wichtigkeit, denn im Dritten Reich werden Frauen wieder, wie zu Wilhelms Zeiten auf die drei K's verwiesen, zu Gebärmaschinen und zur Dienstmagd des Mannes erniedrigt.

Lida Gustava Heymann (1868–1943)
dt. Autorin, Herausgeberin von „Die Frau im Staat" und Pazifistin, 1931

Es ist nicht die Aufgabe der Frauen, sich ins Schlepptau politischer Männerparteien nehmen zu lassen.

Lida Gustava Heyman

Frauen aller Parteien und Weltanschauungen und parteilose Frauen haben sich als geschlossene Einheit der Einheit der Männer gegenüberzustellen.

Lida Gustava Heymann, *1926*

Die wahre Tatsache, worauf der Rückgang (weiblicher Abgeordneten) zurückzuführen ist, wird verschwiegen, nämlich: Brotneid, nackter Egoismus der Männer innerhalb der Parteien. Abgeordneter zu sein, ist heute ein Geschäft. An solche einträgliche Futterkrippe lässt man die Frauen nicht heran, und die Männer brauchen wie überall, wo es sich um Einkommen handelt, ihrer Ellenbogen.

Lida Gustava Heymann, *1924*

Zähmt eure neue Macht. Die Sufragetten haben nicht siebzig Jahre lang für eure Emanzipation gekämpft, damit ihr zu Sklavinnen der Männerparteien werdet.

Oliver Hazard Perry Belmont (1853–1933)
am. Sozialreformerin, 1920

Die politischen Parteien in Deutschland sind gemeinschädliche Institute. Sie verdummen die Menschen und sind wahre Brutstätten der Unmoral, der Intrigen, Verleumdungen, Lügen und des Strebertums.

Anita Augspurg (1857–1943),
Lida Gustava Heymann (1868–1943)
dt. Autorinnen, 1920

Alle Parteien in Deutschland bemühten sich um die Arbeitskraft und Stimmen der Frauen, um ihre Partei zu stärken, um auf die Schultern der Frauen alle langweilige und mühevolle Arbeit abzuwälzen, aber niemals, damit die Frauen der verknöcherten Parteipolitik der Männer andere Wege weisen. Wer von den Frauen das unerschrocken und kühn versuchte, für die galt in den Parteien alsbald das Wort: „Walküre bist du gewesen, Wunschmaid bist du nicht mehr."

Lida Gustava Heymann, *1920*

Ich wünschte, die Frauen hätten mehr Selbstachtung. Die Neigung gewisser Frauenkreise, sich schnell in die alte Parteimaschine einzufügen, war mir eine traurige Erfahrung. Ihre besten Gaben, Begeisterung, Tatkraft und politische Einsicht opfern sie ihr und empfangen dafür das erbärmliche Geschenk politischer Bevormundung und Gebundenheit. Nichts, auch nicht den winzigsten Teil unserer neuen politischen Freiheit schulden wir den alten politischen Parteien. Nicht durch sie ward uns der Sieg, sondern ihnen zum Trotz.

Zeitschrift „Frau im Staat", *1920*

Frauen, die in der Vergangenheit meist nichts mit Politik zu tun hatten, sind frei von althergebrachten schlechten politischen Gewohnheiten und Traditionen und können neue politische Vorgehensweisen ersinnen, die nicht von den Parteien bestimmt sind und die soziale und moralische Werte über alles andere stellen.

Emily Green Balch (1897–1961)
am. Nationalökonomin und Friedensnobelpreis-Trägerin, um 1920

Die Macht der Frauen liegt in der Zurückweisung der Männerparteien. Das System der politischen Parteien ist ein Trick der Männer, die ihre wahre Gesinnung vertuschen wollen, Frauen müssen für ihre Ziele außerhalb der Reglementierung dieser Parteien arbeiten.

Charlotte Perkins Gilman (1860–1935)
am. Philosophin, Ökonomin und Schriftstellerin

Gerade weil die alteingesessenen politischen Parteien wissen, dass der Einfluss der Frauen nur innerhalb der Partei entschärft werden kann, bemühen sie sich, die Frauen zum Parteieintritt zu bewegen.

Charlotte Perkins Gilman

Hätte die gesamte Frauenbewegung sich entschlossen, gemeinsame Frauenlisten herauszugeben, so wären zweifelsohne 80 bis 100 weibliche Abgeordnete in die Nationalversammlung eingezogen. Die Frauen bildeten ja bei der Wahl die Majorität.

Lida Gustava Heymann (1868–1943)
dt. Frauenrechtlerin, Pazifistin und Autorin, 1919

Die Frau gehört nicht mehr ins Haus, sie gehört in dieses Haus, in den Reichstag.

Minna Cauer (1842–1922)
dt. Autorin und Frauenrechtlerin, 1912

Ich kann den amerikanischen Frauen versichern, dass unsere langjährige Loyalität gegenüber den großen Parteien, unsere Hingabe an Parteiprogramme, unsere treue Arbeit bei Wahlen, die Sache der Suffragetten nicht einen Schritt weitergebracht hat. Die Männer haben die Dienste der Frauen in Anspruch genommen, aber sie haben nie irgendeine Art von Bezahlung geboten.

Emmeline Pankhurst (1858–1928)
engl. Suffragette, 1914

Man muss sich von den politischen Parteien der Männer trennen; wir dürfen unter uns keinerlei Differenzen auf[kommen] lassen; wir haben uns jetzt nur als Frauen zu betrachten, nicht als Kämpfer für irgendeine politische Partei; solche Frauen nehmen wir nicht auf.

Annie Kennie (1879–1953)
engl. Suffragette, 1907

Frauen Deutschlands, kommt und stürmt die Gerichte. Die Zuschauerränge stehen auch uns „minderwertigen menschlichen Wesen" stets offen, dort könnt ihr sehen, wie Männer, denen man bereits an der Universität beibrachte, dass die Frau minderwertig ist, ihr Urteil über sie fällen.

Lida Gustava Heymann (1868–1943)
dt. Autorin, Herausgeberin von „Die Frau im Staat" und Pazifistin, 1906

Sozialdemokratische Frauen standen unter der männlichen Oberhoheit der Partei, die konfessionellen Frauen unter der der Kirche. Unfrei waren beide! Daraus ergab sich die logische Folge, dass beide nicht so rückhaltlos für die Befreiung ihres Geschlechts kämpfen konnten wie jene Frauen, die keinerlei Vormundschaft über sich anerkannten, sondern völlig frei, zielsicher und mit ihrem ganzen Sein zutiefst in der Idee der Frauenbewegung verankert waren.

Lida Gustava Heymann

Hatten nicht jahrzehntelange Erfahrungen in allen Ländern gezeigt, dass die Masse der sozialdemokratischen Männer keineswegs gewillt war, die im Programm festgelegte Gleichberechtigung in der Praxis und am eigenen Herde zu bestätigen? Der sozialdemokratische deutsche Mann beutete die Frau für seine persönlichen Zwecke in gleicher Weise aus wie die bürgerlichen Männer. Bei den Sozialdemokraten war es die Natur, bei den Kirchenvätern der liebe Herrgott!

Lida Gustava Heymann

Es ist eine auffällige Erscheinung, dass bisher die Frauen als gleichberechtigte Mitkämpferinnen in jeder Bewegung wirkten, die auf Erhebung und Befreiung der Unterdrückten ausging, solange sie im Zeichen des Kampfes stand, solange sie eben wirklich eine Sache der

Unterdrückten war – dass aber die Frauen wieder vom Schauplatz verschwinden mussten, sobald sie zur Sache der herrschenden Partei wurde, sobald sie zur Macht gelangte.

Rosa Mayreder (1858–1938)
östr. Philosophin, Schriftstellerin und Herausgeberin von „Dokumente der Frauen", 1905

Die Männer erkennen die Frauen nur so lange als Gleichberechtigte an, als sie selbst Mitunterdrückte sind.

Rosa Mayreder, *1905*

Frau Clara Zetkin ist der geborene Kommandeur dieser Truppen, die man in Offiziere, Unteroffiziere und Gemeine einteilen möchte.

Minna Cauer (1842–1922)
dt. Autorin und Herausgeberin von „Die Frauenbewegung", 1904

Dort [in der SPD] kennt man doch nicht persönliche Freiheit, sondern es herrscht das System der absoluten Monarchie, des Absolutismus.

Anita Augspurg (1857–1943)
dt. Juristin, Herausgeberin von „Frauenstimmrecht" und „Die Frau im Staat" und Pazifistin, 1903

Ebenso wie der sozialdemokratische Ehemann an Ausbeutung der Arbeitskraft und bezüglich der Geschlechtssklaverei seiner Ehefrau sich in nichts vom Ehemann der Bourgeoisie unterscheidet, ebenso wenig ist der sozialdemokratische Bürger geneigt, die Waffe der politischen Rechte dem anderen Geschlecht zu übertragen, von dessen Unterdrückung er Vorteil zieht.

Anita Augspurg, *1903*

Die Frauenbewegung bedarf keiner politischen Partei, sie ist selbst ein treibendes Agens im politischen Leben der Völker und vielleicht dazu bestimmt, nicht nur umgestaltend auf die Parteibildung zu wirken, sondern die Politik überhaupt mit einem anderen Inhalt zu füllen.

Auguste Fickert (1855–1910)
östr. Autorin und Herausgeberin von „Dokumente der Frauen"

Ein großer Teil der sozialdemokratischen Männer steht in puncto Weib auf genau demselben niedrigen Niveau wie die Majorität der Bourgoisie: Sie verachten und ignorieren das Weib als Persönlichkeit, als Menschenwesen, sie sind unfähig, der geschlechtlichen und menschlichen Persönlichkeit des Weibes denselben Wert zu geben, denselben Respekt entgegen zu bringen wie der ihrigen.

Johanna Elberskirchen (1857–1937)
dt. Schriftstellerin, 1897

In Deutschland befindet sich die Frauenfrage noch vor dem Beginn ernsterer Diskussion. Von Übelwollenden verspottet, obwohl Spott noch niemals ein Probierstein der Wahrheit gewesen ist, von Wohlwollenden als Bagatellsache vorläufig bei Seite geschoben, ist sie bei uns noch so sehr in der Kindheit, dass, o heilige Einfalt, selbst sozialdemokratische Blätter mit Phrasen, die der Kreuzzeitung entlehnt sein könnten, Phrasen von der Sprengung heiliger Familienbande, gegen das Stimmrecht der Frauen agitieren.

Hedwig Dohm (1833–1919)
dt. Philosophin und Schriftstellerin, 1876

Deutschland ist es vorbehalten gewesen, diese Sozialphilister zu produzieren, diese sittlichen Harlekins, die, mit der einen Hand ihr purpurnes Banner entfaltend, auf dem die strahlendsten Prinzipien reinster Demokratie prunken, mit der anderen Hand die Peitsche schwingen für die Hälfte des Menschengeschlechts.

Hedwig Dohm, *1876*

Das Banner, unter dem eine große Partei der Gegner der Frauenbewegung kämpft, ist das Geschäftsinteresse und ihre Losung heißt: „Tod der weiblichen Konkurrenz".

Hedwig Dohm, *1873*

Eine Frau nach dem Sinn und Herzen seiner Partei darf überhaupt keine eigene, sondern nur die Gesinnung des Gatten haben.

Hedwig Dohm, *1873*

Gerade die Partei, die das allgemeine Stimmrecht fordert, schließt von allen ihren Bestrebungen die Frauen aus – dadurch zeigt sie, dass sie ihr Reich der Freiheit, d.h. „die Herrschaft des 4. Standes", gründen will auf die Sklaverei der Frau; denn wer nicht frei für sich erwerben darf, ist Sklave.

Louise Otto-Peters (1819–1895)
dt. Schriftstellerin, Herausgeberin der „Frauen-Zeitung" und Pionierin der Frauenbewegung, 1866

Pornografie

Das Internet, das Fernsehen, die Videos – einfach alles ist eine einzige Softporno-Industrie.

Alicia Keys (*1981)
am. Rapperin und fünffache Grammy-Gewinnerin, 2002

Die Pornografie machte deutlich, dass unter männlicher Herrschaft Sexualität in eben jener erotisierten Unterwerfung der Frau bestand. Ungleichheit war sexy, und eben diese Ungleichheit machte die Sexualität zur Schmiere für die Maschinerie männlicher Herrschaft.

Sheila Jeffreys
engl. Politikwissenschaftlerin und Autorin, 1990

Pornografie und die ihr entsprechenden Einrichtungen und Filme können zu Recht als die sexuelle Form des Hasses bezeichnet werden. Sie haben mit Liebe, Eros und Zärtlichkeit nichts zu tun.

Margarete Mitscherlich (*1919)
dt. Psychoanalytikerin und Autorin

Sie sind in diesem ihrem Krieg schon ganz schön weit gekommen: Am Anfang haben sie uns „nur" ausgezogen; dann haben sie uns „nur" vergewaltigt; dann haben sie uns „nur" gefoltert; jetzt zerstückeln sie uns. Immer mehr wird die Porno-Produktion zur Gewalt-Porno-Produktion. Jeder Bürger ein de Sade. Das ist Demokratie im Patriarchat.

Alice Schwarzer (*1942)
dt. Journalistin, Herausgeberin von „EMMA" und Autorin

Wenn wir den Kampf gegen die Pornografie nicht gewinnen, verlieren wir den Kampf um unsere Emanzipation.

Alice Schwarzer, *1987*

Pornografie macht nicht nur die Frauen kaputt, sie tötet auch die Erotik. Wirkliche Erotik kann sich nur entwickeln, wenn zwei sich gleichberechtigt gegenüberstehen.

Alice Schwarzer, *1988*

Pornografie bedroht die elementarsten Menschenrechte von Frauen; Rechte, die nicht zufällig im Grundgesetz an vorderster Stelle stehen, so: das Recht auf Würde oder Freiheit, auf körperliche Unversehrtheit oder Leben.

Alice Schwarzer, *1987*

Pornografie verformt sexuelle Lust von Männern in sexuelle Gewalt gegen Frauen: Pornografie ist sexualisierter Sexismus.

Alice Schwarzer, *1988*

Allgemeine Übereinkunft müsste sein, den Konsumenten von Pornografie lächerlich zu machen, ihn dazu zu bringen, sich zu schämen.

Elfriede Jelinek (*1946)
östr. Schriftstellerin

Die einfachste Art, sich überlegen fühlen zu können, ist, den anderen zu erniedrigen. Pornografie hat also überhaupt nichts mit Erotik zu tun, sie hat etwas mit Macht zu tun.

Irmtraud Morgner (1933–1990)
dt. Schriftstellerin, 1990

Pornografen verletzen die Bürgerrechte von Frauen, genau so wie der Ku Klux Klan die Bürgerrechte der Schwarzen verletzt hat.

Andrea Dworkin (*1946)
am. Soziologin und Schriftstellerin, 1987

Pornografie ist die Grundlage männlicher Herrschaft. Und die Hauptaussage männlicher Herrschaft ist: Frauen wollen es, Frauen genießen es, vergewaltigt zu werden.

Andrea Dworkin, *1988*

Ich halte es für unerlässlich, gegen die steigende Pornografie etwas zu tun. Die Darstellung von Frauen als entmenschte, auf geschlechtliche Benutzbarkeit und beliebige Zerstörbarkeit reduzierte Wesen in Zeitschriften, Videos, Plakaten usw. hat ein für jede Frau unerträgliches Maß erreicht.

Lore Maria Peschel-Gutzeit (*1932)
dt. Juristin, 1988

Was da vor uns lag, war das kalte Herz der Frauenfeindlichkeit: Macht und Machtlosigkeit als Sex. Pornografie macht Sexismus sexy.

Catherine MacKinnon (*1946)
am. Juristin, 1987

Pornografie, das sind nicht nur Worte und Bilder – es sind auch systematische Taten gegen Frauen, die alle Ebenen ihrer gesellschaftlichen Existenz angreifen. Pornografie herzustellen, ist eine Tat gegen Frauen; sie zu verkaufen, ist eine Serie Taten. Der Konsum ist eine Tat gegen Frauen und löst immer weitere Taten aus, die das Leben von immer mehr Frauen bedeutungslos, ungleich, gefährlich machen.

Catherine MacKinnon, *1987*

Schon die Herstellung von Pornografie ist ein Geschäft mit sexueller Sklaverei. Der Konsum von Pornografie macht Frauen zu Untermenschen, Menschen zweiter Klasse – und potenziellen Opfern.

Catherine MacKinnon, *1987*

Männer, die Pornos benutzen, erleben in ihren Körpern und Köpfen, dass Einweg-Sex sexy ist; dass sexueller Gebrauch sexy ist; dass sexueller Missbrauch sexy ist; dass sexuelle Unterdrückung sexy ist. Das ist die Sexualität, die diese Männer dann fordern, kaufen und praktizieren. Pornografie ermöglicht ihnen, geschlechtliche Hierarchien so richtig zu genießen und auszuleben.

Catherine MacKinnon, *1987*

Unter männlicher Herrschaft ist alles Sex, was einen Mann erregt. In der Pornografie ist Gewalt Sex, Ungleichheit Sex. Ohne diese Hierarchie funktioniert Pornografie nicht. Gibt es keine Ungleichheit, keine Vergewaltigung, keine Dominanz, keinen Zwang, gibt es auch keine sexuelle Erregung.

Catherine MacKinnon, *1987*

Pornografie ist Ausübung von Gewalt gegen die Frau und die Demütigung und Herabwürdigung der Frau. Es ist eben so, dass, wenn ein Mann gepeitscht wird in einem Hardcore oder in einem Film, ist der Mann als Individuum einer, der sich erniedrigt. Doch wenn die Frau erniedrigt wird – und das ist ja der Punkt – dann wird nicht eine einzelne Frau, sondern dann werden alle Frauen unterdrückt. Ein Mitglied einer unterdrückten Kaste steht sozusagen nicht für sich, sondern steht gleichzeitig für alle. Das ist das Entscheidende.

Elfriede Jelinek (*1946)
östr. Schriftstellerin, 1989

Pornografie beginnt nicht im Pornoladen, sondern am Kiosk, im Museum, in der Glotze, im eigenen Bett. Die erotischen Fantasien und Sehnsüchte eines jeden – und einer jeden! – sind heute davon angefasst. Je jünger, je stärker.

Alice Schwarzer (*1942)
dt. Journalistin, Herausgeberin von „EMMA" und Autorin, 1989

Pornografie schafft von Frauen ein Bild als Menschen zweiter Klasse, als geborene Opfer: gerade gut genug, benutzt, genommen, vergewaltigt, gefoltert und massakriert zu werden.

Alice Schwarzer, *1988*

Pornografie macht den Geschlechterkampf zum Geschlechterkrieg. Pornografie ist Kriegspropaganda gegen Frauen.

Alice Schwarzer, *1987*

Schenken Sie denen keinen Glauben, die behaupten, die Pornografie sei ein „Verbrechen, bei dem es keine Opfer gibt". Ich war eines dieser Opfer. Doch ich bin es nicht mehr.

Linda Marchiano
(alias Linda Lovelace) (1949–2002)
am. Autorin und ehem. Pornodarstellerin

Der Status von Frauen als Menschen zweiter Klasse beruht auf der sexuellen Erniedrigung und dem sexuellen Missbrauch; und der Name des ganzen Systems weiblicher Unterordnung ist Pornografie – die Befriedigung und der sexuelle Genuss von Männern sind gleichbedeutend mit der ausdrücklichen sexuellen Ungleichheit von Frauen.

Andrea Dworkin (*1946)
am. Soziologin und Schriftstellerin, 1975

Pornografie ist die Theorie, Vergewaltigung die Praxis.

Robin Morgan (*1941)
am. Journalistin und Autorin

Pornografie ist Anti-Frauen-Propaganda in unverdünnter Konzentration.

Susan Brownmiller (*1935)
am. Journalistin und Autorin

Ich bezeichne Pornografie als politische Propaganda.

Ti-Grace Atkinson (*1939)
am. Autorin, 1970

Prostitution

Der Menschenhandel mit Frauen und Kindern bringt Männern sieben Milliarden Dollar jährlich.

Nawal El Saadawi (*1931)
ägypt. Ärztin und Schriftstellerin, 2002

Der Freier kauft nicht Sex. sondern Macht. Das Schlimmste für Prostituierte ist nicht der sexuelle Akt, sondern ist die seelische Erniedrigung.

Cornelia Filter
dt. Journalistin, 2001

Männer kaufen bei Prostituierten nicht Sex, sondern Macht. Das prägt Blick und Begehren nicht nur der Freier, sondern aller Männer auf alle Frauen. Und darum ist Prostitution nicht nur ein Verstoß gegen die Menschenwürde der Prostituierten, sondern einer gegen die aller Frauen.

Alice Schwarzer (*1942)
dt. Journalistin, Herausgeberin von „EMMA" und Autorin, 2000

Was Prostitution ist, das weiß im Grunde jede Frau. Fast jede hat es schon mal getan: aus „Gefälligkeit", um nett zu sein, um des lieben Friedens willens, aus Angst.

Alice Schwarzer, 2000

Etwa drei von vier Männern in Deutschland sind Freier. All diese Männer lassen den Freier im Ehebett natürlich nicht vor der Tür. Ihr Begehren, ihr Blick auf Frauen, ihr Verhältnis zu Frauen wird zutiefst geprägt von der Erfahrung ihrer Käuflichkeit.

Alice Schwarzer, 2000

Männer bezahlen, um Frauen Dinge anzutun, die zweifelsfrei als Gewalt verstanden würden, wenn sie in einer nichtsexualisierten Situation vorkämen. Wenn Männer diese Dinge tun, ohne zu bezahlen, nennt man es Gewalt.

Sheila Jeffreys
engl. Politikwissenschaftlerin und Autorin, 1999

Es geht bei der Prostitution um die Benutzung des weiblichen Körpers durch Männer – immer durch Männer – zur Befriedigung ihrer Bedürfnisse. Prostitution ist eine Grundlage ihrer Macht. Es ist dieselbe Praktik, die auch der häuslichen Gewalt, dem sexuellen Missbrauch von Kindern, der sexuellen Belästigung am Arbeitsplatz zugrunde liegt – in der Realität wie auch in der Fiktion.

Kathleen Barry
am. Soziologin und Autorin, 1999

Prostitution ist Männersache, nicht Frauensache. Frauen sind nur das, was Männer kaufen.

Kathleen Barry, 1999

Die sexuelle Ausbeutung jeder einzelnen Frau bedeutet die sexuelle Erniedrigung aller Frauen.

Kathleen Barry, 1999

Als Verursacher der Prostitution dürfen wir nicht länger nur die Männer ins Visier nehmen, die Frauen verkaufen; sondern müssen auch die Männer, die Sex kaufen, angehen.

Kathleen Barry, 1999

Prostitution ist Männersache. Also ist die Abschaffung der Prostitution im Prinzip ganz einfach: Legen wir den Männern das Handwerk! Bisher suchten viele von uns die Lösung bei uns Frauen.

Kathleen Barry, *1999*

Sich eine Welt ohne Prostitution vorzustellen heißt, die Abschaffung der sexuellen Ausbeutung aller Frauen für möglich zu halten.

Kathleen Barry, *1999*

Nein, Prostitution ist kein „Beruf wie jeder andere". Sie ist die Endstation auf dem langen Weg zur Fremdbestimmung, Selbstentfremdung und Ausbeutung des weiblichen Menschen.

Alice Schwarzer (*1942)
dt. Journalistin, Herausgeberin von „EMMA" und Autorin, 1993

Den Unterschied zwischen einer Prostituierten und einer Ehefrau macht nicht die Frau, sondern der Mann.

Dale Spender (*1943)
austr. Literaturwissenschaftlerin, 1992

Die Abolitionisten hatten Schwierigkeiten, die Vergewaltigung schwarzer Frauen anzusprechen. Sie befürchteten, ihr Publikum könne Anstoß daran nehmen. Also konzentrierten sie sich auf das Thema Prostitution. Aber dadurch, dass sie die sexuelle Massenausbeutung schwarzer Sklavinnen durch weiße Männer mit dem Wort Prostitution bezeichneten, lenkten sie die Aufmerksamkeit nur von der Häufigkeit sexueller Übergriffe ab und gaben dem Mythos, schwarze Frauen seien von Natur aus leichtfertig und deshalb Schuld an der Vergewaltigung, zusätzliche Nahrung.

bell hooks (*1952)
am. Autorin, 1981

Was die Prostituierte in Wahrheit verkauft, ist nicht Sex, sondern ihre Entwürdigung. Und der Käufer, ihr Kunde, kauft nicht Sexualität, sondern Macht.

Kate Millett (*1934)
am. Schriftstellerin und Künstlerin, 1971

Es gibt keine Frau auf der Erde, die es nicht als eine ihrer wichtigsten Aufgaben empfinden wird, zu erreichen, dass die Hingabe des Körpers einer Frau aufhöre, als etwas Selbstverständliches zu gelten, und die nicht alles tun würde, um diese Hingabe eines Menschen für Geld zu verhindern oder zu vermindern.

Bertha Pappenheim (1859–1936)
dt. Autorin und Gründerin des „Jüdischen Frauenbundes", 1923

Wir können in die Materie nur dann eindringen, wenn wir außer dem Begriff des Mädchenhandels auch noch den Begriff hinzufügen, der uns Frauen immer entgegengehalten wird, wenn es sich um Prostitution handelt, den Begriff der freiwilligen Hingabe; die Opfer, die wir als Opfer bezeichnen, seien freiwillig. Ich bitte Sie, diesen Begriff der Freiwilligkeit zu kontrollieren, dann werden wir in vielen Fällen zugeben müssen, dass von einer Freiwilligkeit im Sinne eines freien Entschlusses nicht die Rede sein kann.

Bertha Pappenheim, *1923*

Ich bitte Sie, mir nicht zu sagen, Prostitution gab es immer, und sie daher nicht bekämpfen zu wollen. Warum sagen Sie nicht dasselbe, wenn Ihnen eine Uhr gestohlen wurde?

Bertha Pappenheim, *1923*

Der Konsument im Mädchenhandel ist natürlich der Mann; es ist unsere Pflicht, unseren Söhnen und Männern und allen Männern, mit denen wir zu tun haben, zu verstehen zu geben, dass sie vor jungen Menschen Respekt haben müssen und dass die Konsumenten zu boykottieren sind.

Bertha Pappenheim, *1923*

Die Frauen haben einst in das dunkelste Problem, die Prostitution hineingeleuchtet, sie werden auch an die Aufdeckung dieses Schandflecks Mädchenhandel herangehen müssen und zwar mit ganz anderer Energie als bisher.

Minna Cauer (1842–1922)
dt. Autorin und Herausgeberin von „Die Frauenbewegung", 1913

Es ist das größte Verbrechen, das in „der Geschichte der Welt verübt wird". Die Regierungen müssen verantwortlich gemacht werden, sie müssen gezwungen werden, durch eine starke und kraftvolle Initiative der Frauen, internationale Vereinbarungen zur Bekämpfung des organisierten Lasters zu treffen.

Minna Cauer, *1913*

Es dürfte jedoch unseres Erachtens die Bekämpfung des Mädchenhandels niemals von Erfolg gekrönt sein, wenn man nicht den Mut hat, das Übel an der Wurzel anzufassen. Es handelt sich in erster Linie um die soziale Notlage Tausender und Abertausender von Frauen, es handelt sich um die Frage der Prostitution, des Bordell-, des Zuhälter- und Kupplerwesens, es handelt sich darum nicht nur die Symptome zu berühren, sondern offen, ehrlich und mutig den ganzen Umfang der sozialen Frage, der doppelten Moral aufzurollen, um dem entsetzlichen Zustande, der in diesem weißen Sklavenhandel liegt, ein Ende zu machen.

Minna Cauer

Was also ist die Prostitution – diese letzte Konsequenz der doppelten Sexualpraxis? Die Prostitution – das ist die Gleichung, welche der Mann für sich auf dem Geschlechtsgebiet erfand und in Szene setzte. Offenbar: eine pathologische Gleichung, keine physiologische. Eine Gleichung, welche er mit dem Aufgebot aller Kräfte, sogar der geistigen, der wissenschaftlichen, gegenüber der Frau verteidigt und zu retten versucht, trotz aller Krankheit, trotz aller Erniedrigung, trotz aller Bestialität, trotz aller damit verknüpften Entartung und Entwürdigung.

Johanna Elberskirchen (1857–1937)
dt. Schriftstellerin, um 1903

Zorn und Scham über die Erniedrigung unseres eigenen Geschlechts war die erste Empfindung, deren ich mir dann klar wurde.

Johanna Loewenherz (1857–1937)
dt. Schriftstellerin, 1895

Was sind zerbrochene Fenster gegen gebrochene Leben [gegen Mädchenhandel]?

Käthe Schirmacher (1865–1930)
dt. Schriftstellerin und Politikerin, 1912

Aber die Frauen der ganzen Welt werden nie wirklich frei sein, ehe nicht der Mädchenhandel, das größte Verbrechen das in der Geschichte der Welt verübt wurde, das abscheuliche Übel beseitigt ist.

Carrie Chapman Catt (1859–1947)
am. Journalistin und Pazifistin, 1913

Gut fünfzig Prozent der verheirateten Männer sind Stammkunden in Bordellen. Diesem durchschlagenden Faktor ist es zu verdanken, dass die verheirateten Frauen – ja, selbst die Kinder – von

Geschlechtskrankheiten befallen sind. Und doch hat die Gesellschaft kein Wort der Verurteilung für den Mann, während kein Gesetz zu ungeheuerlich ist, um es gegen das hilflose Opfer in Bewegung zu setzen.

Emma Goldman (1869–1940)
russ.-am. Anarchistin und Autorin

Frauenhandel existiert, weil Tausende und Abertausende von Männern wollen, dass er existiert, und bereit sind, für seinen Fortbestand zu bezahlen

Christabel Pankhurst (1880–1958)
engl. Rechtswissenschaftlerin und Autorin, 1913

Ob es unsere Reformer nun zugeben oder nicht: Schuld an der Prostitution ist die wirtschaftliche und soziale Benachteiligung der Frau.

Emma Goldman (1869–1940)
russ.-am. Anarchistin und Autorin, 1911

Wie vereint es sich mit den elementarsten Grundsätzen des Rechts, für eine Tat, die zwei begehen, nur einen zu verachten und zu bestrafen?

Käthe Schirmacher (1865–1930)
dt. Schriftstellerin und Politikerin, 1910

Boykottiert alle Männer, die in Bordelle gehen. Bordelle sind Instrumente der weißen Sklaverei.

Mariya Ivanovna Pokrovskaya
russ. Ärztin und Herausgeberin von „The Women's Messenger", 1908

Der Frau wird [durch die Reglementierung] vom Staat der Stempel einer Ware aufgedrückt und der Mann zaudert keinen Augenblick, sie als solche anzusehen – meine Erfahrungen haben mich gelehrt, dass die brutale Verachtung der Männer für das weibliche Geschlecht eine ihrer Hauptwurzeln in der Reglementierung der Prostitution findet.

Lida Gustava Heymann (1868–1943)
dt. Autorin, Herausgeberin von „Die Frau im Staat" und Pazifistin, 1904

Leider finden wir heute noch viele Frauen, die mit der größten Verachtung auf die Prostituierten herabblicken und nicht begreifen wollen, dass diese das Produkt der gesellschaftlichen Einrichtungen sind. Die Prostituierte, die um kein Haar tiefer steht als der von ihr Gebrauch machende Mann, stößt sie aus der Gesellschaft und lädt deren moralischen Mord auf sich.

Lida Gustava Heymann, 1904

Die Nichtachtung der Menschenrechte der Frau, die in der doppelten Moral ihren Ausdruck findet, lässt sie zur Ware herabsinken.

Bertha Pappenheim (1859–1936)
dt. Autorin und Gründerin des „Jüdischen Frauenbundes", 1904

Die radikale Frauenbewegung steht auf dem Boden der internationalen abolitionistischen Föderation, welche sich völlig auf die Bekämpfung der gesetzlichen Reglementierung der Prostitution beschränkt, alle schimpflichen Maßregeln und noch mehr alle Strafen gegen einen Schuldigen bei einem Delikt, das nur zu zweien gemeinschaftlich begangen werden kann, aufgehoben wissen will, dagegen strenge und unerbittliche Bestrafung desjenigen verlangt, der Schwäche, Unerfahrenheit, Not, Autorität missbraucht.

Anita Augspurg (1857–1943)
dt. Juristin, Autorin, Herausgeberin von „Frauenstimmrecht" und „Die Frau im Staat" und Pazifistin, 1903

Solange die geschlechtliche Sklaverei direkt auf einem Teil der Frauen, indirekt auf allen Frauen lastet, wird von einer Hebung des Geschlechts und von seiner völligen Freiwerdung in der menschlichen Gesellschaft nie die Rede sein können.

Anita Augspurg, *1903*

Ich verdanke es nur dem Zufall meiner Geburt, dass ich eine ehrbare Frau bin – ich habe nie gehungert – das ist der Unterschied.

Anna Pappritz (1861–1939)
dt. Autorin, 1899

Meine Herren, Sie können uns nicht in Ehren halten, solange Sie unsere Schwestern in den Schmutz ziehen. Solange Sie grausam und ungerecht zu ihnen sind, werden Sie grausam und ungerecht zu uns sein.

Josephine Butler (1828–1906)
engl. Autorin und Gründerin der „Internationalen Abolitionistischen Föderation", um 1875

Die Anordnung einer ärztlichen Untersuchung ist moralisch verwerflich. Für den Mann gilt sie nicht. Und warum nicht? Weil er sich weigern würde, ihr Folge zu leisten. Die Frau dagegen ist dazu gezwungen. Und warum? Weil sie schutzlos ist. Diese Anordnung ist ein Schlag gegen die Würde jeder ehrbaren Frau. Sie ist eine Schande, die mir angetan wird. Sie beschämt jede Frau in jedem Land der Welt. Wo immer die Versklavung der Frau Wurzeln geschlagen hat, ist es um die Würde unseres Geschlechts geschehen.

Josephine Butler

Die Prostitution ist eine Geißel der Menschheit, denn wenn ihr Männer den Frauen die Keuschheit nicht als notwendige Tugend auferlegen und euch gleichzeitig weigern würdet, sie selbst zu praktizieren, dann würden Frauen, die dem Ruf ihres Herzens nachgeben, weder aus der Gesellschaft verstoßen, noch wären verführte, getäuschte und sitzen gelassene Mädchen zur Prostitution gezwungen.

Flora Tristan (1803–1844)
frz. Philosophin, Sozialistin und Pionierin in der Frauenbewegung, 1842

Nie zwingt die Not den Mann, sein Geld durch Prostitution zu verdienen. Ungezählt sind jedoch die Frauen, die aus diesem Grund systematisch zu einem lasterhaften Leben gezwungen werden. Das kommt zu einem großen Teil daher, dass Frauen zur Untätigkeit erzogen werden. Stets wird ihnen beigebracht, sich bezüglich ihres Lebensunterhalts auf den Mann zu verlassen und ihren Körper als angemessenen Lohn für seine Mühen zu erachten.

Mary Wollstonecraft (1759–1797)
engl. Philosophin, Schriftstellerin und Pionierin der Frauenbewegung, 1792

Recht

Der Rückschlag gegen die Frauenrechte ist ein Ergebnis des fortschreitenden Fundamentalismus.

Nawal El Saadawi (*1931)
ägypt. Ärztin und Schriftstellerin, 2002

Es gibt nichts Unsichereres als die Rechte der Frau.

Benoîte Groult (*1920)
frz. Schriftstellerin, 2001

Rufen wir uns ins Gedächtnis, dass ein Recht, von dem kein Gebrauch gemacht wird, ein totes Recht ist. Und dass eine Freiheit, deren Preis in Vergessenheit gerät, eine bedrohte Freiheit ist. Und wenn die jungen Frauen nun nicht selbst die Rechte verteidigen, die von Generationen zuvor erkämpft wurden, tut es auch niemand sonst.

Benoîte Groult, *2001*

Das Recht auf einen nicht lebensgefährdenden Schwangerschaftsabbruch ist ein Menschenrecht, für das eine Frau niemanden Rechenschaft schuldet.

Alice Schwarzer (*1942)
dt. Journalistin, Herausgeberin von „EMMA" und Autorin

Ein fortschrittliches Recht sollte weder die Frauen auf die Frauenrolle, noch die Männer auf die Männerrolle festlegen, sondern muss die rechtlichen Voraussetzungen zur Vermenschlichung der Geschlechter schaffen.

Alice Schwarzer, *1992*

Das Recht des männlichen Individuums auf Gleichbehandlung bedeutet die Zementierung der grundsätzlichen Benachteiligung von Frauen.

Heide Pfarr (*1944)
dt. Juristin

Immer wieder in Vergessenheit gerät, dass Ausgangspunkt der Forderung nach einer Frauenquote die in allen gesellschaftlichen Bereichen real existierende Quotenregelung zugunsten des Mannes ist, die freilich nicht thematisiert wird. Deshalb brauchen wir zur Kontrolle flankierende Maßnahmen.

Alexandra Goy (*1944)
dt. Rechtsanwältin, 1989

Der in der deutschen Rechtsgeschichte und im Justizalltag einseitig angewandte und oftmals missachtete Grundsatz „in dubio pro reo" (im Zweifel für den Angeklagten) erlebt allerdings in den Strafprozessen wegen Vergewaltigung sein großes Comeback. Er wird als Grundsatz „in dubio pro homine" (im Zweifel für den Mann) in die Rechtsgeschichte eingehen.

Alexandra Goy, *1987*

Nicht allein feministische Kritik des aktuellen „Rechts", der Rechtswissenschaft, der Gesetzgebung und Rechtspraxis ist eine dringend, leider vernachlässigte Aufgabe engagierter Juristinnen; notwendig ist auch die kritische Aufarbeitung der Rechtsgeschichte der patriarchalen Ehe als politischer und ökonomischer Institution.

Hannelore Schröder (*1935)
dt. Rechtsphilosophin und Autorin, 1979

Geschlecht ist Macht, bildet das Fundament des Patriarchats, und das Patriarchat ist Herrschaft durch Männerrecht.

Kathleen Barry
am. Soziologin und Autorin, 1979

Frauenrecht ist nicht nur ein abstrakter Begriff; es ist vor allem eine persönliche Sache. Es geht dabei nicht nur um „uns"; sondern ebenso um mich und um dich.

Toni Morrison (*1931)
am. Schriftstellerin und Literaturnobelpreis-Trägerin, 1979

Unsere Zeit ist gekommen. Wir werden uns nicht mehr nur mit einem Bruchteil der Rechte begnügen, die die Männer genießen, wir fordern Gleichberechtigung. Nicht mehr, aber auch nicht weniger. Wir wollen einen gleich großen Anteil an der politischen und wirtschaftlichen Macht.

Bella Abzug (1920–1998)
am. Juristin und Politikerin, 1974

Die politische Gleichberechtigung der Frau ist gegen die Vorrechte und insofern gegen die Interessen der Männer.

Iris von Roten (1917–1980)
schweiz. Juristin und Autorin, 1958

Die staatlichen Gesetze werden immer gegen die Frauen sein, solange sie ohne die Frauen zustande kommen.

Hedwig Dohm (1833–1919)
dt. Philosophin und Schriftstellerin, 1918

Wir sind bereit, Gesetze zu brechen, um von den Männern das Recht, Gesetze zu machen, zu erzwingen.

Emmeline Pankhurst (1858–1928)
bekannteste engl. Suffragette, 1914

Unsere Gegner argumentieren so: Wenn Frauen politische Freiheit bekommen, wächst ihre spirituelle Stärke und wirtschaftliche Unabhängigkeit. Sie werden sich weigern, sich weiter als sein Spielzeug an den Mann zu verschenken oder zu verkaufen.

Christabel Pankhurst (1880–1958)
engl. Rechtswissenschaftlerin und Autorin, 1913

Keine Steuer ohne Stimmrecht.

Slogan auf einer Londoner Frauendemonstration, 1909

Entreißt dem Mann das Monopol der Gesetzgebung.

Hedwig Dohm (1833–1919)
dt. Philosophin und Schriftstellerin, 1908

Kein Frieden ist möglich im Hause ohne die Gleichberechtigung der Frau.

Käthe Schirmacher (1865–1930)
dt. Schriftstellerin und Politikerin, 1906

Die politischen Rechte bedeuten keineswegs das Dach oder die Wetterfahne, sie sind das Fundament, auf dem das Gebäude der Frauenfreiheit gegründet sein sollte.

Lida Gustava Heymann (1868–1943)
dt. Autorin, Herausgeberin von „Die Frau im Staat" und Pazifistin, 1905

Die Nichtachtung der Menschenrechte der Frau, die in der doppelten Moral ihren Ausdruck findet, lässt sie zur Ware herabsinken.

Bertha Pappenheim (1859–1936)
dt.Autorin und Gründerin des „Jüdischen Frauenbundes", 1904

Das Recht der Frauen ist in den Händen der Männer meist übel gewahrt.

Anita Augspurg (1857–1943)
dt. Juristin, Autorin, Herausgeberin von „Die Frau im Staat" und Pazifistin, 1904

Fordert stürmisch euren Anteil an der Rechtsprechung im Staate.

Helene von Druskowitz (1856–1918)
östr. Philosophin und Dramatikerin

Wir verlangen aber nicht nur gleiche Moral, sondern auch gleiches Gesetz für Mann und Weib!

Anna Pappritz (1861–1939)
dt. Frauenrechtlerin und Autorin, 1902

Die Frauenfrage ist eine Rechtsfrage, in der es sich darum handelt, in der Organisation der Kulturgesellschaft für die weibliche Hälfte der Menschheit dieselben Menschen- und Bürgerrechte zu erringen wie die männliche sie hat.

Irma von Troll-Borostyáni (1849–1912)
östr. Philosophin und Schriftstellerin, 1902

Das Recht der Frau auf gesetzliche Gleichstellung mit dem Manne kann nur auf Grund des Prinzips, dass die Frau nicht für sich selbst, sondern ausschließlich für den Mann eine Existenzberechtigung habe, geleugnet werden.

Irma von Troll-Borostyani, *1902*

Das Recht der Frau ist Rechtlosigkeit.

Johanna Loewenherz (1857–1937)
dt. Schriftstellerin, 1895

Die Gesetze, von Männern gemacht, vertreten das Geschlechtsinteresse des Mannes gegenüber der Frau und das Klasseninteresse der Wohlhabenden und Reichen gegenüber den Armen und Schwachen.

Anna Pappritz (1861–1939)
dt. Autorin, 1899

Unsere Menschenrechte wollen wir! Unsere Freiheit, unsere Selbstbestimmung, unsere Gerechtigkeit.

Johanna Elberskirchen (1857–1937)
dt. Schriftstellerin, 1898

Für die politischen Rechte der Frauen gelten genau diese Argumente, deren Anerkennung man in Bezug auf die politische Emanzipation der Besitzlosen, der Arbeiter und zuletzt der Neger erzwungen hat.

Hedwig Dohm (1833–1919)
dt. Philosophin und Schriftstellerin, 1893

Die Menschenrechte haben kein Geschlecht.

Hedwig Dohm

Die Rechte jedes Menschen sind dieselben und identisch.

Elizabeth Cady Stanton (1815–1902)
am. Abolitionistin, Autorin und Pionierin der Frauenbewegung, 1854

Meine Rechte wurden mit mir geboren und sie sind auf dem ganzen Globus gleich.

Elizabeth Cady Stanton, *1884*

Ich würde jedes Gesetz missachten, um die versklavten Frauen und die Sklaven zu befreien.

Susan B. Anthony (1820–1906)
am. Abolitionistin und Pionierin der Frauenbewegung

Ich verlange dieselben Rechte für Frauen, die den Männern gewährt werden: das Recht auf Leben, Freiheit und Glück.

Ernestine L. Rose (1810–1892)
pol.-am. Pionierin der Frauenbewegung

Befreiung von jeder Art Unterdrückung ist mein Prinzip. Ich kämpfe für die Anerkennung der Menschenrechte ohne Unterschied von Religion, Partei, Geschlecht oder Farbe.

Ernestine L. Rose

Jede Frau, die man Gesetzen unterwirft, die andere ohne ihre Mitwirkung gemacht haben, ist in ihrem Recht, wenn sie die Steuern verweigert.

Hedwig Dohm (1833–1919)
dt. Philosophin und Schriftstellerin, 1876

Du hast keine politischen Rechte, weil du ein Weib bist! Du hast keine politischen Rechte, weil du ein Jude bist! Du hast keine politischen Rechte, weil du schwarz bist und Neger! Warum? Weil du schwarz bist. Was ist eine Neger? Was ist ein Jude? Was ist ein Weib? Unterdrückte Menschen. Unterdrückt von wem? Von ihren Brüdern, die stärker sind als sie.

Hedwig Dohm
1876

Männer werden Frauen unterdrücken, bis das weibliche Geschlecht Teil hat an der Abfassung der Gesetze, von denen es regiert wird, denn jedes Recht, hinter dem nicht eine Macht steht, ist ein Traumbild und ein Phantom.

Hedwig Dohm
1876

Die Frau hat die gleichen natürlichen Rechte wie der Mann. Die Rechte des einen unterdrücken, heißt den Rechten des anderen Vorschub leisten.

Josephine Butler (1828–1906)
engl. Autorin und Gründerin der „Internationalen Abolitionistischen Föderation", um 1875/76

Die Gesetze, die Männer gemacht haben, sind der reine und unverfälschte Ausdruck ihrer Gesinnung in Bezug auf die Frau, alles andere ist Lug und Trug, Phrase und Affektaktion.

Hedwig Dohm (1833–1919)
dt. Philosophin und Schriftstellerin, 1876

Der Rechtszustand der Frauen ist noch heutigen Tages, benützt und beschützt zu werden, so weit und solange es die Männer für gut befinden.

Hedwig Dohm
1876

Die Frauen haben Steuern zu zahlen wie die Männer; sie sind verantwortlich für Gesetze, an deren Beratung sie keinen Anteil gehabt; sie sind also den Gesetzen unterworfen, die andere gemacht. Das nennt man in allen Sprachen der Welt Tyrannei, einfache, absolute Tyrannei, sie mag noch so milde gehandhabt werden, sie bleibt Tyrannei.

Hedwig Dohm, *1873*

Das Recht aller Rechte ist das Selbstbestimmungsrecht.

Hedwig Dohm, *1876*

Macht geht nicht vor Recht, aber Rechte ohne die Macht, sie auszuüben, sind illusorisch.

Hedwig Dohm

Mensch bleibt Mensch, und die Verfügung über die eigene Person ist das jedem Menschen angeborene Recht.

Hedwig Dohm, *1873*

Wer macht die Gesetze? – Die Männer. Auch die Gesetze, die das Verhältnis der Mutter zu ihrem Kinde regeln? – Auch die ... Dieselben Männern, die da vorgeben, den einzigen und erhabenen Beruf der Frau in ihrer Mutterschaft zu finden, erteilen in den Gesetzen, die sie machen, der Frau als Mutter ein Misstrauensvotum sondergleichen und sonder Beispiel. – Verdorrt ihnen nicht die Zunge ob so schmählicher Lüge!

Hedwig Dohm, *1873*

Wenn wir uns die Geschichte der Schwurgerichtsverfahren ansehen, stellen wir fest, dass zu jeder Zeit in allen Ländern größter Wert darauf gelegt wurde, dass ein Mann von Seinesgleichen gerichtet wurde. Wenn weder Adelige über Bauern, noch Bauern über Adelige richten dürfen, wie kann dann der Mann über die Frau richten?

Elizabeth Cady Stanton (1815–1902)
am. Abolitionistin, Autorin und Pionierin der Frauenbewegung, um 1870

Männern ihre Rechte, nicht mehr. Frauen ihre Rechte, nicht weniger.

Susan B. Anthony (1820–1906),
Elizabeth Cady Stanton (1815–1902)
am. Pionierinnen der Frauenbewegung, 1868

Viel Aufhebens wird darum gemacht, dass die farbigen Männer ihre Rechte bekommen sollen. Über die farbigen Frauen verliert niemand ein Wort. Wenn die farbigen Männer ihre Rechte bekommen, die farbigen Frauen aber nicht, werden die farbigen Männer über die Frauen herrschen, und es wird keinen Deut besser sein als zuvor.

Sojourner Truth (ca. 1797–1883)
am. Abolitionistin und ehem. Sklavin, 1867

Ich wünschte zu Gott, ihr könntet die brennende Empörung spüren, von der die Seele einer Frau erfüllt wird, wenn sie in euren Gesetzessammlungen blättert und sieht, wie sehr ihr freien Männer im Umgang mit euren Frauen den Feudalherren ähnelt.

Elizabeth Cady Stanton (1815–1902)
am. Abolitionistin, Autorin und Pionierin der Frauenbewegung, 1854

Politische Gerechtigkeit folgt meist dem barbarischen Prinzip: „Wer frei sein will, muss selbst den Schlag führen."

Paulina Wright Davis (1813–1876)
am. Journalistin, 1850

Ich will, dass Frauen ihre Rechte bekommen. Ich habe eine Menge gearbeitet, so viel wie ein Mann, aber bezahlt hat man mir nicht soviel. Wir tun ebenso viel, wir essen ebenso viel, wir wollen ebenso viel. Wenn wir unser Rechte bekommen, brauchen wir nicht mehr zu euch Männern kommen, um Geld zu erbitten, denn wir werden genug Geld in der eigenen Tasche haben.

Sojourner Truth (ca. 1797–1883)
am. Abolitionistin und ehem. Sklavin, 1848

Es wird niemals wirklich Frieden in dieser Republik geben, solange nicht die bürgerlichen und politischen Rechte für alle Bürger afrikanischer Abstammung und für alle Frauen praktisch gesichert sind.

Susan B. Anthony (1820–1906)
am. Abolitionistin und Pionierin der Frauenbewegung

Es gilt, die äußeren Rechte des Weibes gegen die Gewalten dieser Erde offen zu verteidigen.

Mathilde Franziska Anneke (1817–1884)
dt. Revolutionärin und Journalistin, 1847

Wäre ich das einzige Weib, das hier vor euch steht, fordernd mein Recht – mein unveräußerliches Recht – wäre ich das einzige – ich bin es nicht – denn Millionen stehen neben mir – aber wäre ich's – ihr müsstet mir mein natürliches Recht zugestehen, es mir gewähren.

Mathilde Franziska Anneke, *1847*

Die Männer sind es, die die Gesetze machen, und sie uns gaben, nicht zu unserem, nein zu ihrem Frommen.

Mathilde Franziska Anneke, *1847*

Wir Frauen, wir verlangen jetzt von der neuen Zeit ein neues Recht; nach dem versunkenen Glauben des Mittelalters

Anteil an der Freiheit dieses Jahrhunderts; nach der zerrissenen Charta des Himmels einen Freiheitsbrief für die Erde!

Louise Aston (1814–71)
dt. Revolutionärin und Autorin, 1846

Das Recht ist von Männern erfunden. Man lehrt sie es deuten und anwenden; unwillkürlich kommt es ihrem Vorteil zu gut.

Ida Hahn-Hahn (1805–1880)
dt. Schriftstellerin und Orientreisende, 1845

Freiheit ist: Schutz des Rechts. Die Freiheit begehr ich – du und ich … wir sind Pairs: Das Recht des einen ist das Recht des andern.

Ida Hahn-Hahn

Wir Frauen fordern einfach unser Recht, unser Menschen-Recht.

Louise Otto-Peters (1819–1895)
dt. Schriftstellerin, Herausgeberin der „Frauen-Zeitung" und Pionierin der Frauenbewegung, 1849

Wenn die Frauen mehr Rechte wollen, als sie haben, warum reden sie dann, statt sie sich zu nehmen?

Sojourner Truth, (ca. 1797–1883)
am. Abolitionistin und ehem. Sklavin, 1848

Ich fordere die Rechte der Frauen, weil ich davon überzeugt bin, dass alles Unglück der Welt von diesem Vergessen und der Missachtung der natürlichen und unverzichtbaren Rechte des weiblichen Wesens herrühren.

Flora Tristan (1803–1844)
frz. Philosophin, Sozialistin und Pionierin der Frauenbewegung, 1843

Ich erkenne nur die Menschenrechte an. Ich weiß nichts von den Rechten des Mannes oder den Rechten der Frau, denn Jesus Christus kannte weder männlich noch weiblich.

Angelina Grimké (1805–1879)
am. Abolitionistin und Pionierin der Frauenbewegung, 1837

Die Rechte der Frau sind weder ein Geschenk des Mannes – nein! – noch ein Geschenk Gottes. Er mag sie nach Belieben an seine Geschenke erinnern, doch ihre Rechte sind integraler Bestandteil ihres moralischen Wesens. Sie können ihr nicht genommen werden. Sie leben für immer in ihr.

Angelina Grimké, 1837

Wir werden uns durch kein Gesetz gebunden fühlen, bei dem wir weder Stimme noch Vertretung haben.

Abigail Adams (1744–1818)
am. Autorin und Ehefrau des amerikanischen Präsidenten, 1796

So verschafft euch denn, unter allen Umständen, Macht. Macht ist das Gesetz des Mannes. Macht es zu dem euren.

Maria Edgeworth (1767–1849)
ir. Schriftstellerin, 1787

Freiheit und Gerechtigkeit besteht darin, den anderen zurückzugeben, was ihnen zusteht. So wird die Frau an der Ausübung ihrer natürlichen Rechte nur durch die fortdauernde Tyrannei, die der Mann ihr entgegensetzt, gehindert.

Olympe de Gouges (1748–1793)
frz. Rechtsphilosophin, Schriftstellerin, Verfasserin der „Frauenrechtserklärung", 1791

Hat die Frau das Recht, das Schafott zu besteigen, dann muss sie auch das Recht haben, die Tribüne zu besteigen.

Olympe de Gouges, 1791

Männer verfügen über alle Positionen der Macht, des Vertrauens und des Profits, sie machen die Gesetze und verfügen über die Regierungsgewalt auf allen Ebenen; nicht nur das schärfste Schwert, sondern alle Schwerter und Donnerbüchsen stehen ihnen zu Gebote, was ihnen aufgrund der zwingendsten Logik der Welt den Zugriff auf alles ermöglicht, was sie als ihnen zustehend betrachten und begehren. Wer soll es mit ihnen aufnehmen?

Mary Astell (1666–1731)
engl. Philosophin, Schriftstellerin und Pionierin der Frauenbewegung, 1706

Gerechtigkeit und Ungerechtigkeit werden von ihren [der Männer] Händen verwaltet. Gesetzgebende Versammlungen, Gerichtssäle sind angefüllt mit ihrem Sagen; es sind Männer, die um die Wahrheit streiten, ebenso wie es Männer sind, die gegen sie sprechen.

Mary Astell, 1706

Religion

Frauen leiden am meisten unter dem Anwachsen der religiösen Bewegungen. In allen herrschenden Religionen haben sie den Männern gegenüber eine minderwertige Position. Globalisierung und religiöser Fundamentalismus sind zwei Seiten ein und derselben Medaille.

Nawal El Saadawi (*1931)
ägypt. Ärztin undSchriftstellerin, 2002

Für religiöse Extremisten waren Frauen vom Anfang der Geschichte bis heute immer die erste Zielscheibe. Warum? Weil Frauen am politischen, wirtschaftlichen und psychologischen Schnittpunkt grundlegender gesellschaftlicher Belange stehen: Sexualität, Reproduktion und Familie.

Robin Morgan (*1941)
am. Journalistin und Autorin, 2001

Aber ob global oder national, die fundamentalistischen Programme aller Religionen sind verräterisch austauschbar. Ein gemeinsamer Refrain ist die Forderung nach hohen Geburtenraten. Ein weiterer ist die Klage über die unersättliche Fleischeslust der Frauen und die Versuchung hilfloser Männer.

Robin Morgan, *2001*

Zu Beginn des neuen Jahrtausends versuchen die scheinheiligen Fundamentalisten aller Religionen mit allen Mitteln, den selbstbestimmten, aufrechten Gang der Frauen zu verhindern. Das geht von der Dämonisierung der Abtreibung bis zum Schleier.

Alice Schwarzer (*1942)
dt. Journalistin, Herausgeberin von „EMMA" und Autorin, 1999

Ginge es nach der Vatikan-Connection, sollten wir Frauen erstens über unseren Körper und unsere Sexualität nicht selber verfügen, zweitens die Finger von jeglicher Verhütung lassen, drittens dementsprechend auch ungewollt schwanger werden, viertens gezwungenermaßen austragen und fünftens und am allerliebsten: uns gar nicht erst versündigen, sondern gleich jungfräulich Mutter werden. So wie die von Papst Woytila und seiner Herrenriege hochverehrte Mutter Gottes.

Alice Schwarzer, *2000*

Es wird noch schlimmer kommen. Dieser islamische Fundamentalismus hat, wie jeder religiöse Fundamentalismus, absolut nichts mit Gott zu tun. Ihm geht es nur um die Herrschaft über die Frauen – um sonst nichts.

*Donna Leon (*1942)*
am. Literaturwissenschaftlerin und Kriminalschriftstellerin, 1977

In der Tat sind die Fundamentalisten auf der ganzen Welt auf dem Vormarsch, und das Schlimme daran ist, dass es dabei um die Unterwerfung der Frauen geht. In dem Maß, in dem sich die Fundamentalisten etablieren, verschlechtert sich zugleich die Lage der Frauen. Die Rechte aller Frauen stehen dabei auf dem Spiel. Deshalb sollten Frauen aller Kulturen sich zusammenschließen, um die Fundamentalisten gemeinsam zu bekämpfen.

Taslima Nasrin (*1962)
banglad. Ärztin und Schriftstellerin, 1995

Eine Frau, die den Schleier trägt, trägt damit – ob sie will oder nicht – zugleich das ganze System der Frauendiskriminierung, das damit untrennbar verbunden ist.

Taslima Nasrin, *1995*

Jede Art von Fundamentalismus richtet sich gegen die Frauen: nicht nur der islamische, sondern auch der christliche und der jüdische. Bei der Unterdrückung der Frauen geht es keineswegs um irgendwelche fernen arabischen oder asiatischen Kulturtraditionen, die es zu respektieren gilt. Das wollen anscheinend viele Europäer nicht sehen. Sie wollen nicht sehen, dass es ganz einfach um Menschenrechte geht! Das Recht auf persönliche Freiheit ist kein europäisches Sonderrecht. Ich denke, dass alle, die für das Recht auf freie Meinungsäußerung sind, aufgerufen sind, etwas zu tun.

Taslima Nasrin, *1995*

Der Schleier ist heute für uns Frauen das, was der gelbe Stern für die Juden war.

Khalida Messaoudi (*1958)
alg. Journalistin und Politikerin, 1995

Alle bedeutenden Weltreligionen sind patriarchalisch. Sie wurden gegründet, um die Vorherrschaft der Männer zu verbreiten und zu festigen – deswegen sind auch alle Götter männlich.

Marilyn French (*1929)
am. Schriftstellerin

Wenn Männer zu Fanatikern werden, geht es immer zuerst gegen die Frauen Sie stülpen ihnen den Tschador über, um ihre eigene Blöße zu verbergen, und sie fordern, dass sie sich strikt an all die Regeln zu halten haben, die Männer so leicht und gerne brechen.

Taslima Nasrin (*1962)
banglad. Ärztin und Schriftstellerin, 1994

In Jerusalem, auf dem Himalaja, auf dem Heraberg haben sie Religionen verkündet. Sie haben diese Religionen heilig genannt. Im Namen dieser Heiligkeit haben sie dich in den Schlamm gestoßen. Sie gewähren dir einen Platz zu ihren Füßen, sie schicken dich in die Küche, sie schmücken dich, sie nehmen dich mit ins Bett, und wenn sie wollen, vertreiben sie dich wieder daraus. Sie verkleiden dich, und wenn sie wollen, entkleiden sie dich. Sie treten dich, sie verlassen dich. Sie sind doch keine Menschen, sie sind Männer.

Taslima Nasrin, *1994*

Von der Würde der Frau ist in der Kirche immer dann die Rede, wenn die Frau eine würdige Verliererin zu sein hat.

Uta Ranke-Heinemann (*1927)
dt. Theologin,
um 1993

Päpste, Kardinäle und Bischöfe drapieren ihren jungfräulichen – wenn auch nicht zugleich mütterlichen – Leib mit weißen, roten und violetten Bauchbinden. Aber für die nicht zugleich jungfräulichen Mütter in der Welt wird es bei der Küchenschürze bleiben – solange Männerbünde wie der Vatikan das Sagen haben.

Uta Ranke-Heinemann, *1993*

Der Schleier ist alles andere als nur ein Kleidungsstück: Er ist das Symbol der Unterdrückung eines Geschlechts!

Elisabeth Badinter (*1944)
frz. Philosophin und Autorin, 1991

Eine verschleierte Frau kann sich nicht mehr ausdrücken. Um die Freiheit zum Sprechen zu haben, muss der Mund enthüllt sein.

Fatima Mernissi (*1940)
marokk. Soziologin und Autorin, 1991

Ich als Frau, Ägypterin, Linke und Feministin behaupte, dass der Fundamentalismus nicht nur ein islamisches, sondern ein internationales Problem ist. Und während alle Welt gebannt auf den Islam im Osten starrt, kann sich der westliche Fundamentalismus in aller Ruhe entfalten.

Nawal El Saadawi (*1931)
ägypt. Ärztin und Schriftstellerin, 1991

Alle Fundamentalisten, egal ob christliche, jüdische, moslemische oder andere, haben das gleiche Ziel. Sie verbreiten Uneinigkeit, Streit, Rassismus und Sexismus.

Nawal El Saadawi, *1991*

Ein Kopftuch? So fing immer alles an: Kopftuch, Futa, dann der Schleier und das Ende aller Träume, aller Hoffnungen unter einer Geburtenlawine; und die Welt wird enger und enger, bis sie nur noch die gequälten Japser der Sklaverei, die Seufzer der Resignation zulässt. Dann lieber den Tod, den echten, der unter ein paar Schaufeln Sand den Schlaf empfing und bewahrte, als das Strangulieren mit dem Kopftuch.

Malika Mokeddem (*1949)
alg. Ärztin und Schriftstellerin, 1990

Die Geschichte der Muslime ist voll von Frauen, die ein öffentliches Amt bekleidet und das genauso gut ausgefüllt haben wie ein Mann. Im Islam gibt es keine Regel, die Frauen verbietet, einen solchen Weg zu gehen. Es ist nur die von Männern vorgenommene Interpretation des Islam, welche Frauen keine gleichen Chancen einräumen will.

Benazir Bhutto (*1953)
ehem. pak. Präsidentin, 1989

Ich glaube, Theologen aller Zeiten haben eine am Kreuz hängende Frau fantasiert.

Mary Daly (*1928)
am. Philosophin, Theologin und Schriftstellerin, 1978

Kurz gesagt: Wenn Gott ein Mann ist, ist der Mann Gott.

Mary Daly, *1975*

Im Patriarchat wurde die Frau mit Hilfe der Religion zum obersten Sündenbock gemacht.

Mary Daly, *1973*

Es ist Zeit, dass die Kirche die Frauen von Evas „Sünde" losspricht, so wie sie auch die Juden von ihrem „Verbrechen" losgesprochen hat.

Elizabeth Gould Davis (1910–1974)
am. Autorin, 1971

Als der Mann die Große Göttin durch Gott ersetzte, ersetzte er gleichzeitig ein humanistisches durch ein autoritäres Wertesystem.

Elizabeth Gould Davis, *1971*

Adam: der erste Entwurf für Eva.

Jeanne Moreau (*1929)
frz. Schauspielerin und Regisseurin

Ich ziehe gern den Vergleich, dass der Vatikan den Frauen ebenso feindlich gegenübersteht wie das Pentagon den Kriegsgegnern in Vietnam. Die Kirche (ihre Würdenträger) ist eine Art Ku Klux Klan.

Ti-Grace Atkinson (*1928)
am. Autorin, 1971

Im Namen aller Frauen klage ich die katholische Kirche der Verschwörung an gegen die Frauen der Welt, die zum Ziel hat, sie in Institutionen wie Ehe und Familie zu pressen und sie dadurch einzukerkern und zu versklaven. Im Namen aller Frauen klage ich die katholische Kirche der Begünstigung der Vergewaltigung an, denn sie verbreitet eine gegen Frauen gerichtete, sadistische und entwürdigende Propaganda.

Ti-Grace Atkinson, 1970

Die Forderung der Frau nach Gleichberechtigung in der Kirche ist in etwa vergleichbar mit der Forderung eines Schwarzen nach Gleichberechtigung im Ku Klux Klan.

Mary Daly (*1928)
am. Philosophin, Theologin und Schriftstellerin, 1968

Die Religion lässt die Frau sich selbst nachgeben, sie gibt ihr den Führer, den Vater, den Liebhaber, den göttlichen Vormund an die Hand, den sie sehnsüchtig braucht. Sie nährt ihre Träume, sie beschäftigt ihre leeren Stunden. Vor allem aber bestätigt sie die Ordnung der Welt, rechtfertigt sie die Resignation durch ihre Hoffnung auf eine bessere Zukunft in einem geschlechtslosen Himmel. Deshalb sind die Frauen auch heute noch ein so starker Trumpf in den Händen der Kirche.

Simone de Beauvoir (1908–1986)
frz. Philosophin und Schriftstellerin, 1949

Unter anderen ist bei den Juden, den Mohammedanern, den Christen der Mann nach göttlichem Recht der Herr: Die Gottesfurcht soll bei der Unterdrückten jede Anwandlung des Aufbegehrens ersticken.

Simone de Beauvoir, 1949

Die Kirche vertritt und verkörpert eine patriarchale Kultur, die der Frau ihren Platz als Gefährtin des Mannes zuweist.

Simone de Beauvoir, 1949

Adam war nichts als ein roher Entwurf, und die Schöpfung des Menschen ist Gott erst völlig gelungen, als er Eva erschaffen hat.

Simone de Beauvoir, 1949

Zum ersten Mal in der Geschichte der Menschheit geht die Mutter vor dem Sohn in die Knie und erkennt freiwillig ihre Unterlegenheit an. Der männliche Sieg findet in dem Marienkult seine höchste Erfüllung.

Simone de Beauvoir, 1949

Die Kirche wacht darüber, dass Gott die Frau niemals ermächtigt, sich der männlichen Vormundschaft zu entziehen.

Simone de Beauvoir, 1949

Der von der Kirche entwickelte Sittenkodex hat die Frau so sehr erniedrigt, dass es ihr zur Gewohnheit geworden ist, sich mit den Augen der Männer zu sehen.

Margaret Sanger (1883–1966)
am. Krankenschwester und Vorkämpferin der Geburtenkontrolle, 1922

Beten Sie zu Gott, meine Liebe. Sie wird Ihnen helfen.

Oliver Hazard Perry Belmont (1853–1933)
am. Sozialreformerin, um 1917

1. Ihr sollt euch selbst getreu sein!
2. Ihr sollt nicht zu Gott streben! Denn dies ist nichts als ein männliches Hirnprodukt voll von Irrtümern und Fehlern.

Helene von Druskowitz (1856–1918)
östr. Philosophin und Dramatikerin, 1905

Das Gesamtbild von Gott ist ein erbärmliches männliches Machwerk, voll von Schädlichkeit, insbesondere für die Frauenwelt, deren Entwicklung dasselbe stets ungemein gehemmt hat.

Helene von Druskowitz, 1905

Es war Sache des Mannes, Religion zu predigen – und der Frau, sie zu praktizieren.

Charlotte Perkins Gilman (1860–1935)
am. Philosophin, Ökonomin und Schriftstellerin, 1903

Wir haben ein Interesse daran, die Lehren, die den Frauen in den Kirchen erteilt werden, zu ihrem wahren Ursprung zurückzuverfolgen, und ein Recht darauf, von unseren Theologen in der Kirche die gleiche grundsätzliche und offene Diskussion zu verlangen, wie sie uns der Staat gewährte. Die Zeit ist gekommen, da sich die Frauen in den Kirchenversammlungen Gehör verschaffen.

Elizabeth Cady Stanton (1815–1902)
am. Abolitionistin, Autorin und Pionierin der Frauenbewegung, 1901

Der falsche Glaube, in dem die verschiedenen Formen von Sklaverei ihren Ursprung haben, ist die Lehre von der Erbsünde und der Frau als Medium der Machenschaften Satans, des Urhebers der Erbsünde. Die größten Hindernisse auf dem Weg zur Emanzipation der Frau sind heute die Kirche, das kanonische Recht, die Bibel und die Priesterschaft.

Elizabeth Cady Stanton, 1901

Wenn die Frauen erkennen, dass Regierungen und Religionen menschliche Erfindungen sind, dass Bibeln, Gebetbücher, Katechismen und Enzykliken Auswüchse des männlichen Hirns sind, dann werden sie sich nicht mehr von Verboten unterdrücken lassen, die sich auf die göttliche Autorität eines „So spricht der Herr" berufen.

Elizabeth Cady Stanton, *1898*

Bibel und Kirche waren und sind die größten Stolpersteine auf dem Weg zur Emanzipation der Frau.

Elizabeth Cady Stanton, *1896*

Er [der Mann] griff zur Bibel, um zu beweisen, dass er ihr Herr und Meister sei. Er lehrte sie, Widerstand gegen seine Autorität sei Widerstand gegen den Willen Gottes. Ich bestreite, dass die Bibel eine solche Lehre verbreitet. Gott schuf den Menschen unterschiedlich im Geschlecht, aber ebenbürtig im Intellekt, und er gab beiden Geschlechtern gleichermaßen die Herrschaft.

Amelia Bloomer (1818–1894)
Herausgeberin von „The Lily" und Erfinderin der „Bloomers", 1895

Der größte bekannte organisierte Diebstahl ist der der Kirche an der Frau. Es hat sie nicht nur ihrer Selbstachtung, sondern all ihrer Rechte als Mensch, der Früchte ihrer Arbeit, ihrer Bildungsmöglichkeiten, ihres eigenen Urteils, ihres eigenes Gewissens, ihres eigenen Willens beraubt.

Matilda Joslyn Gage (1826–98)
am. Abolitionistin, Autorin und Pionierin der Frauenbewegung, 1893

Gott ist ein „männliches Hirnprodukt".

Helene von Druskowitz (1856–1918)
östr. Philosophin und Dramatikerin, um 1886

Wenn ihr die ganze Welt durchwandert, werdet ihr feststellen, dass alle Religionen auf dieser Erde die Frauen erniedrigen. Es gibt nicht eine einzige Religion, in der sie dem Mann nicht unterworfen ist.

Elizabeth Cady Stanton (1815–1902)
am. Abolitionistin, Autorin und Pionierin der Frauenbewegung, 1885

Adam wurde zuerst erschaffen, dann Eva. Was beweist das? Entweder gar nichts, oder dass der Mann den Fischen untertan ist.

Lillie Devereux Blake (1833–1913)
am. Autorin, 1883

Es ist die Perversion weiblicher Religiosität, die Kultivierung ihres Gefühls auf Kosten ihres Verstandes, das Spiel mit ihren Hoffnungen für und ihren Ängsten vor der Zukunft, das in den Hintergrund Schieben dieses Lebens mit all seinen wichtigen Pflichten für das, was kommen wird.

Matilda Joslyn Gage (1826–98)
am. Abolitionistin und Pionierin der Frauenbewegung, 1878

Von Anfang an bombardierte man die Suffragetten mit Paulus, schlug ihnen die Bibeldeutungen anderer um die Ohren und brandmarkte sie als Ketzerinnen. Wir sind all das Leid. Wir kennen unsere Rechte, und da wir sie kennen, wagen wir es, für sie zu kämpfen. Zudem kennen wir die Geschichte und wissen, dass die unwürdige Lage der Frauen von heute auf jene Bibelinterpretation zurückzuführen ist, die behauptet – und immer behauptet hat – die Frau hätte nicht das Recht, selbständig zu leben und zu denken.

Matilda Joslyn Gage, *1878*

Der Gott, der überwunden werden will, ist jener Götze mit dem Medusenhaupt, vor dessen Starrblick der natürliche Mensch zu einem Automaten eingeschrumpft ist, es ist jener Monopolgott, aus dessen Allmacht das Königtum, die Kirche, die Klassen und die Geschlechter ihre Privilegien herleiten, jener Gott, der stets hinter dem Mächtigen steht und sein Angesicht leuchten lässt über ihn.

Hedwig Dohm (1833–1919)
dt. Philosophin und Schriftstellerin, 1870

Nicht das Christentum, sondern die Priester sind für die Unterwerfung der Frau verantwortlich, die wir heute haben. Kirche und Staat arbeiten Hand in Hand, und es ist gut, das zu erkennen.

Lucretia Mott (1793–1880)
am. Abolitionistin und Pionierin der Frauenbewegung, 1854

Der kleine Mann in schwarzer Kleidung dort drüben, er sagt, Frauen könnten nicht die gleichen Rechte haben wie Männer, weil Christus ein Mann gewesen sei. Woher kam dieser Christus? Von Gott und von einer Frau! Ein Mann hatte nichts mit Ihm zu tun.

Sojourner Truth (ca. 1797–1883)
am. Abolitionistin und ehem. Sklavin, 1851

Alle Religionen des Altertums haben das Weib ausgeschlossen; alle haben das sittliche Prinzip der Gesellschaft verkannt; alle Religionen wurden daher von einer anderen mit Krieg und Mord verdrängt

Louise Dittmar (1807–1884)
dt. Philosophin und Herausgeberin von „Soziale Reform", 1847

Ich denke oft, wenn uns eines Tages die Ehre zuteil wird, Griechisch und Hebräisch zu lernen, werden wir Bibeldeutungen hervorbringen, die sich ein wenig von denjenigen unterscheiden werden, die es heute gibt.

Sarah Grimké (1792–1873)
am. Abolitionistin und Pionierin der Frauenbewegung, 1837

Sie [die Priester] wissen sehr gut, wenn die Töchter dieser und Mütter der künftigen Generation von dem lebendigen Wasser des Wissens tränken, wäre es mit ihrer Herrschaft vorbei. Gleichgültig sehen sie zu, wie die Angehörigen ihres eigenen Geschlechts – jung und alt – an ihren Netzen vorüberziehen. Doch mit großer Sorgfalt legen sie ihre Netze aus, damit sich Frauen jedes Alters darin verstricken.

Frances Wright (1795–1852)
schott.-am. Schriftstellerin und Reformerin, 1829

Die herrschende Ansicht, dass die Frau für den Mann geschaffen sei, entstammt voraussichtlich Moses poetischer Erzählung. Wer über die Sache richtig nachgedacht hat, nimmt es nicht wörtlich, dass Evas aus einer Rippe Adams geschaffen wurde, und damit wird das ganze Argument hinfällig, dass seit den ältesten Zeiten dem Manne jeder Grund recht war, die Frau zu unterjochen, sowie er auch dachte, dass die ganze Schöpfung nur zu seinem Behagen und zu seinem Vergnügen geschaffen sei.

Mary Wollstonecraft (1759–1797)
engl. Philosophin, Schriftstellerin und Pionierin der Frauenbewegung, 1792

Die Heilige Schrift ist nicht immer auf der Seite derer, die sie für sich in Anspruch nehmen. Weil Frauen, denen ohne eigene Schuld die Kenntnis des Originals der Schriften vorenthalten wird, wissen sie daher nur das, was Männer in ihre Übersetzungen aufnehmen.

Mary Astell (1666–1731)
engl. Philosophin, Schriftstellerin und Pionierin der Frauenbewegung, 1700

Damit ist klar, dass die Erschaffung des Weibes eine Wohltat und nicht schlechter war, wenn man es recht bedenkt, als die des Mannes; denn beide hatten einen Schöpfer, dem alles gut geriet; wie könnte da Eva missraten sein?

Sarah Fyge (Field Egerton) (1670–1723)
engl. Schriftstellerin, 1687

Wenn man glaubte, die Heilige Schrift würde der Frau empfehlen, dem Mann als Gegenpart an Würde zu weichen, welche Absurdität ergäbe sich daraus! Die Frau fände sich würdig, als Bild Gottes geschaffen zu sein, in den Genuss der heiligen Eucharistie, der Mysterien der Erlösung des Paradieses und der Gottesschau zu gelangen, aber nicht in den der Vorteile und Privilegien des Mannes. Hieße das nicht, den Mann für kostbarer und edler als dies alles zu erklären und folglich die schwerste Blasphemie zu begehen?

Marie le Jars de Gournay (1565–1645)
frz. Autorin, 1622

Und außerdem wurde bekanntlich Adam, der erste Mensch, in den Feldern bei Damaskus erschaffen, die Frau hingegen hat Gott wegen ihrer größeren Vortrefflichkeit im irdischen Paradies erschaffen.

Moderata Fonte (1555–1592)
it. Philosophin und Schriftstellerin, um 1592

Da die Frau aus der Rippe des Mannes, der Mann aber aus Lehm und Erde gemacht ist, so ist sie sicherlich hervorragender als der Mann; ist doch die Rippe unvergleichlich edler als der Lehm – da die Frau nach dem Mann entstanden ist, ist es notwendig, dass sie auch hervorragender ist als er, so wie die weisen Schriftsteller sagen, dass die zuletzt entstandenen Dinge edler seien als die ersten. Auch sind die ersten wegen der letzten geschaffen und auf sie hingeordnet.

Daher könnte man sagen, der Mann sei, abgesehen von anderen Gründen, von der göttlichen Güte hervorgebracht, um aus seinem Körper die Frau zu schaffen, indem Gott für den Adel eines solchen Geschlechtes einen würdigeren Stoff suchte als bei der Erschaffung des Mannes.

Lucretia Marinella (1571–1653)
it. philos.-theol. Schriftstellerin, 1600

Dort schlief Adam ein, und aus einer seiner Rippen formte Er den Körper der Frau; dies bedeutet, dass Er sie dazu bestimmte, ihm als seine Gefährtin zur Seite zu stehen – nicht jedoch, als Sklavin zu seinen Füßen zu liegen –, und dass er sie lieben sollte wie sein eigenes Fleisch.

Christine de Pizan (1365– ca.1430)
it. Philosophin, Schriftstellerin und Pionierin der Frauenbewegung, 1404/05

Ich weiß nicht, ob du es begreifst: Sie wurde nach dem Bilde Gottes geschaffen. Oh,
welcher Mund wagt es, etwas zu verunglimpfen, das eine so edle Prägung verrät? [Die Seele] schuf Gott und versah den weiblichen Körper mit einer ebenso guten edlen und in jeder Hinsicht gleichwertigen Seele wie den männlichen.

Christine de Pizan, 1404/05

Gottheit unsere Mutter

Marguerite von Porète (ca. 1255–1310)
frz. Philosophin und Begine

Ebenso wahrhaft wie Gott unser Vater ist, so wahrhaft ist Gott auch unsere Mutter.

Juliana von Norwich (1342– ca. 1417)
engl. religiös-theologische Schriftstellerin

Im Kloster Helfta wurde Gott als Vater und Mutter angerufen.

Gertrud, die Große, von Helfta (1256–1302)
dt. religiös-theologische Schriftstellerin

Und daher ruht der höchste Segen vor jeder Kreatur auf der weiblichen Gestalt, weil Gott in der überaus lieblichen und gesegneten Jungfrau Mensch geworden ist.

Hildegard von Bingen (1098–1179)
dt. Äbtissin und Theologin

Eva: eine Gehilfin in der Gestalt des Weibes, gleichsam einer Spiegelgestalt, in der das ganze Menschengeschlecht latent vorhanden war. Dies tat Gott in seiner mannhaften Schöpfungskraft, so wie er auch den ersten Mann in Seiner gewaltigen Kraft hervorgebracht hat. Mann und Frau sind auf eine solche Weise miteinander vermischt, dass einer das Werk des anderen ist.

Hildegard von Bingen

Schönheit

Wenn Matt Damon sich mal in eine Frau mit meinem Hintern verlieben dürfte – ich glaube, die ganze Welt wäre euch dankbar dafür!

Franka Potente (*1974)
dt. Schauspielerin, 2002

Es wird heute nicht mehr bestritten, dass das von den Medien geschaffene und propagierte Frauenbild ein wichtiges Mittel der Kontrolle ist.

Susie Orbach (*1946)
am. Psychotherapeutin und Autorin, 2000

Wir wissen inzwischen, dass das messbare Selbstwertgefühl einer beliebigen Gruppe lebenslustiger Teenagerinnen bereits nach einstündiger Lektüre von Modezeitschriften drastisch in den Keller sinkt.

Susie Orbach, *2000*

Der westliche „Brauch", mit Modezeitschriften das weibliche Selbstbewusstsein zu untergraben, ist so effektiv, dass er längst auf Frauen auf dem ganzen Erdball übergegriffen hat.

Susie Orbach, *2000*

Junge Araberinnen, die den Schleier ablegen; indische Bergbewohnerinnen, die ihre Menschenrechte entdecken; Fidschi-Mädchen, die die „Freundinnen-Serie" gucken; Afrikanerinnen, die endlich eigenes Land bewirtschaften – sie alle werden gleichzeitig von Magazinen wie „Marie Claire" in die Geheimnisse des Abnehmens eingeweiht. Das kommt einer Initiation gleich: Diäten sind das Merkmal für die Zugehörigkeit zu westlichen Kultur.

Susie Orbach, *2000*

Der Schönheitsmythos wurde perfektioniert, um dem Vormarsch der Frauen in allen Lebensbereichen einen Riegel vorzuschieben.

Naomi Wolf (*1962)
am. Journalistin, 1991

Für immer mehr Frauen wird das Leben im weiblichen Körper zur Neurose. Der Schönheitsterror zerstört die Frauen körperlich und laugt sie seelisch aus. Wenn sie es schaffen sollen, sich von dem Ballast zu befreien, den Weiblichkeit schon wieder bedeutet, müssen sie vor allem auf eine neue Weise sehen lernen.

Naomi Wolf, *1991*

Schön sein heißt heute glatt, also naiv und jung sein. Der Schönheitsmythos schreibt in Wahrheit Verhaltensmuster vor und nicht äußere Qualitäten.

Naomi Wolf, *1991*

Ich mag und respektiere mich so, wie ich bin! Ich hoffe, ich kann jungen Frauen die Botschaft vermitteln: Hey, seht mich an. Ich habe eine ganz normale Figur, bin sogar wohlgerundet. Und ich bin trotzdem glücklich. Mädels, ihr müsst nicht mager sein, um geliebt zu werden und erfolgreich zu sein!

Kate Winslet (*1976)
engl. Schauspielerin, um 2001

Um den männlichen Wahnvorstellungen zu entsprechen, glaubten in den letzten zehn Jahren in Frankreich 200 000 Frauen, sich einer Brustoperation unterziehen oder sich Silikon in die Lippen spritzen lassen zu müssen – und das mit dem Segen unserer Frauenpresse, die doch eigentlich über das Bild wachen sollte, das man von uns hat, statt es an die Wunschträume der Machos anzupassen.

Benoîte Groult (*1920)
frz. Schriftstellerin, 2001

Frauen, die den Jugend- und Schönheitswahn nicht rechtzeitig durchschauen, kämpfen einen Kampf, der so energie- und kostenfressend wie aussichtslos ist, zunehmend härter wird – und neuerdings sogar Männer erfasst. Wer diesem Trend nicht beizeiten den Rücken kehrt und auf stabilere Werte setzt, kann einpacken.

Luise F. Pusch (*1944)
dt. Linguistin und Autorin, 2001

Da habe ich mir geschworen, egal wie schwierig es ab einem gewissen Alter wird: Ich werde mich nie jünger machen! Ich finde das so traurig und eine solche Selbstdemütigung. Oder diese ganzen Schönheitsoperationen, das nimmt ja Ausmaße an. Mir hat man auch schon gesagt, ich soll mir doch die Nase operieren lassen. Aber das ist meine Nase, sorry.

Jasmin Tabatabei (*1967)
iran.-dt. Schauspielerin und Musikerin, 2000

Es stimmt, auf dem Papier haben wir alle Rechte. In der Praxis aber signalisiert man uns gleichzeitig: Du bist zwar gleichberechtigt, aber du musst schön sein. Das ist das Einzige, was zählt. Die Verführung ist deine größte Macht.

Dacia Maraini (*1936)
it. Schriftstellerin, 2000

Schon die kleinen Mädchen lernen, verführerisch zu lächeln – nicht weil ihnen nach Lächeln zumute ist, sondern weil sie etwas erreichen wollen. Das ist bereits der erste Schritt zur Prostitution.

Dacia Maraini, *2000*

Es hat sich vieles zum Positiven geändert – gleichzeitig aber haben wir es mit einem extremen Rückschlag zu tun, in dessen Mittelpunkt die Reduzierung der Frauen auf Verführung, Körper und Mutterschaft steht.

Dacia Maraini, *2000*

Schönheit ist auch und vor allem eine Waffe gegen Emanzipation.

Alice Schwarzer (*1942)
dt. Journalistin, Herausgeberin von „EMMA" und Autorin, 2000

Das Fatalste aber am Schönheitsdiktat ist, dass die Frauen die Regeln nie selbst bestimmen können. Sie können sich ihnen nur beugen.

Alice Schwarzer, *2000*

Du musst begehrenswert sein, also schön. Aber ob du schön bist oder nicht, das bestimmen Männer. Und ganz en passant verdienen die Schönheitsindustrie und die aufblühende Schönheitschirurgie Milliarden mit einer Jagd nach der Schönheit. Diese Jagd hält die Frauen auf Trab und von Sinnvollerem ab. Vom Genießen des Lebens zum Beispiel oder vom Erobern der Welt.

Alice Schwarzer, *2000*

Ein Mann darf Falten haben, eine Frau nicht, sie muss immer jung und schön sein.

Gisela Breitling (*1939)
dt. Malerin

Kaum hatte ich den Blick auf die ganze Frau geworfen, als der westliche Reklamerummel großspurig und lauthals das höchst verführerische Evangelium nach Barbie verkündete, die weder Hüften noch eine Gebärmutter, dafür aber harte Titten hat.

Germaine Greer (*1939)
austr. Autorin, 2000

Meine starken Frauen quetschten ihre muskulösen Füße in hochhackige Schuhe und lernten, darin einher zu stöckeln. Sie stopften ihre nützlichen Brüste in Büstenhalter und ernährten ihre Kinder mit kommerzieller Babynahrung, die mit schmutzigem Wasser zubereitet wurde statt mit Muttermilch. Ihre geringe Barschaft verschwendeten sie für Lippenstift und Nagellack. Und so wurden sie modern gemacht.

Germaine Greer, *2000*

Selbst die hart arbeitenden Frauen in China begannen sich Locken zu legen, um zu beweisen, dass sie echte (d.h. gefälschte) Frauen waren. Während im Westen Feministinnen tapfer um den Schlüssel zur Cheftoilette kämpften, beendete das weibliche Stereotyp seinen Eroberungszug durch die Welt.

Germaine Greer, *2000*

Bei dem von Männern für Frauen geschaffenen Attraktivitätsbegriff geht es nicht um „Schönheit“ (die von Kultur zu Kultur sowieso variiert), sondern um die Einpassung in das Bild vom „relativen Wesen“ (Simone de Beauvoir) – Wesen, die nur in Relation zu ihm, in Bezug auf ihn überhaupt eine Existenzberechtigung haben.

Alice Schwarzer (*1942)
dt. Journalistin, Herausgeberin von „EMMA“ und Autorin

Nein! Da wäre ich doch nicht mehr ich selbst. Das ganze Gelaber über äußere Schönheit, dick oder dünn, geht mir auf den Wecker.

Marianne Sägebrecht (*1945)
dt. Schauspielerin, 1999

Frauen durften sich nicht ordentlich satt essen, ganz wie heute. Zwischen Wespentaille und Schnürkorsett passten die Schweinebraten ebenso wenig wie unter Bustier und Mini.

Anna Dünnebier, (*1944)
dt. Journalistin und Schriftstellerin, 1994

Ich mag Fältchen. Sie sind meine Auszeichnung – sie zeigen, dass ich gelebt habe.

Shirley MacLaine (*1934)
am. Schauspielerin und Autorin

Junge Mädchen sind weitaus stärker als Jungen von gesellschaftlichen Schönheitsnormen beeinflusst. Ihre Selbsteinschätzung und ihr Selbstbewusstsein sinken in dem Maße, in dem sie glauben, die Vorstellungen von Schönheit nicht erfüllen zu können.

Karin Flaake
dt. Soziologin, 1992

Der Gipfel der Ungerechtigkeit: Falten machen einen Mann männlicher, eine Frau älter.

Jeanne Moreau (*1928)
frz. Schauspielerin und Regisseurin

Im 12. Jahrhundert wurde es im chinesischen Hochadel üblich, Mädchenfüße zu „Lotusfüßchen“ zu verstümmeln. Birmesische Frauen bekamen Halsringe umgelegt, die ihre Hälse „schön lang“ ziehen sollten; sie ihnen abzunehmen, hieß, ihnen das Genick zu brechen. Bei manchen afrikanischen und auch brasilianischen Völkern wurde es Brauch,

Mädchen mit immer größeren Lippenscheiben zu „schmücken", die ihnen das Sprechen schließlich fast unmöglich machten. Die Reihe der Beispiele solcher „Tyrannei der Schönheit" ließe sich beliebig fortsetzen.

Margaret Minker (*1948)
dt. Journalistin, 1992

Weibliche Schönheitsbilder, so verschieden sie in den jeweiligen Kulturen aussehen mochten, hatten eines gemeinsam: Was an Frauen „männlich" wirken konnte, wurde ihnen gründlich verleidet. Die Gemeinsamkeiten des Körperbaus, die Frauen und Männer in aller Welt aufweisen, wurden zugunsten der Unterschiede hintan gelassen.

Margaret Minker, *1992*

Selbst die mächtigste Frau kann sich niemals als wirklich mächtig erleben: Gleich mächtige Männer haben ihr immer voraus, sich nicht um Schönheitsideale kümmern zu müssen. Sie haben vielmehr sogar die Macht, selbst der mächtigen Frau Schönheitsvorschriften machen zu können – und sie damit in ihrer weiblichen Identität zu verunsichern.

Margaret Minker, *1992*

Die Angst davor, in Sachen Schönheit – und das heißt synonym: Weiblichkeit – nicht anerkannt zu werden, sitzt tief. Heute fesselt die „gleichberechtigte" Frau sich selbst: Sie hat den Zwang, schön sein zu müssen, so sehr verinnerlicht, dass sie ihn für ihr eigenes Bedürfnis hält.

Margaret Minker, *1992*

Dem „schwachen Geschlecht" mag sie entronnen sein. Jetzt setzt sie einen Großteil ihrer Energien dafür ein, nur ja dem „schönen Geschlecht" anzugehören – und die Diffamierung, die darin ganz genauso liegt, nach Kräften zu verdrängen.

Margaret Minker, *1992*

Die gängigen Schönheitsnormen verlangen eine für die meisten unerreichbare Mixtur aus kindlicher Unschuld, extremer Schlankheit, großen Augen, kleinem Kinn und einer vagen Verheißung von Sex und Erotik. Mit der individuellen Schönheit der einzelnen Frau, mit ihren unverwechselbaren Ausprägungen haben diese Maßstäbe nichts gemein.

Sylvia Schneider (*1952)
dt. Journalistin, 1992

Gemessen (an den Schönheitsvorstellungen) können Frauen nie so richtig sein, wie sie von Natur aus sind. Das Fatale: Sie werden es auch nie werden, denn das Ziel ist so hoch gesteckt, dass Frauen aus Fleisch und Blut, mit ihren Stärken und Schwächen, mit ihren sexuellen und erotischen Vorstellungen, ihren Wünschen und Widersprüchen es überhaupt nicht erreichen können.

Sylvia Schneider, *1992*

In dem Maß, wie es den Frauen gelang, sich von Kinder-Küche-Kirche-Zwang zu lösen, übernahm der Schönheitsmythos dessen Funktion als Instrument sozialer Kontrolle.

Sylvia Schneider, *1992*

Die Schönheitsvorstellungen ziehen uns in einen Strudel aus Selbsthass, Selbstzerfleischung, zwanghaftem Kreisen um vermeintliche Unvollkommenheiten, permanente Selbstbeobachtung, Angst vor Älterwerden und Kontrollverlust.

Sylvia Schneider, *1992*

Entscheidend ist nämlich, dass der Schönheitsmythos uns nicht nur Äußerlichkeiten vorschreibt, sondern in erster Linie „ziemliche" weibliche Verhaltensweisen, die weiblicher Stärke zuwiderlaufen. Zur „wahren" Schönheit gehört nämlich mehr: Sanftheit, Zurückhaltung, Unterwerfung, Fügsamkeit, Konfliktvermeidung und Abhängigkeit.

Sylvia Schneider, *1992*

Wie Frauen aussehen, ist deshalb so wichtig, damit es unwichtig wird, was sie zu sagen haben. Alles, was sie an bedeutenden Dingen tun, muss gleichzeitig trivial sein – damit es weiblich und einzuordnen bleibt.

Sylvia Schneider, *1992*

Tatsächlich geht es also nicht um das Aussehen von Frauen als solches, sondern darum, dass sie es willig akzeptieren, wenn andere ihnen sagen, was ihnen zusteht und was nicht. Das hindert sie daran ein erfülltes Leben in der Gegenwart zu führen und sich möglicherweise auf berechtigte erotische oder politische Forderungen zu besinnen.

Sylvia Schneider, *1992*

Wir müssen aufhören, uns zu schämen, dass man uns das gelebte Leben ansieht. Denn es ist ein Trugschluss zu glauben, Schönheit brächte uns mehr Sicherheit; die bekommen wir nur durch mehr Freiheit und durch Erfahrungen und die Auseinandersetzungen damit.

Sylvia Schneider, *1992*

Wir müssen Schluss machen, mit unserer täglichen Überforderung, hinter der der allgegenwärtige weibliche Selbstzweifel „Was bin ich eigentlich ohne diese ganze Maskerade wert?" steht. Denn das ist die Quelle, die die Inszenierung des „Ewigweiblichen" speist, damit unsere wahre Identität verschleiert und uns letztlich am selbst-erfüllten Leben hindert.

Sylvia Schneider, *1992*

Ich habe den Kampf gegen die Falten aufgegeben, weil nichts so viele Falten macht wie der Kampf gegen die Falten.

Liv Ullmann (*1939)
norw. Schauspielerin

Lieber frei sein als schön.

Christa Damkowski
dt. Journalistin, 1992

Der Zwang zur permanenten Schönheit beansprucht drei Mangelwaren im Leben einer Frau – Geld, Zeit und Kraft.

Ebba D. Drolshagen (*1948)
norw.-dt. Autorin, 1992

Ich schätze, eine berufstätige Frau braucht morgens eine Stunde länger als ein Mann, um sich fertig zu machen. Diese Stunde hat sie nicht zum Schlafen, nicht zum Frühstücken, nicht zum Zeitungslesen. Frauen verdienen im Schnitt weniger als Männer, und davon geht ein beachtlicher Betrag in Kosmetik und Kleidung.

Ebba D. Drolshagen, *1992*

Statt 120 Mark für eine Nachtcreme auszugeben, könnten wir Aktien kaufen, uns finanziell unabhängig machen, Einfluss gewinnen, mit unseren Geld die Politik bestimmen. Das ist nicht so absurd, wie es klingen mag: 1987 betrug der Umsatz der Kosmetikindustrie in den alten Bundesländern elf Milliarden Mark – hinzu kommen weitere Nutznießer wie Fitnessstudios, Frauenzeitschriften, Solarien, Schönheitschirurgen und so weiter.

Ebba D. Drolshagen (*1948)
norw.-dt. Autorin, 1992

Dieses ganze gigantische Geflecht von Schönheitspolitik könnte einfach nicht funktionieren, wenn wir nicht unseren Teil dazu beitragen würden.

Ebba D. Drolshagen, *1992*

Frauen-Geschichte und die Geschichte weiblicher Schönheitsideale hingen zu allen Zeiten eng zusammen. Wann auch immer sich Frauen anschickten, auf gleiche Rechte zu pochen – was gleicher Zugang zu allen Ebenen der Macht impliziert –, wurde ihnen flugs ein Weiblichkeitsideal präsentiert, das ihnen Fesseln anlegen sollte.

Margaret Minker (*1948)
dt. Journalistin und Autorin, 1992

Sie entrannen der Sisyphosarbeit des Haushalts und gerieten unter Joch der Sisyphosarbeit an der eigenen Schönheit.

Naomi Wolf (*1962)
am. Journalistin, 1991

Wir befinden uns mitten in einer heftigen reaktionären Rückschlagsbewegung gegen den Feminismus, und die politischen Waffen, deren sie sich bedient, um das gesellschaftliche Vordringen der Frauen aufzuhalten, sind eben diese Normen: der Schönheitsmythos.

Naomi Wolf, *1991*

Je mehr rechtliche und materielle Schranken Frauen durchbrochen haben, desto strikter, härter und belastender erscheinen uns die Schönheitsnormen, mit denen wir konfrontiert sind.

Naomi Wolf, *1991*

Der Schönheitsmythos der Gegenwart ist heimtückischer als alles früheren Formen des Weiblichkeitswahns

Naomi Wolf, *1991*

Vor einem Jahrhundert kehrte Nora dem Puppenheim den Rücken. Vor einer Generation verließen Scharen von Frauen den Konsumhimmel des isolierten, mit vielfältigsten Geräten ausgestatteten Vorortheims. Aber das Gefängnis, in dem wir jetzt sitzen, hat keine Tür, die wir hinter uns zuschlagen könnten.

Naomi Wolf, *1991*

Der Schönheitsterror zerstört die Frauen körperlich und laugt sie seelisch aus. Wenn sie es schaffen sollen, sich von dem Ballast zu befreien, den Weiblichkeit schon wieder bedeutet, brauchen sie dafür in erster Linie nicht Stimmzettel, Lobbys oder Transparente. Sie müssen vor allem auf eine neue Weise sehen lernen.

Naomi Wolf, *1991*

Die Schönheit wurde behandlungsbedürftig, als das weißbekittelte Heer ihrer Promoter und richtiger Ärzte von Medizinern gebilligte Elixiere, Hautinjektionen, chemische Haar-“treatments“ und plastische Operationen für praktisch jeden Zentimeter des Körpers verordneten.

Susan Faludi (*1960)
am. Journalistin, 1991

Die Schönheitsindustrie hatte in vieler Hinsicht eine zutiefst destruktive Wirkung auf die Frauen – sowohl körperlich als auch seelisch. In Befolgung des Schönheitsdiktates der achtziger Jahre machten die Ärzte viele Frauen buchstäblich krank. Antifaltenmittel enthielten Karzinogene, Säure-Peelings verbrannten die Gesichtshaut.

Susan Faludi, 1991

Die schöne Frau des Gegenschlags wird im doppelten Sinn des Wortes beherrscht. Ihr Körper wurde gebändigt, ihre Erscheinung als Besitz des Mannes gezähmt und manikürt.

Susan Faludi, 1991

Das Bild, das der Mann sich von der Frau gemacht hat, ist das Spiegelbild, in dem Frauen ihre erotische Attraktivität prüfen.

Gisela Breitling (*1939)
dt. Malerin, 1982

Wenn die Frau sich mit Attributen schmückt, mit denen Männer den weiblichen Körper hergerichtet haben, wählt sie die einzige Sprache, die ihr zur Verfügung steht, um Begehren auszudrücken – eine Fremdsprache. Das Beiwerk, dass sie in den Augen der Männern „sexy“ macht, markiert zugleich ihren Status als „seconde sexe“.

Gisela Breitling, 1982

Feministinnen wird oft vorgeworfen, dass sie eine Anti-Schönheits-Einstellung vertreten. Es ist jedoch ein Unterschied, ob wir gegen die zerstörerischen Wirkungen der kulturellen Schönheitsklischees protestieren oder gegen den Wert der Schönheit an sich opponieren.

Rita Freedman
am. Psychologin, 1986

Physische Attraktivität ist nicht spezifisch weiblich oder männlich, sondern menschlich. Es geht letztlich darum, die Wahrnehmung der Schönheit in ein neutrales Territorium zu verlagern, so dass nicht ein Geschlecht mehr als das andere durch Schönheitsvorstellungen belastet ist oder davon profitiert.

Rita Freedman, 1986

Jede von uns muss das Schweigen brechen und mit ihrer eigenen Stimme ausdrücken, was der Schönheitsmythos für sie bedeutet.

Rita Freedman, 1986

Wir werden von den Fesseln des Schönheitsmythos befreit sein, wenn Frauen so durchschnittlich aussehen können wie Männer und dennoch als normale, liebenswerte Menschen gewürdigt werden.

Rita Freedman, 1986

Vom kleinen Mädchen, das stolz seine lackierten Fußnägel zeigt, bis zur würdigen Matrone, die sich die Haare an ihrem Kinn auszupft, machen Schönheitsrituale einen Hauptaspekt des Frauseins aus.

Rita Freedman, 1986

Wir brauchen neue Schönheitsvorstellungen, entspannte und kraftvolle Leitbilder, die freie Bewegung erlauben – ohne Korsett und mit unverkrüppelten Füßen – und die uns in unseren Lebenszielen nicht mehr einschränken.

Rita Freedman, 1986

Die Symbole der erworbenen Schönheit – die lackierten Nägel, die rubinroten Lippen, die blondierten Haare – betonen den Geschlechterunterschied in übertreibender Weise. Frauen werden dadurch gleichzeitig auf ein Podest gestellt und ausgegrenzt.

Rita Freedman, 1986

Schönheit schafft keine Ebenbürtigkeit, sondern dient als Ersatz dafür, als eine

Art Trostpreis. Trostpreise und Podeste stellen jedoch auf lange Sicht nur einen schwachen Ausgleich für Zweitrangigkeit dar. Sie können die volle Anerkennung als Persönlichkeit nicht ersetzen.

Rita Freedman, *1986*

Frauen machen sich nur deshalb hübsch, weil das Auge des Mannes besser entwickelt ist als sein Verstand.

Doris Day (*1924)
am. Schauspielerin

Ich liebe meine Falten und betrachte sie als Auszeichnung, denn ich habe sie hart erarbeitet.

Margaret E. Kuhn (1905–1995)
am. Gründerin der „Grauen Panther“

Dieses hyperdünne Schönheitsideal fällt so präzise mit dem Erstarken der feministischen Bewegung zusammen, dass Misstrauen geboten ist. Es fällt schwer, in dieser „Ästhetik der Dürre“ nicht einen bewussten oder vielleicht auch unbewussten Versuch zu sehen, auf die Forderung von Frauen nach mehr Raum in der Welt zu kontern.

Susie Orbach (*1946)
am. Psychotherapeutin und Autorin, 1984/85

Sobald wir für mehr Platz in dieser Welt kämpfen, treten die „Agenten der Körperunsicherheit“ auf den Plan. Um uns auf ein Gebiet zurückzuverweisen, auf welchem sie uns jahrelang erfolgreich kontrollieren konnten und noch ihren Gewinn daran hatten. Sie wollen uns dazu bringen, unsere Körper als die Schauplätze der Veränderung zu sehen, denn das ist ungefährlicher als eine Veränderung der Außenwelt.

Susie Orbach, *1984/85*

Diese Hüften sind große Hüften (...)
sie lassen sich nicht gerne einschränken.
Diese Hüften waren niemals versklavt,
sie gehen wohin sie wollen,
sie machen was sie wollen.
Diese Hüften sind mächtige Hüften.
Diese Hüften sind magische Hüften.

Lucille Clifton (*1936)
am. Dichterin, 1980

Ich sehe scheußlich aus, das ist mir egal, solange ich mich wohlfühle.

Katherine Hepburn (*1907)
am. Schauspielerin

Die künstlich hervorgerufene Beschäftigung mit der „Aufmachung“ des weiblichen Körpers: Haare, Gesicht und Körper werden mit gefährlichen und teuren künstlichen Farbstoffen zugekleistert, der weibliche Körper wird in ungesunde Formen gepresst – das alles trägt zum Mangel an Selbstachtung und zur gemeinsamen Verachtung bei.

Mary Daly (*1928)
am. Philosophin, Theologin und Schriftstellerin, 1978

Und da habe ich immer über die schrecklichen Geschichten von den einst verkrüppelten Füßen der Chinesinnen gestaunt – erst jetzt wird mir klar, dass es uns Europäerinnen des 20. Jahrhunderts ganz ähnlich geht. Unser Schuhwerk hat genau die gegenteilige Wirkung seiner eigentlichen Funktion: Wir können nicht besser damit gehen, sondern schlechter; wir schützen unsere Füße damit nicht, sondern wir schaden ihnen. Früher wurden Sklaven die Füße gebrochen, damit sie nicht weglaufen konnten – heute verkrüppeln die Frauen sich selbst.

Alice Schwarzer (*1942)
dt. Journalistin, Herausgeberin von „EMMA“ und Autorin, 1977

Bleibt nur zu hoffen, dass wir bald eigene Vorstellungen von weiblicher Schönheit bekommen. Von einer Schönheit, die auf Krallenzehen verzichten kann. Eine, die nicht von uns verlangt, dass wir unseren Körper und unseren Geist verstümmeln.

Alice Schwarzer, 1977

Als Teenager ist uns unser sich entwickelnder Körper gewöhnlich ein Rätsel. Wir stellen fest, dass es nur eine Schönheitsnorm gibt – eine kommerzielle Norm, eine Hollywood-Norm. Das Fernsehen verkauft uns die verschiedensten Produkte, während wir verzweifelt mit unseren Brüsten, unserem Haar, unseren Beinen und unserer Haut ringen, die den Ansprüchen niemals gerecht werden. Wir verlieren den Respekt vor unserer Einzigartigkeit, den uns eigenen Gerüchen und Formen und unserer Art, etwas zu tun.

The Boston Woman´s Health
Book Collective, 1971

Ständig vergleichen wir uns mit anderen Frauen und sind nie mit uns zufrieden. Wir finden uns hässlich und mit tausend Fehlern behaftet, und das ist ja auch kein Wunder, denn wenn wir dem herrschenden Frauenideal entsprechen wollen, müssen wir ganz besondere Merkmale aufweisen. Dieses Frauenideal ändert sich mit der Mode, doch wie auch das ideale Frauenbild gerade aussieht, ganz wirst du ihm nie entsprechen.

The Boston Women's Health
Book Collective, 1971

Von allen Seiten, durch Fernsehen, Kino, Zeitschriften, Freunde und Familienmitglieder werden uns jedoch ständig Vorschläge gemacht, was wir an uns verändern können, damit wir dem momentanen Idealbild ähnlicher werden. Wir sollen uns in unserem Aussehen einander angleichen und unsere Unterschiede und Besonderheiten kaschieren. Wir werden davon abgehalten, unsere Einmaligkeit zu erkennen und uns über sie zu freuen.

The Boston Women's Health
Book Collective, 1971

Jeden Tag redet die Milliarden Dollar schwere Schönheitsindustrie den Frauen auf tausenderlei Arten und Weisen ein, sie seien verkappte Monster. Einerseits sagt man ihnen, sie seien das schöne Geschlecht, andererseits hören sie, sie müssen geliftet, geformt, gefärbt, bemalt, gelockt und ausgestopft werden. Was man den Frauen wirklich sagt, ist: „Die Schöne" ist ein Biest.

Una Stannard (*1927)
am. Schriftstellerin, 1971

Wenn ein Walfisch Miss Wal wird, findet eine Misswa(h)l statt.

Spruch der Frauenbewegung in Zürich,
1969

Sich aufzudonnern ist langweilig.

Katherine Hepburn (*1907)
am. Schauspielerin, 1969

Wir sind keine x-beliebigen Dekorationsobjekte für jeden Mister. Wir lassen uns nicht durch Miss-Kronen, Miss-Schärpen und Miss-Orden über den Miss-stand in dieser Gesellschaft täuschen.

Frauenbewegung Zürich, 1969

Als Frau bin ich eine Fehlschlag. Meine Männer erwarten so viel von mir wegen des Bildes, das sie sich von mir gemacht haben und dass ich auch selbst aufgebaut habe – das Bild des Sexsymbols. Aber ich bin eine Frau wie jede andere Frau und kann dieses Bild nicht erfüllen.

Marilyn Monroe (1926–1962)
am. Schauspielerin, 1962

Die Schönheit brauchen wir Frauen, damit die Männer uns lieben; die Dummheit, damit wir die Männer lieben.

Coco Chanel (1883–1971)
frz. Modeschöpferin

Es gibt keinen Grund für Feministinnen, sich päpstlicher als der Papst zu gebärden und zu glauben, die Schönheit des Titelgesichts von „Vogue" müsse unbedingt abgelehnt werden. Denn darum geht es nicht. Uns interessiert: Ist dieses Gesicht auf eine menschliche Weise schön? Darf es älter werden, sich verändern, verfallen, kann es positive und negative Emotionen ausdrücken, hat es auch ohne künstliche Prothesen Bestand – oder imitiert es trügerisch die völlig andersgeartete Schönheit eines unbeseelten Objektes, etwa wie Holz, das wie Metall aussehen soll?

Shulamit Firestone (*1945)
kan. Autorin, 1971

Jede Frau wird unaufhörlich und nachdrücklich darüber informiert, wie sie das, was ihr die Natur gab, „verbessern" kann, wo die Mittel zu kaufen sind, die das bewirken können, wie sie Kalorien zählt, die sie nie hätte zu sich nehmen dürfen.

Shulamit Firestone, *1970*

Das weibliche Schönheitsideal ist starken Schwankungen unterworfen, aber gewisse Erfordernisse bleiben doch konstant: Unter anderem muss der Körper der Frau, da sie dazu bestimmt ist, als Besitz empfunden zu werden, die weiche, passive Eigenschaft eines Objektes haben.

Simone de Beauvoir (1908–1986)
frz. Philosophin und Schriftstellerin, 1949

Oberstes Gebot für die Frau ist, ein Männerherz zu entzücken, und meist wird von ihnen weiter keine Tugend als die Schönheit verlangt. Es ist verständlich, dass die Sorge um ihre äußere Erscheinung für das kleine Mädchen zu einer wahren Zwangsvorstellung wird.

Simone de Beauvoir, *1949*

Die Pflege des Gesichts ist insofern typisch für die Arbeit der Frau, als sie nie ein Ende nimmt.

Mary Agnes Hamilton (1893–?)
engl. Autorin und Politikerin, 1936

Heutzutage erschöpft sich Emanzipation meist in Zigaretten und kurzen Hosen. Es gibt sogar eine Gegenbewegung gegen das Ideal intellektueller und emanzipierter Weiblichkeit, für das die Pionierinnen gekämpft und gelitten haben. Man erkennt sie an bemalten Lippen und Nägeln, der Rückkehr wehender Röcke und anderer modischer Absurditäten. Sie sind das Kennzeichen der intelligenten Gesellschaft der Sklavenfrau.

Sylvia Pankhurst (1882–1960)
engl. Sozialistin, 1928

Anmutig sein heißt in ewig lächelndes Puppengesicht zeigen. Wer keines hat, macht sich eines. Wozu gibt es denn Puder und Schminke? Wer in dieser Weise aber stets für seine Anmut sorgen muss, hat nicht viel Zeit zu anderem. Daher sind die Begleiterscheinungen dieser

Anmut meist Hohlheit und mehr oder weniger große Dummheit.

Annemarie Kopp
dt. Sportwissenschaftlerin, 1927

Weibliche Anmut bedeutet kindlich, weichlich, lieblich und tändelnd sein, sie verbietet alles Ernste und Schwere. Anmut macht das Gesicht zu einer Larve, hinter der man alles, das tiefer bewegt, verbirgt.

Annemarie Kopp, *1927*

Hat eine Frau etwas scharfe, intelligente Züge, wird man von ihr sagen, dass sie keinen Anspruch auf Anmut besitze. Solche Frauen sind aber auch die ersten, die auf diese Eigenschaft verzichten.

Annemarie Kopp, *1927*

Es lag dieser Fluch auf der Schönheit – sie kam zu leicht, sie kam zu vollendet. Sie brachte das Leben zum Verstummen – ließ es erstarren.

Virginia Woolf (1882–1941)
engl. Schriftstellerin

Ich habe keine Farbe benutzt. Ich habe mich moralisch zurechtgemacht.

Eleonore Duse (1859–1924)
it. Schauspielerin, 1922

Aber von allen weiblichen Eigenschaften die besungenste, die wesentlichste, war die Schönheit; von allen zu erlangenden Künsten war die Kunst, den Männern zu gefallen, ihre Begierden zu entflammen, die wichtigste.

Bertha von Suttner (1843–1914)
östr. Schriftstellerin und Pazifistin, 1889

Von Kindesbeinen an wird den Frauen beigebracht, die Schönheit sei ihr Zepter. Der Verstand, der sich nach dem Körper formt, streift in seinem goldenen Käfig umher und sucht nur noch, sein Gefängnis zu verschönern.

Mary Wollstonecraft (1759–1797)
engl. Philosophin, Schriftstellerin und Pionierin der Frauenbewegung, 1792

Es überrascht wohl kaum, dass Frauen sich mehr auf ihr Äußeres konzentrieren als auf das, was in ihren Köpfen vorgeht, schließlich wurde niemals viel hineingetan.

Mary Wollstonecraft, *1792*

Wie könnt ihr zufrieden sein, in der Welt zu existieren wie Tulpen in einem Garten, schön anzusehen und zu nichts zu gebrauchen.

Mary Astell (1666–1731)
engl. Philosophin, Schriftstellerin und Pionierin der Frauenbewegung, 1694

Wenn man Frauen lediglich lehrt zu tanzen, sich die Gesichter zu schminken, das Haar zu locken und bunte Kleidung zu tragen, dann ist das nicht, um Frauen zu schmücken, sondern um ihre Körper zu vergewaltigen.

Bathsua Makin (ca. 1612–1674)
engl. Pädagogin und Reformerin, 1673

Sexualität

Wie kommt es, dass die Frauen diejenigen sind, die ein ausschließlich dem sexuellen Vergnügen dienendes Organ besitzen, wo es doch angeblich die Männer sind, die nichts anderes als eben dieses Vergnügen im Kopf haben.

Natalie Angier (*1958)
am. Autorin, 1999

Seit Jahrtausenden ist für die Geschlechter Sexualität mit Macht und Gewalt verknüpft. Für die meisten Frauen verdeckten diese dunklen Schatten lange die Lust. Ihr Befreiungsschlag hat sich nun anregend auf die Frauen ausgewirkt – und lähmend auf die Männer. Vollends verwirrend ist für die Männer, dass öffentlich weiterhin das gute alte Rammel-Modell propagiert wird – privat aber das Einfach-Reinstecken schon lange nicht mehr genügt.

Alice Schwarzer (*1942)
dt. Journalistin Herausgeberin von „EMMA" und Autorin, 2000

Penetration hat wenig mit Liebe zu tun und noch weniger mit Wertschätzung. Im letzten Drittel des 20. Jahrhunderts wurden mehr Frauen tiefer und häufiger penetriert als in irgendeiner Epoche zuvor. Das Ergebnis in Großbritannien ist ein epidemisches Auftreten von Chlamydien, Genitalwarzen und Herpes, insbesondere bei Frauen zwischen 16 und 19, sowie eine Schwangerschaftsrate bei Teenagern, die nur von den USA übertroffen wird.

Germaine Greer (*1939)
austr. Autorin und Schriftstellerin, 2000

Die sexuelle Ausbeutung ist die Methode, mit der Männer Frauen zum „anderen Geschlecht" machen. Und die Objektivierung des Gegenübers zum Anderen, zur Anderen ist der erste Schritt zur Entwürdigung des Anderen. Dass dies nicht länger via Sex geschieht – das ist die Herausforderung des kommenden Jahrhunderts, wenn wir nicht noch ein weiteres Millennium damit leben wollen!

Kathleen Barry
am. Soziologin und Autorin, 1999

Das, was wir heute unter Sex verstehen, ist die Erotisierung von Frauenunterdrückung und Männerherrschaft. In diesem Zusammenhang ist auch die grausame Faszination an Pornografie und Prostitution zu verstehen, die zu Vergewaltigung und anderen Formen sexueller Gewalt gegen Frauen und Kinder führt.

Sheila Jeffreys
engl. Politikwissenschaftlerin und Autorin, 1999

Doch solange es als befriedigend gilt, die Sexualität und sogar die Liebe auf der Lust an weiblicher Ungleichheit zu begründen, wird es keine wirkliche Gleichheit oder Freiheit für Frauen geben.

Sheila Jeffreys, *1999*

Das Modell für den Sex der sexuellen Revolution war die Prostitution. In Reaktion auf dieses Sexmodell versuchten Feministinnen in den Sechziger und Siebzigern, ein neues Verständnis der Sexualität zu entwickeln, das mit Gleichberechtigung und Menschenwürde vereinbar ist. Feministinnen kritisierten das männliche Modell des aggressiven, penisorientierten, zielfixierten, penetrierenden, erniedrigenden Sexualakts.

Sheila Jeffreys, 1999

Ob Frauen zu Hause oder am Arbeitsplatz eines Tages gleichberechtigte Beziehungen zu Männern wirklich leben können, hängt mit von der Abschaffung sexueller Gewalt gegen Frauen ab und von der Herausbildung einer Sexualität der Gleichberechtigung. Oder, um es mit Simone de Beauvoir zu sagen: von der Erotisierung der Gleichheit (statt des Unterschieds).

Sheila Jeffreys, 1999

Wir müssen wieder darüber nachdenken und darüber diskutieren, wie eine solche gleichberechtigte Sexualität aussehen könnte. Solange wir sie uns nicht einmal vorstellen können, wie sollen wir sie da jemals erlangen?

Sheila Jeffreys, 1999

Die Feministinnen sind nicht – und waren niemals – gegen das sexuelle Vergnügen. Das Patriarchat ist – und war immer – gegen das sexuelle Vergnügen der Frau.

Phyllis Chesler (*1941)
am. Psychologin und Autorin, 1997

Sind Penisse so etwas Schönes? Man hat ja im Laufe seines Lebens einige gesehen.

Margarete Mitscherlich (*1919)
dt. Psychoanalytikerin und Autorin, 1998

Ich habe doch alle schon im Bett gehabt: Zehnkämpfer, Bodybuilder und Gewichtheber. Bei solchen Typen hat man nur viel Arbeit und absolut keinen Spaß.

Domenica (*1930)
Hamburgs bekannteste Prostituierte

Der Liebesakt ist für den Mann nicht mehr als Masturbation in der Vagina der Frau.

Germaine Greer (*1939)
austr. Schriftstellerin

Inzwischen haben sich die Zeiten ja geändert. Frauen können genauso gut anbaggern wie Männer. Trotzdem haben viele Männer Potenzprobleme, wenn Frauen ihnen zwischen die Beine fassen und sagen: „Ich will mit dir schlafen."

Hella von Sinnen (*1959)
dt. Komikerin und Fernsehmoderatorin, 1992

Freiheit ist unteilbar. Es ist nicht möglich, etwa in der Sexualität, kleine Bereiche der Un-Freiheit zu bewahren.

Sheila Jeffreys
engl. Politikwissenschaftlerin und Autorin, 1990

Die männliche Sexualität bedarf der Erneuerung, um die Verknüpfung von Macht, Aggression und sexueller Lust zu lösen.

Sheila Jeffreys, 1990

Sex ist nur deshalb heilig, weil ihm in der von Dominanz und Unterwerfung bestimmten Beziehung zwischen Männern und Frauen die Rolle eines heiligen Rituals zukommt.

Sheila Jeffreys, 1990

Es ist schwer vorstellbar, welchen Ausdruck die weibliche Lust auf den Mann finden würde, wenn es jenes erotisierte Machtgefälle nicht gäbe, das heute für Spannung zwischen den Geschlechtern sorgt.

Sheila Jeffreys, 1990

Wenn Sex die natürlichste Sache der Welt ist, warum gibt es dann so viele Ratgeber darüber?

Bette Midler (*1945)
am. Schauspielerin und Sängerin

Ich frage mich, warum hinsichtlich der Sexualität alles so sportlich geworden ist.

Hildegard Knef (1925–2002)
dt. Schauspielerin, Autorin und Sängerin

Erotik und Intelligenz müssen nicht unbedingt Feinde sein.

Hildegard Knef

Heute ist Sexualität noch immer für Frauen eher Fessel als Entfesselung. Wie eine wirklich befreite Sexualität (in einem wirklich freien Leben) sein wird, darüber sind Spekulationen müßig. Ein wenig ahnen es die, die sich bereits ein Stück erotischer Freiheit erkämpft haben.

Alice Schwarzer (*1942)
dt. Journalistin, Herausgeberin von „EMMA" und Autorin, 1989

Wir waren nie und sind nicht der Auffassung, dass Penetration keinen Spaß machen darf. Wir haben lediglich darauf aufmerksam gemacht, dass dies nicht der einzige Spaß und, rein körperlich, für Frauen sicherlich auch nicht immer der Hauptspaß ist!

Alice Schwarzer, *1989*

Warum der Koitus in der Männergesellschaft trotzdem so mystifiziert wurde, liegt auf der Hand: Er ist das Privileg von Männern. Er ist in unserer Kultur darum auch zum männlichen Akt per se stilisiert worden und er liefert Frauen, ganz nebenbei, permanent der Ungewissheit einer ungewollten Schwangerschaft aus (oder zwingt sie zur Verhütung). Dabei ist er nur für eines unentbehrlich: für die Zeugung eines Kindes. Für die Erzeugung von Lust ist er oft eher hinderlich. Zumindest für Frauen.

Alice Schwarzer, *1989*

Sexualität ist Gewalt. Aber das wissen nur die Frauen. Das wissen die Männer nicht. Heterosexualität ist heute eben auf den öden Gebrauch reduziert, den ein Mann von einer Frau macht.

Elfriede Jelinek (*1946)
östr. Schriftstellerin, 1989

Wohlgeordnete Knechte, stehen sie vor ihren Geschlechtswürsten und hauen mit dem Besteck auf den Tisch, dass ihnen schneller ein Loch serviert werde, in das sie sich verziehen können, nur um wieder, noch gieriger geworden, aufzutauchen und neuen Unbedürftigen ihre Gastfreundschaft anzutragen. Sie muss sich öffnen für den Expresszug, der daherdonnert. So steht die Frau still wie eine Klomuschel, damit der Mann sein Geschäft in sie hineinmachen kann.

Elfriede Jelinek, *1989*

Dieses zwanghafte Koitieren der Männer hat wenig mit Lust und viel mit Macht zu tun.

Alice Schwarzer (*1942)
dt. Journalistin, Herausgeberin von „EMMA" und Autorin, 1988

Wirkliche Erotik kann sich nur entwickeln, wenn zwei sich gleichberechtigt gegenüberstehen, wenn also Gegenseitigkeit, Umkehrbarkeit, Überraschung und Risiko möglich sind.

Alice Schwarzer, *1988*

Selbstbefriedigung ist klasse: Du musst ihm morgens keinen Kaffee kochen und nicht mit ihm Fußball schauen.

Graffiti

Man sollte meinen, Geschlechtsverkehr sei Privatsache. Falsch. Es ist ein gesellschaftlicher Akt. In der Sexualität ist der Mann der Jäger. Die Frau manipuliert mit Sexualität. Wenn zwei Individuen zusammenkommen und ihre Geschlechterrollen draußen vor der Schlafzimmertür lassen, dann machen sie Liebe. Wenn sie ihre Geschlechterrollen mit hineinnehmen, wird etwas ganz anderes daraus, denn dann ist die gesamte Gesellschaft mit ihnen im Zimmer.

Andrea Dworkin (*1946)
am. Soziologin, Autorin und Schriftstellerin

Ist das eigentliche Thema nicht vielmehr die uns Frauen aufgezwungene Heterosexualität, die den Männern das Recht auf körperlichen, ökonomischen und emotionalen Zugang zu uns sichern soll.

Adrienne Rich (*1929)
am. Schriftstellerin, 1980

Die Behauptung einer selbstverständlichen weiblichen Heterosexualität scheint mir per se bemerkenswert: Es ist eine ungeheuerliche Behauptung, die sich da still und leise in die Grundlagen unseres Denkens eingeschlichen hat.

Adrienne Rich, 1980

Eine Art, mit unehrlicher Sexualität umzugehen, ist, sie zu sentimentalisieren; daraus eine Art laute „heitere Nostalgie" zu machen; dies ist vielleicht die regressivste, krankhafteste Dichtung, die sich schreiben lässt; und sie wird häufig von Dichtern geschrieben, die als politisch und ästhetisch radikal gelten.

Adrienne Rich

Erotik ist jedoch eine Quelle erfüllender und provozierender Macht für diejenige Frau, die ihre Offenbarung nicht fürchtet und auch nicht dem Glauben erliegt, mit dem Gefühl der Erregung sei es getan, Erotik ist ein Maß der beginnenden Wahrnehmung unserer selbst im Chaos unserer stärksten Gefühle. Sie ist eine Empfindung innerer Befriedigung, von der wir – wenn wir sie einmal erlebt haben – wissen, dass wir sie anstreben können.

Audre Lorde (1934–1992)
am. Schriftstellerin, 1978

Sadomasochismus ist die institutionalisierte Feier dominant/untergeordneter Beziehungen und er macht uns bereit, entweder Unterordnung zu akzeptieren oder Dominanz geltend zu machen. Zu bejahen, dass die Ausübung von Macht über Machtlosigkeit erotisch ist, und sei es auch nur im Spiel, heißt die Bühne bereiten, auf der diese Beziehung politisch, sozial und ökonomisch fortgesetzt wird. Sadomasochismus nährt den Glauben, dass Herrschaft unausweichlich ist.

Audre Lorde

Ich toleriere ihre Veranlagung,
gnädige Frau, – aber dass Sie
sich zu Männern hingezogen fühlen,
ist Ihre Privatangelegenheit.

Christa Reinig (*1926)
dt. Schriftstellerin

Sexualität ist der Angelpunkt der Frauenfrage. Sexualität ist zugleich Spiegel und Instrument der Unterdrückung der Frauen in allen Lebensbereichen. Hier liegen Unterwerfung, Schuldbewusstsein und Männerfixierung von Frauen verankert. Hier steht das Fundament der männlichen Macht und der weiblichen Ohnmacht.

Alice Schwarzer (*1942)
dt. Journalistin, Herausgeberin von „EMMA" und Autorin, 1975

Die Klitoris ist das weibliche Pendant zum männlichen Penis, sie ist das erotische Zentrum des weiblichen Körpers.

Alice Schwarzer, 1975

Nur der Mythos vom vaginalen Orgasmus (und damit von der Bedeutung der Penetration) sichert den Männern das Sexmonopol über Frauen. Und nur das Sexmonopol sichert den Männern das private Monopol, das das Fundament des öffentlichen Monopols der Männergesellschaft über Frauen ist.

Alice Schwarzer, 1975

Im Namen der Liebe werden Frauen ausgebeutet. Darum ist Sexualität nicht privat, sondern politisch. Und darum ist die ausschließliche Heterosexualität ein entscheidendes Machtmittel der Männer im Geschlechterkampf. Wenn jedoch Frauenliebe für Männer kein selbstverständliches Privileg mehr ist, werden sie sich anstrengen müssen. Um mithalten zu können, müssten sie sich umstellen. „Ihn einfach reinstecken" ist dann kein lebensfüllendes Programm mehr. Darum, und aus keinem anderen Grund, klammern sie sich so an ihren kleinen Unterschied.

Alice Schwarzer, 1975

Die Wahrheit ist, dass die angebliche Überlegenheit des männlichen Spielzeugs das Ergebnis einer jahrtausendelangen Werbekampagne zugunsten des männlichen Geschlechtsorgans ist.

Benoîte Groult (*1920)
frz. Schriftstellerin, 1975

Genau wie die Propagandisten eines neuen Waschmittels haben sich die Urheber der Penisanbetung seit eh und je damit abgemüht, die Überlegenheit ihrer Ware zu beweisen, und als gute Werbeleute haben sie nie gezögert, Unsinn von sich zu geben. Während der Phallus als Leitstern der Menschheit glorreich besungen und in Stein gehauen wurde, blieb sein Ergänzungsorgan Jahrhunderte lang unerwähnt, ja, es wurde ein absolutes Tabu daraus gemacht, entweder durch Ekel oder durch tugendhafte Unkenntnis, und das Verbot war so wirksam, dass – bis in die letzten Jahrhunderte – kein Bildhauer unserer Kultur am weiblichen Unterleib auch nur eine simple Ritze angebracht hat.

Benoîte Groult, 1975

Die „sexuelle Revolution" ist in Wirklichkeit nur eine Erweiterung der Vergewaltigungspolitik, eine neue Moral falscher Freiheit, die den Frauen aufgedrängt wurde. Man gab ihnen die Freiheit, das zu sein, was sie schon immer waren: Sexobjekte. Der Unterschied liegt schlicht und ergreifend darin, dass die Frau nun unter dem gesellschaftlichen Druck steht, jedem Mann, der ihr mit einem kurzen, prüfenden Blick sein Interesse signalisiert, sexuell zur Verfügung zu stehen, eine nicht-professionelle Hure zu sein.

Mary Daly (*1928)
am. Philosophin, Theologin und Schriftstellerin, 1973

Ein Sexsymbol ist ein Ding. Ich hasse es, ein Ding zu sein.

Marilyn Monroe (1926–1962)
am. Filmschauspielerin

Wenn wir nicht wollen, dass die sexuelle Befreiung ein Ziel ohne Sinn wird, müssen wir die Sexualität selbst neu definieren. Denn weder die sexuelle Betätigung an sich noch vermehrte Erfahrungen sind befreiend. Eine wirklich befreiende Ethik muss das Dogma der Vorrangigkeit der Heterosexualität verwerfen. Eine nichtrepressive Gesellschaft, eine Gesellschaft, in der die Frauen subjektiv und objektiv den Männern gleich sind, wird zwangsläufig eine „androgyne" Gesellschaft sein.

Susan Sontag (*1933)
am. Schriftstellerin, 1972

Es wäre ein Sieg ohne große Bedeutung, würde man erreichen, dass die Frauen nicht mehr unter der Verurteilung des Ausdrucks ihrer Lust leiden – solange diese Möglichkeit, ihr Leben zu leben, nicht gleichzeitig die Liebesbeziehungen ändert, in denen die Frau immer noch das Opfer ist.

Susan Sontag, *1972*

Ich denke, dass extreme Heterosexualität eine Perversion ist.

Margaret Mead (1901–1978)
am. Anthropologin und Autorin

Der Liebesakt ist des Mannes letzter verzweifelter Versuch, seine Übermacht aufrechtzuerhalten.

Bette Davis (1908–1989)
am. Filmschauspielerin

Die einzige Möglichkeit, Gleichberechtigung und Fortschritt sowohl im Zwischenmenschlichen als auch in Liebesbeziehungen zu erreichen, liegt im Ausdruck der bisexuellen Natur jedes Mannes und jeder Frau.

Charlotte Wolff (1897–1986)
dt. Psychologin, 1971

Was ist Sex doch für eine primitive Angelegenheit. Wenn eine Frau nur auf Sex zielt, braucht sie sich nur einen Sack überzustülpen und drei Löcher hineinschneiden; man weiß schon wo.

Coco Chanel (1883–1971)
frz. Modeschöpferin

Wir müssen die Sexualität vom Tauschhandel zwischen Mächtigen und Ohnmächtigen, Herrschern und Beherrschten, sexuell und asexuell befreien, damit sie zu einer Kommunikationsform zwischen starken, sanften, zärtlichen Menschen werden kann.

Germaine Greer (*1939)
austr. Autorin, 1971

Sexuelle Leidenschaft schließt immer ein tiefes und verletzliches Erkennen und Erkanntwerden ein – das heißt, sexuelle Intelligenz.

Robin Morgan (*1941)
am. Autorin und Journalistin, 1970

Die männliche Gesellschaft bestand darauf, jenen Konflikt und Wettbewerb, der ihr Verhältnis zu unserem ganzen Planeten bestimmt, auch auf die Sexualität zu übertragen. Ob im Schlafzimmer, in der Vorstandssitzung oder am internationalen Konferenztisch, überall waren und sind Abgetrenntsein, Unterscheidung, Opposition, Ausschluss, Antithese Ursprung und Ziel männlicher Machtpolitik.

Betty Roszak
Mythologin und Autorin, 1969

Patriarchalische Gesellschaften verbinden – und das ist typisch – oft Grausamkeit mit Sexualität, wobei Sexualität meist mit dem Bösen und mit Macht gleichgesetzt wird.

Kate Millett (*1934)
am. Schriftstellerin undKünstlerin, 1969

Die Anerkennung der Klitoris als das wichtigste sexuelle Organ der Frau würde die heterosexuelle Institution bedrohen.

Anne Koedt
am. Autorin, um 1969

Anstatt unsere eigene Biologie zu untersuchen, werden wir von Männern mit dem Mythos von der „befreiten Frau und ihrem vaginalen Orgasmus" gefüttert, einem Orgasmus, der in Wirklichkeit gar nicht existiert.

Anne Koedt, *um 1969*

Zärtlichkeit beweist mehr als das leidenschaftlichste Lippenbekenntnis.

Marlene Dietrich (1901–1922)
dt. Schauspielerin und Sängerin, 1962

Ich glaube auch, dass Bisexualität für künstlerisches Tun fast notwendig ist.

Käthe Kollwitz (1867–1945)
dt. Graphikerin und Bildhauerin

Kein sexuelles Schicksal bestimmt das Leben eines Individuums. Im Gegenteil, seine Erotik ist Ausdruck seiner Gesamthaltung gegenüber der Existenz.

Simone de Beauvoir (1908–1986)
frz. Philosophin und Schriftstellerin, 1949

Dass die Frau sexuell zu kurz kommt, damit haben sich die Männer ganz bewusst abgefunden.

Simone de Beauvoir, *1949*

Sehr viele Frauen werden tatsächlich Mütter und Großmütter, ohne jemals die Lust oder auch nur die Erregung gekannt zu haben.

Simone de Beauvoir, *1949*

Grün wie Eunuchen sind deine Begierden,
Zischend fallen sie über meine Sünden her.
Fort mit dir, glitschiger Tentakel!
Es ist nichts zwischen uns.

Sylvia Plath (1932–1963)
am. Schriftstellerin

Die drastischste Form weiblicher Sexualität ist ihr Nichtvorhandensein. In dieser Abwesenheit einer natürlichen Funktion erscheinen gesammelt und kombiniert: die Stellung der Frau zum Mann, des Mannes zur Frau, der Kultur zur Sexualität, der Frau zur Sexualität und der Frau zu sich selbst.

Alice Rühle-Gerstel (1894–1943)
dt. Psychologin, 1932

So wirkt die sexuelle Gebundenheit der Frau beim Manne sexuell anregend, bei der Frau aber, sobald sie sich ihrer erst einmal als eines Minus bewusst geworden ist, sexuell lähmend. Umgekehrt wirkt die sexuelle Emanzipation der Frau auf die Frau sexuell anregend, auf den Mann aber sexuell lähmend. Und je mehr der Mann sich sexuell gehemmt fühlt durch die wachsende Enthemmung der Frau, um so weniger kann er ihr als Starker gegenübertreten und den alten Zustand erhalten oder wiederherstellen.

Alice Rühle-Gerstel, *1932*

Die Norm der Sexualität wird von Männern aufgestellt. Jahrtausendelang hatte das Weib schweigen gemusst. Die fügsame, die stillhaltende, die passiv beglückte Frau, das war – und ist zum großen Teil heute noch – das sexuelle Ideal des Mannes. Die sexuellen Beziehungen waren so lange in Ordnung, als die Geschlechter ihre sexuelle Rollenverteilung bejahten: der Mann der sexuell Aktive, Obere, Starke. Die Frau die sexuell Passive, Untere, Schwache.

Alice Rühle-Gerstel, *1932*

Wenn es denn stimmt – und das bezweifle ich stark – dass Männer weniger Selbstbeherrschung besitzen als Frauen, zumindest wenn diese die richtige Erziehung genossen haben, wenn sich körperliche Bedürfnisse und moralische Maßstäbe der Geschlechter tatsächlich so sehr voneinander unterscheiden, dann – und ich spreche hier für Tausende von Frauen überall auf der Welt – müssen die Männer eine Möglichkeit finden, die Bedürfnisse ihres Geschlechts zu befriedigen, ohne dabei das unsere zu erniedrigen.

Emmeline Pankhurst (1858–1928)
bekannteste engl. Suffragette, 1913

Die Sexualität ist nur ein Aspekt der Frau – ein Aspekt, dem eine unangemessen große und übertriebene Beachtung in ihrem Leben zukommt, was darin begründet ist, dass sie es ihr so viele Generationen lang ermöglichte, ihren Lebensunterhalt zu bestreiten. Im Hinblick auf die Sexualität scheint es fast so, als sei die Beziehung des Mannes zur Frau ganz und gar darauf ausgerichtet, es ihr unmöglich zu machen, ihm die Befriedigung seiner Lust zu verweigern, und ihr jeden möglichen Fluchtweg abzuschneiden.

Cicely Hamilton (1872–1952)
engl. Schauspielerin und Dramaturgin, 1909

Die Frau muss als freie Persönlichkeit Herrin ihres eigenen Körpers sein.

Helene Stöcker (1869–1943)
dt. Philosophin, Herausgeberin von „Mutterschutz" und Pazifistin, 1905

Klarer zeigt sich doch vielleicht nirgends die ganze Brutalität menschlicher Zustände als auf sexuellem Gebiet.

Helene Stöcker, *1906*

Die einzigen vom Staat offiziell anerkannten Formen des heutigen Sexuallebens sind die Ehe und die reglementierte Prostitution. Der Staat hat dabei nur auf die Bedürfnisse des Mannes Rücksicht genommen, und die wirtschaftlich unselbständige oder schwächere Frau entweder zur Askese oder zur geschlechtlichen Ausnutzung verurteilt.

Helene Stöcker

Man muss es sich einmal klarmachen, was es bedeutet, dass bisher sowohl in der Ehe wie in der Prostitution, wie in den meisten sogenannten „Verhältnissen" das sexuelle Leben mit dem Gelde verquickt ist. Fast immer war die Frau der abhängige Teil. Es ist nicht schwer zu begreifen, wie das alles herabzieht und gemein machen muss. Daher die Notwendigkeit der Berufstätigkeit der Frau.

Helene Stöcker, *1905*

Nur auf einem Gebiete herrscht noch, fast ungebrochen, Faustrecht. Es ist das geschlechtliche. Hier werden die unentbehrlichsten Rechtsgrundsätze dauernd mit Füßen getreten: Hier herrscht Geschlechtsjustiz, hier gibt es von vornherein zwei Maße, hier strebt das Gesetz dahin, dem Mann die Verantwortung für seine Taten gänzlich abzunehmen, hier wird ein gemeinsam begangener Akt nur an einem der Beteiligten geahndet, wird der Starke gegen den Schwachen, der Angreifer gegen die Angegriffenen, der Schädiger gegen die Geschädigten geschützt.

Käthe Schirmacher (1865–1930)
dt. Schriftstellerin und Politikerin, 1905

Ihr die geschlechtliche Beschränkung. Dem Mann hingegen die geschlechtliche Freiheit. Ich stehe sprachlos vor diesem Meisterstück der Logik. An beide Geschlechter müssen die gleichen sittlichen Forderungen gestellt werden.

Käthe Schirmacher, *1905*

Der Mann verliert bei jedem Koitus eine ganz gewaltige Quantität seiner Intelligenz.

Maxie Freimann
dt. Autorin, 1905

Das sexuelle Ausbeutertum – das ist die tiefe, die letzte Ursache, weshalb man das Weib schwach, krank und arbeitsunfähig machte, weshalb man dem Weibe seine Menschenrechte, seine Freiheit und sein Recht auf freie Arbeit und seine Pflicht zur freien Arbeit vorenthält.

Johanna Elberskirchen (1857–1937)
dt. Schriftstellerin, 1898

Der angebliche Unterschied in der Qualität des Sexualtriebes zwischen Mann und Weib ist ganz offenbar das Produkt der Verhältnisse. Tatsächlich kann er ja gar nicht vorhanden sein. Die doppelte Sexualmoral bzw. die doppelte Sexualpraxis hat diesen Unterschied geschaffen. Sie ist die Ursache des angeblichen Unterschieds. Und nicht: dieser Unterschied Ursache der doppelten Moral.

Johanna Elberskirchen, *1903*

Hören wir auf doch, dem Weibe zu nehmen, anzutasten, zu beflecken, was des Weibes ist: seinen Sexualtrieb. Umkleiden wir doch nicht diese einfache, natürliche Sache mit bombastischen Phrasen, mit unnatürlichem, widerlichem, weil unwahrem Wust. Lassen wir doch diesem Triebe alle Größe und Natürlichkeit.

Johanna Elberskirchen, *1903*

Die sexuelle Uranlage ist bei beiden Geschlechtern ein und dieselbe, d.h. das weibliche und männliche Geschlecht entwickelt sich aus Organen, die beide gemeinschaftlich haben.

Johanna Elberskirchen, *1904*

Mit der Lösung der Sittlichkeitsfrage steht und fällt das ganze Menschengeschlecht.

Minna Cauer (1842–1922)
dt. Autorin und Herausgeberin von „Die Frauenbewegung", 1898

Es besteht nur ein Sittengesetz, und das ist für beide Geschlechter dasselbe.

Gertrud Guillaume-Schack (1845–1903)
dt. Sozialistin und Herausgeberin von „Die Staatsbürgerin"

Sexuelle Freiheit bedeutet: Die Abschaffung der Prostitution innerhalb und außerhalb der Ehe. Die Befreiung der Frau von der sexuellen Sklaverei und ihre Kontrolle über den eigenen Körper. Das Ende der finanziellen Abhängigkeit vom Mann, damit Frauen sich nichts mehr durch sexuellen Liebesdienst erkaufen müssen.

Victoria Woodhull (1838–1927)
am. Journalistin, Bankerin und erste Kandidatin für die am. Präsidentschaft, 1874

Eine Ehefrau, die sich gegen ihren Wunsch oder ihr Verlangen ihrem Mann hingibt, begeht Selbstmord. Der Mann, der sie dazu zwingt, begeht Mord.

Victoria Woodhull, *1873*

Was auf dem Gebiete der geschlechtlichen Beziehungen straflos an den Frauen gesündigt wird, ist unglaublich und schmachvoll für die menschliche Gesellschaft.

Hedwig Dohm (1833–1919)
dt. Philosophin und Schriftstellerin, 1876

... vorzugsweise bei Frauen dieses Verlangen durch eine naturwidrige Erziehung, durch moralische Daumenschrauben und durch die raffinierteste Austötungsmaxime unterdrückt, geschwächt, überfirnisst ist, uns zur Annahme verleiten lassen, die Liebe der Frauen lasse sich auf Kommando hier erwecken, dort im Schach halten, hier mit einer Stelle, einer Versorgung erkaufen, dort mit einer äußeren Notwendigkeit bannen, kurz, man könne sie nach Belieben bald soundso viel Grad Wärme entwickeln lassen, bald unter den Gefrierpunkt schrauben.

Louise Dittmar (1807–1884)
dt. Philosophin und Herausgeberin von „Soziale Reform", 1849

Die Nichtachtung des Weibes, ihre gesellschaftliche Unterdrückung, hängt aufs engste mit der Nichtachtung der Sinne zusammen.

Louise Dittmar, *1849*

Was heftige Leidenschaft betrifft, bin ich überzeugt, dass sie kein wünschenswertes Gefühl ist. Zum ersten wird sie selten oder nie ihren Lohn finden; und zweitens, wenn dies der Fall sein sollte, wird das Gefühl nicht dauerhaft sein.

Charlotte Brontë (1816–1855)
engl. Schriftstellerin

Die Männer in ihrer Lust haben lange genug die gesamte Frage des Geschlechtsverkehrs bestimmt.

Elizabeth Cady Stanton (1815–1902)
am. Abolitionistin, Autorin und Pionierin der Frauenbewegung

Solange die körperliche Liebe die bevorzugte Art der Entspannung für den Mann ist, wird er danach streben, die Frau zu versklaven.

Mary Wollstonecraft (1759–1797)
engl. Philosophin, Schriftstellerin und Frauenrechtlerin, 1792

Sport

Damentennis ist langweilig. Ich kann auch die Männer schlagen.

Serena Williams
am. Tennisspielerin, 2002

Ich hab es immer gewusst, dass ich die Weltbeste bin.

Venus Williams
am. Tennisspielerin, 2002

Ich bin groß, ich bin schwarz und ich bin anders.

Venus Williams, *2002*

Wir [die Tennis-Community] schauen nicht auf Hautfarbe, sexuelle Orientierung oder ob du aus einem kommunistischen oder kapitalistischen Land kommst. Wir sehen eine neue Spielerin und sagen: Mein Gott, die hat ja eine tolle Vorhand!

Martina Navratilova (*1956)
tschech.-am. Tennisspielerin, 2002

Wir sind schon lange fit, gegen die Männer zu spielen.

Martina Navratilova, *2002*

Wir Spielerinnen waren eigentlich immer schon fit genug, fünf Sätze zu spielen – und wir wollten das auch. Aber die Leute, die im Tennis das Sagen haben, hatten was dagegen. Das war eben dieses alte, beschissene Vorurteil, dass Frauen zart und zerbrechlich sind und nicht die gleiche Ausdauer haben wie Männer – wir wissen ja inzwischen, dass das Gegenteil der Fall ist.

Martina Navratilova, *2002*

Die Sportlerinnen posieren wieder nackt und provozierend. Ich glaube, diese Athletinnen nehmen sich selbst nicht ernst. Sie sagen eben nicht: „Hey, ich bin eine großartige Sportlerin mit tollen Fähigkeiten, und ich will, dass ihr mich deswegen anschaut!" Okay, wenn ihr schön seid, zeigt das ruhig. Aber lasst euch nicht sexualisieren!

Martina Navratilova, *2002*

[Es ist] der neueste Gag in Herrenmagazinen, Sportlerinnen auszuziehen. Der moderne Mann begnügt sich nicht mit der Erniedrigung der schwachen Frau, er will die starke Frau in die Knie zwingen – und die macht dabei auch noch mit, manchmal. Denn sie ist verunsichert vom Gerede über die Mannweiber im Sport und will, bei aller Sportlichkeit, doch auch so gern eine „richtige" Frau sein. Was immer das sein mag.

Alice Schwarzer (*1942)
dt. Journalistin, Herausgeberin von „EMMA" und Autorin, 2001

Ich will als Rennfahrerin berühmt werden und nicht mit Oben-ohne-Fotos.

Katja Poensgen (*1976)
dt. Motorrad-Rennfahrerin, 2001

Die vielen sportlich aktiven Mädchen, die heute in den sogenannten Männersportarten Hervorragendes leisten, verändern ihre eigene Lebenseinstellung grundlegend. Und das kann ihnen niemand nehmen. Diese Mädchen sind freie Menschen. Sie stehen mit beiden

Füßen fest auf dem Boden, sie klettern in die Höhe, sie trauen sich etwas zu.

Gerda Lerner (*1920)
am. Historikerin und Autorin, 2000

Algerien ist nicht das einzige Land, in dem Sport für Frauen tödlich sein kann. In Saudi-Arabien ist Frauen das Sporttreiben – wie das Autofahren und Wählen – streng verboten. Im Iran dürfen sie keine Sportkleidung, sondern müssen selbst beim Sport den Tschador tragen, Frauenwettkämpfe dürfen nur von Frauen besucht werden.

EMMA, *2000*

Die Geschlechter-Apartheid existiert auch immer noch für die völkerverbindenden Olympischen Spiele: 1992 traten in Barcelona 35 Länder ganz ohne Frauen an, 1996 waren es in Atlanta immer noch 29. Auch bei der ersten Olympiade im neuen Jahrtausend werden etliche Staaten – darunter Saudi-Arabien, Sudan oder Niger – mit reinen Männermannschaften in Sydney antreten.

EMMA, *2000*

Ich bin nicht nur so stark wie Dad, ich bin auch so schön wie er. Ich will unbedingt Weltmeisterin werden!

Laila Ali
am. Boxerin, Tochter von Muhammad Ali, 1999

Mir war die selbstverständliche Annahme, dass Mädchen langsamer zu sein hätten als Jungen, verhasst.

Dawn Frazer
austr. Schwimmerin und Goldmedaillengewinnerin

Eine Athletin muss jedoch nicht unbedingt erfolgreich in der sogenannten Männersportart sein, um die bestehende Ordnung ins Wanken zu bringen. Es reicht, wenn sie sie ausübt. Blumenkohlohren, gebrochene Nasenbeine und zusammengeflickte Oberschenkel sind „weiblicher Schönheit" nämlich sehr, sehr abträglich. Und Boxerinnen, Stierkämpferinnen und Rennfahrerinnen setzen sich freiwillig dem Risiko der Verunstaltung ihres konsumierbaren Bodys aus – und verstoßen damit gegen das Diktat der Körperkontrolle. Das erwartet, dass das Leben keinerlei Spuren auf Frauenkörpern hinterlässt.

Claudia Thomsen, *1998*

25 Jahre Fußball im DFB sind 25 Jahre Widerstand.

Monika Koch-Emsermann
dt. Fußballtrainerin, früh. Herausgeberin der Frauenfußball-Zeitschrift „Dieda", 1995

Wer weiß schon, dass Frauenfußball mit 20 Millionen Aktiven die beliebteste Frauen-Teamsportart der Welt ist?

Beate Fechtig (*1965)
dt. Sportjournalistin, 1995

Wenn eine Sportlerin, die an Aids erkrankt ist, zugeben würde, dass sie mit Hunderten von Männern zusammen war, würde man sie als Schlampe beschimpfen und die Verbände würden sie fallen lassen wie eine heiße Kartoffel.

Martina Navratilova (*1956)
(als Reaktion auf die zahlreichen Sympathiebekundungen für den Aids-infizierten Baseball-Star Magic Johnson)
tschech.-am. Tennisspielerin, 1991

Athletisch zu sein halte ich nicht für unweiblich. Es ist für mich eine Form der Anmut.

Jackie Joyner-Kersee (*1962)
am. Olympia-Athletin, 1988

Frauen können großartige Sportlerinnen sein. Und ich glaube, wir werden es noch erleben, dass die Athletinnen kommender Jahrzehnte endlich die Aufmerksamkeit erhalten werden, die sie verdienen.

Billie Jean King (*1943)
am. Tennisspielerin

Wenn wir dahin kommen, dass Sportlerinnen sich ihre Dates genauso leicht aussuchen können wie Sportler, dann haben wir einiges erreicht.

Billie Jean King, *1982*

Wenn Frauen in der Sportberichterstattung vorkommen, müssen sie mindestens einen doppelt so hohen Nachrichtenwert haben wie ein Mann.

Ursula Voigt
Leiterin der Abteilung Frauensport im Deutschen Sportbund, 1985

Und wenn dann über Frauen berichtet wird, werden ganz andere Kriterien angelegt als an Männer: Da ist dann eben von „knackigen Mädchen" und „schönen Kindern" die Rede, von „Prinzessinnen", „Dornröschen" und „Püppchen", es wird geschwärmt von „Grazie", „Rasse" und „schmalen Schultern", von „langem Blondhaar", „Anmut!" und „Sex-Appeal".

Ursula Voigt, *1985*

Kleine Mädchen werden zu anderen Spielen ermuntert als keine Jungen, sie lernen andere Sportarten, und ihnen werden besonders von den Massenmedien andere sportliche Vorbilder – z.B. Eislaufstars –, den Jungen dagegen Fußballspieler angeboten.

Gertrud Pfister
dt. Sportwissenschaftlerin 1980

Da Frauen in erster Linie nach ihrer physischen Attraktivität beurteilt werden, war es für sie (Wettkämpferinnen) nicht einfach, sich mit derartigen Vorwürfen auseinander zu setzen, die von Massenmedien mit dem Slogan „scharfer Sport macht scharfe Züge" verbreitet wurden. Daran hat sich bis heute nichts geändert: bei Frauen stößt das Aussehen oft auf größeres Interesse als die Leistung, auf positives, wenn sie jung und hübsch sind, auf negatives, wenn sie nicht den gängigen Schönheitsnormen entsprechen.

Gertrud Pfister, *1980*

Es ist so bezeichnend, dass der Mann die Anmut fordert. Er will also, dass die Frau für ihn Sport treibe, damit er ein angenehmes Schauspiel habe, damit er sich an ihren Bewegungen und an ihrem Körper freuen kann.

Carla Verständig
dt. Universitäts- und Sportlehrerin, 1930

Und so ist die Bewegung auf dem Gebiete des Frauensports und Frauenturnens ein Kampf um Frauenrechte gegen den Mann. Dem Mann zu zeigen: Was du kannst, kann ich auch!

Carla Verständig, *1928*

Die heute als sicher festgestellten sexuellen Unterschiede im Körperbau sind so geringfügig, dass sie eine verschiedene Art von Leibesübungen nicht rechtfertigen.

Alice Profé (1867–1956)
dt. Ärztin und Sportlerin, 1928

Es gibt keinen weiblich gebauten und weiblich arbeitenden Muskel, der in ganz besonderer Weise auf die Anstrengungen durch Leibesübungen antwortet; es gibt kein anders geartetes weibliches Blut, keine weibliche Atmung, die besonders zu schwunghaften Übungen befähigt.

Alice Profé, *1928*

So wenig die Frauen anderes essen als die Männer, um zu Kräften zu kommen, so wenig brauchen sie zu ihrer Kräftigung eine andere Art und einen anderen Betrieb von Leibesübungen.

Alice Profé, *1928*

„Du musst nicht springen wie ein Mann, sondern wie ein Mädchen!" wurde einer Turnerin von einem Lehrer zugerufen, der auf „weibliche Eigenart" bedacht war. Was soll das heißen! Sind etwa die Gräben und Hecken draußen in der Natur eingeteilt in solche für Männersprünge und solche für Frauensprünge?

Alice Profé, *1928*

Einen Rat möchte ich denen, die bei der Frauenertüchtigung mitarbeiten wollen, geben: Glaube nicht jeder zu wissen und bestimmen zu können, was weiblich sei, was der Frau und ihrer Eigenart zu kommen und was nicht.

Alice Profé

Woher kommt es denn nun, dass der Wettkampf der Frau nicht nur von Männern, sondern auch von Frauen bekämpft wird? Er bringt die Freude am Kräftemessen und an der Kraft überhaupt.

Annemarie Kopp
dt. Sportwissenschaftlerin, 1927

Sport schafft einen neuen Begriff von Weiblichkeit. Diese Weiblichkeit heißt nicht mehr Weichlichkeit, sondern heißt: kraftvoll und selbstbewusst, kämpferisch und hart sein. Das ist unangenehm für viele Männer und Frauen, denn sie fürchten, dabei nicht auf ihre Kosten zu kommen, sei es in sexueller Hinsicht oder im Hinblick auf die häusliche Bequemlichkeit.

Annemarie Kopp, *1927*

Der Grund, den Wettkampf für die Frau abzulehnen, weil er die Weiblichkeit in Gefahr bringe, ist abzulehnen, weil die heute noch als weiblich geltenden Begriffe nicht zu Recht bestehen, vielmehr allgemein menschliche Eigenschaften bezeichnen.

Annemarie Kopp, *1927*

Das Mädchen braucht Laufen und Springen, Klettern, Heben, Tragen und Werfen, sich im Schnee Herumtummeln, Wandern und Schwimmen genauso notwendig wie der Knabe.

Margarete Streicher (1891–1985)
östr. Turnpädagogin, 1924

Von Zeit zu Zeit sollten Frauen all das tun, was Männer bereits getan haben – und gelegentlich etwas, das Männer noch nicht getan haben –, um sich als Persönlichkeit zu bestätigen und vielleicht andere Frauen zu größerer Unabhängigkeit in Gedanken und Taten zu ermutigen.

Amelia Earhart (1898–1937)
am. Pilotin

Die Frauen haben mich mit Aufmerksamkeiten geradezu überschüttet und scheinen mich als ihre Befreierin zu betrachten.

Katherine Stinson (1893–1977)
am. Pilotin, Kunstfliegerin, jap. und chin. Idol, 1916

Ich hatte mich als Kind mit den Brüdern im Wettlauf, im Ringen und Springen gemessen und fand es schmerzlich, auf die fernere Ausbildung der körperlichen Kraft und Geschicklichkeit verzichten zu sollen. Da waren ringsum eherne Schranken.

Isolde Kurz (1853–1944)
dt. Schriftstellerin, 1912

Da Mann und Weib als Menschen dem gleichen Körpersystem unterworfen sind, dass alle die Bewegungen vermittelnden Faktoren: die Knochen, Muskeln, die Blutzirkulation und das Nervensystem, den gleichen Gesetzen folgen müssen, bedürfen also grundsätzlich beide Geschlechter der gleichen Ausbildung.

Else Wirminghaus, *1911*

Die Losung heißt: Muskelübungen, regelmäßige, reichliche, systematische und freiwillige Muskelübungen von klein auf. Zwei Stunden täglich im Minimum und womöglich vier, mit allen Körperbewegungen ausgefüllt, welche die Verhältnisse irgend gestatten, Spazieren gehen, Schwimmen, Spielen, Ringen, Rudern, Radeln, Klettern, Turnen etc., etc., dieselben Körperbewegungen wie beim Knaben und beim Mann und dieselbe Menge.

Hope Bridges Adams-Lehmann (1855–1916)
dt.-engl. Ärztin, 1899

Man hört vielfach die Ansicht vertreten, dass Mädchen infolge ihres Geschlechts den Körperübungen des Knaben nicht gewachsen seien. Setzt man statt Geschlecht chronische Verhungerung und systematische Vernachlässigung der Muskelpflege, so wird man der Wahrheit näher kommen.

Hope Bridges Adams-Lehmann, *1899*

Das Fahrrad hat die Frauen mehr emanzipiert als alles andere auf der Welt. Es gab ihnen ein Gefühl der Freiheit und Selbständigkeit.

Susan B. Anthony (1820–1906)
am. Abolitionistin und Pionierin der Frauenbewegung, 1896

Ich sehe nicht ein, warum ein Fahrrad nicht ebenso gute Gesellschaft leisten kann wie die meisten Ehemänner nach zwei Jahren. Mir wäre es genauso lieb, zu dem einen wie zu dem anderen leblosen Gegenstand zu sprechen. Und sehr viel lieber mit einem, der nicht antworten kann statt nicht antworten zu wollen.

Anne Strong, *1895*

§1. Die Zeit der Rache ist gekommen! Im überwallenden Gefühl unserer angestammten Kraft ergreifen wir mutig die Waffen gegen die Erzfeinde unseres Geschlechtes. Unser Walstatt ist der Turnplatz. Dort unter Gottes freiem Himmel, im Angesicht des Tages, entbieten wir offenen und ehrlichen Kampf der Trägheit, Verweichlichung und Entartung der Frauenwelt.

Aus der Satzung eines deutschen Frauenturnvereins von 1848

Sprache und Kommunikation

Ich kann in zwölf Sprachen nein sagen – das genügt für eine Frau.

Sophia Loren (*1934)
it. Schauspielerin

99 Staatsbürgerinnen und ein Staatsbürger sind auf Deutsch 100 Staatsbürger. Die 99 Bürgerinnen können zusehen, wo sie bleiben; sie sind nicht der Rede wert.

Luise F. Pusch (*1944)
dt. Linguistin und Autorin,
1999

Die freien, kräftigen Stimmen junger Mädchen erteilen uns eine beeindruckende Lektion. Den Mund weit geöffnet, die Lungen voller Luft, drücken junge Mädchen ihre Gefühle aus. Die dünnen, piepsigen Stimmen von Frauen lassen sich nicht auf anatomische Unterschiede zwischen Männern und Frauen zurückführen. Die enge Spanne der traditionellen Frauenstimme sendet täglich die Botschaft aus: Nimm mich nicht ernst, ich bin zahm und zu ängstlich, um eine Bedrohung darzustellen. Mütter können zuhören und ihre Töchter ermutigen, sich Ausdruck zu verschaffen.

Elizabeth Debold, Idelisse Malave,
Marie Wilson
am. Autorinnen,
1994

Wir wissen heute, dass Frauen regelmäßig und oft ganz beiläufig in Konversationen zum Schweigen gebracht werden. Wir kennen auch die Methoden, die dies in Zweiergesprächen bewirken: Unterbrechung und „Nicht-Reaktion" – die Abwesenheit einer Antwort oder einer Reaktion.

Robin Tolmach Lakoff
am. Soziolinguistin,
1992

Wenn wir Frauen zum Schweigen gebracht werden, bedeutet das nicht nur Bequemlichkeit für Männer, die es ihnen erlaubt, ihre Konversation mehr zu genießen: Es ist das grundlegende Mittel, mit dem politische Ungleichheit geschaffen und verstärkt wird, es ist das Mittel, das diese Ungleichheit letztendlich als unausweichlich erscheinen lässt.

Robin Tolmach Lakoff, 1992

Weil wir jahrtausendelang nur frauenfeindliche Stimmen gehört haben und weil alle alternativen Stimmen zum Schweigen gebracht wurden, haben viele Frauen den Glauben internalisiert, dass sie nicht nur keine Stimme haben, sondern dass es auch so sein muss, da Sprachlosigkeit eine maßgebliche Eigenschaft von Weiblichkeit ist.

Robin Tolmach Lakoff, 1992

Der Gewinn einer Stimme würde den Verlust der weiblichen Identität bedeuten, das heißt, Frauen würden unweiblich, wenn sie öffentlich reden. Die Angst vor diesem Verlust ihrer einzigen legitimen Identität ist eine internalisierte, psychologische und oft unbewusste Angst und deshalb schwer zu ändern, auch wenn sich die äußere Realität ändert.

Robin Tolmach Lakoff, 1992

Woher rührt das Stereotyp, dass Frauen zuviel reden? Dale Spender meint, dass die meisten Leute instinktiv (wenn nicht bewusst) davon ausgehen, dass man Frauen – wie Kinder – nicht hören, sondern sehen sollte, und so gesehen, ist alles, was sie sagen, zuviel.

Deborah Tannen
am. Soziolinguistin, 1990

Ob es die Frauen oder die Männer sind, die einen direkten oder indirekten Gesprächsstil verwenden, ist von Fall zu Fall verschieden – gleichbleibend ist nur, dass der Stil der Frauen negativ bewertet wird – und als minderwertig gilt.

Deborah Tannen, *1990*

Das Schlimmste ist, dass Frauen und Männer unterschiedlich beurteilt werden, selbst wenn sie vollkommen gleich sprechen.

Deborah Tannen, *1990*

Es gibt eine Stille in der Welt, bevor die weibliche Rede beginnt. Diese Stille ist erfüllt von dem nicht endenden Lärm des männlichen Monologes.

Gisela Breitling (*1939)
dt. Malerin, 1984

Dass Frauen – falls sie überhaupt eingeladen werden in TV-Gesprächsrunden oder -Diskussionen – oft kaum zu Wort kommen, unterbrochen, ignoriert und häufig nicht ernst genommen werden, lässt sich an unzähligen Beispielen nachweisen.

Ursula Zumbühl (*1947)
schweiz. Journalistin und Linguistin

Statt von den oft kompetenteren Frauen zu lernen, legen die Männer in Gesprächssituationen gern ein Macht- und Imponiergehabe an den Tag. Dies mag kurzfristig zu Erfolg führen. Je schneller wir solche Strategien entlarven und uns gegen sie durchsetzen, um so eher werden sie ins Leere laufen.

Ursula Zumbühl

Ein typisches Merkmal männlicher Rede ist der Wurmfortsatz. Er kommt häufig vor und zeichnet sich dadurch aus, dass er kaum ein Ende findet.

Ursula Zumbühl

Wenn es schon soviel Widerstand dagegen gibt, dass eine Frau nur einen Text liest, für den sie selbst nicht verantwortlich ist, wie viel mehr Widerstand müssen wir erwarten, wenn eine Frau in der Öffentlichkeit gegenüber gemischtgeschlechtlichen Zuhörern ihre eigene Meinung ausdrückt?

Cheris Kramarae
am. Kommunikationswissenschaftlerin

Warum ist es so schwierig, gehört zu werden? Ist es darum, weil männliche Dominanz eine solche Selbstverständlichkeit in unserem täglichen Leben darstellt, dass wir sie gar nicht mehr wahrnehmen und es uns nur auffällt, wenn sie einmal abwesend ist?

Sue Fisher
am. Soziolinguistin

Es besteht eine Arbeitsteilung in Gesprächen. Obwohl die Frauen generell mehr arbeiten (Gesprächsarbeit), kontrollieren die Männer die Gespräche, die Paare führen.

Pamela M. Fishman
am. Soziolinguistin

Frauen, die ruhig dabeisitzen, während ein Gespräch in Gefahr ist zu missglücken, werden für feindselig und unfähig gehalten. Frauen, die darauf bestehen, Interaktionen zu kontrollieren, und die dabei erfolgreich sind, werden kritisiert vor allem von Männern, die den Status der Frauen als Frauen angreifen. Sie werden schnell dominant, aggressiv, übergewichtig genannt.

Pamela M. Fishman, *1980*

Wenn Frauen auch nur für kurze Zeit versuchen, das Gespräch mit Männern zu kontrollieren, beginnt oft ein Streit.

Pamela M. Fishman, *1980*

Frauen, die sich in der Interaktion nicht wohlverhalten, werden bestraft; oft wird impliziert, dass sie keine „wirklichen" Frauen sind. Wir müssen ständig unser Geschlecht beweisen.

Pamela M. Fishman, *1980*

Wenn es auch heute kaum jemand mehr offen ausspricht, dass die Frau zurückhaltend zu sein habe, so haben doch Frauen in den meisten Gesellschaften traurige Erfahrungen mit den indirekten Unterordnungsanweisungen in Gesprächen gemacht: Ihre Redebeiträge werden stärker übergangen oder man erwartet die Verwendung eines höflicheren, Unsicherheit signalisierenden Redestils.

Susanne Günthner, Helga Kotthoff (*1953)
dt. Linguistinnen, 1991

Ich bin nicht Ihre „Süße". Ich bin Ihre Königliche Hoheit!

Prinzessin Anne (*1950)
(zu einem Fotografen, der zu ihr gesagt hatte: „Look this way, love.")
engl. Princess Royal, 1987

Männliches darf nicht unter einen weiblichen Oberbegriff fallen. So lautet das oberste Gesetz patriarchaler Sprachen.

Luise F. Pusch (*1944)
dt. Linguistin und Autorin, 1984

Weibliche Bezeichnungen sind für Männer genauso untragbar wie weibliche Kleidungsstücke.

Luise F. Pusch, *1984*

Der Sprachwandel, den die Frauen in den letzten 25 Jahren in Gang gesetzt haben, ist die bedeutendste und tiefgreifendste sprachliche Neuerung dieses Jahrhunderts. Nicht nur im deutschen Sprachraum, sondern weltweit.

Luise F. Pusch

Die Sprache, die wir von unseren Vätern ererbt haben, ist eine Frauen ausmerzende Sprache.

Luise F. Pusch

Weil überall die Männer an der Macht sind, wird der männliche Stil von den Mächtigen und den Machtlosen überall als der bessere Stil bewertet, egal, was es für ein Stil ist.

Luise F. Pusch

Durch unsere ganze Geschichte hindurch haben Männer Frauen unterbrochen und zum Schweigen gebracht und sich nach den Interessen von Männern gerichtet.

Dale Spender (*1943)
austral. Literaturwissenschaftlerin, 1982

Ich bin nur eine gewöhnliche Schriftstellerin. Ich schreibe für leidende, erniedrigte, geknechtete und gequälte Frauen. Da mit sanften Worten nichts zu erreichen ist, verwende ich eine derbe, deutliche Sprache. Verleumder bezeichnen das als „Männerfeindlichkeit".

Taslima Nasrin (*1962)
banglad. Ärztin und Schriftstellerin, 1991

Was wir brauchen, ist eine neue Sprache und eine neue Möglichkeit, unsere sexuellen Gefühle zu kategorisieren. Die Kontrolle der Sprache ist eine der Techniken, um politische Herrschaft zu erlangen. Es fällt schwer, über Dinge „nachzudenken", für die man keine Worte hat.

Sheila Jeffreys
engl. Politikwissenschaftlerin und Autorin, 1990

Ich spreche so schnell, weil Frauen 2000 Jahre nicht viel zu sagen hatten und das jetzt nachholen müssen.

Petra Kelly (1947-1992)
dt Politikerin, Gründungsmitglied der „Grünen" und Pazifistin

Die Sprache ist ein Unterdrückungsinstrument, weil wir in der Unterdrückung gefangen bleiben, wenn wir nur das wahrnehmen, was die Unterdrücker wahrnehmen, wenn wir nur ihre Werte und Kategorien zur Verfügung haben.

Sarah Lucia Hoagland
am. Philosophin und Feministin, 1988

Männer behandeln uns so, wie sie es tun, weil wir Frauen sind und weil sie sich als Männer diese Behandlung uns Frauen gegenüber erlauben können. Die logische Fortsetzung der nichtverbalen Machtausübung sehen wir in Gesprächen, zunächst in den Gesprächen über uns in aller Offenheit, sobald wir ein Restaurant, eine Kneipe, ein Café betreten und eine Handvoll Männer zusammensitzt, und dann in den Gesprächen mit uns.

Senta Trömel-Plötz (*1939)
dt. Linguistin und Autorin, 1984

Nichtverbale und verbale männliche Machtausübung sind möglich, weil potenziell physische Gewalttätigkeit herangezogen werden kann, sollten wir uns der verbalen Machtausübung erwehren.

Senta Trömel-Plötz, *1984*

Die semantische Regel lautet: Alles ist solange männlich, bis etwas anderes bewiesen ist.

Senta Trömel-Plötz, *1991*

Die männliche Interpretation, die männlichen Formen, die verbale Geringschätzung von Frauen sind eine Art Vergewaltigung, gegen die wir uns nur schwer wehren können. Sie sind ganz tief in unserer Sprache und in unserem Denken verankert.

Senta Trömel-Plötz, *1991*

Geschlecht zählt. Geschlecht bestimmt mehr als alle anderen Faktoren unser Gesprächsverhalten. Selten erleben wir weibliches Gesprächsverhalten bei Männern, selten männliches Gesprächsverhalten bei Frauen. Geschlechtsunangemessenes Verhalten ist nicht geduldet, und schwere Beschimpfungen sind verfügbar für die, die solche Übertretungen wagen: die Memme, der weibische Mann, das Mannweib, die vermännlichte Frau.

Senta Trömel-Plötz, *1984*

Es ist einfacher, Männer gewinnen zu lassen, die männliche Überlegenheit zu schützen, Männer zu verteidigen, mit Männern zu ihren Bedingungen zu leben, sie nicht zu bedrohen und herauszufordern, ihre Definitionen der Wirklichkeit zu akzeptieren, als fortwährend um konversationelles Eigenleben und konversationelles Überleben zu kämpfen.

Senta Trömel-Plötz, *1984*

Wir wollen die psychische Vergewaltigung nicht mehr hinnehmen. Wir wollen die feminine Rolle nicht mehr ausagieren, auch nicht verbal: Wir wollen nicht mehr abhängig sein, auch nicht in der Sprache und in Gesprächen; wir wollen uns nicht mehr aufopfern, auch nicht durch verbales Unterstützen von Männern, durch Gesprächsarbeit.

Senta Trömel-Plötz, *1984*

Die weibliche Rolle wird auch sprachlich ausgedrückt und in Gesprächen bestätigt und gefestigt. Widerstand gegen diese Rolle bedeutet eine radikale Neudefinition von sprachlichen Normen, von unterschiedlichen konversationellen Rechten und Pflichten für Frauen und Männer.

Senta Trömel-Plötz, *1984*

Erst wenn wir uns des vollen Ausmaßes der verbalen Gewaltanwendung in allen Bereichen unseres Lebens bewusst sind, wie wir in jedem Gespräch als weniger wichtig definiert werden, wie für uns und über uns Entscheidungen getroffen werden, können wir die verbale Realität unseres täglichen Lebens ändern.

Senta Trömel-Plötz, *1984*

Sprache ist Macht, Leben und Instrument der Kultur, das Instrument von Unterdrückung und Befreiung.

Angela Carter (1940–1992)
engl. Journalistin und Schriftstellerin, 1983

Dass wir in einer männlich bestimmten Kultur leben, wird symbolisiert und immer wieder neu gesichert in dem Brauch, Frauen mit dem Eintritt in die Ehe dieses wichtigste Besitztum (Eigenname) ihrer Identitätsausrüstung zu nehmen.

Gisela Breitling (*1939)
dt. Malerin, 1983

Die Vorstellungen von dem, was männlich oder weiblich ist, werden in unserer Sprache und Bildsprache fixiert, wodurch sich Rede – und Sehgewohnheiten immer wieder neu in eine bestimmte Richtung ideologisch einfärben.

Gisela Breitling, *1983*

Das Sprachproblem beginnt schon bei der Beschreibung der gegenwärtigen Situation. Wir fragen nach der „Frau in der Wissenschaft“, der „Frau in der Kunst“, aber nicht nach dem „Mann in der Kunst“, dem „Mann in der Wissenschaft“.

Gisela Breitling, *1983*

Sprache ist nicht neutral – sie ist über Jahrhunderte gewachsen und spiegelt unsere Einstellungen und Grundannahmen wider.

Senta Trömel-Plötz (*1939)
dt. Linguistin und Autorin, 1982

Sprache ist ein Instrument, um Wirklichkeit herzustellen, die Wirklichkeit des Patriarchats.

Senta Trömel-Plötz, *1982*

Es gibt historische und politische Gründe für die unterschiedliche Behandlung von Frauen und Männern, wenn sie sprechen. Frauen war es bis vor kurzem nicht erlaubt, öffentlich über bestimmte Themen zu sprechen. In Deutschland war es Frauen zusammen mit Lehrlingen und Schülern bis 1908 durch das Gesetz verboten, sich zum Zweck politischer Diskussion zu versammeln

Senta Trömel-Plötz, *1982*

Die Sprache fasst das „Allgemeine“ in männliche grammatische Formen, und wirklich reflektiert dieses Allgemeine dann auch ausschließlich das, was die Grammatik benennt. Es bezieht sich nur auf das Männliche und lässt weibliche Aspekte unberücksichtigt.

Senta Trömel-Plötz, *1982*

Es gibt massive Widerstände gegen weibliche Sprecher. Vor allem von den Redaktionen Politik und Sport, mit dem Argument, solche Informationen von Frauen gesprochen, „kommen nicht über".

Ursula von Welser, *1976*

Wie hört sich eine Sprache ohne Sexismus (wie der männliche Rassenwahn heißt) an, wie kommt sie ohne Androzentrismus aus, das heißt ohne die bewusstlose Annahme, dass im „Mann" die Frau immer schon inklusiv ausgesprochen sei, so wie die Arbeiterin im Arbeiter angeblich mitgedacht ist?

Dorothee Sölle (*1929)
dt. Theologin und Autorin

Die Befreiung der Sprache wurzelt in der Befreiung unserer selbst.

Mary Daly (*1928)
am. Philosophin, Theologin und Schriftstellerin, 1975

Im Gegensatz zu „Junggeselle" und „Lebemann" zeigen Bezeichnungen wie „Fräulein" und „alte Jungfer" deutlich, was wir von Frauen halten, die beschließen, nicht zu heiraten, oder die ihre Chance verpasst haben, obwohl sie es wollten.

Charlotte Holt Clinebill, *1973*

Wenn eine Frau von einem Schiff ins Wasser gespült wird, heißt es: „Mann über Bord!" Verletzt sie sich am Arbeitsplatz, wird das von der „Arbeiter-Unfallversicherung" gedeckt. Wenn aber über einer Tür steht: „Nur Männer", weiß sie, dass diese Ermahnung nicht Tieren, Pflanzen oder leblosen Objekten, sondern ihr, der Frau, gilt.

Alma Graham, *1973*

Es ist nicht belanglos, den „sexistischen" Charakter der Sprache aufzudecken.

Susan Sontag (*1933)
am. Schriftstellerin, 1972

Selbst die Sprache darf keine Ausnahme bilden; in ihre finden wir alle antifeministischen Vorurteile konserviert. Unsere Ideen mögen fortschrittlich sein, doch unsere Reden verraten uns: Sie garantieren weiterhin die Überlegenheit des Mannes (das heißt, seinen aktiven Charakter) und die Unterlegenheit der Frau (ihre Passivität).

Susan Sontag, *1972*

Die Grammatikregeln wollen, dass das Männliche stärker ist als das Weibliche und der homme (Mann) repräsentiert die gesamte Menschheit: les hommes [im Frz. „Männer" und „Menschheit"].

Susan Sontag, *1972*

Die aktiven und kreativen Berufe in dieser Gesellschaft ignorieren in ihren Bezeichnungen das Weibliche. Man sagt: ein Minister, ein Staatsmann, ein Ingenieur, ein Wissenschaftler, ein Professor. Die Grammatik scheint Komplize der frauenverachtenden Indoktrinierung und Konditionierung zu sein. Sicher, die Sprache ist nicht die Quelle des Vorurteils, das aus dem Mann allein den qualifizierten Repräsentanten der menschlichen Gattung macht und aus den meisten Aktivitäten solche männlichen Genres.

Susan Sontag, *1972*

Unsere Sprache dient zu einem großen Teil dem Zweck, Frauen so weit zu erniedrigen, dass es gestattet ist, sexuelle Gefühle für sie zu empfinden.

Shulamit Firestone (*1945)
kan. Autorin, 1970

Eine neue Sprache muss eine neue Gangart haben, und diese Gangart hat sie nur, wenn eine neuer Geist sie bewohnt.

Ingeborg Bachmann (1926–1973)
östr. Schriftstellerin

Frauen beschweren sich immer, dass Männer nicht mit ihnen reden. Ich denke, sie sollten dankbar sein.

Ursula Herking (1912–1974)
dt. Schauspielerin und Kabarettistin

Seit vielen hundert Jahren bereitet der Gebrauch des Wortes „man" den kritischen Gelehrten, sorgfältigen Übersetzern und Rechtsgelehrten Sorge. Schwierigkeiten treten immer dann auf, wenn der Zusammenhang keinerlei Hinweise darauf gibt, ob mit „man" der Mensch im Allgemeinen und unabhängig vom Geschlecht, oder ausschließlich männliche Wesen gemeint sind.

Mary Ritter Beard (1876–1985)
am. Anwältin und Historikerin, 1946

Wenn es keine männliche Entsprechung für die Bezeichnungen Xanthippe oder Schlampe gibt, liegt das dann daran, dass es keine übellaunigen oder nachlässigen Männer gibt? Oder nur daran, dass die männliche Zunge ungehindert die Fehler anderer anprangern darf? Wenn eine Frau dasselbe täte, wären dann die Schandmaske oder der Tauchstuhl die richtige Erwiderung?

Elizabeth Robins
engl. Schauspielerin und Schriftstellerin, 1924

Ich kam hin und las: „Die Besucher werden ersucht" usw. Und doch dürfen nur Besucherinnen da hinein. Aber Besucher*innen* zu setzen, das kann man doch unmöglich verlangen. Das ist selbst dort (Bedürfnisanstalt) viel zu viel Ehre.

Johanna Loewenherz (1857–1937)
dt. Schriftstellerin, 1985

Auch unsere Sprache ist ganz durchtränkt von Geschlechtlichkeit, auch in unserer Sprache spreizt sich das Geschlechtsvorurteil, auch die Sprache ist vorwiegend eine Männerschöpfung, auch sie ist verbildet durch einen „Makulinismus", der, wie auf anderen Gebieten, so auch hier, dem Manne die herrschende, die edle, schöne, die erste Rolle zuerteilt.

Käthe Schirmacher (1865–1930)
dt. Schriftstellerin und Politikerin, 1907

Den Sexualismus, das Geschlechtsvorurteil, bekommen wir so bald nicht aus der Sprache heraus, nur eine bewusste Gegenwirkung kann da helfen, und eine solche Gegenwirkung möchte ich hier anbahnen.

Käthe Schirmacher, *1907*

Doch, so heißt es drängend, der Gebrauch der männlichen Pronomina er, sein und ihm in allen Verfassungen und Gesetzen beweise, dass die Bestimmungen nur für den Mann Gültigkeit hätten. Sollte der Mann darauf bestehen, die Buchstaben des Gesetzes in diesem Sinne zu deuten, werden wir Konsequenz von ihm fordern, denn wer A sagt, muss auch B sagen. Er wäre dann gezwungen, Frauen von der Steuer zum Unterhalt der Regierung zu befreien und sie im Falle eines Gesetzesverstoßes von einer Bestrafung auszunehmen.

Susan B. Anthony (1820–1906)
am. Abolitionistin und Pionierin der Frauenbewegung, 1873

Unter „alle" sind natürlich nur die Männer verstanden.

Hedwig Dohm (1833–1919)
dt. Schriftstellerin und Frauenrechtlerin, 1873

Die Frauen müssen den Namen des Mannes annehmen, haben nicht das Recht, ihren Familiennamen beizubehalten und die Kinder ihres Geschlechts nach ihrem Namen zu nennen; ja es ist ein Kind, das den Namen seiner Mutter trägt, ein entehrtes Kind. Man lasse den Frauen ihren Familiennamen, verbunden mit dem Recht, die Kinder ihres Geschlechts nach ihrem Namen zu nennen.

Louise Dittmar (1807–1884)
dt. Philosophin und Herausgeberin von „Soziale Reform", 1849

Diese Erfindung der Männer, ihren Namen uns aufzudrücken, recht als wollten sie ihr Eigentum damit stempeln und beweisen, ist barbarisch.

Ida Hahn-Hahn (1805–1880)
dt. Schriftstellerin und Orientreisende, 1845

Warum sind Sklaven namenlos, es sei denn, sie nehmen den Namen ihres Herren an? Einfach deshalb, weil sie unabhängig von ihrem Herren keine individuelle Identität besitzen. Ebenso verhält es sich mit der Frau. Die Tradition, sie Mrs. John Soundso und Mrs. Tom Soundso zu nennen, geht davon aus, dass der weiße Mann Herr über die Welt ist. Ich halte dies nicht für rechtens und kann deshalb nicht den Namen eines anderen tragen.

Elizabeth Cady Stanton (1815–1902)
am. Abolitionistin, Autorin und Pionierin der Frauenbewegung, 1847

Weiblichkeit

Ich habe schon jede Menge staunende und manchmal auch schockierte Blicke geerntet. Kein Wunder, denn den meisten Leuten fällt es auf den ersten Blick schwer, mein Aussehen und meine Stimme mit ein und derselben Person in Verbindung zu bringen.

Anastacia (*1973)
am. Sängerin

Durch dieses Bild der Frau als das Animalische, Unberechenbare, werden wir auf eine Weise herabgesetzt, wie es schlimmer kaum noch geht.

Hanin Elias (*1973)
dt.-syr. Musikerin, 2001

Die 1970 verpönte Hausfrau wird wieder zu einem positiven Leitbild, und die Mutterschaft erfährt durch Verklärung und Verkitschung eine neuerliche Aufwertung.

Benoîte Groult (*1920)
frz. Schriftstellerin, 2001

Die den Frauen durch ihre Erziehung nahe gelegten Werte der „Weiblichkeit" haben also auch ihre Vorzüge, denn Frauen lernen durch deren Verinnerlichung, differenzierter mit ihren Gefühlen umzugehen, der Kontakt zu ihrer Gefühlswelt ist gewöhnlich ungestörter als beim Mann. Leichter als er kann sie sich deswegen in andere Menschen einfühlen und den anderen als anderen wahrnehmen, was die Entwicklung der emotionalen Intelligenz fördert. Wenn sich solche Fähigkeiten mit Wahrheitsliebe und Durchsetzungsvermögen verbinden, könnten Frauen lernen, mit Macht menschenfreundlicher umzugehen, als es der Männerwelt bisher gelungen ist. Für eine unkriegerische, menschliche Zukunft müssten die Frauen kämpferischer und Männer friedvoller werden, Frauen rationaler und Männer emotionaler, Frauen kritischer und Männer endlich mitfühlender.

Margarete Mitscherlich (*1919)
dt. Psychoanalytikerin und Autorin, 2001

Nun, da sie sich ihrer eigenen Geschichte bewusst geworden sind, können sie anfangen, sich selbst als ganze Menschen zu definieren und sich nicht länger von den anderen nach dem Kriterium des fruchtbaren Leibes, der Fortpflanzungsfähigkeit oder deren Ende definieren zu lassen. Das heißt auch, die eigenen Gefühle und Reaktionen, die das Ende der Fruchtbarkeit betreffen verändern – und die anderen zum Umdenken zu veranlassen.

Elena Gianini Belotti
it. Pädagogin, 1988

Trotzdem bröckelt die granitene Ordnung der Rollen. Wenigstens bei den Frauen und auch bei einer gewissen Anzahl junger Männer. Das bedeutet, dass der starke, sichere, potente, fähige und kompetente Mann nicht mehr das einzige Vorbild ist – genauso wenig wie die schwache, passive, unfähige, unterwürfige Frau. Daraus folgt, dass eine kompetente und autonome reife Frau nicht mehr unvereinbar ist mit der Vorstellung von „Weiblichkeit“ und dass ein einfühlsamer und verletzlicher Mann nicht mehr dem Konzept von „Männlichkeit“ widerspricht.

Elena Gianini Belotti, *1988*

Ich bin es müde, mir von Evolutionspsychologen, Neodarwinisten oder Geschlechtsbiologen erzählen zu lassen, sämtliche je über uns verbreiteten Enten seien doch die reine Wahrheit: Wir hätten im Vergleich zu den Männern einen eher lauen Geschlechtstrieb, einen ausgeprägteren Hang zur Monogamie, ein – relativ geringes Interesse an Leistung und Anerkennung, eine ausgeprägte Neigung zum Sein statt zum Tun, ein ruhiges selbstgenügsames Wesen, einen höheren Grad von „Freundlichkeit“, einen unmathematischen Kopf und so weiter und so weiter.

Natalie Angier (*1958)
am. Autorin, 1999

[Der] ein Leben lang währende Prozess der „Vermännlichung“ oder „Verweiblichung“ ist für alle Menschen immer auch ein Prozess der Reduktion, eine Amputation. Er verstümmelt beide Geschlechter. Doch ist es kein Zufall, dass in einer Männergesellschaft dem Mann die Attribute zugeordnet werden, die herrschaftssichernd sind (wie Stärke, Intellekt, Kreativität, Konfliktfähigkeit oder Aggressivität) und der Frau diejenigen, die ausbeutbar sind (wie Schwäche, Gefühl, Sensibilität, Fürsorglichkeit, Passivität, etc).

Alice Schwarzer (*1942)
dt. Journalistin, Herausgeberin von „EMMA“ und Autorin, 2000

Dass der Unterschied zwischen den Geschlechtern nicht „naturgegeben“, sondern künstlich geschaffen ist, zeigt nicht zuletzt der enorme Aufwand, mit dem „Weiblichkeit“ und „Männlichkeit“ immer wieder neu konstruiert und verankert werden. Für nichts wird eine so umfassende Propaganda betrieben wie fürs „echte“ Frau- oder Mannsein.

Alice Schwarzer, *2000*

Große Busen und kleine Stimmen stehen hoch im Kurs. Stöckelschuhe, Dauerwelle, Sonntagsbraten. Körbchen-BH, Stringbikini, Sonntagspredigt. Als Lohn fürs gefällige Verhalten hoffentlich Ehe, Kinder, Familie. Die einzigen sicheren Werte in einem Frauenleben. Studium ist gut, wenn es an der Uni Männer zum Heiraten gibt. Die Potenz des Bankkontos entscheidet die Partnerwahl. Magersucht und Bulimie sind jetzt Erbkrankheiten.

Benita Cantieni
dt. Journalistin und Autorin, 2001

Die selbständige Frau ist gewünscht. Die neue Selbständige ist eine Frau, die ihre Angelegenheiten und die der Familienmitglieder eigenständig und verantwortlich regelt und damit zur Entlastung des Mannes beiträgt.

Sigrid Metz-Göckel (*1940)
dt. Soziologin

Sicher, die Vorurteile des Jahres 2000 unterscheiden sich von denen der Nachkriegszeit, und die patriarchale Ideologie hat an Gewicht und Schärfe verloren. Aber die Mystifizierung der Frau, die Beauvoir so entschieden zurückwies, ist seit zwanzig Jahren wieder schleichend auf dem Vormarsch, diesmal unter der Federführung von Frauen, die sich Feministinnen nennen. Die Mutterschaft und die besonderen weiblichen Eigenschaften wie Sanftmut, Altruismus oder

Friedfertigkeit wieder hervorzukehren, ist wieder groß in Mode.

Elisabeth Badinter (*1944)
frz. Philosophin und Autorin, 1999

Wenn wir jedoch nicht wachsam sind, werden sich unsere Töchter und Enkelinnen bald wieder eingeschlossen in der Ideologie vom ewig Weiblichen wiederfinden, angehalten, Kinder zu bekommen, sie zu stillen und sich ihnen zu widmen – sonst werden sie als „vermännlichte" Frauen, „Verräterinnen" ihres eigenen Geschlechts und ihrer Mütter, kurz „Mannweiber", beschimpft werden.

Elisabeth Badinter, *1999*

Diese Botschaft ist einfach und lässt sich in ein paar Sätzen umreißen: Wir müssen uns vor dem Argument der „Natürlichkeit" hüten, das eher der Entfremdung, denn der Befreiung der Frauen dient. Im Namen der sakrosankten Natur sollen wir reduziert und ausschließlich unseren biologischen Aufgaben unterworfen werden. Und diese Unterwerfung steht im Widerspruch zur Freiheit des Menschen und dem unantastbaren Recht, selbst über sein Leben bestimmen zu können.

Elisabeth Badinter, *1999*

Männer haben Angst, denn sie sehen ihre Jahrhunderte alte Vormachtstellung bedroht. Frauen, die sich weismachen lassen, sie verlören mit ihrer Emanzipation und der Freiheit, selbst über ihr Leben zu bestimmen, auch ihre Weiblichkeit, haben ebenfalls Angst: Angst, dieses zwar undefinierbare, aber dennoch obligatorische „gewisse Etwas" zu verlieren, denn nur mit ihm ist ihnen – so sagt man – die Liebe der Männer sicher.

Benoîte Groult (*1920)
frz. Schriftstellerin, 1999

„Männlichkeit" und „Weiblichkeit" haben wieder Konjunktur, der Backlash will die Frauen erneut auf ihr „Anderssein" festlegen.

Alice Schwarzer (*1942)
dt. Journalistin, Herausgeberin von „EMMA" und Autorin, 1999

Warum müssen wir immer noch auf allen Formularen „männlich" oder „weiblich" ankreuzen?

Leslie Feinberg
am. Autorin

Und am Ende dieses Jahrhunderts wird das richtige Frau-Sein nicht einmal mehr mit Mutterschaft gleichgesetzt, sondern nur noch mit Silikonbusen und Model-Körper.

Marlene Streeruwitz (*1950)
östr. Schriftstellerin, 1997

Ich bin tough, ich bin ehrgeizig und ich weiß genau, was ich will. Wenn mich das zur Hexe macht, okay.

Madonna (*1958)
am. Sängerin, 1992

Ich habe immer noch dasselbe Ziel, das ich schon als Mädchen hatte. Ich will die Welt regieren.

Madonna, *1992*

Ich glaube nicht an eine weibliche Kreativität. Es gibt eine Kreativität unter weiblichen Bedingungen. Aber ansonsten gibt es eine Kreativität an sich und eine Leidenschaftlichkeit, die Kreativität zum Ausdruck zu bringen – egal ob Frau oder Mann.

Franziska Becker (*1949)
dt. Cartoonistin

„Weiblichkeit" ist eine von Männern erdachte Bezeichnung für Frauen, mit der die weibliche Unterordnung zum Normalzustand erklärt wird. Was nicht den Bedürfnissen von Männern dient, gilt als „unnatürlich". Wir haben uns nicht selbst „Frauen" genannt.

Sarah Lucia Hoagland
am. Philosophin, 1988

Sie ist meine Gleichgesinnte. Sie fängt mich auf. Alles was mich ausmacht, trägt sie zusammen und gibt es mir geordnet zurück.

Toni Morrison *1931
am. Schriftstellerin und Literaturnobelpreisträgerin, 1987

Die feminine Rolle tut uns Gewalt an, nimmt uns Energie, vergiftet unsere Psyche, kontrolliert unseren Intellekt, hindert unsere Kreativität.

Senta Trömel-Plötz (*1939)
dt. Linguistin und Autorin, 1984

Femininität gefällt dem Mann. Sie lässt ihn im Vergleich männlicher erscheinen. In Wirklichkeit besteht das besondere Geschenk der Femininität darin, dem Mann eine Extraportion unverdienter Geschlechtsmerkmale zu gewähren, einen nie in Frage gestellten Raum, in dem er frei atmen, sich stärker, weiser und fähiger fühlen kann.

Susan Brownmiller (*1935)
am. Journalistin und Autorin, 1984

Bis zwanzig war ich ein Ding
Bis vierzig ein Mädchen
Jetzt bin ich Oma.
Wann war ich Frau?

Christa Reinig (*1926)
dt. Schriftstellerin

In dieser Uferlosigkeit möchte ich ein einziges Mal auf das Wörtchen „Ehre" gestoßen sein.

Christa Reinig

Ich brauche keinen Mann, um meine Existenz zu rechtfertigen. Die tiefgehendste Beziehung, die wir jemals haben werden, ist die zu uns selbst.

Shirley MacLaine (*1934)
am. Schauspielerin und Autorin

Männlichkeit und Weiblichkeit sind nicht Natur, sondern Kultur. Sie sind die in jeder Generation neu erzwungene Identifikation mit Herrschaft und Unterwerfung. Nicht Penis und Uterus machen uns zu Männern und Frauen, sondern Macht und Ohnmacht. Die Ideologie vom Unterschied und den zwei Hälften, die sich angeblich so gut ergänzen, hat uns verstümmelt und eine Kluft zwischen uns geschaffen, die heute kaum überwindbar scheint.

Alice Schwarzer (*1942)
dt. Journalistin, Herausgeberin von „EMMA und Autorin, 1975

Geistige Leistungen bei Frauen wirken so peinlich. Deshalb verdrängt und vergisst man sie auch so schnell wie möglich. Ideen? Jede wirklich neue Idee ist ja eine Aggression. Und Aggression ist eine Eigenschaft, die in absolutem Widerspruch steht zum Bild des Weiblichen, das die Männer in sich tragen und das sie auf die Frauen projizieren.

Meret Oppenheim (1913–1985)
dt.-schweiz. Malerin

Das ewig Weibliche ist eine Lüge.

Simone de Beauvoir (1908–1986)
frz. Philosophin und Schriftstellerin, 1976

Passivität ist der Drachen, den die Frau bei ihrer Forderung nach Unabhängigkeit töten muss.

Jill Johnston
am. Journalistin

Das Bild der Frau, wie wir es kennen, ist von Männern geschaffen und so gebildet, dass es ihren Bedürfnissen entspricht.

Kate Millett (*1934)
am. Schriftstellerin und Künstlerin, 1969

Selbst das wenige, was die Sozialwissenschaften in Erfahrung gebracht haben, bestätigt, dass die Frauen die bei einer Minorität zu erwartenden Charakteristiken aufweisen: Gruppenselbsthass und Selbstablehnung, Verachtung sowohl ihrer selbst als anderer Frauen. Der nagende Zweifel, der viele Mitglieder einer Minorität quält, dass nämlich der über ihre Unterlegenheit verbreitete Mythos letzten Endes doch stimmen könnte, hat in der persönlichen Unsicherheit der Frauen fantastische Proportionen angenommen. Manche finden ihre untergeordnete Position so schwer zu ertragen, dass sie deren Existenz überhaupt nicht anerkennen und glattweg leugnen. Eine große Anzahl jedoch erkennt die Umstände klar und gibt sie auch zu, wenn sie mit den richtigen Worten beschrieben werden.

Kate *Millett, 1969*

Das Lächeln ist das weibliche/kindliche Gegenstück zum Bückling; es zeigt die Einwilligung des Opfers in seine Unterdrückung.

Shulamit Firestone (*1945)
kan. Autorin, 1970

Die Theorie, die Frau sei „der Natur näher" und deshalb weniger menschlich, war eine der wichtigsten Rechtfertigungen für die Jahrhunderte lange Unterjochung der Frau. Es ist die gleiche Theorie, auf Grund deren Frauen als Hexen verbrannt und in Irrenanstalten gesteckt wurden.

Linda Jenness
am. Autorin, 1972

Ihre Passivität hält die Frau davon ab, über ihr eigenes Potenzial zur Selbstverteidigung nachzudenken, und zwingt sie, beim Mann Schutz zu suchen. Man bringt ihr bei, das andere Geschlecht zu fürchten, und doch liegt ihre einzige Rettung darin, bei eben jenem anderen Geschlecht Schutz zu suchen.

Susan Griffin (*1943)
am. Schriftstellerin, 1971

Einerseits muss sie sich zum Objekt machen, um einen Mann zu bekommen, andererseits verachtet sie sich selbst dafür. Sofern sie nicht fähig ist, den Einsatz ihrer weiblichen Reize zynisch zu sehen, wird sie zwangsläufig unter Minderwertigkeitsgefühlen leiden. Vielleicht ist diese Trennung von Weiblichkeit und Selbst der Ursprung des berühmten Weiblichkeitswahns!

Charlotte Wolff
dt. Psychologin, 1971

Die Angst, sie würden ihre Weiblichkeit auf dem Altar des Erfolgs opfern, hielt Tausende von Mädchen in „ihren Grenzen".

Letty Cottin Pogrebin (*1939)
am. Autorin, 1970

Aus der Aufzählung [weiblicher Eigenschaften] ergibt sich ein gängiges Minderheiten-Stereotyp – die Frau als Neger. Wenn sie ihren Platz (den Herd) kennt, ist sie eigentlich eine recht liebenswerte, liebevolle Kreatur, glücklich und kindlich.

Naomi Weisstein
am. Psychologin, 1969

Sanftheit der Frau gegenüber dem Manne ist – ähnlich der gerühmten Sanftmütigkeit des Negers einem weißen

Herrn gegenüber – ein Produkt erzwungener Gewaltlosigkeit.

Karin Schrader-Klebert
1969

Der Weiblichkeitswahn besagt, das höchste Gut und die einzige Verpflichtung der Frau sei die Erfüllung ihrer eigenen Weiblichkeit. Er besagt, dass diese Weiblichkeit so mysteriös und intuitiv, der Schöpfung und dem Ursprung des Lebens so nah ist, dass keine vom Menschen erdachte Wissenschaft je in der Lage sein wird, sie zu ergründen.

Betty Friedan (*1921)
am. Psychologin und Autorin, 1963

Offenbar besteht also ein Zusammenhang zwischen der Glorifizierung der „Rolle der Frau" und dem Zögern der Gesellschaft, Frauen wie vollwertige menschliche Wesen zu behandeln. Denn je unbedeutender die tatsächliche Funktion dieser Rolle, desto mehr wird sie mit belanglosen Details geschmückt, die ihre Bedeutungslosigkeit verhüllen.

Betty Friedan, *1963*

Nach männerherrschaftlicher Ideologie steht den Frauen nicht Individualität zu, sondern nur „weibliche Natur". Die Männer sollen sich einmal vorstellen, wie es ihnen zum Beispiel gefallen würde, gezwungen zu werden, Bauer zu sein: samt und sonders, alle über einen Leisten! Und dies, weil es für einen Mann so natürlich sei, Bauer zu sein, so „echt männlich".

Iris von Roten (1917–1980)
schweiz. Juristin und Autorin, 1958

Ins Heim versenkt, an Hausarbeit gekettet zu werden, heißt sein Leben bei Krankenkost gesund im Bett zu verbringen, ohne auch nur zu ahnen, welche Gelage und tollen Reisen man dabei verpasst.

Iris von Roten, *1958*

Die Begriffe vom Ewigweiblichen, von der schwarzen Seele, vom jüdischen Charakter abzulehnen, bedeutet ja nicht zu verneinen, dass es heute Juden, Schwarze, Frauen gibt: Diese Verneinung wäre für die Betroffenen keine Befreiung, sondern eine Flucht ins Unauthentische. Selbstverständlich kann keine Frau, ohne unaufrichtig zu sein, behaupten, sie stünde jenseits ihres Geschlechts.

Simone de Beauvoir (1908–1986)
frz. Philosophin und Schriftstellerin, 1949

Je nach den flüchtigen Träumen, den gebieterischen Befehlen ihres Geliebten ist die Frau mal Sklavin, mal Königin, Blume, Hündin, Glasfenster, Kokotte, Dienerin, Kurtisane, Muse, Gefährtin, Mutter, Schwester, Kind.

Simone de Beauvoir, *1949*

Man kommt nicht als Frau zur Welt, man wird es. Kein biologisches, psychisches, wirtschaftliches Schicksal bestimmt die Gestalt, die das weibliche Menschenwesen im Schoß der Gesellschaft annimmt.

Simone de Beauvoir, *1949*

Sie wird als Hexe verbrannt, als Heilige in ein Kloster gesperrt, als Jungfrau besungen und verehrt – aber ein Piedestal, von dem man nicht herunter darf, ist die ärgste Erniedrigung. Die Mythologisierung, der die Frau bis heute unterliegt, ist der beste Beweis für ihren Objektstatus: Denn „zu jedem Mythos gehört ein Subjekt, das seine Hoffnungen und

Ängste in einen überweltlichen Himmel projiziert“. Da die Frauen sich nicht als Subjekte gesetzt haben, haben sie auch keinen männlichen Mythos geschaffen, in dem sich ihre Entwürfe spiegeln; sie haben keine Religion und keine Poesie, die ihnen eigen ist: Selbst wenn sie träumen, tun sie es durch die Träume der Männer.

Simone de Beauvoir, *1949*

Ich erschaffe mich selbst, ich erschaffe meine Geschichte.

Simone de Beauvoir

Die weibliche Position ist eine deutliche Minderwertigkeitsposition. Sie ist es objektiv. Nicht immer muss sie sich subjektiv als solche fühlbar machen.

Alice Rühle-Gerstel (1894–1943)
dt. Psychologin, 1932

Was ist eine Frau? Ich versichere Ihnen, ich weiß es nicht. Ich glaube nicht, dass Sie es wissen. Ich glaube nicht, dass es irgendjemand wissen kann, bevor sie sich nicht in allen Künsten und Berufen, die der menschlichen Kunstfertigkeit offen stehen, ausgedrückt hat.

Virginia Woolf (1882–1941)
engl. Schriftstellerin, 1931

Das Menschentum raubt man ihr und oktroyiert ihr dafür die „Weiblichkeit“, vom Leben sperrte man sie ab in des „Weibes Himmel“, meine Ehe natürlich.

Johanna Loewenherz (1857–1895)
dt. Schriftstellerin

Alle diese Eigenschaften sind keine uns natürlichen, sondern sind erworbene. Wäre umgekehrt der Mann der Übervorteilte, Betrogene, im Lauf der Jahrhunderte Geknechtete gewesen, so wäre es auch der Mann, der sich diese Eigenschaften angewöhnt hätte; er wäre es, der lügen und heucheln und kriechen würde; und hätten wir ihn, wie er uns in Unwissenheit gehalten, so wäre er heute kindisch, dumm, ohne Vernunft, tändelnd etc.; denn jene Eigenschaften sind entweder Sklaveneigenschaften oder Eigenschaften der Unreife: Kindereigenschaften.

Johanna Loewenherz, *1895*

Die „weibliche Andersartigkeit“ ist eine so durchsichtige Lüge, als wolle man dem Armen einreden, sein trocken Brot und Fusel wären vollwertig dem Fasan und dem Champagner des Reichen, wenn auch andersartig.

Hedwig Dohm (1833–1919)
dt. Philosophin und Schriftstellerin, 1908

Nur ein schwaches Wesen kann sich leicht und von selbst unterordnen; Fügsamkeit, Nachgiebigkeit, Unselbständigkeit sind bloße Begleiterscheinungen der Willensschwäche. Die Frauen sind nicht allein schwach an Willen, sie „sollen“ es sein.

Rosa Mayreder (1858–1938)
östr. Philosophin, Schriftstellerin und Herausgeberin von „Dokumente der Frauen“

Die Frauenbewegung steht, soweit sie ganz konsequent ist, dem Begriff der Weiblichkeit gegenüber auf einem skeptischen, wenn nicht völlig negativen Standpunkt; sie bezweifelt oder bekämpft den normativen Wert dieses Begriffes und setzt an seine Stelle die unbeschränkte Freiheit der individuellen Entwicklung.

Rosa Mayreder, *1905*

Die Mehrzahl der Frauen steht unter der Herrschaft gewisser Vorstellungen über ihre Verpflichtung, einem Musterbild, einem Kanon der Weiblichkeit möglichst nahe zu kommen. Sie glauben desto mehr Weib zu werden, je ähnlicher sie dem Erziehungsideal sind, und fürchten, weniger Weib zu sein, wenn sie sich davon entfernen.

Rosa Mayreder, 1905

Diese willkürliche aber schlau erfundene Einteilung männlicher und weiblicher Eigenschaften wurde durch die Jahrhunderte von Männern so lange gepredigt und der Frau durch Erziehung suggeriert, bis die domestizierten Weibchen sie gläubig nachbeten, ohne der vielen lebendigen Gegenbeweise zu achten.

Lida Gustava Heymann (1863–1943),
Anita Augspurg (1857–1943)
dt. Autorinnen

Die Frau wird stets als Trägerin der Sittlichkeit hingestellt, wohl, aber sie ist es nur von einer Sittlichkeit, die ihr vom anderen Geschlechte zugeschnitten und ausgestanzt worden ist.

Anita Augspurg, 1894

Bis jetzt waren die Frauen lediglich das Echo der Männer. Unsere Gesetze und Verfassungen, unser Glauben, unser Kodex und die gesellschaftlichen Traditionen sind ganz und gar männlichen Ursprungs. Die authentische Frau ist noch Zukunftsmusik.

Elizabeth Cady Stanton (1815–1902)
am. Abolitionistin, Autorin und Pionierin der Frauenbewegung, 1888

Manche Männer sagen, wir sollen geduldig und überzeugend, wir sollen weiblich sein. Meine Freundinnen, was stellt sich der Mann unter Weiblichkeit vor? Ein gefälliges Benehmen – ruhig, demütig, unterwürfig? Dass sie sich ihm nähert wie eine Untergebene ihrem Herrn? Er wünscht kein Durchsetzungsvermögen unsererseits, keinen Widerstand. Wir dürfen ihn nicht als Dieb und Kriminellen anklagen. Bedenkt, dass alle Unterdrückten den Tyrannen ihre Rechte stets mit Gewalt entreißen mussten. Bedenkt, dass das den Frauen angetane Unrecht die dunkelste Seite der menschlichen Geschichte ist. Wollen wir da zulassen, dass die Männer uns noch immer sagen, wir sollten geduldig, überzeugend, weiblich sein?

Elizabeth Cady Stanton, 1890

Unser Problem ist nicht unsere Weiblichkeit, sondern die künstlichen Fesseln einer auf falschen Voraussetzungen beruhenden Tradition.

Elizabeth Cady Stanton, 1890

Heine lässt einmal einen Nützlichkeitsapostel den tiefsinnigen Ausspruch tun, die Bäume seien grün, weil grün gut für die Augen sei. So scheint es, denken Männer im Allgemeinen, die Frauen seien express von der Vorsehung zum Kochen bestimmt, damit sie, die Herren der Schöpfung, gut zu essen bekommen.

Hedwig Dohm (1833–1919)
dt. Philosophin und Schriftstellerin, 1876

Weiblich heißt bei der Frau alles, was den Männern ein Gefühl der Lust hervorruft.

Hedwig Dohm, 1873

Auf zweierlei, spricht er (der Mann), hat Gott dich, Weib, verwiesen, auf deine Finger und dein Herz. Diese bilden deinen Beruf. Deine Finger, um zu nähen, zu kochen, zu scheuern, zu plätten usw. Dein Herz, um zu lieben, deinen Mann und seine Kinder.

Hedwig Dohm, 1873

Nach all diesen Auslassungen erscheint das Weib als ein Potpourri der aller entgegensetzten Eigenschaften, als ein Kaleidoskop, das, je nachdem man es schüttelt, jede beliebige Charakternuance in Form und Farbe zu Tage fördert. Der Grundstoff dieser weiblichen Seelen scheint nach dem Dafürhalten der kritisierenden Menge ein chaotischer Nebel, aus dem willkürlich der Schöpfermund des Mannes jeder von ihm beliebten Eigenschaft sein „Werde" zuruft.

Hedwig Dohm

Sie ertragen jedes Elend, verrichten die niedersten Arbeiten, bieten sich auf Theaterbühnen den Blicken lüsterner Männer dar, werden zu Bettlerinnen oder Prostituierten, und niemand schenkt ihnen Beachtung, denn sie befinden sich innerhalb ihrer „Grenzen". Wenn sie aber wie echte Frauen vortreten und im Namen Gottes und der Menschlichkeit Wiedergutmachung für das ihnen geschehene Unrecht und die Rückgabe ihrer Rechte fordern, werden sie sofort verdammt. Sie haben ihre Grenzen überschritten und sind zu „Mannweibern" geworden.

Amelia Bloomer (1818–1894)
am. Herausgeberin von „The Lily" und Erfinderin der „Bloomers", 1851

Er schuf nach seiner Vorstellung ein Bild der Frau und erwartete von uns, ihm zu entsprechen. Er sieht nicht die Frau, Gott behüte! Er sieht eines jener geschlechtslosen Monster, das sich manchmal über die Qualen der Mutterschaft empört, dessen Empörung sich jedoch mit der Geburt legt. Doch das Zerrbild, dem zu entsprechen der Mann von uns verlangt, sorgt nur für Verwirrung, Täuschung, Zwietracht und Erniedrigung, wo der Schöpfer höchste Würde, vollkommene Harmonie erschaffen hat.

Elizabeth Oakes Smith (1806–1893)
am. Autorin, 1851

Erlaubt ihr, die Gesetze ihres Wesens geltend zu machen. Erlaubt ihr zu sagen, dass sie zu mehr fähig ist, als diesen eng gesteckten Aufgaben, dass sie in ihrem Käfig trauert, sich aufreibt und die Folgen schwerwiegend sind. Sie ist übellaunig, ehrgeizig, unweiblich – als hätte Weiblichkeit nur eine einzige Bedeutung.

Elizabeth Oakes Smith, *1851*

Ich will das Recht haben, meinem eigenen Willen gemäß zu leben, ich will nicht fragen: Schickt sich das? Ich will nicht mehr bangen um das Urteil der Welt! Frei und kühn will ich der Stimme meines Herzens, den Eingebungen meines Geistes folgen, der Wahrheit will ich dienen. Ich will leben, wie es mir gefällt, ich will den Stolz haben, kühn dieser ganzen erbärmlichen und kleinlichen Welt entgegenzutreten und ihr zu sagen: Ich verachte dich, und wenn du mich verspottest, so lache ich dazu! Niemand hat sich meiner erbarmt, als ich unglücklich war, ich bin allein der Schöpfer meines Glückes gewesen, und Gott allein und mich selber erkenne ich als den Richter meiner Taten an! Und nun gibt es für mich keine Furcht mehr und kein weibliches Zagen!

Luise Mühlbach (1814–1873)
dt. Schriftstellerin, 1849

Mit diesem Weihrauch will man euer Sinnen umweben, mit glatten Worten euch betören, in Blütenduft gehüllt euch Märchen für schlechte Wahrheiten darreichen. Und bleibt nicht länger die Betrogenen. Wir sind gleichberechtigt zum Lebensgenusse wie unsere Unterdrücker!

Mathilde Franziska Anneke (1817–1884)
dt. Revolutionärin und Journalistin, 1847

Opfer ist der Mittelpunkt in der Existenz des Weibes. Der Mann ist die Sonne, um den sich das Planetensystem der Familie dreht. Er schafft die Familie, er gibt ihr einen Namen, ein Recht, eine Stellung, ein Ansehen. Was die Frau gilt, gilt sie nur durch ihn.

Ida Hahn-Hahn (1805–1880)
dt. Schriftstellerin und Orientreisende, 1845

Als Quelle weiblicher Torheit und weiblichen Lasters erschien mir von jeher die Beschränktheit.

Mary Wollstonecraft (1759–1797)
engl. Philosophin, Schriftstellerin und Pionierin der Frauenbewegung

Zukunft und Visionen

Die Realität „Frau“ muss ebenso verschwinden wie nach der Abschaffung der Sklaverei die Realität „Sklave“ oder wie nach der Abschaffung der Klassen und der Zwangsarbeit die Realität „Proletarier“.

Monique Wittig (*1935)
frz. Schriftstellerin, 2001

Wir wollen eine menschliche Zukunft – ohne Rollenzwänge, ohne Macht – und Gewaltverhältnisse, ohne Weiblichkeitswahn und Männerbündelei.

Alice Schwarzer (*1942)
dt. Journalistin, Herausgeberin von „EMMA“ und Autorin

Mein Ziel ist die Abschaffung der Teilung der Menschen.

Irmtraud Morgner (1933–1990)
dt. Schriftstellerin

Stellt euch den Tag vor, an dem Mädchen wie ihr absolut überall arbeiten werden: als Dirigentinnen, Richterinnen, Erfinderinnen, Forscherinnen. Stellt euch den Tag vor, an dem eure Eltern und LehrerInnen sich respektvoll anhören, was ihr zu sagen habt. Stellt euch den Tag vor, an dem keine Frage zu blöd ist, gefragt zu werden und ihr die Antwort bekommt, die euch zusteht. Stellt euch den Tag vor, an dem die Jungs in eurer Klasse respektvoll über Mädchen und Frauen reden und dass ihr eines Tages nicht mehr, zu fett, zu groß, zu laut, zu schüchtern seid. Stellt euch den Tag vor, an dem ihr so richtig seid, wie ihr seid – und euch die Welt offen steht!

Marie Wilson
am. Schauspielerin, Initiatorin des Töchtertages, 2000

Das Schwierige ist, dass die Zukunft der Mann-Frau-Beziehung von der Zärtlichkeit der Frauen und von der Akzeptanz der Männer abhängt.

Benoîte Groult (*1920)
frz. Schriftstellerin, 1975

In einer vollends kollektivierten Gesellschaft könnte die Frau dem Mann gleichgestellt, ihm sogar überlegen sein – auch hinsichtlich der Körperkraft.

Elisabeth Mann-Borgese (1918–2002)
dt.-kan. Meeresrechtlerin und Politikwissenschaftlerin, 1963

Zweifellos ist es bequemer, in blinder Unterwerfung zu leben, als an seiner Befreiung zu arbeiten: Auch die Toten sind der Erde besser angepasst als die Lebenden.

Simone de Beauvoir (1908–1986)
frz. Philosophin und Schriftstellerin, 1949

Damit dem Reich der Freiheit zum Sieg verholfen wird, ist es unter anderem notwendig, dass Mann und Frau jenseits ihrer natürlichen Differenzierungen rückhaltlos geschwisterlich zueinander finden.

Simone de Beauvoir, *1949*

Wenn die Versklavung der einen Hälfte der Menschheit und das ganze verlogene System, das damit zusammenhängt, abgeschafft ist, dann wird die Unterteilung der Menschheit ihren eigentlichen Sinn verdeutlichen, und das Menschenpaar wird seine wahre Gestalt finden.

Simone de Beauvoir, *1949*

In der neuen Ordnung wird ein Drittes entstehen, das weder herrscht, noch dient, sondern forscht und sucht, schafft und mittelt, das ist der Mensch in seiner Vollendung, frei von Machtwillen, frei von Unterwerfung, frei von Ausbeutung. Allen leuchtet das Licht, allen gehört die Erde.

Anita Augspurg (1857–1943)
dt. Juristin, Herausgeberin von „Frau im Staat" und Pazifistin, 1920

Indem Frauen zu freien, wirtschaftlichen und sozialen Faktoren werden, wird auch die Kombination aller Individuen einer Gesellschaft zu einem gemeinsamen Kraft möglich. Eine solche Freiheit, eine solche Unabhängigkeit, ein solcher Zusammenschluss ermöglichen gleichzeitig eine Verbindung zwischen Mann und Frau, von der die Welt seit langem vergeblich träumt.

Charlotte Perkins Gilman (1860–1935)
am. Philosophin, Ökonomin und Herausgeberin von „Die Frauenbewegung", 1898

Diese Frau von „morgen" zieht sich meistens von allem zurück, was das Frauenleben sonst ausgemacht hat.

Minna Cauer (1842–1922)
dt. Autorin und Herausgeberin von „Die Frauenbewegung", 1898

Aber es wird der Tag kommen, wo die Frau, der Nadel und des Kochlöffels überdrüssig, diese Geschlechtsmerkmale von sich wirft, wo sie, müde der abgedroschenen Phrasen, mit denen sie bisher betrogen worden, dem Despoten Mann den Gehorsam kündigen wird.

Hedwig Dohm (1833–1919)
dt. Philosophin und Schriftstellerin, 1893

Einer Sache mögen die Männer versichert sein: dass nämlich die nächste Generation die Frage der Frauenrechte nicht mehr mit der unendlichen Geduld vorbringen wird, die wir ein halbes Jahrhundert lang an den Tag gelegt haben!

Elizabeth Cady Stanton (1815–1902)
am. Abolitionistin, Autorin und Pionierin der Frauenbewegung

Aus der Zukunft aber, einer fernen vielleicht, wenn der freien Entwicklung des Weibes keine Schranke mehr gesetzt ist, wird ein Geschlecht empor blühen, dessen Herrlichkeit wir heute kaum ahnen, ein Geschlecht voll Schönheit und Grazie, voll Kraft und Intelligenz, denn schließlich bleibt die Natur immer Siegerin, weil sie eins ist mit der Wahrheit und unzerstörbar.

Hedwig Dohm (1833–1919)
dt. Philosophin und Schriftstellerin, 1876

Achtung vor den Frauen! Ja, Achtung vor den Frauen, wenn sie sich, voll Ekel vor allem, was geschieht, erheben werden! An jenem Tag wird es zu Ende sein, da beginnt die neue Welt.

Louise Michel (1830–1905)
frz. Revolutionärin und Kommunardin, 1886

Man kann mir vorwerfen, ich sei zu enthusiastisch, aber mein Vertrauen in unser Geschlecht ist riesengroß. Ich gehe davon aus, dass unsere jungen Frauen ein neues Zeitalter in der Geschichte der Frau einläuten werden.

Judith Sargent Murray (1751–1820)
am. Autorin

Literatur

Die Jahreszahlen in Klammern bezeichnen die Erstveröffentlichungsdaten der Zitate, soweit sie recherchiert werden konnten. Im Zitate-Teil sind sie hinter der Berufsbezeichnung der jeweiligen Autorin bzw. hinter dem Namen genannt.

Abbot, Sidney/Love, Barbara (1971): „Ist die Frauenbewegung eine lesbische Verschwörung", in: Lesbisches Aktionszentrum Westberlin (Hg.): *Frauenliebe. Texte aus der amerikanischen Lesbierinnenbewegung*, Berlin 1975

Abbot, Sidney/Love, Barbara (1972): *Sappho was a Right-On Woman*, New York 1972

Abzug, Bella (1998): zit. n.: *EMMA*, 3, 1998

Adam-Schwaetzer, Irmgard (1991): „Sind Sie eine Tochter der Frauenbewegung?", in: Alice Schwarzer (Hg.): *Schwesternlust – Schwesternfrust. 20 Jahre Frauenbewegung*, Köln 1991

Adams-Lehmann, Hope Bridges (1899): *Die Vorbereitung der Frau zur Lebensarbeit*, Zürich, Leipzig 1899

Addams, Jane (1914): "The Larger Aspects of the Woman´s Movement", in: *The Annals of the American Academy of Political and Social Science*, LVI, November 1914

Albright, Madeleine (1998): „Women's Liberation" in: *EMMA*, 6, 1998

Ali, Laila (1999): „Magazin", in: *EMMA*, 6, 1999

Allison, Dorothy (1992): *Die Angst in mir ist wie ein großer Fluß*, München 1994

Amos, Tori (2001): „Magazin", in: *EMMA*, 6, 2001

Angier, Natalie (1999): *Frau. Eine intime Geographie des weiblichen Körpers*, München 2000

Anneke, Mathilde Franziska (1847): *Das Weib im Konflikt mit den sozialen Verhältnissen*, Münster 1847

Anneke, Mathilde Franziska (1869): zit. n.: Maria Wagner: *Mathilde Franziska Anneke in Selbstzeugnissen und Dokumenten*, Frankfurt/Main 1980

Anthony, Susan B. (1837): zit. n.: *History of Woman Suffrage*, II, Rochester 1882

Anthony, Susan B./Stanton, Elizabeth Cady (1850er): zit. n.: Kathleen Barry : *Susan B. Anthony. A Biography of a Singular Feminist*, New York 1988

Anthony, Susan B. (1860) zit. n.: Ida Husted Harper: *Life and Work of Susan B. Anthony*, 3 Bde., Indianapolis 1898

Anthony, Susan B. (1860): „Woman's Rights Convention" 1860, in: *History of Woman Suffrage*, I, New York 1881

Anthony, Susan B./Stanton, Elizabeth Cady (1868): „Motto" *The Revolution*, 1868

Anthony, Susan B. (1870): zit. n.: Mary Daly: *Reine Lust. Elementar-feministische Philosophie*, München 1986

Anthony, Susan B. (1875): zit. n.: Ida Husted Harper: *Life and Work of Susan B. Anthony*, 3 Bde., Indianapolis 1898

Anthony, Susan B./Stanton, Elizabeth Cady/Gage, Matilda Joslyn (1882): in: *History of Woman Suffrage*, II, Rochester 1882

Anthony, Susan B./Harper, Ida Husted (1885): „Referring to reports on the National Woman Suffrage Association Convention", 1885, in: *History of Woman Suffrage*, IV, Rochester 1902

Anthony, Susan B. (1893): „National American Woman Suffrage Association Convention", 1893, in: *History of Woman Suffrage*, IV, Rochester 1902

Anthony, Susan B. (1896): zit. n.: Ida Harper Husted: *Life and Work of Susan B. Anthony*, 3 Bde., Indianapolis 1898
Anthony, Susan B. (1896): zit. n.: Alma Lutz: *Created Equal. A Biography of Elizabeth Cady Stanton*, 1815-1902, New York 1940
Anthony, Susan B. (1897): „The Status of Women, Past, Present and Future“, *The Arena*, Mai 1897
Anthony, Susan B. (1899): „National American Woman Suffrage Association Convention“, 1899, *History of Woman Suffrage*, IV, Rochester 1902
Anthony Susan B./Harper, Ida Husted (1902): *History of Woman Suffrage*, IV, Rochester 1902
Anthony, Susan B. (1903): zit. n.: Ida Husted Harper: *Life and Work of Susan B. Anthony*, 3 Bde., Indianapolis 1898
Anthony, Susan B. (1906): zit. n.: Ida Husted Harper: *Life and Work of Susan B. Anthony*, 3 Bde., Indianapolis 1898
Association for Moral and Social Hygiene (1916): „Report on the 10 Towns Enquiry“, 1916, zit. n.: Sheila Jeffreys: *The Spinster and her Enemies. Feminism and Sexuality 1880-1930*, London 1985
Astell, Mary (1694): *Ein ernsthafter Vorschlag an die Addresse der Damen. Zur Förderung ihres wahren und grossen Interesses*, in: Petra Altschuh-Riederer (Hg): *Mary Astell: Reflexionen und Vorschläge Eine Stimme der englischen Restauration*, Aachen 2000
Astell, Mary (ca. 1700): zit. n.: Gerda Lerner: *Die Entstehung des feministischen Bewußtseins. Vom Mittelalter bis zur Ersten Frauenbewegung*, Frankfurt/Main 1993
Astell, Mary (1706): „Einige Überlegungen zum Thema Ehe“, in: Petra Altschuh-Riederer (Hg.): *Mary Astell: Reflexionen und Vorschläge. Eine Stimme der englischen Restauration*, Aachen 2000
Aston, Louise (1846): *Meine Emancipation, Verweisung und Rechtfertigung*; Brüssel 1846
Atkinson, Ti-Grace (1969/1970/1971): *Amazonen Odyssee*, München 1978
Atwood, Margaret (1985): *DerReport der Magd*, Düsseldorf 1987
Augspurg, Anita (1894): *Die ethische Seite der Frauenfrage*, Minden, Leipzig 1894
Augspurg, Anita (1895): „Gebt acht, solange noch Zeit ist!“, in: *Die Frauenbewegung*“ 1895
Augspurg, Anita (1901): „Reform der Frauenkleidung. Frauenleben und -streben“, Teil 3, in: *Die Woche*, Nr. 15, 1901
Augspurg, Anita (1902): zit. n.: *Deutsche Medizinische Wochenschrift*; 16. Jan. 1902
Augspurg, Anita (1902): zit. n.: *Die Frauenbewegung* 1. Feb. 1902
Augspurg, Anita (1902): zit. n.: *Parlamentarische Angelegenheiten*, 15. Juli 1902
Augspurg, Anita (1903): „Arbeiterinnenfrage“, in: *Die Zeit*, 25. Juli 1903
Augspurg, Anita (1903): „Der Hausfrauen-Beruf“, in: *Der Tag*, Frauenseite: Der Kampf der Frau, 3. Dez. 1903
Augspurg, Anita (1903): „Die allgemeinen Regungen der Frauenbewegung“, in: *Die Zeit*, 18. April 1903
Augspurg, Anita (1903): „Sittlichkeitsfrage und Rechtschutz“, in: *Die Zeit*, 26. Sept. 1903
Augspurg, Anita (1903): „Die Frauenbewegung und die Erwerbsfrage“, in: *Die Zeit*, 9. Mai 1903
Augspurg, Anita (1903): zit. n.: *Parlamentarische Angelegenheiten*, 15. August 1903
Augspurg, Anita (1904): zit. n.: *Der Tag*, Frauenseite: Der Kampf der Frau, 3. Juni, 1904
Augspurg, Anita (1905): zit. n.: *Europa*, 1. März 1905
Augspurg, Anita (1920): "Die Zukunft", in: *Frau im Staat*, Jan. 1920

Augspurg, Anita: zit. n.: Anna Dünnebier/Ursula Scheu: *Die Rebellion ist eine Frau. Anita Augspurg und Lida Gustava Heymann: Das schillerndste Paar der Frauenbewegung*, Kreuzlingen/München 2002
Austen, Jane (1789): *Liebe und Freundschaft. Drei Schwestern. Catherine*, Zürich 1994
Bachmann, Ingeborg (1960er): *Der Fall Franza. Requiem für Fanny Goldmann*, München 1979
Bachmann, Ingeborg (1971): *Malina*, Frankfurt/Main 1971
Bachmann, Ingeborg: „Jelinek über Bachmann", in: *EMMA*, 2, 1991
Bachmann, Ingeborg: „Magazin", in: *EMMA*, 4, 2001
Badinter, Elisabeth (1980): *Mutterliebe. Geschichte eines Gefühls vom 17. Jahrhundert bis heute*, München 1981
Badinter, Elisabeth (1999): „Wie aktuell ist Simone de Beauvoir", in: Alice Schwarzer (Hg.): *Man wird nicht als Frau geboren*, Köln 2000
Baer, Gertrud (ca. 1977): zit. n.: Gertrud Pinkus: „Gertrud Baer. Frauenbewegung bis 1920", in: *Frauenoffensive* Nr. 10, 1978
Barnes, Djuna (1922): *Verführer an allen Ecken und Enden*, Berlin 1994
Barry, Kathleen (1979): *Sexuelle Versklavung von Frauen*, Berlin 1983
Barry, Kathleen (1999): „Die weltweite sexuelle Ausbeutung", in: Alice Schwarzer (Hg.): *Man wird nicht als Frau geboren*, Köln 2000
Beard, Mary Ritter (1924): *A changing political economy as it effects women*, Washington 1924
Beard, Mary Ritter (1946): *Woman as Force in History*, New York 1946
Beauvoir, Simone de (1949): *Das andere Geschlecht. Sitte und Sexus der Frau*, Reinbek 1968
Beauvoir, Simone de (1972): *Alles in allem*, Reinbek 1976
Beauvoir, Simone de (1973): „... durchaus zu kritisieren", in: Alice Schwarzer: *Simone de Beauvoir heute. Gespräche aus zehn Jahren, 1971-1982*, Reinbek 1983
Beauvoir, Simone de (1974): zit. n.: Alice Schwarzer: *Simone de Beauvoir heute. Gespräche aus zehn Jahren, 1971-1982*, Reinbek 1983
Beauvoir, Simone de (1976): „Das Ewig Weibliche ist eine Lüge", in: Alice Schwarzer: *Simone de Beauvoir heute. Gespräche aus zehn Jahren, 1971-1982*, Reinbek 1983
Beauvoir, Simone de (1982): „Frausein genügt nicht", in: Alice Schwarzer: *Simone de Beauvoir heute. Gespräche aus zehn Jahren, 1971-1982*, Reinbek 1983
Beecher, Catherine (1851): Kathryn Sklar: *Catherine Beecher: a study in American domesticity*, New Haven 1973
Bell, Diane (ca. 1995): zit. n.: Diane Bell/Renate Klein (Hg): *Radically Speaking. Feminism Reclaimed*, Melbourne 1996
Belmont, Oliver Hazard Perry [Frau]: zit. n.: Shulamit Firestone: *Frauenbefreiung und sexuelle Revolution*, Frankfurt/Main 1975
Belmont, Oliver Hazard Perry [Frau]: zit. n.: Doris Stevens: *Jailed for Freedom*, New York 1920
Belotti, Elena Gianini (1988): *Liebe zählt die Jahre nicht. Wenn Frauen jüngere Männer lieben*, Reinbek 1990
Bergmann, Christine (1998): „Ganz schön gestaunt im Westen", in: *EMMA*, 6, 1998
Bergmann, Christine (1999): „Ost- und Westfrauen im Vergleich", in: Alice Schwarzer (Hg.): *Man wird nicht als Frau geboren*, Köln 2000
Bhutto, Benazir (1989): „Die Unvergleichliche in allen Rollen", in: *EMMA*, 5, 1989
Biggs, Mary: *Women's words. The Columbia Book of Quotations by Women*, New York 1996
Bird, Caroline Mahoney (1968): *Born Female: the high cost of keeping women down*, New York 1968
Blake, Lillie Devereux (1883): *Women's Place Today*, New York 1883
Blake, Lillie Devereux (1884): zit. n.: *History of Woman Suffrage*, Bd. 4, Rochester 1902

Bloomer, Amelia (1850er): „Editorial“, in: *The Lily*, ca.1855-1860, in: D.C. Bloomer: *Life and Writings of Amelia Bloomer*, 1895
Bloomer, Amelia (1851): zit. n.: D.C. Bloomer: *Life and Writings of Amelia Bloomer*, 1895
Bloomer, Amelia (1851): „Letter“ in: *The Lily*,1851, in: D.C. Bloomer: *Life and Writings of Amelia Bloomer*, 1895
Bloomer, Amelia (1854): zit. n.: D.C. Bloomer: *Life and Writings of Amelia Bloomer*, 1895
Bloomer, Amelia: zit. n.: D.C. Bloomer: *Life and Writings of Amelia Bloomer*, 1895
Bodichon, Barbara (1857): *Women and Work* , London 1857
Brando, Cheyenne (1995): „Magazin“ in: *EMMA*, 4, 1995
Breitling, Gisela (1982): „Über die Abwesenheit der Männer in der erotischen Kunst der Frauen“, in: Gisela Breitling: *Der verborgene Eros. Weiblichkeit und Männlichkeit im Zerrspiegel der Künste*, Frankfurt/Main 1990
Breitling, Gisela (1983): „Sprechen und Stummsein – die künstlerische Rede“, in: Gisela Breitling: *Der verborgene Eros. Weiblichkeit und Männlichkeit im Zerrspiegel der Künste*, Frankfurt/Main 1990
Breitling, Gisela (1984): „Feministischer Liebesbrief oder Notizen für M.“, in: Gisela Breitling: *Der verborgene Eros. Weiblichkeit und Männlichkeit im Zerrspiegel der Künste*, Frankfurt/Main 1990
Breitling, Gisela (1986): „Geschlechterapartheid – die Kultur des Patriarchats“, in: Gisela Breitling: *Der verborgene Eros. Weiblichkeit und Männlichkeit im Zerrspiegel der Künste*, Frankfurt/Main 1990
Brontë, Anne (1848): *Die Herrin von Wildfell Hall*, Frankfurt, Leipzig 1993
Brown, Rita Mae (1971):“The Shape of Things to Come“, in: *Women: A Journal of Liberation*, II, 1971
Brownmiller, Susan (1975): *Gegen unseren Willen. Vergewaltigung und Männerherrschaft*, Frankfurt/Main 1978
Brownmiller, Susan (1984): *Weiblichkeit*, Frankfurt/Main 1984
Buck, Pearl S. (1941): *Of Men and Women*, New York 1941
Buck, Pearl S. (1954): *My Several Worlds*, New York 1954
Bunch, Charlotte/Brown, Rita Mae (1972): „Was jede Lesbierin wissen sollte“, in: Lesbisches Aktionszentrum Westberlin (Hg.): *Frauenliebe. Texte aus der amerikanischen Lesbierinnenbewegung*, Berlin 1975
Bunch, Charlotte (1981): zit. n.: Diane Bell/Renate Klein (Hg.): *Radically Speaking. Feminism Reclaimed*, Melbourne 1996
Burr, Frances Ellen (1874): „Report on National Woman Suffrage Association Meeting“, 1874, *History of Woman Suffrage*, II, Rochester 1882
Butler, Josephine (1869): *Women's Work and Women's Culture*, London 1869
Butler, Josephine (1871): zit. n.: Kathleen Barry: *Sexuelle Versklavung von Frauen*, Berlin 1983
Caird, Mona (1894): zit. n.: Susan Alice Watkins/Marisa Rueda/Martha Rodriguez: *Feminism for Beginners*, Cambridge 1992
Calamity, Jane (1893): zit. n. Elisabeth Kiderlen (Hg.): *Calamity Jane, Briefe an meine Tochter*, Basel, Frankfurt/Main 1980
Cantieni, Benita (2001): „Ich gefalle mir also bin ich“, in: *EMMA*, 6, 2001
Caputi, Jane/ Russell, Diana E. H. (1990): „Femizid. Das Verbrechen beim Namen nennen“, in: Alice Schwarzer (Hg.): *Schwesternlust Schwesternfrust. 20 Jahre Frauenbewegung*, Emma Sonderband, Köln 1991
Caravello, Pauline (1977): „Klitorisbeschneidung“, in: *EMMA*, 3, 1977
Cardinal, Marie: *Schattenmund*, München 1977
Carter, Angela (1992): „Die Wölfin ist tot“, in: *EMMA*, 4, 1992
Cauer, Minna (1895): zit. n.: *Die Frauenbewegung*, Jan. 1895

Cauer, Minna (1896): zit. n.: *Die Frauenbewegung,* Dez. 1896

Cauer, Minna (1898): „Die Schutzlosigkeit der Frau“, in: *Die Frauenbewegung,* Nr, 2, 1898

Cauer, Minna (1913): zit. n.: *Die Frauenbewegung,* 1. August 1913

Cavendish, Marguerite: zit. n.: Gerda Lerner: *Die Entstehung des feministischen Bewußtseins. Vom Mittelalter bis zur Ersten Frauenbewegung,* Frankfurt/Main 1993

Cavendish, Marguerite (1668): „The Convent of Pleasure“, in: *Plays Never Before Printed,* London 1668

Chapmann, Carrie Catt (1913): „Mädchenhandel”, in: *Zeitschrift für Frauenstimmrecht,* 1. Apr. 1913

Chesler, Phyllis (1972): *Frauen – das verrückte Geschlecht?,* Reinbek 1974

Chesler, Phyllis (1997): *Letters To A Young Feminist,* New York, London 1997

Child (Mrs.) (1832): *Frugal Housewife: Dedicated to Those Who Are Not Ashamed of Economy,* London 1832

Christie, Agatha (1957): *Kurz vor Mitternacht,* Bern 1959

Clinebill, Charlotte Holt (1973): *Meet Me in the Middle,* New York 1973

Clinton, Hillary (1997): „Eine Frage der Würde, in: *EMMA,* 5, 1997

Cobbe, Frances Power (1869): ”The Final Cause of Woman”, in: Josephine E. Butler (Hg.): *Woman's Work and Woman's Culture,* London 1869

Coleman, Lucy N. (1863): zit. n.: *History of Woman Suffrage,* II, Rochester 1882

Colette, Sidonie Gabrielle (1920): *Chérie,* Reinbek 1956

Collins, Emily (ca. 1848): ”Reminiscences”, ca. 1848, *History of Woman Suffrage,* I, New York 1881

Coston, Martha J. (1886): *Signal Success,* Philadelphia 1886

Dall, Caroline Wells (1856/1862): *The College, the Market, and the Court,* Boston 1914

Dall, Caroline Wells (1861): *The College ,The Market, and the Court,* Boston 1914

Dall, Caroline Wells (1914): *The College, The Market, and the Court,* Boston 1914

Daly, Mary (1968): *Kirche Frau und Sexus,* Olten 1970

Daly, Mary (1973): *Jenseits von Gottvater, Sohn & Co,* München 1980

Daly, Mary (1975): „New introduction“, in: *The Church and the Second Sex,* New York 1975

Daly, Mary (1978): *Gyn/Ökologie. Eine Meta-Ethik des radikalen Feminismus,* München 1980

Daly,Mary (1984): *Reine Lust. Elementar-feministische Philosophie,* München 1986

Daly, Mary (1992): *Auswärts Reisen. Die stahlkräftige Fahrt,* München 1994

Damkovski, Christa (1992): „Lieber frei sein als schön“, in: *Psychologie heute special:* „Frauen und Schönheit“, Heft 4, 1992

Davis, Elizabeth Gould (1971): *Am Anfang war die Frau. Die neue Zivilisationsgeschichte aus weiblicher Sicht,* München 1977

Davis, Paulina Wright (1850): „Address, Proceedings of the Woman's Rights Convention“, Held at Worcester, October 23&24, 1850, 1851, in: *History of Woman Suffrage*

Davis, Paulina Wright (1870): „Twentieth Anniversary Woman's Rights Convention“, 1870, *History of Woman Suffrage,* II, Rochester 1882

Debold, Elizabeth/Malave, Idelisse/Wilson, Marie (1993): *Die Mutter-Tochter-Revolution. Vom Verrat zur Macht,* Reinbek 1994

Dennehy, Arabella (1899): zit. n. Sheila Jeffreys: *The Spinster and her Enemies. Feminism and Sexuality 1880-1930,* London 1985

Densmore, Dana (1969): ”Chivalry – The Iron Hand in the Velvet Glove”, in: *No More Fun and Games,* November 1969

d'Epinay, Louise (1772): *Les Conversations d'Emilie,* in: Iris Bubenik-Bauer/Ute Schalz-Laurenze (Hg.): *Frauen in der Aufklärung: „... ihr werten Frauenzimmer, auf!“,* Frankfurt/Main 1995

Diner, Helen: zit. n.: Phyllis Chesler: *Frauen – das verrückte Geschlecht?,* Reinbek 1974

Dirie, Waris (1998): *Wüstenblume*, München 1998
Dittmar, Louise (1849): *Das Wesen der Ehe. Nebst einigen Aufsätzen über die soziale Reform der Frauen*, Leipzig 1849
Dittmar. Louise (1847): *Vier Zeitfragen*, Offenbach 1847
Dohm, Hedwig (1873): *Der Jesuitismus im Hausstande. Ein Beitrag zur Frauenfrage*, Berlin 1873
Dohm, Hedwig (1874): *Die wissenschaftliche Emanzipation der Frau*, Berlin 1874
Dohm, Hedwig (1876): *Der Frauen Natur und Recht. Zwei Abhandlungen über Eigenschaften und Stimmrecht der Frauen*, Berlin 1876
Dohm, Hedwig (1895): zit. n.: *Die Frauenbewegung* 1895
Dohm, Hedwig (1902): *Die Antifeministen. Ein Buch der Verteidigung*, Berlin 1902
Dohm, Hedwig (1918): „Eine Nachlese zum Stimmrecht", in: *Zeitschrift für Frauenstimmrecht*, Nr. 3/4, Berlin 1918
Drolshagen, Ebba D. (1992): „Wir wollen, was wir wollen sollen", in: *Psychologie heute special*: „Frauen und Schönheit", Heft 4, 1992
Druskowitz, Helene von (1905): *Der Mann als logische und sittliche Unmöglichkeit und als Fluch der Welt. Pessimistische Kardinalsätze*, Freiburg 1988
Dumée, Jeanne (1680): *Entretien sur l'opinion de Copernic touchant la mobilité de la terre*,
Dworkin, Andrea (1974): zit. n.: Diane Bell; Renate Klein (Hg.): *Radically Speaking. Feminism Reclaimed*, Melbourne 1996
Dworkin, Andrea (1976): *Our Blood: Prophecies and Discourses on Sexual Politics*, New York 1976
Dworkin, Andrea (1987): „Schwestern ... Brief aus einem Krisengebiet", in: Alice Schwarzer (Hg.): *PorNO. Die Kampgane. Das Gesetz. Die Debatte, EMMA Sonderband* 5, Köln 1988
Dworkin, Andrea (1988): „Das Schweigen ist gebrochen", in: Alice Schwarzer (Hg.): *PorNo. Die Kampagne. Das Gesetz. Die Debatte*, Emma Sonderband 5, Köln 1988
Eastman, Crystal (1920): *On Women and Revolution* , New York 1978
Edgeworth, Maria (1787): *An Essay on the Noble Science of Self-Justification*, Georgetown 1810
Elberskirchen, Johanna (1897): *Socialdemokratie und sexuelle Anarchie*, Zürich 1897
Elberskirchen, Johanna (1898): *Das Weib, die Klerikalen und die Christsocialen*, 1898
Elberskirchen, Johanna (1903): *Die Sexualempfindung bei Weib und Mann*, Leipzig 1903
Elberskirchen, Johanna (1904): *Die Liebe des dritten Geschlechts*, Leipzig 1904
Elberskirchen, Johanna (1904): *Revolution und Erlösung des Weibes. Eine Abrechnung mit dem Mann- Ein Wegweiser in die Zukunft*, 1904
Elberskirchen, Johanna (1907): in: *Zeitungsausschnittsammlung*, FrauenMediaTurm Köln
Elias, Hanin (2001): „Her mit der Boy-Girl-Revolution", *EMMA*, 6, 2001
Elizabeth I (1564): zit. n.: Frederick Chamberlin: *The Sayings of Queen Elizabeth*, London 1923
Elsner, Hannelore (2000): „Ich fühle mich heute sehr frei", in: *EMMA*, 2, 2000
Etheridge, Melissa (ca. 1994): zit n.: Victoria Starr: *K.D. Lang. All You Get Is Me*, New York 1994
Etheridge, Melissa (1996): „I want to be the most sexual rockstar", in: *EMMA*, 1, 1996
Etheridge, Melissa (ca. 1999): „She 's a She-Rocker", *EMMA*, 6, 1999
Faludi, Susan (1991): *Backlash, die Männer schlagen zurück*, Reinbek 1991
Fechtig, Beate (1995): *Frauen und Fußball. Interviews, Porträts, Reportagen*, Dortmund 1995
Feinberg, Leslie: „Der lange Weg der Leslie Feinberg", in: *EMMA*, 6, 1999
Figes, Eva (1970): *Patriarchal Attitudes*, London 1970
Filter, Cornelia (1994): „Eine Mutter & eine Tochter", in: *EMMA*, 3, 1994
Filter, Cornelia (1997): „Wahnsinnsfrauen", in: *EMMA*, 3, 1997

Filter, Cornelia (2001): „Salonfähig oder Sittenwidrig?“, in: *EMMA*, 3, 2001
Firestone, Shulamit: „Magazin“, in: *EMMA*, 6, 1997
Firestone, Shulamit (1970): *Frauenbefreiung und sexuelle Revolution*, Frankfurt/Main 1975
Fisher, Sue: „Was Ärzte sagen – was Patienten sagen: Die Mikropolitik des Entscheidungsprozesses im medizinischen Gespräch“, in: Senta Trömel-Plötz (Hg.): *Gewalt durch Sprache. Die Vergewaltigung von Frauen in Gesprächen*, Frankfurt/Main 1984
Fishman, Pamela M. (1980): „Macht und Ohnmacht in Paargesprächen“, in: Senta Trömel-Plötz (Hg.): *Gewalt durch Sprache. Die Vergewaltigung von Frauen in Gesprächen*, Frankfurt/Main 1984
Fitschen, Doris (1995): „Libera Doris Fitschen“, in: *EMMA*, 5-6, 1995
Flaake, Karin (1992): „Zur Frau werden“, in: *Psychologie heute special*: „Frauen und Schönheit“, Heft 4, 1992
Fonte, Moderata (ca. 1592): *Das Verdienst der Frauen: Warum Frauen würdiger und vollkommener sind als Männer*, München 2001
Frauenjahrbuch (1976): „Feminismus an die Uni“, München 1976
Frauenturnverein (1848): „Aus der Satzung“, zit. n.: Gertrud Pfister: *Frau und Sport*, Frankfurt/Main 1980
Freedman, Rita (1986): *Die Opfer der Venus. Von Zwang schön zu sein*, Zürich 1989
Freimann, Maxie (1905): *Über den physiologischen Stumpfsinn des Mannes*, Berlin, Leipzig 1905
French, Marilyn (1992): *Der Krieg gegen die Frauen*, München 1992
French, Marilyn (1994): *Vater Unser*, München 1994
Friedan, Betty (1963): *Der Weiblichkeitswahn oder die Mystifizierung der Frau*, Reinbek 1970
Frye, Marilyn (1983): *The Politics of Reality. Essays in Feminist Theory*, Trumansburg 1983
Fuller, Margaret (1843): „The Great Lawsuit. Man versus Man, Woman versus Woman“, in: *The Dial*, Boston 1843
Fuller, Margaret (1845): *Women in the nineteenth century*, London 1845
Fury, Kathleen: zit. n.: Faludi, Susan: *Backlash, die Männer schlagen zurück*, Reinbek 1991
Fyge, Sarah (1687): zit. n.: Gerda Lerner: *Die Entstehung des feministischen Bewußtseins. Vom Mittelalter bis zur Ersten Frauenbewegung*, Frankfurt/Main 1993
Gabe, Frances, A. (1983): zit. n.: Anne L. MacDonald: *Feminine Ingenuity*, New York 1992
Gage, Frances D. (1852): „Records of the Woman's rights convention“ 1852, in: *History of Woman Suffrage*, I, New York 1881
Gage, Frances D. (1867): „American Equal Rights Association Convention“, in: *History of Woman Suffrage*, II, Rochester 1882
Gage, Matilda Joslyn (1878): *Woman, Church and State: the Original Exposé of Male Collaboration Against the Female Sex*, Chicago 1893
Gage, Matilda Joslyn (1893): *Woman, Church and State: the Original Exposé of Male Collaboration Against the Female Sex*, Chicago 1893
Garbo, Greta (1922): zit. n.: Axel Madsen: *Der Nähkreis. Hollywoods größtes Geheimnis: Die Diven und ihre Liebe zu Frauen*, Hamburg 1995
Gertrud die Große von Helfta (13. Jh.): zit. n.: Elisabeth Gössmann: „Religiös-theologische Schriftstellerinnen“, in: Georges Duby/Michelle Perrot: *Geschichte der Frauen*; Bd.2, Frankfurt/Main 1993
Geständnisse einer Rabenmutter: in: Bettina Clasen: *Rabenmütter*, TV Dokumentation, Arte 2001
Gilman, Charlotte Perkins (1898): *Women and Economics*, Boston 1898
Gilman, Charlotte Perkins (1903): *The Home*, New York 1903
Gilman, Charlotte Perkins (1911): *The Man-Made Word or Our Androcentric Culture*, London 1911

Goegg-Pouchoulin, Marie (1868): zit. n.: Susanna Woodtli: *Gleichberechtigung. Der Kampf um die politischen Rechte der Frau in der Schweiz*, Frauenfeld 1975
Goldmann, Emma: zit. n.: Kathleen Barry: *Sexuelle Versklavung von Frauen*, Berlin 1983
Goldman, Emma (1911): „The Tragedy of Women's Emancipation", in: *Anarchism and Other Essays*, New York 1911
Gouges, Olympe de (1791): *Erklärung der Rechte der Frau und Bürgerin*, zit. n.: Hannelore Schröder (Hg.): *Die Frau ist frei geboren: Texte zur Frauenemanzipation*, Bd. I, 1789-1879, München 1979
Gouges, Olympe de (1791): „Nachwort", in: *Erklärung der Rechte der Frau und Bürgerin*, zit. n.: Hannelore Schröder (Hg.): *Die Frau ist frei geboren. Texte zur Frauenemanzipation*, Bd. I, 1789-1870, München 1979
Gournay, Marie de Jars de (1622): *Egalité des hommes et des femmes*, in: Elisabeth Gössman (Hg.): *Das Wohlgelahrte Frauenzimmer*, München 1984
Goy, Alexandra (1987): „Der Berliner Gynäkologenprozess", in: *Kritische Justiz*, Jg. 20, Heft 3, 1997
Goy, Alexandra (1989): „Verfassungswidrige Männerquote", in: *einspruch. Die Zeitung für freie Advokatur*, Juli 1989
Graham, Alma (1973): *How to Make Trouble: The Making of a Nonsexist Dictionary*, 1973
Grahn, Judy: „Eine Frau spricht mit dem Tod", zit. n.: Mary Daly: *Gyn/Ökologie. Eine Meta-Ethik des radikalen Feminismus*, München 1980
Greer, Germaine (1970): *Der weibliche Eunuch*, Frankfurt/Main 1972
Greer, Germaine (2000): *Die ganze Frau, Körper, Geist, Liebe, Macht*, München 2000
Greig, Theresa Billington (1911): *The Militant Suffrage Movement*, London 1911
Grey, Maria/Shireff, Emily (1871): zit. n.: Sheila Jeffreys: *The Spinster and her Enemies. Feminism and Sexuality 1880-1930*, London 1985
Griffin, Frances A. (1899): zit. n.: *History of Woman Suffrage*, IV, ch. 19, Rochester1902
Griffin, Susan (1971): „Rape: the All-American Crime", in: *Oz*, 10/Sept. 1971
Griffin, Susan (1975): in: Jo Freeman (Hg.): *Women: A Feminist Perspective*, Palo Alto 1975
Griffin, Susan (1982): zit. n.: Diane Bell and Renate Klein (Hg.) *Radically Speaking. Feminism Reclaimed*, Melbourne 1996
Grimké, Angelina (1837): *Letters to Catherine Beecher*, Boston 1838
Grimké, Sarah (1837): „Letter XI"; 1837, in: *Letters on the Equality of the Sexes and the Conditon of Woman*, Boston 1838
Grimké, Sarah (1838): *Briefe über die Gleichheit der Geschlechter*, zit. n.: Gerda Lerner: *Die Entstehung des feministischen Bewußtseins. Vom Mittelalter bis zur Ersten Frauenbewegung*, Frankfurt/Main 1993
Groult, Benoîte (1975): *Ödipus' Schwester. Zorniges zur Macht der Männer über Frauen*, München 1985
Groult, Benoîte (1999): „Schreckgespenst Gleichberechtigung", in: Alice Schwarzer (Hg.): *Man wird nicht als Frau geboren*, Köln 2000
Groult, Benoîte (2001): „Rien n'est sur", *EMMA*, 3, 2001
Günthner, Susanne/Kotthoff, Helga (1991): „Von fremden Stimmen: Weibliches und männliches Sprechen", in: Susanne Günthner/Helga Kotthoff (Hg.) *Von fremden Stimmen*, Frankfurt/Main 1991
Hahn, Lotte (ca. 1930): zit. n.: Adele Meyer (Hg.): *Lila Nächte. Die Damenklubs der Zwanziger* Jahre, Köln 1981
Hahn-Hahn, Ida (1838): *Aus der Gesellschaft*, Berlin 1838
Hahn-Hahn, Ida (1845): *Der Rechte*, Berlin 1845
Hahn-Hahn, Ida (1845): *Gräfin Faustine*, Berlin 1845
Hahn-Hahn, Ida (1845): *Zwei Frauen*, Berlin 1845

Hahn-Hahn, Ida (1846): *Clelia Conti*, Berlin 1846
Hall, Margaret Radcliffe (1928): *Quell der Einsamkeit*, Hamburg 1976
Hamilton, Cicely (1909): *Marriage as a Trade*, London 1909
Hamilton, Cicely (1911): „The Spirit of the Movement: Miss Cicely Hamilton's Speech at the Bijou Theatre on Jan. 3.", in: *The Vote*, 3, 14. Januar 1911
Haushofer, Marlene (1957): *Die Tapetentür*, Wien, Hamburg 1957
Havelock-Ellis, Edith (1922): *Neue Horizonte für Liebe und Leben*, Wien, Leipzig 1922
Heiliger, Anita (2000): *Männergewalt gegen Frauen beenden. Strategien und Handlungsansätze am Beispiel der Münchner Kampagne gegen Männergewalt an Frauen und Mädchen/Jungen*, Opladen 2000
Herman, Judith Lewis (1992): *Narben der Gewalt, traumatische Erfahrungen verstehen und überwinden*, München 1994
Heymann, Lida Gustava (1904): *Die deutschen Frauen und die Hamburger Bordelle*, Pösnek 1904
Heymann, Lida Gustava (1905): zit. n.: *Parlamentarische Angelegenheiten*, 15. Nov. 1905
Heymann, Lida Gustava (1906): „Dr. Augspurg's Process" in: *Jus Suffragii*, 15. Dez. 1906
Heymann, Lida Gustava (1915): „Kongressbericht", in : *Jus Suffragii*, Juni 1915
Heymann, Lida Gustava (1919): „Das erste Wahlergebnis der deutschen Republik", in: *Die Frau im Staat*, Nr. 2, 1919
Heymann, Lida Gustava (1920): zit. n. *Die Frau im Staat*, Dez. 1920
Heymann, Lida Gustava (1920): „Frauenpolitik-Männerpolitik", in: *Die Frau im Staat*, Juli/August 1920
Heymann, Lida Gustava (1921): zit. n.: *Die Frau im Staat*, Heft 8/9, 1921
Heymann, Lida Gustava (1924):"Die weiblichen Abgeordneten im neuen Reichstage", in: *Die Frau im Staat*, Juni/Juli 1924
Heymann, Lida Gustava (1926): zit. n.: Marielouise Janssen-Jurreit: *Sexismus. Über die Abtreibung der Frauenfrage*, München 1976
Heymann, Lida Gustava (ca.1942): zit. n.: Margit Twellmann (Hg.): *Lida Gustava Heymann, in Zusammenarbeit mit Dr. jur. Anita Augspurg: Erlebtes – Erschautes. Deutsche Frauen kämpfen für Freiheit, Recht und Frieden 1850-1940*, Meisenheim an Glan 1972
Hildebrandt, Regine (1993): „Magazin", in: *EMMA*, 6, 1993
Hildegard von Bingen: „Symphonia" zit. n.: Claudia Eliass: *Die Frau ist die Quelle der Weisheit. Weibliches Selbstverständnis in der Frauenmystik des 12. und 13. Jahrhunderts*, Pfaffenweiler 1995
Hoagland, Sarah Lucia (1988): *Die Revolution der Moral. Neue lesbisch-feministische Perspektiven*, Berlin 1991
Holm, Celeste (1986): zit. n.: Sandra Lee Jackson: *Past and Promise*, 1990
Holst, Amalia (1802): *Über die Bestimmung des Weibes zur höhern Geistesbildung*, Berlin 1802
Hooks, Bell (1981): *Ain't I A Woman: Black Women and Feminism*, London 1981
Huber, Therese (1829): *Die Ehelosen*, Leipzig 1829
Internationale Frauenkonferenz (1915): zit. n.: Leila Rupp/Vera Taylor: „Forging Feminist Identity", in: *Signs*, Bd. 24, Nr. 2, Winter 1999
Jansen, Mechthild (2002): „Übrig bleiben zwei Männer", in: *EMMA*, 1, 2002
Janssen-Jurreit, Marielouise (1976): *Sexismus. Über die Abtreibung der Frauenfrage*, München 1976
Jargin, Shafighe (1999): „Erhebe Deine Stimme", in: *EMMA*, 4, 1999
Jefferson, Lara (1947): *These Are My Sisters*, Tulsa 1947
Jeffreys, Sheila (1990): *Anticlimax. A Feminist Perspective On The Sexual Revolution*, New York 1990
Jeffreys, Sheila (1999): „Die Erotik der (Un)Gleichheit", in: Alice Schwarzer (Hg.): *Man wird nicht als Frau geboren*, Köln 2000

Jelinek, Elfriede (1989): „Noch Lust“, in: *EMMA*, 4, 1989
Jelinek, Elfriede (1989): „Ich bitte um Gnade“, in: *EMMA*, 7, 1989
Jelinek, Elfriede (1989): „Elfriede Jelinek, Schriftstellerin“, in: Alice Schwarzer: *Warum gerade sie? Weibliche Rebellen. 15 Begegnungen mit berühmten Frauen*, Frankfurt/Main 1989
Jelinek, Elfriede (1991): „Jelinek über Bachmann“ in: *EMMA*, 2, 1991
Jelinek, Elfriede (1997): „Sind schreibende Frauen Fremde in dieser Welt?“, in: *EMMA*, 5, 1997
Jelinek, Elfriede (1999): „Magazin“, *EMMA*, 1, 1999
Jeness, Linda (1972): *Feminism and Socialism*, New York 1972
Johnston, Jill (1973): *Nationalität lesbisch. Die feministische Lösung*, Berlin 1976
Juliana von Norwich (14. Jh.): zit. n.: Gerda Lerner: *Die Entstehung des feministischen Bewußtseins. Vom Mittelalter bis zur Ersten Frauenbewegung*, Frankfurt/Main 1993
Karsch, Anna Louise (1762): *Aus dem Leben der Karschin*, 1762
Karsch, Anna Louise: zit. n.: Elisabeth Borchers (Hg.): *Gedichte berühmter Frauen. Von Hildegard von Bingen bis Ingeborg Bachmann*, Frankfurt/Main 1996
Kelly, Petra (1990): „Magazin“, in: *EMMA*, 4, 1990
Kennedy, Florynce (1974): „Freelancer with No Time to Write“, in: *Writer's Digest*, Febr. 1974
Kennie, Annie (1907): in: *Zeitungsausschnittsammlung*, FrauenMediaTurm Köln
Keys, Alicia (2002): „Magazin“ in: *EMMA*, 3, 2002
Khalifa, Sahar (1986): *Memoiren einer unrealistischen Frau*, Zürich 1992
Koch-Emsermann, Monika (ca. 1995): zit. n.: Beate Fechtig: *Frauen und Fußball. Interviews Porträts. Reportagen*, Dortmund 1995
Koedt, Anne (1970): Der Mythos vom vaginalen Orgasmus, in: Leslie B. Tanner (Hg.): *Voices from Women's Liberation*, New York, London 1971
Kofmann, Sarah: zit. n. Ursula I. Meyer/Heidemarie Bennent-Vahle (Hg.): *Philosophinnen Lexikon*, Aachen 1994
Kopp, Annemarie (1927): *Frau und Sport*, Diplomarbeit, Berlin 1927
Kräftner, Hertha: in: Elisabeth Borchers (Hg.): *Gedichte berühmter Frauen. Von Hildegard von Bingen bis Ingeborg Bachmann*, Frankfurt/Main 1996
Kramarae, Cheris: „Nachrichten zu sprechen gestatte ich der Frau nicht. Widerstand gegenüber dem öffentlichen Sprechen von Frauen“, in: Senta Trömel-Plötz (Hg.): *Gewalt durch Sprache. Die Vergewaltigung von Frauen in Gesprächen*, Frankfurt/Main 1984
Kramer, Gisela (1993): *Wer ist die Beste im ganzen Land? Konkurrenz unter Frauen*, Frankfurt/Main 1993
Krebs, Bonnie (ca. 1991): „Abschied vom Märchenprinzen“, in: *EMMA*, 2, 1992
Kühn, Leonore (1925): „Frauenfreundschaften“, in: Gisela Brinker-Gabler (Hg.): *Zur Psychologie der Frau*, Frankfurt/Main 1978
Kurz, Isolde (1912): zit. n.: Gertrud Pfister (Hg.): *Frauen und Sport*, Frankfurt/Main 1980
Labé, Louise (1555): Ouevres, Sonnet II
Lakoff, Robin Tolmach (1992): „Wie Frauen zum Schweigen gebracht werden“, in: Senta Trömel-Plötz (Hg.): *Frauengespräche: Sprache der Verständigung*, Frankfurt/Main 1996
Lamb, Sharon (1991): „Acts without Agents: An Analysis of Linguistic Avoidance in Journal Articles on Men who Batter Women“, in: *American Journal of Orthopsychiatry*, 1991
Lang, K.D. (1994): Victoria Starr: *k.d. lang. All You Get Is Me*, New York 1994
Lerner, Gerda (1986): *Die Entstehung des Patriarchats*, Frankfurt/Main 1991
Lerner Gerda (1993): : *Die Entstehung des feministischen Bewußtseins. Vom Mittelalter bis zur Ersten Frauenbewegung*, Frankfurt/Main 1993
Lerner, Gerda (1999): „Warum uns Geschichte angeht“, in: Alice Schwarzer (Hg.): *Man wird nicht als Frau geboren*, Köln 2000

Lerner, Gerda (2000): „Ich bin ein Alien“, in: *EMMA*, 3, 2000
Lesbian Avenger (1995): „Die Rächerinnen“ in: *EMMA*, 3, 1995
Levin, Tobe (1985): „Von Schwester zu Schwester“, in: *EMMA*, 9, 1985
Levin, Tobe/Melzer, Temesgen (1998): „Klitorisverstümmelung mitten in Europa!“, in: *EMMA*, 6, 1998
Lewald Fanny (1872): *Clementine*, Berlin 1872
Loewenherz, Johanna (1895): *Prostitution oder Production. Eigentum oder Ehe? Studie zur Frauenbewegung*, Neuwied 1895
Lorde, Audre (1978): „Vom Nutzen der Erotik: Erotik als Macht“, in: Dagmar Schultz (Hg.): *Macht und Sinnlichkeit. Ausgewählte Texte von Audre Lorde und Adrienne Rich*, Berlin 1983
Lorde, Audre (1979): *„Auf Leben und Tod. Krebstagebuch*, Berlin 1994
Lytton, Constance (1914): *Prison and Prisoners*, New York 1914
MacKenzie, Midge (1975): *Shoulder to Shoulder. A Documentary*, New York 1975
MacKinnon, Catherine (1987): „Das kalte Herz“, in: Alice Schwarzer (Hg.): *PorNo. Die Kampagne. Das Gesetz. Die Debatte*, Emma Sonderband 5, Köln 1988
MacKinnon, Catherine (1987): „Feminism Unmodified“ in: Diane Bell/Renate Klein (Hg.): *Radically Speaking. Feminism Reclaimed*, Melbourne 1996
Maggio, Rosalie: *Quotations by Women*, Boston 1996
Makin, Bathsua (1673): *A whisk is a woman's scarf worn around the neck. An Essay to Revive the Ancient Education of Gentlewomen*, London 1673
Manifesto WSPU (1906): zit. n.: *Jus suffragii* , Nr. 3, 15. Nov. 1906
Mann-Borgese, Elisabeth (1963): *Ascent of Woman*, New York 1963
Maraini, Dacia (1993): *Bagheria. Eine Kindheit auf Sizilien*, München 1994
Maraini, Dacia (1994): *Stimmen*, München 1995
Maraini, Dacia (2000): „Einer Frau im Minirock glaubt man nicht“, in: *EMMA*, 6, 2000
Marguerite von Poréte (14. Jh.): *Spiegel der einfachen Seelen* , zit. n.: Elisabeth Gössmann: „Religiös-Theologische Schriftstellerinnen“, in: Georges Duby/ Michelle Perrot: *Geschichte der Frauen*, Bd. 2, Frankfurt/Main 1993
Marinella, Lucretia (1600): *Le Nobiltà et Eccellenze delle Donne et i Diffetti e Mancamenti de gli Huomini*,1600, in: Elisabeth Gössmann (Hg.): *Eva Gottes Meisterwerk*, in: Archiv für philosophie- und theologiegeschichtliche Frauenforschung, Bd. 2, München 1985
Martineau, Harriet (1851): „Letter to Second National Convention, Friends of Woman Suffrage“ 1851, in: *History of Woman Suffrage, I*, New York 1881
Matthews, Jill Julius (1984): *Good and Mad Women: The Historical Construction of Feminity in Twentieth-Century Australia*, Sidney 1984
Mayreder, Rosa (1905): *Zur Kritik der Weiblichkeit. Essays*, Wien 1998
Mayreder, Rosa (1934): „Aus den Erinnerungen einer 'Entarteten'“, in: Hanna Bubenicek (Hg.): *Rosa Mayreder oder Wider die Tyrannei der Norm*, Wien, Köln, Graz 1986
McClung, Nellie (1915): zit. n.: Helen Lenskyj: *Out of Bounds. Women. Sport and Sexuality*, Toronto 1986
McPhee, Carol/FitzGerald, Ann: *Feminist Quotations. Voices of Rebels, Reformers, and Visionaries*, New York 1979
Mead, Margaret (1949): *Mann und Weib. Das Verhältnis der Geschlechter in einer sich wandelnden Welt*, Konstanz 1955
Medea, Andra/Thompson, Kathleen (1974): *Against Rape*, New York 1974
Mericourt, Théroigne de (1792): Helga Grubitzsch/Roswitha Bockholt: *Théroigne de Mericourt. Die Amazone der Freiheit*, Pfaffenweiler 1991
Merkel, Angela: zit. n.: Alice Schwarzer: *Der große Unterschied. Gegen die Spaltung von Menschen in Männer und Frauen*, Köln 2000
Mernissi, Fatima (1919): „In der Nacht vom 16. bin ich gestorben. Eine Araberin schildert

den Krieg aus ihrer Sicht", in: Alice Schwarzer (Hg.): *Krieg: Was Männerwahn anrichtet und wie Frauen Widerstand leisten, Emma Sonderband*, Köln 1991

Messaoudi, Khalida (1995): „Algerierin auf der Flucht. Unser gelber Stern", in: *EMMA*, 6, 1995

Messaoudi, Khalida (1999): „Menschenrechte sind unteilbar", in: Alice Schwarzer (Hg.): *Man wird nicht als Frau geboren*, Köln 2000

Messaoudi, Khalida (2002): „Frauen dürfen nicht zum Symbol werden", in: *EMMA*, 3, 2002

Metz-Göckel, Sigrid (1985): zit.n.: Sigrid Metz-Göckel/Ursula Müller: *Der Mann. Brigitte Untersuchung*, Hamburg 1985

Meysel, Inge (1993): „Magazin", in: *EMMA*, 5, 1993

Michel, Louise (1886): *Memoiren von Louise Michel*, Münster 1977

Millett, Kate (1969): *Sexus und Herrschaft. Die Tyrannei des Mannes in unserer Gesellschaft*, München 1974

Millett, Kate (1971): *Das verkaufte Geschlecht*, Köln 1981

Minker, Margaret (1992): "Die Macht der Männer und die Schönheit der Frauen", in: *Psychologie heute special*, „Frauen und Schönheit", Heft 4, 1992

Mitchell, Hannah (1946): *The Hard Way Up*, London 1968

Mitscherlich, Margarete (1990): „Über den weiblichen Masochismus", in: *EMMA* , 4, 1990

Mitscherlich, Margarete (1998): „Magazin" in *EMMA*, 1, 1998

Mitscherlich, Margarete (2001): „Das Ende der Friedfertigkeit", in: *EMMA*, 2, 2001

Mokeddem, Malika (1990): *Die blauen Menschen*, Zürich 1993

Mokeddem, Malika (1995): *Zersplitterte Träume*, Bern 1996

Monroe, Marilyn: „Es war Mord", in: *EMMA*, 8, 1991

Moodie, Susanna (1852): *Roughing It in the Bush*, 1852

Moraga, Cherríe/Anzaldúa, Gloria (1981): in: Cherríe Moraga, Gloria Anzaldúa (Hg.): *This Bridge Called My Back. Writings by Radical Women of Color*, Watertown 1981

Morgan Robin: „The Network of Imaginary Mother", zit. n.: Mary Daly: *Gyn/Ökologie. Eine Meta-Ethik des radikalen Feminismus*, München 1980

Morgan, Robin (1970): zit n.: Robin Morgan (Hg.): *Sisterhood is powerful*, New York 1970

Morgan, Robin (2001): „Letters from Ground Zero", in: *EMMA*, 1, 2002

Morgner, Irmtraud (1983): *Amanda. Ein Hexenroman*, Weimar 1983

Morgner, Irmtraud (1990): „Jetzt oder nie! Die Frauen sind die Hälfte des Volkes", in: *EMMA*, 2, 1990

Morisette, Alanis (2002): „Magazin" in: *EMMA*, 3, 2002

Morrison, Toni (1974): *Sula*, Reinbek 1979

Mott, Lucretia (1850): *Discourse on Women*, Philadelphia 1850

Mühlbach, Luise (1844): *Eva. Ein Roman aus Berlins Gegenwart*, Berlin 1844

Mühlbach, Luise (1849): *Aphra Behn*, 2 Bde., Berlin 1849

Müller-Belecke, Anke (2000): „Die Schnitte, die die Lust töten, den Körper vergiften und den Tod bringen können. 130 Millionen Frauen sind verstümmelt" in: *EMMA*, 6, 2000

Murray, Judith Sargent (1790): „On the Equality of the Sexes", in: *The Massachusetts Magazine*; 1790

Nasrin, Taslima (1992–94): *Lied einer traurigen Nacht. Frauen zwischen Religion und Emanzipation*, Hamburg 1996

Nasrin, Tamila (1994): „Die bengalische Löwin", in: *EMMA*, 4, 1994

Nasrin, Tamila (1995): „Runter mit dem Schleier", in: *EMMA*, 3, 1995

Navratilova, Martina (2002): „Nehmt Euch selbst ernst!", in: *EMMA*, 3, 2002

Neusel, Ayla (1989): „Wie halten Sie es mit der feministischen Forschung", in: *EMMA*, 8, 1989

Oates, Joyce Carol (2000): „Sie morden immer weiter“, in: *EMMA*, 3, 2000
Orbach, Susi (2000): „Eine Frauen-Epedemie grassiert und sie ergreift vom Westen her die ganze Welt. Wir müssen alle zusammen sehr schnell handeln“, in: *EMMA*, 1, 2001
Otto-Peters, Louise (1844): *Kathinka*, Bd. 2, Leipzig 1844
Otto-Peters, Louise (1849): *Frauen-Zeitung*, hg. von Louise Otto, Nr. 1, 1849
Otto-Peters, Louise (1849): „Wohl auf denn, Schwestern, vereinigt Euch mit mir“, in: *Frauen-Zeitung*, (Hg.) Louise Otto, Nr. 1,1849
Pankhurst, Christabel (1913): *Plain facts about a Great Evil. The Great Scourge and How to End it*, Women's Social and Political Union, London 1913
Pankhurst, Christabel (1913): zit. n.: *The Suffragette*, 13. Juni 1913
Pankhurst, Christabel (1913): *The Virtue of Plain Speaking*, zit. n.: Sheila Jeffreys: *The Spinster and her Enemies*, London 1985
Pankhurst, Christabel (1913): zit. n.: Kathleen Barry: *Sexuelle Versklavung von Frauen*, Berlin 1983
Pankhurst, Emmeline (1913): zit. n.: Sheila Jeffreys: *The Spinster and her Enemies. Feminism and Sexuality 1880-1930*, London 1985
Pankhurst, Emmeline (1914): „Friedliche Militanz“, in: Hannelore Schröder (Hg.): *Die Frau ist frei geboren*, Bd. II, München 1981
Pankhurst, Sylvia (1928): *News of the World*, Apr. 1928
Pappenheim, Bertha (1904): *Sysyphus: Gegen den Mädchenhandel – Galizien*, Freiburg 1992
Pappenheim, Bertha (1912): zit. n.: Beilage zu *Der Abolitionist*, 1. Nov. 1912
Pappenheim,Bertha (1923): *Sysyphus: Gegen den Mädchenhandel – Galizien*, Freiburg 1992
Pappritz, Anna (1899): zit. n.: *Frauenbewegung*, 1899
Pappritz, Anna (1902): zit. n.: *Der Abolitionist*, 1. Jan. 1902
Parsons, Alice Beal (1926): *Woman's Dilemma*, New York 1926
Penny, Virginia (1869): *Think and Act*, Philadelphia 1869
Pesch, Doro (1993): „Die sanfte Hardrockerin“, in: *EMMA*, 1, 1993
Peschel-Gutzeit, Lore (1988): zit. n.: „Das Schweigen ist gebrochen“, in: Alice Schwarzer (Hg.): *PorNo. Die Kampagne. Das Gesetz. Die Debatte*, Emma Sonderband 5, Köln 1988
Pfister, Gertrud (1980): Gertrud Pfister (Hg.): *Frau und Sport*, Frankfurt/Main 1980
Pizan, Christine de (1404/05): *Das Buch von der Stadt der Frauen*, Berlin 1986
Plath, Sylvia (1963): *Die Glasglocke*, Frankfurt/Main 1997
Plath, Sylvia: zit. n.: Marilyn French: *Vater Unser*, München 1994
Poensgen, Katja (2001): „Rasen statt strippen“, in: *EMMA*, 2, 2001
Pogrebin, Letty Cottin (1970): *How to Make It in a Man's World*, New York 1970
Potente, Franka (2002): „Das Interview. Franka Potente“, in: *EMMA*, 1, 2002
Profé, Alice (1828): zit. n.: Gertrud Pfister (Hg.): *Frau und Sport*, Frankfurt/Main 1980
Pusch, Luise F. (1984): „Die Hermaphrodite oder Femininum und Realität“, in: Luise F. Pusch: *Alle Menschen werden Schwestern*, Frankfurt/Main 1990
Pusch, Luise F. (1984): „Einleitung“ in: *Das Deutsche als Männersprache*, Frankfurt/Main 1984
Pusch, Luise F. (1992): zit. n. Sibylle Duda/Luise F. Pusch (Hg.): *WahnsinnsFrauen*, Frankfurt/Main 1992
Pusch, Luise F. (1999): *Die Frau ist nicht der Rede wert*, Frankfurt/Main 1999
Pusch, Luise F. (2001): „In alter Frische“, in: *EMMA*, 2, 2001
Ranke-Heinemann, Uta (ca. 1993): „Die Würde der Frau und die Macht der Kirche“, in: *EMMA*, 1, 1993
Raymond, Janice (1986): *Frauenfreundschaft. Philosophie der Zuneigung*, München 1987
Raymond, Janice: zit. n.: Mary Daly: *Reine Lust. Elementar-feministische Philosophie*, München 1986

Re-Bartlett, Lucy (1912): zit. n.: Sheila Jeffreys: *The Spinster and her Enemies. Feminism and Sexuality 1880-1930*, London 1985
Reinig, Christa (1984): *Die Frau im Brunnen*, München 1984
Rich, Adrienne (1973): „Karyatiden. Zwei Kolumnen" in: *Um die Freiheit schreiben, Beiträge zur Frauenbewegung*, Frankfurt/Main 1990
Rich, Adrienne (1976): „Mutterschaft in Fesseln", in: *Um die Freiheit schreiben. Beiträge zur Frauenbewegung*, Frankfurt/Main 1990
Rich, Adrienne (1976): *Von Frauen geboren. Mutterschaft als Erfahrung und Institution*, München 1978
Rich, Adrienne (1979): zit. n.: Gertrud Pfister (Hg): *Fit und gesund mit Sport. Frauen in Bewegung*, Berlin 1996
Rich, Adrienne (1980): „Zwangsheterosexualität und lesbische Existenz", in: Dagmar Schultz (Hg.): *Macht und Sinnlichkeit. Ausgewählte Texte von Audre Lorde und Adrienne Rich*, Berlin 1983
Rich, Adrienne (1984): *Um die Freiheit schreiben, Beiträge zur Frauenbewegung*, Frankfurt/Main 1990
Robins, Elizabeth (1907): The Convert, London 1907
Roland, Pauline (1830): zit. n.: Benoîte Groult: *Wie die Freiheit zu den Frauen kam. Das Leben der Pauline Roland*, München 1992
Roland, Pauline (1839): zit. n.: Benoîte Groult: *Wie die Freiheit zu den Frauen kam. Das Leben der Pauline Roland*, München 1992
Rose, Ernestine (1851): „Second National Convention, Friends of Woman Suffrage 1851", in: *History of Woman Suffrage*, I, New York 1881
Rose, Ernestine (1856): „Woman´s Rights Convention", 1856, *History of Woman Suffrage*, I, New York, 1881
Rosen, Trixie (1983): *Strong and Sexy. The New Body Beautiful*, New York 1983
Roszak, Betty (1969): The Human Condition", in: B. und T. Roszak (Hg): *Masculine/Feminin*, New York 1969
Roten, Iris von (1958): *Frauen im Laufgitter. Offene Worte zur Stellung der Frau*, Zürich, Dortmund 1991
Roten, Iris von (1958): zit. n.: Yvonne-D. Köchli: *Eine Frau kommt zu früh. Das Leben der Iris von Roten* , Zürich 1992
Rother, Amalie (1897): zit. n: Dörte Bleckmann: *Wehe wenn sie losgelassen! Über die Anfänge des Frauenradfahrens in Deutschland*, Leipzig 1998
Routsong, Alma (1969): *A Place for Us*, New York 1969
Rowland, Robin/Renate Klein: in: Diane Bell and Renate Klein (Hg.): *Radically speaking. Feminism reclaimed* , Melbourne 1996
Rühle-Gerstel, Alice (1932): *Das Frauenproblem der Gegenwart. Eine psychologische Bilanz*, Leipzig 1932
Saadawi, Nawal El (ca.1979): *Tschador. Frauen im Islam*, Bremen 1980
Saadawi, Nawal El (1980): *Ein moderner Liebesbrief*, Reinbek 1987
Saadawi, Nawal El (ca. 1990): „Den Verstand entschleiern", in: Alice Schwarzer (Hg.): *Krieg. Was Männerwahn anrichtet und wie Frauen Widerstand leisten*, Emma Sonderband, Köln 1991
Saadawi, Nawal El (2002): „Terror gebiert Terror", in: *EMMA*, 1, 2000
Sackville-West, Vita: zit. n.: Susanne Amrein: *So geheim und vertraut. Virginia Woolf und Vita Sackville*-West, Frankfurt/Main 1994
Salis, Meta von (ca. 1893): *Der Prozess Farner-Pfrunder in Zürich, nach den Akten und nach dem Leben mitgeteilt*, St. Gallen 1893
Salis, Meta von: zit. n.: Doris Stump: *Sie töten uns- nicht unsere Ideen. Meta von Salis-Marsch-*

lins (1855-1929), *Schweizerische Frauenrechtskämpferin und Schriftstellerin*, Thalwil 1986
Sanger, Margaret (1920): *Woman and the New Race*, New York 1920
Sanger, Margaret (1922): *The Pivot of Civilization*, New York 1922
Sarandon, Susan (2001): zit. n.: Alice Schwarzer: „Frauen sind im Alter potenter“, in: *EMMA*, 2, 2001
Sayers, Dorothy L. (1936): *Aufruhr in Oxford*, Reinbek 1983
Schenk, Herrad (1996): *Wieviel Mutter braucht der Mensch*, Reinbek 1996
Scheven, Katharina (1908): *Der Abolitionist*, 1. Nov 1908
Schirmacher, Käthe (1887): zit. n.: Anke Walz: Käthe *Schirmacher. Eine deutsche Frauenrechtlerin auf dem Wege vom Liberalismus zum konservativen Nationalismus*, Pfaffenweiler 1991
Schirmacher, Käthe (1899): zit. n.: Anke Walz: *Käthe Schirmacher. Eine deutsche Frauenrechtlerin auf dem Wege vom Liberalismus zum konservativen Nationalismus*, Pfaffenweiler 1991
Schirmacher, Käthe (1902): zit. n.: *Die Frauenbewegung*, 1902
Schirmacher, Käthe (1905): zit. n.: „Beilage“, in: *Der Abolitionist*, 1. Feb. 1905
Schirmacher, Käthe (1907): „Der Sexualismus in der Sprache“, in: *Mutterschutz*, März 1907
Schirmacher, Käthe (1910): zit. n.: Anke Walz: *Käthe Schirmacher. Eine deutsche Frauenrechtlerin auf dem Wege vom Liberalismus zum konservativen Nationalismus*, Pfaffenweiler 1991
Schirmacher, Käthe (1912): zit. n.: *Der Abolitionist*, 1. Juli 1912
Schirmacher, Käthe (1912): *Die Suffragettes*, Weimar 1912;
Schneider, Sylvia (1992): „Schönheit: Letztes Mittel gegen Emanzipation“, in: *Psychologie heute special*: „Frauen und Schönheit“, Heft 4, 1992
Schrader-Klebert, Karin (1969): „Die kulturelle Revolution der Frau“, in: Alice Schwarzer (Hg.): *So fing es an. 10 Jahre Frauenbewegung*, Köln 1981
Schreiner, Olive (1911): *Woman and Labour*, London 1911
Schröder, Hannelore (1979): „Feministische Gesellschaftstheorie“, in: Luise F. Pusch (Hg.): *Feminismus. Inspektion der Herrenkultur*, Frankfurt/Main 1983
Schwarzer, Alice (1973): Alice Schwarzer (Hg.): *Frauenarbeit und Frauenbefreiung*, Frankfurt/Main 1973
Schwarzer, Alice (1973): Alice Schwarzer (Hg.): *Lohn: Liebe: Zum Wert der Frauenarbeit*, Frankfurt/Main 1973
Schwarzer, Alice (1974): „Vorwort“, in: Phyllis Chesler: *Frauen – das verrückte Geschlecht*, Reinbek 1974
Schwarzer, Alice (1975): *Der „kleine Unterschied“ und seine großen Folgen*, Frankfurt/Main 1975
Schwarzer, Alice (1977): „Sexy wie Marilyn & Madonnen“, in *EMMA*, 6, 2000
Schwarzer, Alice (1984): zit. n.: Alice Schwarzer (Hg.): *Durch Dick und Dünn*, Emma Sonderband, 1984
Schwarzer, Alice (1985): „Hausfrauenlohn?“, in: Alice Schwarzer (Hg.): *Lohn: Liebe. Zum Wert der Frauenarbeit*, Frankfurt/Main, Neuauflage 1985
Schwarzer, Alice (1987): „Die Würde der Frau ist antastbar“, in: Alice Schwarzer (Hg.): *PorNo. Die Kampagne. Das Gesetz. Die Debatte*, Emma Sonderband 5, Köln 1988
Schwarzer, Alice (1987):“Das Gesetz“, in: Alice Schwarzer (Hg.): *PorNo. Die Kampagne. Das Gesetz. Die Debatte*, Emma Sonderband 5, Köln 1988
Schwarzer, Alice (1988): „Das richtige Gesetz“, in: Alice Schwarzer (Hg.): *PorNo. Die Kampagne. Das Gesetz. Die Debatte*, Emma Sonderband 5 , Köln 1988

Schwarzer, Alice (1988): „Von der „Stern"-Aktion zum Anti-Porno-Gesetz", in: Alice Schwarzer (Hg.): *PorNo. Die Kampagne. Das Gesetz. Die Debatte*, Emma Sonderband 5, Köln 1988
Schwarzer, Alice (1989): „Die Schwäche starker Frauen", in: *EMMA*, 10, 1989
Schwarzer, Alice (1989): „Sex. Frauen obenauf? Ganz Penetrant", in: *EMMA*, 3, 1989
Schwarzer, Alice (1989): *Warum gerade sie? Weibliche Rebellen. 15 Begegnungen mit berühmten Frauen*, Frankfurt/Main 1989
Schwarzer, Alice (1991): „Moderne Zeiten. Die Frauenbewegung ist tot – es lebe der Feminismus, in: Alice Schwarzer (Hg.): *Schwestern Lust & Schwesternfrust. 20 Jahre Frauenbewegung*, Emma Sonderband, Köln 1991
Schwarzer, Alice (1992): „Aktion Stoppt Frauenhass", in: *EMMA*, 10, 1992
Schwarzer, Alice (1993): „Frauenhaß & Fremdenhaß", in: *EMMA*, 1, 1993
Schwarzer, Alice (1993): „Prostitution ist in", in: *EMMA*, 2, 1993
Schwarzer, Alice (1995): „Wir stehen auf den Schultern von Riesinnen", in: Iris Bubenik-Bauer/Ute Schalz- Laurenze (Hg.): *Frauen in der Aufklärung. „... ihr werten Frauenzimmer, auf!"*, Frankfurt/Main 1995
Schwarzer, Alice (1998): „Weiberkumpanei!", in: *EMMA*, 6, 1998
Schwarzer, Alice (1999): zit. n.: Alice Schwarzer (Hg.): *Man wird nicht als Frau geboren*, Köln 2000
Schwarzer, Alice (2000): *Der große Unterschied: Gegen die Spaltung von Menschen in Männer und Frauen*, Köln 2000
Schwarzer, Alice (2001): „Eine stolze Bilanz", in: *EMMA*,1, 2001
Schwarzer, Alice (2002): „Alles erreicht", in: *EMMA*, 1, 2002
Schwarzer, Alice (2002): „Die falsche Toleranz", in: Alice Schwarzer (Hg.): *Die Gotteskrieger und die falsche Toleranz*, Köln 2002
Schwester S. alias Sabrina Setlur (1996): „meisterinnen des rap", in: *EMMA*, 2, 1996
Schwimmer, Rosika (1912): zit. n.: *Frauenstimmrecht*, April /Mai 1912
Schwimmer, Rosika (1914): „The Women of the world demand peace", in: Leila Rupp/Vera Taylor: *Forging Feminist Identity*,in *Signs.*, Bd. 24, Nr. 2, Winter 1999
Scudéry, Madeleine de (ca. 1660): *Clelia. An Excellent New Romance*, Paris (ca.) 1660
Seabury, Florence Guy (1943): zit. n.: Martha Bensley Bruère/Mary Ritter Beard (Hg.): *Laughing Their Way*, New York 1934
Seddeki, Djamila (1994): „Ihr müßt uns helfen. Terror in Algerien", in: *EMMA*, 1, 1994
Seifert, Ruth (1993): „Die Vorhut im Krieg der Geschlechter: Vergewaltiger", in: *EMMA*, 4, 1993
Seneca Falls Convention (1848): *Deklaration der Meinung*, 1848. *Frauen von SenecaFalls*, in: Hannelore Schröder (Hg.): *Die Frau ist frei geboren. Texte zur Frauenemanzipation*, Bd. I, 1789-1870, München 1979
Senn, Gabriele (2000): „Die Halsschleife in der Salatsosse", in: *EMMA*, 6, 2000
Shaw, Anna Howard (1908): zit. n.: *History of Woman Suffrage*, IV, Rochester 1922
Shaw, Anna Howard (1922): zit. n.: *History of Woman Suffrage*, IV, Rochester 1922
Sheepshanks, Mary (1919): „Is Internationalism Dead?", in: *Jus Suffragii*, 14. Dez. 1919
Sinnen, Hella von (1992): *Ich bin's-von Sinnen*, München 1992
Smith, Elizabeth Oakes (1851): *Woman and Her Needs*, 1851
Solanas, Valerie (1968): *Manifest der Gesellschaft zur Vernichtung der Männer, SCUM (Society for cutting up men)*, Darmstadt 1969
Sölle, Dorothee (1986): „Einleitung", in: Carter Heyward: *Und sie rührte sein Kleid an*, Stuttgart 1986
Sontag, Susan (1972): „Reflexionen über die Befreiung der Frauen", in: Alice Schwarzer (Hg.): *Frauenarbeit – Frauenbefreiung. Praxis-Beispiele und Analysen*, Frankfurt/Main 1973

Sophia (1739): „Woman Not inferior to Man", in: Gerda Lerner: *Die Entstehung des feministischen Bewußtseins: Vom Mittelalter bis zur Ersten Frauenbewegung*, Frankfurt/Main 1993
Spender, Dale (1982): *Women of Ideas and What Men Have Done to Them. From Aphra Behn to Adrienne Rich*, London 1982
Spender, Dale (1982): „Mit Aggressivität zum Erfolg", in: Senta Trömel-Plötz (Hg.): *Gewalt durch Sprache. Die Vergewaltigung von Frauen in Gesprächen*, Frankfurt/Main 1984
Stannard, Unna (1971): The Mask of Beauty", in: Vivian Gornick/Barbara K. Moran (Hg.): *Woman in Sexist Society. Studies in Power and Powerlessness*, New York 1971
Stanton, Elizabeth Cady (1847): „Letter to Rebecca Eyster", 1847, in: Theodore Stanton/Harriot Stanton Blanch (Hg.): *Elizabeth Cady Stanton* as *Revealed in Her Letters Diary and Reminicenses*, Bd. II, New York 1922
Stanton, Elizabeth Cady (1851): zit. n.: Elisabeth Griffith: *On her Own Right. The Life of Elizabeth Cady Stanton*, New York 1984
Stanton, Elizabeth Cady (1851): „Letter to Woman's Suffrage Convention", 1851, *History of Woman Suffrage*, I, New York 1881
Stanton, Elizabeth Cady (1851): „In a speech delivered on May 25, 1851, at the Woman's Rights Convention held in Akron, Ohio", in: Gerda Lerner: *The Female Experience, An American Documentary*, Indianapolis 1977
Stanton, Elizabeth Cady (1853): „Letter to Susan B. Anthony", 1853, in: Theodore Stanton/Harriot Stanton Blanch (Hg.): *Elizabeth Cady Stanton* as *Revealed in Her Letters Diary and Reminiscenses*, Bd. II, New York 1922
Stanton, Elizabeth Cady (1854): "Adress to the Legislature of the State of New York", 1854, in: *History of Woman Suffrage*, I, New York 1881
Stanton, Elizabeth, Cady (1854): zit. n.: Barbara Schnetzler: *Die frühe amerikanische Frauenbewegung und ihre Kontakte mit Europa (1836-1869)*, Frankfurt/Main 1971
Stanton, Elizabeth Cady (1855): „Letter to Gerrit Smith", 1855, in: *History of Woman Suffrage*, I, New York 1881
Stanton, Elizabeth Cady (1863): zit. n.: *History of Woman Suffrage* II, Rochester 1882
Stanton, Elizabeth Cady (1867): „Reply to Horace Greeley's report on the New York State Constitutional Convention, New York Independent", 1867, in: *History of Woman, Suffrage*, II, Rochester 1882
Stanton, Elizabeth Cady (1869): „The Man Marriage", in: Alma Lutz: *Created Equal. A Biography of Elizabeth Cady Stanton, 1815-1902*, New York 1940
Stanton, Elizabeth Cady (ca. 1870): zit. n.: Alma Lutz: *Created Equal. A Biography of Elizabeth Cady Stanton, 1815-1902*, New York 1940
Stanton, Elizabeth Cady/Antony, Susan B./Gage, Matilda Joslyn. (1881): zit. n.: *History of Woman Suffrage*, I, New York 1881
Stanton, Elizabeth Cady/Anthony, Susan B./Gage, Matilda Joslyn (1881): *History of Woman Suffrage, I*, 1881
Stanton, Elizabeth Cady (1885): zit. n.: *History of Woman Suffrage* , IV, Rochester 1902
Stanton, Elizabeth Cady (1890): „National American Woman Suffrage Association Convention", 1890, in: *History of Woman Suffrage*, IV, Rochester 1902
Stanton, Elizabeth Cady (1896): zit. n.: *Free Thought Magazine*, Sept. 1896
Stanton, Elizabeth Cady (1898): *Eighty Years and More. Reminiscenses 1815-1897*, New York 1898
Stanton, Elizabeth Cady (1901): „Letter to the National American Woman Suffrage Association Convention", 1901, *History of Woman Suffrage*, V, 1922
Stein, Charlotte von (1803): *Die zwei Emilien*, Tübingen 1803
Stein, Charlotte von: zit. n.: Iris Bubenik-Bauer/Ute Schalz-Laurenze (Hg.): *Frauen in der Aufklärung: „... ihr werten Frauenzimmer, auf!"*, Frankfurt/Main 1995

Steinem, Gloria (1972): „Sisterhood“, in: *Ms*, Frühjahr 1972
Steinem, Gloria (1980): zit. n.: Suzanne Levine/Harriet Lyons (Hg.) *The Decade of Women*, New York 1980
Stern, Edith Mendel (1949): „Women Are Household Slaves“, in: *American Mercury*, Jan. 1949
Stibbs, Anne: *Words of Women*, London 1993
Stinson, Katherine (1916): Valerie Moolman: *Frauen in der Luft*, Amsterdam 1982
Stone, Lucy (1852): „Woman's Rights Convention“, 1852, in: *History of Woman Suffrage*, I, New York 1881
Stone, Lucy (1854): zit. n.: Ida Husted Harper: *The Life and Work of Susan B. Anthony*, 3 Bde., Indianapolis 1898
Stone, Lucy (ca.1854): zit. n. Kathleen Barry: *Susan B. Anthony. Biography of a Singular Feminist*, New York 1988
Stone, Lucy (1855): „Woman's Rights Convention“, 1855, in: *History of Woman Suffrage*, I, New York 1881
Streeruwitz, Marlene (1997): „Sind schreibende Frauen Fremde in dieser Welt?“, in: *EMMA*, 5, 1997
Streicher, Margarete (1924): zit. n.: „Frauen und Mädchenturnen“, in: Gertrud Pfister (Hg.): *Frau und Sport*, Frankfurt/Main 1980
Strong, Anne (1869): zit. n.: Gudrun Maierhof/Katinka Schröder. *Sie radeln wie ein Mann, Madame*, Dortmund 1992
Süssmuth, Rita (1999): „Der Einfluß von Simone des Beauvoir auf mein Leben“, in: Alice Schwarzer (Hg.): *Man wird nicht als Frau geboren*, Köln 2000
Swanwick, Helena M. (1913): *The Future of the Women's Movement*, London 1913
Swiney, Francis (1907): zit n. Sheila Jeffreys: *The Spinster and her Enemies. Feminism und Sexuality 1880-1930*, London 1985
Tabatabei, Jasmin (2000): „Wir haben es nötig, Mädels“, in: *EMMA*, 6, 2000
Tannen, Deborah (1990): *Du kannst mich einfach nicht verstehen. Warum Männer und Frauen aneinander vorbeireden*, Hamburg 1991
Taylor, Harriet/Mill, Stuart (1869): zit. n.: Hannelore Schröder (Hg): *John Stuart Mill/Harriet Taylor Mill/Helen Taylor. Die Hörigkeit der Frau und andere Schriften zur Frauenemanzipation*, Frankfurt/Main 1976
The Boston Women's Health Book Collective (1971): *Unser Körper. Unser Leben. Ein Handbuch von Frauen für Frauen*, Reinbek 1980
Tomlin, Lily (1974): zit. n.: *Rollings Stone*, 1974
Tristan, Flora (1842): *Im Dickicht von London oder die Aristokratie und die Proletarier Englands*, Köln 1993
Tristan, Flora (1843): *Arbeiterunion, Sozialismus und Feminismus im 19. Jahrhundert*, Frankfurt/Main 1988
Troll-Borostyáni, Irma von (1902): zit. n.: *Neues Frauenleben*, Juli 1902
Trömel-Plötz, Senta (1982): *Frauensprache: Sprache der Veränderung*, Frankfurt/Main 1982
Trömel-Plötz, Senta (1984): in: Senta Trömel-Plötz (Hg): *Gewalt durch Sprache. Die Vergewaltigung von Frauen in Gesprächen*, Frankfurt/Main 1984
Trömel-Plötz, Senta (1991): *Vatersprache-Mutterland. Beobachtungen zu Sprache und Politik*, München 1991
Truth, Sojouner (1851): zit. n.: Gerda Lerner: *Die Entstehung des feministischen Bewußtseins. Vom Mittelalter bis zur Ersten Frauenbewegung*, Frankfurt/Main 1993
Truth, Sojourner (1853): „Woman´s Rights Convention“, 1853, in: *History of Woman Suffrage*, I, New York 1881

Truth, Sojourner (1867): „American Equal Rights Association Convention", 1867, in: *History of Woman Suffrage*, II, Rochester 1882

Truth, Sojourner (1867): zit. n.: Miriam Schnier: *Feminism: The Essential Historical Writings*, New York 1972

Vachss, Alice (1993): *„Merkt euch ihre Namen!" Eine Staatsanwältin im Kampf gegen Vergewaltiger, Pädophile und ihre Lobby*, Frankfurt/Main 1993

Vaerting, Mathilde (1921): *Neubegründung der Psychologie von Mann und Weib: Die weibliche Eigenart im Männerstaat und die männliche Eigenart im Frauenstaat*, Karlsruhe 1921

Varnhagen, Rahel (1793): zit. n.: Renate Möhrmann: *Die andere Frau*, Stuttgart 1977

Verständig, Carla (1927): *Leibesübungen*, Berlin 1927

Verständig, Carla (1928): zit. n.: „Frauenturnen und Frauensport. Rückschau und Ausblick", in: Gertrud Pfister (Hg.): *Frau und Sport*, Frankfurt/Main1980

Verständig, Carla (1930): zit. n. „Ein Plädoyer für den Wettkampfsport", in: Gertrud Pfister (Hg.): *Frau und Sport*, Frankfurt/Main1980

Voigt, Ursula (1985): „Frauensport – Männerhetze", in: *EMMA*, 8, 1985

Vorbeck, Dorothee (1973): zit. n.: Alice Schwarzer (Hg.): *Lohn: Liebe. Zum Wert der Frauenarbeit*, Frankfurt/Main 1973

Vote, 14. Mai 1915: zit. n.: Sheila Jeffreys: *The Spinster and her Enemies. Feminism and Sexuality 1880-1930*, London 1985

Wakefield, Priscilla (1798): *Reflections of the Present Condition of the Female Sex*, London 1798

Walker, Alice (1970): *Das dritte Leben des Grange Copeland*, München 1988

Walker, Alice (1994): „Die Töchter retten", in: *EMMA*, 4, 1994

Weiland, Daniela (1996): „Knallbumm, sei mein Prinzlein fein", in: *EMMA*, 1, 1996

Weil-Curiel, Linda (2000): zit. n.: „Die Schnitte, die die Lust töten, den Körper vergiften und den Tod bringen können. 130 Millionen Frauen sind verstümmelt", in: *EMMA*, 6, 2000

Weldon, Fay (1981): *Der Mann ohne Augen. Stories*, München 1994

Weldon, Fay (1991): *Der Mond über Minneapolis*, Hamburg 1994

Weldon, Fay (1999): „Wir haben den Feind verloren", in: Alice Schwarzer (Hg.): *Man wird nicht als Frau geboren*, Köln 2000

Welser, Ursula von (1976): „Bericht über die Lage der weiblichen Mitarbeiter beim WDR", Köln 1976

Wheeler, Anna/Thompson, William (1825): zit. n.: Ursula I. Meyer/Heidemarie Bennent-Vahle (Hg.): *Philosophinnen-Lexikon*, Aachen 1994

Williams, Serena (2002): „Die Bad Girls schlagen zurück!", in: *EMMA*, 3, 2002

Williams, Venus (2002): „Die Bad Girls schlagen zurück!", in: *EMMA*, 3, 2002

Wilson, Marie (2000): „Nehmt die Töchter mit zur Arbeit", in: *EMMA*, 2, 2000

Winslet, Kate (ca. 2000): zit. n.: „Der Körper wird zum Schlachtfeld", in: *EMMA*, 1, 2001

Wirmingshaus, Else (1911): *Frauenbewegung und Körperkultur*, Leipzig 1911

Wittig, Monique: zit. n.: Phyllis Chesler: *Frauen – das verrückte Geschlecht?*, Reinbek 1974

Wittig, Monique (1969): *Die Verschwörung der Balkis. Les guerillères*, München1980

Wittig, Monique (2001): „Ich bin keine Frau", in: *EMMA*, 5, 2001

Wolf, Naomi (1991): *Der Mythos der Weiblichkeit*, Reinbek 1991

Wolff, Charlotte (1971): *Psychologie der lesbischen Liebe. Eine empirische Studie zur weiblichen Homosexualität*, Reinbek 1973

Wollstonecraft, Mary (1792): Die Verteidigung der Rechte der Frauen, 2 Bde., Zürich 1975/1978

Wolstenholme, Elmy (1898): zit. n.: Sheila Jeffreys: *The Spinster and her Enemies. Feminism and Sexuality 1880-1930*, London 1985

Woodhull, Victoria (ca. 1875): zit. n.: Kathleen Barry: *Susan B. Anthony, A Biography of a Singular Feminist*, New York 1990

Woolf, Virginia (1924): zit. n.: Susanne Amrein: *So geheim und vertraut. Virginia Woolf und Vita Sackville*-West, Frankfurt/Main 1994
Woolf, Virginia (1928): *Ein Zimmer für sich allein*, Frankfurt/Main 1981
Woolf, Virginia (1931): *Die Wellen*, Frankfurt/ Main 1986
Woolf, Virginia (1938): *Drei Guineen*, München 1977
Woolson, Abba Louise Goold (1874): *Dress-Reform*, Boston 1874
Wright, Frances (1821): *Views of Society and Manners in America*, London 1921
Wright, Frances (1829): *Course of Popular Lectures*, New York 1829

Personenregister

Sachregister